国家出版基金项目
NATIONAL PUBLICATION FOUNDATION

中国社会科学院近代史研究所中华民国史研究室

总编 李 新

中华民国史

第二卷

(1912—1916)

上

李 新 李宗一 主编

李宗一 曾业英 朱宗震 徐辉琪 等著

中 华 书 局

袁世凯出任中华民国临时大总统留影。

袁世凯与北洋军将领合影。

袁世凯与外国使节合影。

唐绍仪内阁成员合影。

孙中山视察铁路建设工程。

孙中山、陈其美等在杭州与国民党党员合影。

宋教仁。

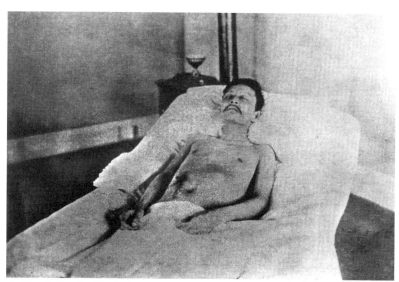

宋教仁遇刺身故后的遗影。

赵秉钧。

北洋军在操练。

李烈钧。

柏文蔚。

胡汉民。

黄兴颁发的讨袁军委任状。

政治会议成员合影。

孙中山与中华革命党党员合影。

1914 年 11 月，侵占青岛的日军举行入城式。

1915 年 5 月，中日代表签订"民四条约"时合影。

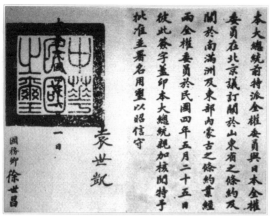

袁世凯批准"民四条约"文书。

王士珍。

徐世昌。

参政院成员合影。

约法会议成员合影。

袁世凯天坛"祭天"。

袁世凯"登基大典"筹备处成员合影。

蔡锷。

段芝贵。

梁士诒。

周自齐。

孙毓筠。

1916年4月，孙中山、宋庆龄等在日本举行"帝政取消一笑会"。

河南安阳袁世凯墓。

目　　录

前　言

　　本卷主要论述袁世凯统治时期的历史。从时间上说，就是从 1912 年 2 月到 1916 年 6 月。

　　辛亥革命最重要的政治成果是创立了民国，成立了南京临时政府。这个政府于 1912 年 4 月迁往北京，依据《临时约法》，总统制改为内阁制，资产阶级的国家政治体制并没有根本改变，但人员结构却有重大变动。原来在政府中起主导作用的以孙中山为首的同盟会员，被以袁世凯为首的北洋官僚所代替。这不是一般的更换政府人员，而是一次全面的改组。表面上，改组是通过合法选举进行的，还带有中国古代揖让天下的色彩；实际上，这是帝国主义列强和北洋集团一连串政治阴谋活动和兵变暴乱的结果。从效果看，它起到了反革命政变的作用。

　　政府的性质，是由掌握政府权力的主导集团的阶级属性决定的。主导集团改变，政府的性质也随之发生变化。袁世凯北洋集团的当权，就标志着大地主和官僚资产阶级联合在中国统治的开始。所以我们把这一事件作为《中华民国史》第一卷的结束和北洋军阀统治时期的开端。

　　从民初的社会全貌来看，维护帝国主义利益和代表封建势力的北洋集团，在政治上处于统治地位。他们凭藉北洋军的实力掌握中央政柄。在解决重大政治难题时，他们常常不使用政治手段，而是直接利用军队作工具，镇压人民，排除异己，以达到他们的政治目的。在封建专制时代，毫无民主可言；在军阀政治的高压下，人民无权和官僚擅权的情形依然如故。对北洋集团荼毒社会、祸国殃民的罪行，本书使用了较多的篇幅加以揭露和鞭笞。

作为一种特殊统治形式的军阀政治,并非一开始就以完备的形态出现。随着民初社会阶级矛盾的不断激化,它的特征才愈来愈明显。袁世凯的上台不同于改朝换代,与欧美国家总统更替也不一样。他之所以能出任大总统,主要是因为他掌握着一支军队。北洋政府的内外政策,不仅与南京临时政府有根本区别,与晚清政府也有不少差异。特别是在北京临时政府阶段,不仅仍保留着资产阶级民主政府的形式,更重要的是一些同盟会领导人直接参加了政府的工作。唐绍仪内阁期间,除总统府由袁世凯亲自控制外,内阁各部基本上是北洋集团和同盟会平分秋色。总理唐绍仪虽然出身北洋派,但他加入了同盟会,并试图找到一种北洋集团和同盟会两大政治势力都能接受的政策。事实上,这种政策是很难找到的,所以唐内阁不满一百天便夭折了。在北迁后的临时参议院里,尽管清末立宪派势力有明显的扩张,但同盟会仍占优势。所以从控制政府的派别分析,北京临时政府还不是北洋集团独占的政府,而是北洋集团占主导地位的联合政府。这个政府的过渡性质是十分明显的。

同时,我们注意到,由于清政府的倾覆和临时政府的存在,封建专制势力的政治思想统治,已不可能像清朝那样严密,而有了某些松动。就政党而言,清政府视政党为洪水猛兽,严禁人民结社组党,因此除中国同盟会等秘密团体外,公开的党派是无法存在的。但民国元、二年间,全国各地出现了上百个党会团体,其中有政治纲领的就有三十多个。在五光十色的党派团体中,首屈一指的是有光荣革命历史的同盟会。1912 年 8 月,它联合四个小党改组为国民党。由于大批官僚政客加入,党员素质下降,组织涣散,失去了革命党应有的战斗力。但是,孙中山、黄兴、宋教仁、陈其美、胡汉民、李烈钧、张继等著名的革命家仍在党内起重要作用。这个党虽然也有少数人关注议会外的斗争和保持地方实力,但绝大多数领导人都试图通过议会和平手段,制定宪法,在资产阶级民主政治的基础上实现统一,致国家于富强。其次,是以清末立宪派为核心的共和党和民主党。1913 年 5 月这两个党合并为进步党,其主要领导人有梁启超、汤化龙、林长民等。此外还有统一党、中国社会党等，名目繁多，不胜枚举。在这些党派的领导人中，有资产阶级和小资产阶级知识分子，有实业界头面人物，也有旧官僚和投机政客。他们的政治品格虽有高下之别，但都以拥护或标榜拥护共和为宗旨。这表明，人们参加政治生活的积极性普遍高涨，对建设共和国抱着美好的幻想。在当时，这种政治积极性的主要倾向，有反军阀专制统治的性质。对此，本书加以适当的肯定。

应进一步说明的是：尽管民初政党林立，十分活跃，但并没有能实行资产阶级的多党政治。临时政府的存在也不是以多党政治为背景。多党政治是近代资产阶级实现本阶级统治的一种形式。在内阁制的国家里，多党政治以政党轮流控制国会多数和组织内阁为前提。国民党和进步党虽然在国会中有左右论坛的力量，但谁也没有掌握过内阁实权。何况当时中央政府的政治重心根本就不在内阁，而始终在袁世凯的总统府。所以，国民党人和进步党人关于两党政治的设想和宣传，都只能是纸上谈兵。国民党人为追求政党内阁所作的巨大努力，以宋教仁惨遭暗杀而告终。历史证明：在半殖民地半封建的社会条件下，资产阶级政党政治的道路是行不通的。

北京临时政府之所以暂时以联合政府的形式存在，是多种原因造成的，其中最重要的原因无疑是南北政治和军事的严重对峙。为此，本书发掘不少新史料，特辟专节来阐述南北对峙的形势。拥兵雄踞北方的北洋集团，以直隶、河南、山东三省为其腹地，不许他人染指。在南方，除立宪派和旧官僚占主导地位的湖北、云南、贵州、广西四省外，都是国民党人的势力范围，江西、安徽和广东三省被人称为他们的"根据地"。所以，民初虽有中央政府，实际上并没有真正统一。各地区和北京一样，三大政治势力——北洋集团、进步党和国民党互争雄长，而惊心动魄的斗争则大都发生在北洋集团和国民党人之间。1913年下半年，袁世凯派北洋军南下，镇压了孙中山发动的二次革命。南北对峙的形势基本消失了，袁世凯便恣意解散国民党和国会，又急忙将进步党人赶出政府，才实现了北洋派的一统天下。

对北洋军镇压二次革命的军事动员，以往估计不足。对这支军队来说，这是一次最全面的动员，此后因内部倾轧加剧，再也不可能统一行动了。

以袁世凯为首的北洋集团和以资产阶级革命派为代表的广大人民之间的尖锐对立和斗争，是民初政治历史的重心。对此，本书用了很多的笔墨加以阐述。同时，我们也没有忽视揭露北洋集团内部的矛盾。这两种不同性质的矛盾和斗争，经常是交织在一起的。

对洪宪帝制的内幕，以往人们所知甚少，揣测之言颇多。近年来发现的有关洪宪帝制的数千件原始函电说明，筹安会和请愿团都是帝制运动的表面现象，帝制派并不看重这些活动，除帝国主义列强的反应外，他们最关注的是封疆大吏的态度。对各省封疆大吏的密电和北京军警官僚的密呈，袁世凯不仅亲自阅览，而且有的还加了批示，甚至哪些应登政府公报，哪些缓登或密存，都由他决定。这表明，他亲自控制着帝制运动。关于袁克定或杨度操纵帝制运动，蒙蔽了袁世凯的说法，显然是不可信的。

北洋集团内部矛盾重重，在洪宪帝制问题上也表现出来。筹安会一成立，首先密电政事堂反对帝制的是贵州巡按使龙建章。电文长达千言，痛陈变更国体的危险。接着，直隶将军朱家宝要求先办好外交，再行改制。他说"友邦一日不承认，国势一日不定"。更引起袁世凯不安的是，拥兵坐镇江淮的江苏将军冯国璋和长江巡阅使张勋都迟迟不肯上书劝进。由于段芝贵等人一再密电催促，他们才联名密电政事堂，说应由国务卿徐世昌定稿领衔推戴。云南将军唐继尧和广西将军陆荣廷对冯、张密电均表示赞同。这些封疆大吏对帝制采取反对或暧昧的推托态度，目的虽不尽相同，但普遍不满则是非常明显的。徐世昌觉察到事态的严重性，不仅未敢领衔劝进，反而决然辞职脱身。这是帝制运动一再拖延的重要原因之一。对前史从未记载过的这些内情，本书作了较详细的揭露。

护国战争是民初的重大事件。这场战争，是以梁启超为首的进步党人，在孙中山领导的中华革命党和全国各阶层人民反袁反帝制斗争的推动下，联合一部分国民党人和西南地方势力共同发动的。

进步党人是资产阶级保守势力的代表。与国民党人一样，他们也主张实行宪政。但由于现实利益的冲突和清末结下的宿怨，使他们经常站在北洋集团一边，攻击国民党人，而试图依靠袁世凯的"开明专制"来达到宪政的目的。在民初的政争中，他们留下了极不光彩的记录。直到洪宪帝制发生，他们才决心独立地发挥作用，举起讨袁护国的旗帜。最早举起讨袁旗帜的是以孙中山为首的革命派。二次革命失败不久，他们就组织起中华革命党，多次发动讨袁起义，流血牺牲，百折不挠。从这方面比较，说进步党人的反袁是抢旗帜，并没有错。然而，从当时的阶级斗争形势分析，进步党人从拥袁到反袁，并不单纯是策略手段的变化，而是战略方向的转变。这一转变使资产阶级的两大派别得以暂时站在一条战线上，为反袁斗争开创了新的局面，从而赢得了推翻洪宪帝制的胜利。忽视这一方面，就很难全面地说明进步党人的作用。

在旧民主主义革命时期，中国各种政治势力争持的焦点，是要不要建立民主共和国和建立什么样的共和国？护国军宣言中有关维护共和国体的主张，与辛亥革命和二次革命的政治要求，基本精神是一致的。从这一点来说，护国战争无疑是属于革命战争一类。长期坚持反袁斗争的中华革命党人理应成为这次革命战争的指导中心，但由于他们缺乏实力，没有能成为指导中心，而被排挤到一边去了。保守的进步党人却起了领导作用。因此，这次战争就有了更明显的阶级局限性。进步党人特别强调"文明革命"，反对"破坏"，而且一旦达到既定的有限目标，便立即改变战略方向，与当权的北洋集团妥协，无情地压制民主革命力量。

民初历史上发生的重大危机及其解决，都与帝国主义列强有千丝万缕的联系，有些甚至是由列强的侵略活动所直接引起的。如蒙、藏交涉，善后借款及"二十一条"交涉等。不充分揭示列强与中国政治的联系,就不可能把许多重大事件讲清楚。所以本书既有专门章节集中阐述列强在华的侵略活动,也在有关中国内政的章节中如实地写出它们所起的作用。

本卷书重点是写政治史,同时对与政治有密切关系的经济、财政问题也进行了探讨。从宏观来看,政治状况的好坏和经济状况的盛衰常常是同步变化的。但在一定的社会条件下,也有暂时不完全一致的情形。

北洋政府建立之后,政治状况急剧恶化。但中国资产阶级"振兴实业"的热情,并没有因此而迅速低落下来。在一段时期内,中国的资本主义经济仍然持续高涨。究其原因,不外两点:第一次世界大战爆发后,欧洲列强无暇东顾,对中国的掠夺有所和缓,这是中国资本主义经济得以发展的外部条件。除此而外,本书较多地考察了经济发展的内因。我们认为,辛亥革命削弱了封建专制主义势力,资产阶级的社会地位比清末有所提高,创办工矿企业的积极性被调动起来。他们组织实业团体,从经济和舆论方面向北洋政府施加压力,促使其推行保护工商业的政策。一些资产阶级代表人物跻身政府,或担任工商总长,或掌握地方要政,在他们的主持下制定了不少有利于发展工商业的法令、条例。这些法令、条例虽然不可能全部贯彻实施,但也有一些起了促进作用。当然,这是从局部来看,从整体估量,北洋政权在发展民族工商业方面并不是积极因素,而是消极力量。民族资产阶级曾经指望它能发展中国的资本主义经济,结果完全失望了。

对袁政府时期的财政、税收,过去缺乏系统的研究。由于历年预算均未实行,更没有决算,所以收支状况在当时就没有精确的统计,而现存的北洋政府财政档案只有一鳞半爪,不成系统,更增加了研究工作的困难。本书利用档案资料、政府公报、报刊及其他公私文书,只能勾画出这一时期财政状况的基本轮廓。

袁政府初期,中央财政收入被地方截留,库空如洗,几乎完全依靠外债,地方财政为庞大的军费所累,普遍入不敷出。以出卖国家主权得

到的大量外国借款,几乎全部用于填补纯消耗的军政开支。资产阶级
渴望的建设投资、整顿币制和裁撤厘金等均未能进行。经过财政整顿、
加重捐税和发行公债,1914 年和 1915 年财政状况稍有好转,大致做到
了收支平衡。但接踵而来的帝制运动,导致了财政崩溃。袁政府命令
中国银行和交通银行停止兑现,金融危机爆发,致使京钞问题在以后很
多年内成为北洋政府财政金融上棘手的问题。

　　袁世凯统治时期,一共只有四年多,与漫长的中国历史相比,这是
十分短促的一段。当时,正值共和初建,社会风气丕变,新旧冲突激烈,
政局动荡不已;在民国史上,这是颇具特色和颇有影响的年代。对这段
历史,我们分工合作,进行探讨。本卷书就是集体探讨的结果。参加本
卷编写的共有八人,具体分工如下:

　　前　言　　　李宗一
　　第一章　　　徐辉琪(第一、三节及第二节部分)
　　　　　　　　曾业英(第二节部分)
　　第二章　　　徐辉琪(第二、三节及第一节部分)
　　　　　　　　朱宗震(第一节部分)
　　第三章　　　汪朝光(第一节),朱宗震(第二节)
　　第四章　　　朱宗震(第二、三节及第一节部分)
　　　　　　　　曾业英(第一节部分),李宗一(第四节)
　　第五章　　　张兰馨(第一节),朱宗震(第二、三节)
　　第六、七章　李宗一
　　第八章　　　尹俊春
　　第九、十章　曾业英

　　本卷编写提纲的拟定和初稿的修改是由李宗一负责的。曾业英对
第一、第二、第四章的部分初稿作了较多的修改,李宗一对第五章第一
节及第八章作了较多的改动。关于注释的统一、地图的绘制和照片的
搜集,曾业英、徐辉琪、汪朝光等做了许多工作。全书由李新、李宗一
定稿。

承蒙审阅本书初稿并多所指正的有：张振鹍、金宗英、王述曾、杨天石、韩信夫等同志。在此一并致以深深的谢意。

限于我们的理论和业务水平，书中错误和疏漏之处难免，敬希读者多多指教。

第一章 北京临时政府的建立和国内政局

第一节 北京临时政府的建立

一 袁世凯在北京就任临时大总统

北京临时政府的建立，与袁世凯被选为临时大总统一样，既是北洋军阀集团攫取政府大权的预定步骤，也是资产阶级革命党人再次退让的结果。

1912年2月15日，袁世凯取得了临时大总统这个民国政府的最高职位。但是，他十分清楚，革命党人对他并不完全信任。他也知道，孙中山在辞职咨文中提出的设临时政府于南京、新总统亲到南京就任时才正式辞职以及新总统须遵守《临时约法》这三个条件，没有一个不是约束他的。为了巩固已经取得的权力，并为将来建立专制统治打下基础，他决心拒绝南下，坚持在北洋派势力的中心北京就职。早在南北议和期间，他就借口"北方秩序不易维持"，要求唐绍仪对"政府地点，决不可移易"；并公然要挟南京临时政府说："北京外交团向以凯离此为虑，……若因凯一去，一切变端立见，殊非爱国救世之素志。……反复思维，与其孙大总统辞职，不如世凯退居。"①

然而，袁世凯的要挟并未改变孙中山的初衷。他一面再三电促袁世凯南下就职；一面派出以蔡元培为专使，魏宸组、刘冠雄、钮永建、宋

---

① 《各省代表议和全案》卷下，第49页。

教仁、曾绍文、黄恺元、王正廷、汪精卫等为欢迎员的代表团北上迎袁南下。袁世凯见硬抗难以奏效，便转而采取两面派策略，表面上不拒绝南下，而在暗中策划阴谋。2月27日，蔡元培等一行到达北京，袁世凯布置了隆重的欢迎仪式，并特派赵秉钧、胡惟德、周自齐、王树堂、颜惠庆、范源濂、蹇念益、汪荣宝等十三人为招待员。内外城各商铺、车站均悬旗结彩欢迎。赵秉钧组织了六百人的警卫队，专任"保护"。在与蔡元培等的谈话中，袁世凯的腔调也为之一变，声言"一俟拟定留守之人，即可就道"①。随后又召集陆军各统制及民政首领商讨留守人员和南下路线。结果，南方欢迎代表团以及唐绍仪竟被袁世凯这番表演所蒙蔽，对他的南下许诺深信不疑，以为只是时间问题罢了。唐绍仪在与英国公使朱尔典谈话时，还满有把握地表示，"袁世凯将在几天后南下"，"维持北京秩序的任务是无足轻重的"②。

可是就在这时，一场"兵变"发生了。29日晚7时许，北京城内突然枪声大作，驻扎在朝阳门外东岳庙的曹锟第三镇第九标炮营首先涌入朝阳门抢掠。接着，驻禄米仓辎重营及帅府园、煤渣胡同和东城土地庙各军闻声而起，分队自东而西，恣意焚掠。一时，东城及前门一带"火光烛天"，"枪声动地"，"凡金店、银钱店、蜡铺、首饰楼、钟表铺、饭馆、洋广货铺及各行商铺，十去八九"③。煤渣胡同法政学堂南方代表团驻所更是首当其冲，变兵"毁门而入"，"行李文件等，掳掠一空"④。蔡元培等仓皇避入东交民巷六国饭店。次日晚，兵变再起西城，烧杀掳掠较29日晚更甚。两日以来，北京商民损失"数千万"，"内城被劫者四千余家，外城六百余家"⑤。3月1日晚，驻保定第二镇一部受北京影响，也

---

① 国事新闻社编：《北京兵变始末记》，1912年版，第119页。
② 《朱尔典爵士致格雷爵士函》，胡滨译：《英国蓝皮书有关辛亥革命资料选译》下册，中华书局1984年版，第493页。
③ 国事新闻社编：《北京兵变始末记》，1912年版，第10页。
④ 《北京兵变始末记》，第10页。
⑤ 《北京兵变始末记》，第27、28、123页。

相继变乱。乱事延续两昼夜，"市廛阛阓化为灰烬，人民之横遭惨杀者枕藉于道"①。兵变同时波及京保铁路沿线各市镇。2日夜，天津驻兵也如法炮制，"放火行劫，通宵达旦"②。京奉、津浦铁路局以及大清、交通、直隶各银行和造币厂均遭哄抢，店铺、民房被烧毁无数。

　　北京兵变发生后，袁世凯宣称系由"误听谣传"引起③。但实际上，种种迹象表明这是一次有预谋、有组织的行动。事发前，日坛等地驻兵曾向附近铺户透露："你们还不躲躲，俺们要动了。"少数得到消息的商人，已"先行迁移"④。27日晚，袁世凯对唐绍仪、汪精卫也曾暗示："赴南之后，北方军队恐因猜疑而有破坏秩序之举动。"⑤据当时任第三镇参谋官并与曹锟相当熟悉的杨雨辰后来回忆，兵变前一个星期，即2月21日，袁世凯的长子袁克定曾在其公馆召集姜桂题、曹锟、杨士琦等人谈话，煽动他们将南方迎袁专使"吓回去再说"。次日又把曹锟单独叫去。随后，曹锟召集第三镇标统、管带及参谋长会议，他破口骂道："我想这件事他妈的好办，只要去几个人把专使的住处一围，一放枪，大伙儿嘴里再嚷嚷'宫保要走了，我们没人管了'。只要咱们一吓唬，他们就得跑。"⑥另外，变兵一哄而起，恣意焚掠，却"自约束不得犯租界"，"不许伤及外人"，这也足以说明焚掠范围，事前是预有布置的。出动弹压的军队也只是"虚声追赶，无与变兵相接战者"。还有，当时人多称兵变系为"裁饷"和强迫剪辫而起，可是北京陆军部2月25日发布的"裁饷札文"并不包括第三镇在内⑦；何况直接参与其事的还有根本无裁饷之虞的袁世凯卫队。而且兵变所喊口号为"宫保要走了，我们没人管了"，

---

① 《北京兵变始末记》，第27、28、123页。
② 李克格、杨绍周：《天津壬子兵变记事》，《天津文史资料选辑》，第4辑。
③ 《北京兵变始末记》，第103页。
④ 《第三镇兵变真因》，《民立报》，1912年3月14日。
⑤ 《专使会议要闻录》，《民立报》，1912年3月9日。
⑥ 杨雨辰：《壬子北京兵变真相》，《辛亥革命回忆录》（八），第438—440页。
⑦ 《北京兵变始末记》，第3页。

与裁饷、剪辫绝不相干。

据袁世凯左右说，兵变发生当晚，袁闻讯后异常镇定，指令江朝宗、姜桂题无须弹压①，一味采取"消极策"②。第二天下午，他虽对再行抢劫者发出"格杀勿论"的警告，但对曹锟及肇事各营长官却绝口不言惩办，还"命将刚解到的军饷打开银鞘"，发给参加变乱的卫队③。袁世凯对违抗军令的士兵历来采取高压手段，施以酷刑峻法，唯独这次一反常态，这只能说明他有着不可告人的目的。所以，当时就有人尖锐质问道："使于事起时有一千（人）动员，即足以枪毙抢劫之兵士而有余，而吾人所举之大总统也者反释此不为，岂其智不足以及此耶？抑别有其他之隐衷方欲利用之耶？"④唐绍仪则以亲身所见明确指出，兵变实为袁世凯所指使："当时兵变发生，南方代表束手无策，促予黎明访袁。予坐门侧，袁则当门而坐。曹锟戎装革履，推门而入，见袁请一安，曰：'报告大总统，昨夜奉大总统密令，兵变之事，已办到矣。'侧身见予，亦请一安。袁曰：'胡说，滚出去。'予始知大总统下令之谣不诬。"⑤总之，大量事实表明，这场给广大商民带来惨重灾难的兵变正是袁世凯一手策划的，其目的在于制造紧张空气，借以证明他不能离开北京。

果然，兵变发生后，帝国主义各国借口保障使馆安全，立即采取行动支持袁世凯。3月2日下午，北京外交团召集会议，决定从天津迅调军队，"对现存统治当局给予道义上的支持"⑥。接着，英、美、法、德、日、俄各国纷纷从旅顺、香港、哈尔滨、青岛等地调兵入京，总数达三千余人。其间，南京临时政府曾准备从汉口、浦口和烟台调兵北上，帮助

---

① 唐在礼：《辛亥革命后我所亲历的大事》，《辛亥革命回忆录》（六），第 341 页。
② 《北京兵变始末记》，第 145 页。
③ 叶恭绰：《民元北京兵变时我之闻见》，《辛亥革命回忆录》（八），第 431 页。
④ 《北京兵变始末记》，第 149—150 页。
⑤ 刘禺生：《世载堂杂忆》，中华书局 1960 年版，第 171—172 页。
⑥ 《朱尔典爵士致格雷爵士函》（1912 年 3 月 3 日），《英国蓝皮书有关辛亥革命资料选译》下册，第 494 页。

恢复北京秩序，但却遭到袁世凯的断然拒绝。外交团也声称"不允许任何类型的中国军队进入天津周围的禁区"①。帝国主义各国报纸攻击孙中山坚持临时政府设于南京"全系意气用事"，以致招来这次"扰乱"②；袁世凯"能得南北之信用，仍为现势上之主人，则尚不难以其威望镇定祸乱，否则仅有列强联合干涉之一途"③。

　　与此同时，京、津、保各商务总会、议事会、顺直咨议局以及各政团，或上书袁世凯，要求"声明决不南行"，或致电南京临时政府，指责"争执都会地点"，"酿此大变"。甚至宣称：袁如"南行"，"我等敢决数十万之同胞，必攀辕卧辙，号哭不放"④。段祺瑞、姜桂题、冯国璋等北洋将领更联名致电孙中山，蛮横叫嚷："临时政府必应设于北京，大总统受任暂难离京一步，统一政府必须旦夕组定。"⑤向南京临时政府施加压力。

　　在南方，那些一心要对袁世凯妥协的人本来就反对临时政府设于南京，这时便与北洋派遥相呼应，指责孙中山"一念虚憍"，"置国家安危于不顾"。黎元洪甚至危言耸听地说什么"舍南京不至乱，舍北京必至亡，纵金陵形势为胜燕京，犹当度时审势，量为迁就"⑥。

　　如此北呼南应，形势很快便急转直下。蔡元培对袁世凯早有所认识，曾指出武昌起义后"彼之出山，意在破坏革命军，而借此以自帝"⑦，并断言此行"必不能达目的"⑧。宋教仁于北京兵变后，也识破"此中隐情，定是手段"⑨。尽管如此，他们由于害怕引起帝国主义干涉，也不再

① 《朱尔典爵士致格雷爵士函》(1912年3月11日)，《英国蓝皮书有关辛亥革命资料选译》下册，第502页。

② 《欧陆各报论京津兵变》，《辛亥革命》(八)，第513页。

③ 《欧陆各报论京津兵变》，《辛亥革命》(八)，第518页。

④ 《共和实进会上袁世凯书》，《大公报》，1912年3月3日。

⑤ 《北京三统之危言》，《申报》，1912年3月10日。

⑥ 《黎副总统书牍汇编》卷1，上海广益书局1914年版，第8页。

⑦ 《致吴稚晖函》，孙常炜编：《蔡元培集》，第1034—1035页。

⑧ 黄世晖记、蔡元培口述《传略》，新潮社编：《蔡孑民先生言行录》，第22页。

⑨ 陈旭麓主编：《宋教仁集》下册，中华书局1981年版，第383页。

坚持促袁南下的立场。3月2日,蔡元培等忧心忡忡地致电南京临时政府与参议院说:"北京兵变,外人极为激昂,日本已派多兵入京。设使再有此等事发生,外人自由行动,恐不可免。培等睹此情形,集议以为速建统一政府,为今日最要问题,余尽可迁就,以定大局。"①接着,又连电孙中山,请迅即同意临时政府暂设北京和袁不必南下受职。电文说:"连日袁君内巡各处军民,外应各国驻使,恢复秩序,镇定人心,其不能遽离北京,不特北方人民同声呼吁,即南方闻之,亦当具有同情。"②在这种情况下,孙中山无可奈何,不得不表示同意。6日,参议院开会议决准许袁世凯以电报向参议院宣誓,在北京就职。

袁世凯为达到自己在北京就职的目的,不惜纵兵荼毒人民,充分反映了他的阴险狡诈和极端残忍,也暴露了封建军阀政治的黑暗。

3月10日,袁世凯就职仪式在北京石大人胡同前清外务部公署举行。与会者百余人,"内有洋服者,有中服者,有有辫者,有无辫者,有红衣之喇嘛,有新剃之光头,五光十色,不一而足"③。英国公使朱尔典也亲临观礼。下午3时,仪式开始。袁世凯着军服,佩长剑,面南正立,宣读誓词说:"世凯深愿竭其能力,发扬共和精神,涤荡专制之瑕秽。谨守宪法,依国民之愿望,祈达国家于安全强固之域,俾五大民族同臻乐利。"④蔡元培代表参议院接受誓文并代表孙中山致祝词后,袁在答词中再次表示:"世凯衰朽,不能胜总统之任,猥承孙大总统推荐,五大族推戴,重以参议院公举,固辞不获,勉承斯乏。愿竭心力,为五大民族造幸福,使中华民国成强大之国家。"⑤就这样,袁世凯通过玩弄权术,终于迫使革命党人再次让步,实现了他在北京就职的阴谋。事后,他得意

---

① 凤冈及门弟子编:《三水梁燕孙先生年谱》上册,1946年版,第114页。

② 《临时政府公报》,1912年3月9日。

③ 《袁总统受任余记》,《申报》,1912年3月18日。

④ 誓词为叶恭绰起草,梁士诒修正,先于3月8日电达南京临时参议院认可。誓文见徐有朋编:《袁大总统书牍汇编》,上海广益书局1926年版,卷首。

⑤ 《北京电报》,《民立报》,1912年3月12日。

洋洋地对一个亲信说："吾生五十三年，今日为妄举。"说罢狂笑不已。

袁世凯就职的当天，以"本大总统"名义颁布"大赦令"和"豁免钱粮令"，宣布凡民国元年3月10日以前"除真正人命及强盗外"，一切罪犯"无论轻罪重罪、已发觉未发觉、已结正未结正者，皆除免之"；"所有中华民国元年以前应完地丁、正杂钱粮、漕粮实欠在民者，皆予除免"①。但随后又发布补充令说：豁免钱粮范围以宣统二年（1910年）为限，"其辛亥年应完钱粮征收期限，须至民国元年夏间方行截数，不得谓之实欠，即不在免除之列"②。可见"豁免钱粮令"对一些省区"仅属虚文"，毫无实际意义③。同日，袁世凯还发布了几道命令，强调"破除私见"，"服从中央命令"，"以期实行统一"，实际上是要革命党人服从他的"统一"，接受他的统治。为防止革命党人的反抗和加强对人民的控制，袁命令"所有从前施行之法律及新刑律，除与民国国体抵触各条应失效力外，余均暂行援用"④。这就预示着袁世凯与革命党人的矛盾，并没有因革命党人对袁在北京就职问题上的让步而消除。

二 唐绍仪内阁成立

袁世凯就任临时大总统后，首先提上议事日程的问题是组织内阁。

3月11日，孙中山颁布《中华民国临时约法》，规定政府采内阁制，以便限制袁世凯专权。对于孙中山的这一意图，宋教仁当时曾明白说过："改总统制为内阁制，则总统政治上之权力至微，虽有野心者，亦不

---

① 《命令》，《正宗爱国报》，1912年3月12日。
② 《袁世凯致各省都督电》，《申报》，1912年3月27日。
③ 如福建沙县共和实进会与农商教育自治会联名致电袁世凯，指出除免民元以前实欠在民钱粮，"则辛亥年份钱粮自在应予免除之内"，但随后又"强以清宣统三年钱粮纳入民国元年范围"，是"徒负失信之恶名，于实际上毫无补益"；且"闽光复时已豁免至庚戌年"，故豁免令"仅属虚文"（《申报》，1912年4月26日）。
④ 《临时大总统令》，《正宗爱国报》，1912年3月12日。

得不就范"。①

　　还在南北议和期间，革命党人就提出国务总理必须由同盟会员担任，"再由总理提出阁员全体名单，请参议员投票"②。但袁世凯坚持由唐绍仪担任。双方一度争执不下。最后经立宪派官僚赵凤昌等人调停，达成一个被称为"双方兼顾"的协议：唐绍仪出任内阁总理，同时加入同盟会③。

　　唐绍仪(1860—1938)，字少川，广东香山县(今属中山市)唐家湾人，商人家庭出身，幼年随父在上海学习外语和洋务知识，1874 年留学美国，接受西方资产阶级文化教育。回国后，被清政府派往朝鲜办理税务，为袁世凯所赏识，调充西文翻译。从此，由于袁的保荐，先后任过天津海关道、外务部右侍郎、沪宁京汉铁路督办、邮传部左侍郎、奉天巡抚、邮传部尚书等职，并以清政府议藏约全权大臣身份与英国办理交涉。武昌起义后，被袁指派为全权代表，参加南北议和。其间，他一面表示赞成"共和"，一面与立宪派张謇、赵凤昌等人一起对革命党人施加压力，将总统职位让给袁世凯。所以，在袁看来，唐绍仪乃是他抵制革命党人担任内阁总理的理想人选。由唐担任内阁总理，既可保证北洋集团的实际利益，又能缓和革命党人的对立情绪；即使唐参加同盟会，也难以摆脱他的控制。但是，在革命党人的影响下，受过西方高等教育的唐绍仪也发生了微妙的变化。他认为要实行民主共和制度，就必须采取"与同盟会合作"的现实态度④。这也是南方革命党人同意他在加入同盟会的前提下出任内阁总理的根本原因。

　　3 月 13 日，经南京临时参议院同意，袁世凯正式任命唐绍仪为内阁总理。25 日，唐绍仪赶到南京组织内阁。关于阁员人选，争夺同样

　　① 《胡汉民自传》，《近代史资料》1981 年第 2 期。
　　② 刘厚生：《张謇传记》，上海龙门联合书局 1958 年版，第 196 页。
　　③ 刘厚生：《张謇传记》，上海龙门联合书局 1958 年版，第 196—197 页。
　　④ 刘厚生：《张謇传记》，上海龙门联合书局 1958 年版，第 196—197 页。

激烈。袁世凯一开始提出的十二人名单中,除蔡元培、王宠惠属革命党人外,其余"概属亡清旧吏"。为此,南京军政学商各界"咸怀不平",纷纷表示反对。有的致电各报馆,请"大张公道",要求袁世凯"翻然醒悟"①。南京临时参议院也以与原定十部不合,径予驳回另议。之后,袁世凯虽被迫作了一些变动,但仍把持外交、陆军、内务、海军等部不放,坚持由其亲信担任各该部总长。对陆军总长一职,南方革命军将领强烈要求由黄兴继续担任,反对任命段祺瑞。他们通电全国,忿忿不平地指出:"陆军总长非中外著闻、富有才学威望者,决难维系南北军心而谋全国幸福。黄总长兴缔造民国,苦心经营,尤为全球所钦服。……现在国基未固,全国军队正在易动难静之时,再四思维,足以从容镇抚、措置裕如者,黄君而外,实难其选。"②在这个问题上,唐绍仪也赞成南方意见,并一再致电与袁世凯"磋商"。但袁世凯寸步不让,他鼓动北洋将领以"军界统一会"名义致电参议院,公然声称如不以段祺瑞为陆军总长,即"要求大总统另行组织政府"③。于是,陆军总长人选问题,即由谁掌握军权的问题,便成了组织内阁的又一争持焦点。

在这个至关重要的问题上,照例又是赵凤昌等人出来为袁世凯帮忙。赵凤昌原来就拟了一个内阁名单,提出以段祺瑞为陆军总长,黄兴为参谋长④。这时,他与张謇等接连致电黄兴和汪精卫说:"内阁不速成立,危险万状,其原皆在陆部一席不决。南(方)军队所主张,北方亦有万难。现内乱外交,均极纷逼,倘再迟延,必致不测。万不得已,仍当以克(克强,黄兴字)就参谋为调和计。"⑤为诱使革命党人放弃陆军总

① 《覃振致各报馆电》,《申报》,1912年3月17日。

② 《顾忠琛致袁世凯等电》,《民立报》,1912年3月18日。

③ 《新政府成立之种种》,《正宗爱国报》,1912年4月1日。

④ 上海社会科学院历史研究所编:《辛亥革命在上海史料选辑》,上海人民出版社1981年版,第1083页。

⑤ 上海社会科学院历史研究所编:《辛亥革命在上海史料选辑》,上海人民出版社1981年版,第1083—1084页。

长要求,袁世凯与赵凤昌等人相配合,答应成立南京留守处,由黄兴任留守,统率南方各省军队,又答应任命王芝祥为直隶都督,作为交换条件。结果,又是革命党人让步,同意由段祺瑞任陆军总长。此外,革命党人希图掌握财政大权的努力,也因袁世凯的坚决反对而失败,最后确定由立宪派熊希龄担任财政总长。

29日,唐绍仪出席南京临时参议院会议,提出各部总长人选,除交通总长梁如浩外,均获通过。30日,袁世凯正式任命各部总长:外交陆徵祥(未到任前由胡惟德暂署),内务赵秉钧,财政熊希龄,陆军段祺瑞,海军刘冠雄,教育蔡元培,司法王宠惠,农林宋教仁,工商陈其美(后以次长王正廷署理),交通唐绍仪兼任(不久以施肇基充任);同时任命黄兴为参谋总长并统辖两江军队。黄兴拒不接受任命。3月31日,袁世凯改任徐绍桢为参谋总长,又遭到南京部分驻军的反对。4月13日,袁遂任黎元洪领参谋总长事。

唐内阁通过后,4月1日,孙中山践约宣布解除临时大总统职务。次日,南京临时参议院议决临时政府迁往北京。从此,革命的南京临时政府就成了历史名词。

为了保证责任内阁制的实行和议员正常行使民主权力,孙中山提议派王芝祥率革命军一万人护送国务员、议员北上,然后留驻北京,但却遭到袁世凯的竭力反对。袁复电唐绍仪说,这是"糜烂"大局的"破坏"之举,他"万难接受"①。他还致电王芝祥,要他单独北上,并对革命党人说:"王之为人,吾极赏识","使之督直甚好,惟恐其带兵北来,则颇多危险"②。冯国璋、段祺瑞、姜桂题等北洋将领在袁鼓动之下通电全国,叫嚷:"北方秩序,业已平定,国务员北来,北方军界力任保护之责。若必携带重兵,则是有心猜忌,北方军人万难忍受。倘有意外,本将校

---

① 《大总统哭告唐总理》,《正宗爱国报》,1912年4月9日。

② 《王芝祥将督直隶》,《正宗爱国报》,1912年4月11日。

等不负责任。"①但革命党人仍坚持派兵北上,唯表示人数可减至两千人。于是,袁世凯又别有用心地提出将临时政府移设南苑,令赵秉钧等负责在南苑兴建兵房,梁士诒、关冕钧等监督铺设铁道,故意借此虚张声势,挑动反对情绪。北京市政维持会、总议董会则宣称:"南军倘必北来,则北京各处即一律罢市。"②

其间,黎元洪也接连发表通电,攻击派兵护送阁员是"猜心藏忌","足以亡国",要求唐绍仪与南方阁员迅速北上,断不能"一误再误"③。黎元洪的电报深为袁世凯所"欢迎"④。北洋"军界统一会"通电全国宣称,如果五天以后"犹事迁延",就要请袁世凯先行派员署理⑤。接着,东三省赵尔巽、陈昭常、宋小濂等纷纷通电表示赞成。

在北洋集团与拥袁官僚群起反对之下,革命党人被迫再次让步。4月11日,即黎元洪发电的第三天,唐绍仪电告袁世凯:南方已决定取消派兵护送阁员行动,并向袁解释,他在南专注于处理善后事宜和邀集阁员北上,绝非有意"逗留"⑥。其实,南方革命党人自孙中山提出派兵护送阁员后,包括孙中山、黄兴等领导人在内,均未采取任何实际步骤,对于袁世凯及追随者的恶意中伤更未据理抗争,其机关报《民立报》甚至发表评论,要阁员"顾全大局","毋迟迟不行,放弃责任"⑦。所以,派兵护送阁员计划的取消,实际上也是革命党人害怕南北决裂,不敢坚持斗争的结果。

4月20日,唐绍仪偕蔡元培、宋教仁等同盟会阁员到达北京。21

---

① 《北方各界力阻南军》,《申报》,1912年4月13日。

② 《北方各界力阻南军》,《申报》,1912年4月13日。

③ 《关于劝阻南军北上之要电汇志》,《正宗爱国报》,1912年4月9日;《黎副总统敦促临时政府成立》,《民立报》,1912年4月12日。

④ 《朱尔典爵士致格雷爵士函》(1912年4月18日),《英国蓝皮书有关辛亥革命资料选译》下册,第557页。

⑤ 《民国元年南北政府来往电稿钞录》第3册,未刊稿,北京大学图书馆藏本。

⑥ 《唐绍仪电告逗留之原因》,《正宗爱国报》,1912年4月17日。

⑦ 血儿:《顾全大局》,《民立报》,1912年4月12日。

日,在总统府召开由唐主持的第一次内阁会议,宣告内阁正式成立。会议决定,各部组织实行"新旧参用",即南北原各部人员同时兼顾的原则。唐绍仪为表示"南北合作",提议"多用南方人"①。但袁世凯明令各总长:"官制虽改,断不能全换新手,仍当照前委任,或略更调而已。"②

内务总长赵秉钧公开声明,他"于新知识毫无所得",坚持该部全用北洋旧人,并屡以辞职相要挟,最后迫使唐绍仪同意"决不干涉部中用人权"③。结果,该部各重要位置大多被北洋旧官僚窃据,仅象征性地安置原南京内务部二十人,其中参事、司长各一,其余均为一般办事员。段祺瑞原欲荐其心腹徐树铮任陆军次长,因"群滋不悦",不得已而改提蒋作宾。但未等蒋到任,他就抢先荐任徐树铮为秘书长兼军学处长,同时荐任王揖唐(赓)等五人为司长,致使蒋由南带来八十余人无从位置。蒋大为不满,但段"亦不稍让",他公开说:"次官与以前副大臣、侍郎均不相同,无干预委任秘书长、司长之权。"后来,经过"调停",段勉强同意增设三司,安排南方诸人,但声明:"以后司长由总长荐任,次长不得预闻。"④外交、财政、海军、交通等部,情况基本相同。胡惟德"任人惟求旧",所以外交部仅调用南方四人。财政部熊希龄上任后,下令除金银库员司及案卷管理员外,其余全部人员"先行解散",但由于筹备处"概用旧人",一班旧书手"不甘废弃",纷纷"求其庇护",结果仍留用一百零三人⑤。海军部因"用人不当",引起"南京人员大哗",他们以海军协会名义致函海军总长刘冠雄说:"若不改易轨辙,则手枪炸弹请储以待。"⑥交通部虽然位置南方八十余人(原邮传部录事一百三十人,仅留

① 《新旧京官现形记》,《申报》,1912年4月30日。
② 《袁总统安慰人心》,《太平洋报》,1912年4月16日。
③ 《内务总长辞职不成》,《申报》,1912年5月2日。
④ 《陆军部之暗潮》,《民立报》,1912年4月30日。
⑤ 《事在人为》,《正宗爱国报》,1912年5月20日。
⑥ 《新政府之人才评》,《远生遗著》卷2,商务印书馆1984年版,第18页。

四十人），但"大权多由梁燕孙（士诒）暗中主持"，加之袁世凯、施肇基采用批条子等方式随意安置亲信，因而同样激起了南方的强烈不满。几个被排斥的南方人员联名致函施肇基说："阁下于民国无横草之功，仅恃泰山势力（施为唐绍仪之婿）而忝居高位，我辈求一末僚微秩而不能得，天下不平之事，孰有逾于此者？"并表示："某等数人去留，原无关乎轻重，不过诸公似此虐待南来之人，虽以某等素性平和，亦不免生恶感。此后反对阁下，将惟力是视，而尚欲南北意见融和，恐非易事。"①这些情况清楚表明，唐绍仪内阁在组织上没有也不可能形成一个统一的有机整体。

唐内阁设于铁狮子胡同前陆军部署内，每星期一、三、五召开国务会议，二、四、六各国务员谒见袁世凯。同时设秘书厅，以魏宸组为秘书长，又设新闻记者招待所，每日午后 2 时至 5 时接待记者，发布新闻。

三　临时参议院的变迁

南京临时参议院的北迁，同样荆棘满途。早在袁世凯就任临时大总统以前，参议院的合法地位就受到了以湖北省临时议会为首的各省议会、咨议局的严重挑战。2 月 21 日，刚刚成立不久的湖北省临时议会，率先倡议每省选举十到十二人，齐集汉口另组临时中央议会②，并很快得到了江苏、湖南、安徽、江西、浙江、广东、直隶、河南、山东、山西、陕西、奉天、吉林、黑龙江等十四省临时议会或咨议局的积极响应③。湖南省特别议会公然要求"订定临时参议院权限"，提出凡民国建设、民

---

① 《一声声鸣不平》，《民立报》，1912 年 5 月 25 日。

② 后经江苏省临时议会提议，每省选举七人。

③ 湖北省临时议会自称先后得十五省复电赞同（其中包括福建省）。但福建都督孙道仁通电声明："鄂省临时议会发起召集临时国会一节，闽并未表同情，来电想系误会。"（《申报》，1912 年 4 月 6 日）

国法律以及人民权利、义务等事,南京临时参议院"绝对无议决之权",必须"由各省选举人民代表组成临时国会"议决①。

袁世凯在北京就任临时大总统后,湖北省临时议会随即放弃了在汉口另组临时中央议会的主张,于3月16日电请各省"迅选举议员",齐集北京组织临时中央议会。为了进一步讨好袁世凯,他们极力诋毁南京临时参议院为"各省军政府委员组织而成","不可视为人民代表机关",声称自2月27日非法通过道胜银行借款,江苏、湖北议员相继辞职后,已"无议事之效力";其电请各省"补举"议员,不过"意在巩固该院基础",所定《临时约法》纯"由少数人议决","是直以至重且大之事视若儿戏","人民决不承认"②。他们并进而提出,组织政府无须交南京临时参议院同意,应"暂由袁大总统独力主持,俟临时中央议会成立后,再行追交通过"③。3月17日,江苏省临时议会也致电袁世凯说:"鄂议会发起组织民国临时中央议会,由各省议会或咨议局选举议员定期集合,系为表示人民意思,成立民国正当之立法机关起见,本会极表同情。应请大总统认可,迅速通令施行。"又说:"至此次任用国务员,俟中央议会成立,自须追交通过,以期合于国民之意向。"④接着,湖北省临时议会派郑万瞻等十人先行赴京,以联络各省议员和筹办"开会事宜"。

湖北等省临时议会重组临时中央议会的活动,理所当然地遭到了南京临时参议院的反对。3月19日,临时参议院致电袁世凯指出:"本院之成,根据于《临时政府组织大纲》,现公布之《临时约法》亦载明十个月内由大总统召集国会。当此参议院成立之后,国会未成立之先,乃以一省议会名义召集临时国会,不知何所依据?"为此,"本院公认湖北省

① 《湖南特别议会致各省议会等电》,《申报》,1912年3月12日。
② 湖北省临时议会致各省临时议会咨议局等电,《申报》,1912年3月15日;《临时议会与参议院之生灭问题》,《申报》,1912年3月21日。
③ 《临时议会与参议院之生灭问题》,《申报》,1912年3月21日。
④ 湖北省临时议会致各省临时议会咨议局等电,《申报》,1912年3月15日。

议会此举为不正当行为,断然无效"。并强调说:"若不承认《临时政府组织大纲》及《临时约法》,则已公布之法律,已选出之总统,已组织之临时政府,皆将无效。"①同日,临时参议院又分电湖北省临时议会和各省都督、省议会及咨议局,公开谴责湖北省临时议会发起临时中央议会为"法外之举动",于大局"非徒无益,实生纷纠"。电文表示:"方今国基初肇,所赖以维持培植者端在守法。参议院为法定机关,不可任意破坏。"②但是,南京临时参议院在维护其合法地位的同时,也作了很大的让步,同意各省参议员可"尽由民选"③。

对于湖北等省临时议会妄图推倒南京临时参议院的叫嚷,袁世凯起初既不赞成,也不反对,任其嚣然尘上。直到南京临时参议院发出上述各电,严正提出他的临时大总统的法律地位时,他才复电表示"所论极为正当","《临时约法》既经议决公布,自为今日办事惟一之依据",湖北省临时议会的倡议,对南京临时参议院"未免歧视"④。但他同时又宣称:依照《临时约法》"组织约法上参议院","与各省主张之中央议会无异"⑤。所以,当南京临时参议院表示议员可"尽由民选"后,他立即连电各省以临时议会为选举机关,依照原咨议局《议员选举章程》从速选举;其未成立临时议会省份,"应各就原设咨议局撤去咨议局之名,改

---

①　《申报》,1912年3月24日。

②　《参议员力持保存参议院》,《申报》,1912年3月24日。

③　《临时约法》第十八条规定,参议员选派方法"由各地方自定之"。3月19日,南京临时参议院致各省都督、省议会及咨议局电中亦极力维持,说参议员"或民选,或公派,一惟各省自定,万不能执民选二字反对参议员,因以反对参议院"。但时隔一日,又发电提出"若谓都督选派之参议员不足代表人民,尽可按照约法第十八条规定,选派五人之数尽由民选"(《参议员力持保存参议院》,《申报》,1912年3月24日),可见完全是为了满足湖北等省临时议会的要求。江苏省临时议会就公开说:"是该议员等亦已知舆论之所在,幡然思返。"(《三纪临时议会与参议院之生灭问题》,《申报》,1912年3月27日)

④　《三纪临时议会与参议院之生灭问题》,《申报》,1912年3月27日。

⑤　《两总统对于中央议会之政见》,《申报》,1912年4月4日。

为临时省议会，即以原选议员作为该会议员，行使其应有之职权"①。袁世凯的这种态度，表明他同样忌恨南京临时参议院，只是惟恐由此影响其临时大总统地位，表面上才不能不有所收敛。他后来公开诋毁南京临时参议院由少数人把持，非出于"人民公举"，不能代表"人民之真意"②，就清楚地说明了这一点。

基于同样的原因，黎元洪这时也公开表态，不赞成重组临时中央议会。他咨复湖北省临时议会说："前后两次临时总统，均由参议员选举而出，南京临时政府国务员亦由得参议院之同意组织而成，今北京组织新内阁，该国务委员又已决定在南京组织，须经参议院之同意，是参议院在此时期内极为重要。本军政府为大局起见，决不能不承认该院为临时立法机关。"黎并回绝了省临时议会请他通电袁世凯及各省都督不承认《临时约法》和电告南京临时参议院不许补举议员的要求。他表示，省临时议会如拒绝补选议员，即由军政府添派前往与会③。

由于南京临时参议院的反对，加上袁世凯、黎元洪也有所顾忌，湖北等省临时议会不得不停止重组临时中央议会的活动。南京临时参议院终于渡过了这个不大不小的危机，而保住了自己的合法地位。但是湖北等省临时议会也非全无所得，他们达到了议员"民选"的目的，为其以后的活动争得了便利条件。湖北郑万瞻等人就公开表示：俟"民选"议员全部选出，再提出"修改约法，更易院名，增加人数，另组国会"，"一切俱有把握"④。其实，湖北等省临时议会标榜的议员"民选"，不过是由省临时议会议员互选而已，并非由人民直接选举。同时，他们所以要求议员"民选"，也主要不是为"体现民主精神"，而是为了满足立宪派争

①　《致各省都督电》，《正宗爱国报》，1912年4月9日。
②　《梁士诒函稿》，中国社会科学院近代史研究所藏原件。
③　《三纪临时议会与参议院之生灭问题》，《申报》，1912年3月27日。
④　《北京鄂省议员电》，《申报》，1912年4月12日。

夺最高立法权的需要。因为各省临时议会多由原咨议局改组而成,除个别省外,立宪派占有绝对优势。如湖北省临时议会,即主要为立宪派控制,被称为"发起反对前南京参议院之第一人"的该会副议长郑万瞻①,就是原咨议局的骨干成员。以著名立宪派首领张謇为议长的江苏省临时议会,也是"原承咨议局之旧议员"而来②。湖南、江西等省情况,大体也如此。可是,作为中央立法机关的南京临时参议院,却以同盟会员占优势。为了改变这种情况,立宪派遂提出了议员"民选"要求。

4月5日,南京临时参议院议决迁往北京,并于当日通电宣布:"自本月初八日始,休会十五天,于本月二十二日齐集北京。"迁到北京的临时参议院设于象坊桥法律学堂前资政院旧址内。议员额定一百二十六人,但实际只选出一百十八人,经常到会八九十人,"组织甚不完全"。

北京临时参议院虽由南京临时参议院北迁而来,《临时约法》也仍是它一切活动的依据,但与南京临时参议院相比,却有了不少明显的变化。首先,经过各省所谓"民选",议员构成有了很大改变。以湖北、湖南、江苏、江西、贵州、直隶六省为例,共计"民选"议员三十人(每省定额五人),其中原议员当选者四人,新当选者二十六人③。原议员当选者中,同盟会员三人,立宪派一人;新当选者中同盟会员八人(尚包括与立宪派结为一气,公开与同盟会作对的时功玖、张伯烈、刘成禺三人),其余俱为立宪派或倾向立宪派的所谓"中间派"。由此可见,北京临时参议院的旧立宪派势力有了显著增长。

其次,与此相联系,正副议长也发生了根本改变。北京临时参议院

---

① 《鄂省改选参议员》,《申报》,1912年4月19日。

② 《程德全致袁世凯电》,《中华民国新文牍汇编》卷1,第18页。

③ 湖北时功玖、张伯烈、刘成禺与江苏的杨廷栋,原为南京参议员,后宣布辞职,故不包括继续当选者之内;江苏陈陶遗、杨廷栋、凌文渊基于同样的原因,亦不包括在落选者之列。

开幕前夕，汤化龙、郑万瞻、曾有澜、汪荣宝等立宪派议员以及张伯烈等人无视南京临时参议院"新、旧议员陆续交替"的决定，也不顾各省所谓"民选"议员尚未全部选出的事实，联络各新举议员要求完全由"民选"议员即新议员召集会议，反对原议员即旧议员出席。汪荣宝更因"旧参议员多同盟会人"，"联合新选参议员不遗余力"，以"谋举议长"①。因此，当4月29日参议院开院典礼一结束，他们便借口议长林森允许湖北、江西原议员出席会议，群起责其"违法"，声称必须重新选举议长，全部取消"官派"议员资格，始能正式开会，并当场签名决定取消30日议事日程。30日上午，"民选"议员召开"谈话会"，推汤化龙为临时主席。会上，李国珍、曾有澜、汪荣宝、张伯烈认定参议员既经"民选"，先前"所有各省官派之参议员"，当然"无继续存在之理由"，必须"一律退院"。只是由于同盟会和部分立宪派"民选"议员的反对，才没有通过他们的提议。最后议决："未经改选参议员省份及已经改选省份而新选之参议员尚无一人到者，其原省旧有在院之各议员仍得出席，俟该省新选议员有一人以上到院，即行解职。"②当日下午，部分立宪派"民选"议员又反对召开常会，而改为全院"谈话会"，正式提出议长改选问题。尽管同盟会议员极力维护林森的议长地位③，表示"谈话会"断不能决定议长改选问题，议长亦不宜遽行改选，但立宪派"民选"议员坚持林森系"在南京少数人选出"，已失议长资格，必须重新选举，以迫使林森提出辞职。5月1日，北京临时参议院举行选举。由于立宪派议员事前曾以极不光彩的手段，与所谓第三党达成"暗相提携"的协议④，结果，吴景

---

①　《汪荣宝蝇营狗苟》，《太平洋报》，1912年5月5日。

②　《参议院秘书厅通告》，《正宗爱国报》，1912年5月2日。

③　副议长王正廷已担任内阁工商次长，自应改选，故同盟会全力维护林森议长席位。

④　梁漱溟：《有关民国初年政见的见闻纪实》，全国政协编：《文史资料选辑》第1辑。

濂被选为正议长①,汤化龙被选为副议长。同盟会内定议长候选人张耀曾,以一票之差而落选。

第三,继议长改选之后,审议长及各部审查员和其他常任职员也全部重新改选。南京临时参议院原于正、副议长之下设审议长一席,负责主持全院审议会,设财政、法律、外交、请愿四个审查会,具体审查各有关提案;审议长(李肇甫)和各审查员均由大会选举产生,各审查会并互选审查长一人。另设秘书、干事科,秘书长和干事长由议长遴选并受议长"指挥监督",但须经议员公同认可。北迁前夕,经议员提议:已确定的各审查会额定人数不变,同时议决审议长改称全院委员长,外交审查会改称庶政审查会,并新增惩罚审查会。迁到北京后,立宪派"民选"议员在要求改选议长的同时,又提出各常任职员纯为南京少数"官派"议员选举或认可,也必须全部改选,重新组织,并要求扩大各部审查员人数。5月2日,正式举行全院委员长和各部审查员(称"常任委员")选举会。3日,各部委员会互选委员长。结果,谷钟秀、林长民分别取得了仅次于正、副议长的全院委员长和秘书长席位。各部委员人数也较前大为增加。同盟会议员张耀曾、曾彦、彭占元虽互选为法制、请愿、惩罚委员会委员长,但财政、庶政委员会委员长却为其他党派的殷汝骊和郑万瞻所得。

最后,同盟会议员也发生了程度不同的变化。虽然总的说来,同盟会议员在临时参议院内"势力仍大,且党略较优于他党,步武亦较整

---

① 吴景濂(1873—1944),奉天宁远州(今辽宁省兴城市)人。他所以被选为议长,还因为:第一,他原为奉天咨议局议长,于参加统一共和党的同时又为民社、统一党和共和建设讨论会等政团的发起人或成员,与立宪派保持极为密切的联系;第二,他既是南京参议员,又是"民选"新议员,且手段圆滑,"于新、旧感情均洽"(《申报》,1912年5月9日);第三,统一共和党议员中,有一半以上为东三省人,一直唯吴马首是瞻。

齐"①,但涣散的趋势已越来越明显。有的无视"党议",自行其是;有的为了个人的地位,不惜牺牲"党见",大搞政治投机,成了唯利是图的政客;有的则不分是非,一味以谩骂、攻击谋求党势发展,徒为反对派提供指责的借口。这些都给同盟会后来的活动投下了阴影。

四　北京临时政府的性质

北京临时政府的成立过程,清楚地表现出两个显著特征:一是表面上依据《临时约法》行事,一是始终贯穿着袁世凯北洋军阀集团与南方革命党人的激烈争夺。这既规定了它的组织形式,也决定了它的性质。

以袁世凯为首的北洋军阀是一个代表大地主大资产阶级利益的庞大军事政治集团。多年来,它对内镇压人民,对外投靠帝国主义,上交权贵,下结死党,肆无忌惮地扩充势力。武昌起义后,其全部活动,无论是公开的,隐蔽的,军事的,政治的,集中到一点,就是为了夺取国家最高权力,建立北洋军阀的统治。所以,袁世凯必然要竭力控制北京临时政府。

首先,组织总统府,"专以封其党羽,充其实力"②,把总统府变成了北洋集团的大本营。袁世凯刚被举为临时大总统,就迫不及待地设立"临时筹备处",作为办事机构。其《规约》规定:本处"直隶于新举临时大总统","所有各股办事员应由新举大总统选派"③。而袁所选派的五十人,大多为"前清时代红人"④。他又改前清军咨府为军事参议处,"一切皆仍其旧"。同时设秘书总长一职,委前清侍郎宝熙充任。唐绍仪内阁成立后,袁世凯将部分人员安插各部,对总统府班底加以重新调

---

①　丁文江、赵丰田编:《梁启超年谱长编》,上海人民出版社1983年版,第645页。

②　《社说二·论袁党之动机》,《太平洋报》,1912年5月7日。

③　《袁总统新设临时筹备处》,《申报》,1912年2月29日。

④　《新北京宦海升沉记》,《申报》,1912年4月9日。

整。4月21日,他下令撤销临时筹备处、军事参议处,改设秘书厅及军事处为总统府办事机关。秘书厅以梁士诒为秘书长,阮忠枢为次长,施愚、吴廷燮、张一麐、余迪侯、闵尔昌、沈祖宪、李景铢、陈毅、余抚辰、曾彝进等为秘书;军事处以禁卫军军统冯国璋兼任总长(后以荫昌接任),傅良佐为次长,田文烈为秘书长,均系北洋亲信或幕僚。为了加强总统府的实力地位,他不顾南方革命党人的反对,将原巡防队、武卫右军改编成一支拥有三十五个营的拱卫军,任段芝贵为总司令,袁乃宽为军需长(后以田文烈接任),受总统府直接节制①。

此外,袁世凯还以"咨询一切"为名,于总统府内设立外交、政治、军事、海军、法律、教育、边事等各种顾问,顾问又有头等(高等)、二等、三等之分,其实际目的不过是借以安插私人,网罗社会"名流"和牢笼革命党人。正像著名记者黄远庸所揭露:"彼以为天下之人,殆无有不能以官或钱收买者,故其最得意之政策,在宠人以勋位,以上将、中将、少将种种,其他或以顾问,或以赠与,或以其他可以得钱者之种种。"②因此,顾问愈设愈多,名目愈出愈奇,以致有人讥评说:总统府顾问"比较前清弼德院尤为茂盛"③。

其次,蔑视《临时约法》,蓄意破坏责任内阁制。袁世凯不仅强行夺去外交、内务、陆军和海军等重要各部权力,怂恿这些部门奉行"独立主义",以拆内阁的台,而且千方百计缩小内阁权限。临时参议院迁京前夕,曾依据《临时约法》通过了《国务院官制》和《各部官制通则》。唐绍仪内阁成立不久,袁世凯即提出"修正案",交参议院议决。其重要"修正"为:一、将国务总理"承宣机宜,统一行政"的权限,改为"保持行政之统一";二、对于"国务总理于必要时,得中止各部总长之命令处分",以

---

① 据1912年5月17日《太平洋报》载:拱卫军于5月1日正式改编而成,共计三十五营。其分布情况为:北京驻十五营,天津驻三营,保、正、顺三府各驻一营,郑州驻二营,彰德驻十营,京津车站驻二营。

② 《游民政治》,《远生遗著》卷1,第23页。

③ 《唐绍仪充高级顾问》,《正宗爱国报》,1912年6月29日。

及各部总长"于各地方行政官于必要时,亦得撤消或停止其命令处分"的规定,认为"必要"二字"范围太广","非有一定之权限",难免"滥用其停止或撤消之权",须限制为"只在违背法律、逾越权限时用之";三、各部简任、荐任各官,在分司以上者"权限属于大总统","应由大总统下令";分司以下者"权限属于各总长","应由各总长下令"①。关于第一点,参议院讨论时议员彭允彝曾提出反对意见,认为仅规定"保持行政之统一",则内阁"政治上必不能活动",且与《临时约法》所定责任内阁制原则相违背,主张改为"国务总理为国务院首领,定全国大政之方针"。但出席参议院常会的政府委员则声称,确定大政方针"乃大总统之权限",决不能属于国务总理,否则"大总统何所事事?"②由于政府委员的坚持和多数议员不表同意③,彭允彝的提议未能通过。这样,通过"修正"官制,袁世凯不仅取得了内阁各部分司以上各官的任免权,而且从法律条文解释上取消了内阁得制定大政方针的权力。

袁世凯并不以此为满足,他还要进一步加强对内阁的控制。例如,"财政军政大问题,皆直接由总统府处理,并不报告于国务会议"④。由财政总长与"其他通晓财政人员"组成的财政委员会则专为控制财政大权而设,它的任务是"研究各项财政问题,以供政府之采择";而所谓"研究",不过是先由财政委员会"筹备一切,始交财政部遵照办理"而已⑤。因此,当时就有人评论说:"财政一项,则交通部、财政部与总统府是一

---

① 《参议院第十三次会议速记录》。

② 《参议院第二十一次会议速记录》。

③ 主要是三种意见:一、定大政方针既不属于大总统,也不属于国务总理,而属于国务院;二、定大政方针自包含于"保持行政之统一"中,不必标明;三、大政方针不属官制问题,不必讨论。(《参议院第二十一次会议速记录》)可见多数议员并未完全明了彭允彝的真实用意。

④ 《中华民国名人传·蔡元培》,第39页。

⑤ 《徐傅霖等质问大总统府另设财政筹备处、军事处书》,《参议院议决案汇编》乙部,第四册。

是二,何人知之?"①

再次,以"限制过苛"为借口,竭力摆脱参议院的监督。还在南京临时参议院北迁以前,袁世凯就认为参议院"权限亦须略为改缩",特命临时筹备处"将该院院章悉心考核,量为增减",作为临时参议院在北京正式成立的先决条件②。后来他虽未敢正式提出,但行动上却常不经参议院议决,便"巧立官名,以为任命",公然以命令取代法律,致使"私官日多,直与专制之任官无异,而荒谬绝伦之任官遂亦层出不穷"③。

但是,由于同时受到内阁和参议院两方面的牵制,袁世凯毕竟还没有达到他所企望的垄断全部权力的目的。

在内阁方面,尽管袁世凯对它极力破坏、操纵,但在法律和事实上,它仍具有责任内阁的性质。首先,即依"修正"过的《国务院官制》,内阁仍然拥有广泛的权力。比如,《官制》规定:国务总理依其职权或特别委任得发院令;就所管事务对于地方长官得发训令及指令,并得停止或撤消地方长官所发违背法令的命令或逾越权限的处分;临时大总统公布法律、发布教令及其他关于国务的文书,须由国务总理或全体国务员或总理与有关国务员副署;法律案与教令案、预算决算案、预算外之支出、军队编制、条约案、宣战媾和事项、简任官进退、各部权限争议等等,均经国务会议,会议时以国务总理为议长④。其中,"副署权"的规定尤其重要,因为这项规定意味着对袁世凯"公布法律、公布教令及其他关于国务之文书"可以同意,也可以不同意;而不同意即意味着袁世凯公布的法律、教令等无法律效力,如一意孤行,就是侵法越权。这对袁推行专制统治不能不是莫大的限制。因此,当时就有人发表评论说:《国务院官制》规定国务总理之权,"范围非常广大,苟本此而实行之,则内阁

<hr />

① 《遁甲术专门之袁总统》,《远生遗著》卷1,第7页。
② 《组织参议院消息》,《时报》,1912年4月5日。
③ 《时报》,1912年2月29日。
④ 《参议院议决中央官制案》。

政治之精神实于此寄"。并指出：国务总理职权虽未指明"定大政方针"一语，而国务会议所议各项内容，已"尽举其实"①。

其次，更为重要的是，在当时革命党人的心目中，普遍认为责任内阁制直接关系到民主共和国的巩固，绝不能听任袁世凯及其党徒随意破坏。因此，同盟会阁员决心以维护和实行责任内阁制为职志。例如宋教仁，农林原非其所长，更"非中心所愿"，但为实行责任内阁，他毅然就任，不仅"对于当尽之职务莫不次第实行"，相继拟定了一整套发展农林的计划，而且努力使内阁成为一个"志同道合，行大决心，施大毅力，负大责任，排大困难"，"有系统、有秩序之政见"的名副其实的"责任内阁"②。每开国务会议，他发抒政见，议论政策，"说话最多"③。他认定制定"大政方针"为内阁当然"责任"，屡次提议于国务会议，继而又自告奋勇代内阁草拟了一份全面而详尽的"政见书"。他虽然主张"集权政府"和"速行军民分治"，但完全是作为巩固和建设民主共和国的一项基本政策，并为加强与提高内阁地位而提出的，与袁世凯企图独揽大权、专以削弱同盟会力量有本质的不同。又如蔡元培，同样竭诚维护责任内阁制原则。他坚决主张"划清大总统及国务院权限"，反对"事事奉令承教于大总统"。为此，他提出：国务院是个"定大计，负责任"的有机体组织，阁员不能随意单独行动，更不可"用阴谋，逞机智"④等等，表现了他一贯追求民主政治的进取精神。在宋、蔡及其他同盟会阁员的影响和支持下，有意实行"责任内阁"的唐绍仪，"事事咸恪遵约法"⑤，"每有要议，必就商于蔡、宋二君"⑥。"袁世凯以每有设施，辄为国务总理依

---

① 章行严：《论国务院官制与内阁制》，《民立报》，1912年6月30日。
② 《宋教仁集》下册，第405页。
③ 《新政府组织种种》，《申报》，1912年5月2日。
④ 蔡元培：《答客问》，《民立报》，1912年7月27日。
⑤ 冯自由：《唐少川之生平》，《革命逸史》第2集，第302页。
⑥ 《政界内形记》，《远生遗著》卷2，第9页。

据约法拒绝副署,致不能为所欲为,深滋不悦。"①因此,当时舆论都称唐绍仪内阁为"唐宋内阁"②。

在参议院方面,虽然它迁到北京后发生了显著的变化,但作为辛亥革命的直接产物,维护民主共和,反对封建专制仍是它最基本的特性。首先,临时参议院是在承认《临时约法》的情况下迁到北京的,这就使它不能不拥有《临时约法》所赋予的极大权力。其次,同盟会议员坚持民主共和的立场,决定了他们必然采取维护《临时约法》有关"同意权"、"议决权"的态度。再次,反对派议员固然拥护袁世凯,但也仅是"假借"其实力,以求达到分享权力的目的。每当袁世凯背离宪政轨道时,《临时约法》照样是他们抵制袁的有效武器,这说明他们同样需要"议会政治"。所有这些,都使临时参议院不能不与袁世凯处于对立的地位。

其实,早在袁世凯就任临时大总统时,南京临时参议院就曾向他指出:"《临时约法》七章五十六条,伦比宪法",要求他"守之维谨,勿逆舆情,勿邻专断,勿狎非德,勿登非才"③。迁到北京后,临时参议院更明确宣布:立国根本,全在于"廓清秦政以来十二朝专制之锢习,及晚清时代社会传染之恶风"。并表示:"苟有利于国者,措施虽有时以权济变,本院亦靡不乐为赞助,期于成功;否则,苟且之策,补苴之术,形式徒具,精神坐亡,本院职司所在,万不能同流自陷,辜负国民。"④这实际就是对袁世凯的警告。正是在这一思想的指导下,为维护民主共和,反对专制独裁,临时参议院与袁世凯展开了一系列的斗争。仅7月以前,就有以下数端:

其一,反对违法任命政府官吏。4月10日,袁世凯无视《各部官制通则》关于各部设次长一人的规定,又不经参议院议决同意,便下令任

---

①　冯自由:《唐少川之生平》,《革命逸史》第2集,第302页。
②　《太炎先生自定年谱》,《近代史资料》1957年第1期。
③　《南京参议院电致袁大总统受任祝词》,《正宗爱国报》,1912年3月14日。
④　《参议院致袁大总统辞》,《正宗爱国报》,1912年5月1日。

命张元奇、荣勋为内务部次长。5月4日，袁的追认咨文送到参议院，遭到议员一致反对。他们指出，"以咨文而忽然变更参议院议决案，并无提出修正案，在法律上已不正当"，况增加案未经提出，先已任命，"殊于约法相违背"。他们表示："断不能以位置私人之故而增加次长"，"徒为政府增加闲职"，更"不能以咨文而即可以变更法律"。最后，参议院议决维持原案，"内务部无须增加次长一人"①。12日，袁世凯只好下令取消对张元奇的任命。此外，他不经参议院议决，擅自任命胡瑛为新疆青海屯垦使等专断行为，也同样受到参议员的严厉质问。

其二，对于袁世凯交议的国务院官制修正案、各部官制通则修正案以及各部各局官制修正案，临时参议院不仅常发反对之词，且运用"议决权"，多所删减。对于财政部官制修正案，它指责该部"设局不妨其多，用人不妨其滥"，"造币厂、印制局皆为安插私人之地"。对于蒙藏事务局官制案，它认为第一条"关于一切"四字"权限太大"，径予删去，所定秘书、佥事、主事人数亦须减少。对于法制局官制修正案，它删去了聘任外国人为顾问一条，而对"酌设编辑员"一条，以"人数未经定明，恐有滥竽之弊"，改为限制在"四人以内"，参事也由十二人改为八人。对于铨叙局、印铸局、临时稽勋局的佥事定额，它坚持铨叙局由十四人改为四人，印铸局由八人改为四人，临时稽勋局则全部删去，仅保留调查员，由委任改为荐任，专任十人，兼任无定额②。这样就大大减少了袁世凯安插亲信的机会。

其三，临时参议院还先后通过了一系列提案，咨催政府交院议决。其中包括预算决算、迅定地方官制、迅定户籍法、迅定服制服色并注意采用国货等案，尤以催交预算决算最为坚决。自5月11日到7月14日，它连续三次咨文袁世凯，最后一次并限期一月内交院议决。袁世凯不得不于7月15日向参议院交出一纸《六月份支出概算书》。不料这

<hr />

① 《参议院第一、三次会议速记录》。
② 《参议院第二十二、二十九、三十次会议速记录》。

样更激起了参议员的愤怒,他们一致斥责袁世凯"敷衍了事","与约法上大有冲突",指出:7月"始将六月份之概算提出,其昏愦为何如? 直可谓之不懂法律。设使本院亦盲从而议决之,岂非亦是一个不懂法律耶?""政府如此欺诈手段,本院一经议决,岂不贻人口实,传为笑柄?"①于是,临时参议院当即议决将原书退回,重申袁世凯必须于一个月内交出临时预算。参议院所以如此坚决地要求袁世凯交出预算决算,除其职责方面的原因外,更重要的是它认为,此事"与民国前途关系极大","盖必有预算,而后政府用款方有标准,不至浮滥",借款亦不致"漫无限制"②。有的议员还指出:"参议院万不可为政府之傀儡……如不定以期限,令政府交议临时、正式预算,恐垫款用罄,参议院、临时政府、中华民国亦将从此相随而告终矣!"③

事实证明,临时参议院对袁世凯的斗争虽然有限,威力也不大,但毕竟对他的手脚有所束缚,使他无法恣意妄为,实际上成了他专制独裁的重要障碍。

如同袁世凯揽权有其社会基础一样,共和观念的深入人心,民主潮流的蓬勃发展,和同盟会在南方仍拥有相当力量,也为内阁、临时参议院行使《临时约法》赋予的权力提供了必要的社会条件。没有南方各省革命力量作后盾,仅靠内阁或临时参议院来约束袁世凯,是不可想象的。

以上事实表明,在北京临时政府建立过程中,袁世凯北洋军阀势力显然居有优势地位,北京临时政府实际上为他们所控制。因此,北京临时政府的建立标志着北洋军阀统治的开始。但另一方面,资产阶级革命党人乃至前清立宪派,还掌握着部分行政权和立法权,并力图利用内阁和临时参议院对袁世凯加以制约,因而还不能说北京临时政府就是

---

① 《参议院第四十一次会议速记录》。
② 《参议院第四次会议速记录》。
③ 汤化龙语,见《参议院第四十次会议速记录》。

北洋军阀政府。由于它还保留着资产阶级民主政府的一般形式,所以它实质上是一个以北洋派占主导地位的联合政府。

第二节　各党派团体的勃兴及其政治倾向

在清朝封建专制时代,政府视政党为洪水猛兽,严禁人民集会结社,因此除中国同盟会等秘密革命团体外,公开的政党组织是"无从发生"的[①]。但自武昌起义和中华民国南京临时政府成立之后,"集会结社,犹如疯狂,而政党之名,如春草怒生,为数几至近百"[②]。

起初,由于北方尚在清廷控制之下,这些新生的政党大都集中在上海、武汉、南京等革命军占领的地区,尤以"上海为中心"[③]。及清帝退位,北京临时政府成立后,随着国家政治中心的北移,各党本部也纷纷北迁入京。据当时报载,北京"党会既多,人人无不挂名一党籍。遇不相识者,问尊姓大名而外,往往有问及贵党者"[④]。可见,挂名党籍已成为当时一种时髦。这些政党大都以"拥护共和"、"巩固统一"和"谋国利民福"相号召,但细察实际,却各有所图。为扩张党势,它们一谋合并,二借招徕,凡有"不党"之人,不管相识与否,"辄曰吾当为君介绍入某党,不俟承诺,翌日则党券党证已送至矣"[⑤]。更有甚者,即非"不党"之人,也免不了为这党那党所运动和追逐,从而出现许多一身而数兼的跨党分子。"星期之日,湖广会馆、织云公所等处无不开会,有身兼数会者匆匆画到即去,谓吾尚有数会须赴也"[⑥]。这是当时政党一大特点。

然而,这时党会名目虽多,但就政治倾向而言,却只有同盟会派与

① 匪石:《两年来政党变迁之大势》,《民权报》,1913 年 11 月 13 日。
② 善哉(丁世峄):《民国一年来之政党》,《国是》第 1 期,1913 年 5 月。
③ 善哉(丁世峄):《民国一年来之政党》,《国是》第 1 期,1913 年 5 月。
④ 本馆驻京记者冰心:《北京社会之面面观》,《时事新报》,1913 年 1 月 3 日。
⑤ 本馆驻京记者冰心:《北京社会之面面观》,《时事新报》,1913 年 1 月 3 日。
⑥ 本馆驻京记者冰心:《北京社会之面面观》,《时事新报》,1913 年 1 月 3 日。

非同盟会派之分；而真正具有一定政治影响和号召力的则不过统一党、同盟会、共和党、统一共和党、共和建设讨论会、中国社会党等十数党而已。

一　从中华民国联合会到统一党

中华民国联合会是南京临时政府时期最有影响的政团之一。它由前清江苏巡抚、当时苏州军政府都督程德全和同盟会著名宣传家章炳麟二人发起于上海，其核心人物为章炳麟①。

武昌起义爆发时，章炳麟正在日本讲学，11月15日，抵达光复后的上海。当时，武昌军政府代表胡仰、胡伟、胡瑛、何海鸣、邹廓等人正在上海发起组织共和中国联合会（又称中华民国全国联合会）。章炳麟下船伊始，即被举为章程起草员。但他同时又联络程德全独立发起中华民国联合会。25日，共和中国联合会宣布与苏州所发起的联合会合并，派章炳麟赴苏接洽。29日，他以双重代表身份与程德全议定：除他们二人外，尚须招致各省若干"宏硕之士"为发起人，并由章亲自拟定一个十五人的名单。12月14日，章炳麟等人以"创办员"名义发布中华民国联合会章程，开始公开罗致会员，不到半月，即获二百余人。

1912年1月3日，章炳麟等在上海江苏教育总会举行大会，宣布中华民国联合会正式成立，选举章炳麟和程德全为正、副会长。唐文治、张謇、熊希龄、黄云鹏、陈荣昌、邓实等十九人由各省会员互选为参议员。大会还议决于驻会干事之外，由参议会公推"名望最著者"为"特务干事"②，以"咨访"国家"大疑"③。次日，由章炳麟亲任社长的机关报《大共和日报》在上海正式出版。7日，章指定唐演、黄理中、符鼎升、

---

① 《共和国新发生政党之调查》，《大公报》，1912年2月6日。

② 汤志钧编：《章太炎年谱长编》，中华书局1979年版，第376页。

③ 汤志钧编：《章太炎政论选集》，中华书局1977年版，第553页。

廖希贤、林长民、景耀月、江谦等十五人为驻会干事。接着,参议会推定赵凤昌、张謇、叶景葵、庄蕴宽等为特务干事。以上事实表明,中华民国联合会领导层中不少是旧官僚和立宪派人士。所以,当时有人称它为"清逃官墨吏之逋逃薮"①。章炳麟本人也承认他欲借梁启超"门下之英材,以作党中之唇齿"②。

中华民国联合会以"新共和国家统一主义"为指导思想,反对简单套用法、美等国的现成模式,主张"因地制宜,不尚虚美",建设中国型的共和国。为此,它强调:1.万不可破坏中国固有的统一传统而采美国联邦制度。章炳麟在中华民国联合会成立大会上劈头就说:"至美之联邦制,尤与中国格不相入。盖美之各州,本殖民地,各有特权,与吾各省之行政区划、统一已久者不同。故绝不能破坏统一而效美之分离。至所谓独立者,对于满廷而言,非对于新建之民国也。"③2.宜采法国责任内阁制,限制总统权力。因为"君主世及之制既亡,大总统遂为相争之的,不速限制,又与专制不殊。惟有取则法人,使首辅秉权,而大总统处于空虚不用之地"④。3.对满、蒙、回、藏等少数民族聚居地方,不可骤言共和,而应采取特别办法,"许以自治权,如爱尔兰之于英国"⑤。4.应于三权分立之外,再予教育、纠察二权独立。5.关于民生问题,只宜采用社会政策,绝不可行同盟会的"社会主义"。它的所谓"社会政策",就是"维持现行私有财产制,以改良社会,保护贫民者也。具体言之,如设手工学校、夜学校、贫民学校,增长其技艺,设劳动保险、劳动交换所、救贫法等,维持其经济也"⑥。它与"社会主义"的区别,据称在于:一则

---

①　驻宁云南同盟分会何畏、吕志伊等致张儒澜等电(1912年2月23日),《滇南公报》,1912年3月13日。

②　汤志钧编:《章太炎年谱长编》,中华书局1977年版,第598页。

③　汤志钧编:《章太炎年谱长编》,中华书局1977年版,第532页。

④　汤志钧编:《章太炎年谱长编》,中华书局1977年版,第540页。

⑤　节初:《论政府亟宜筹安抚蒙藏》,《大共和日报》,1912年1月27日。

⑥　《联合会改党纪事》,《大共和日报》,1912年3月4日。

维持现行的私有财产制度,一则破坏现行的私有财产制度;一则振贫者与富者齐一,一则抑制富者与贫者同等。这表明中华民国联合会所代表的主要是当时拥有财产的富有阶级的利益,或者说资产阶级上层的利益。由于辛亥革命之后,资产阶级并未真正取得政权,这些主张虽有某些合理因素,却是无法实现的。

基于以上认识,中华民国联合会于1月22日召开参议会,在张謇等人所拟政纲的基础上,议定以下十条"假定政纲":1. 确定共和国体,建设责任内阁;2. 统一全国,厘正行政区域;3. 厘整财政,平均人民负担;4. 整顿金融机关,发达国民经济;5. 振兴海陆军备,巩固国防;6. 建设铁路干线,力谋全国交通;7. 维持国际平和,保全国家权利;8. 励行移民开垦,促进边荒同化;9. 普及国民教育,振起专门学术;10. 注重国民生计,采用稳健社会政策。

中华民国联合会所提出的这十条政纲,其中虽有一些是可取的,但它在当时激烈的现实斗争中所持的立场,却是不可取的,因为它把主要的攻击矛头,指向了以孙中山为首的南京临时政府和同盟会。

首先,章炳麟发起成立中华民国联合会,就是针对南京临时政府和同盟会的。诚然,如章所反复声明,促进统一共和国的成立,是为了预防"割据"和避免"瓜分"。这虽也是他发起成立中华民国联合会的原因之一,但却不是最直接、最主要的原因。当时社会舆论普遍认为,章炳麟因不满于孙、黄组织南京临时政府,"故在沪暗中联络党人,极力设法反对"[1]。章自己也对梁启超说过,现在民国虽然成立,但"微窥时势,犹非故人飞跃之时。盖党见纷争,混淆黑白,虽稍与立异者犹不可保,况素非其类耶?自金陵光复以来,弟与雪楼(程德全)、季直(张謇)、秉三(熊希龄)、竹君(赵凤昌)诸公,即尝隐忧及此,与诸君子相合,为中华民国联合会"[2]。可见,他组织中华民国联合会,联络的对象是旧立宪

---

① 《章炳麟反对孙黄》,北京《民视报》,1912年1月14日。

② 《梁启超年谱长编》,第640页。

派和旧官僚。他强调的所谓"联合"、"参用各处人",不过是联合、参用同盟会以外的势力,与同盟会分庭抗礼而已。这正是他得以被程德全、张謇等拥为正会长的根本原因。程、张等清楚地意识到:由享有"革命文豪"盛名的章炳麟出来挑头反对同盟会,要比他们自己出面合适得多。

其次,中华民国联合会反对南京临时政府的一系列活动也证明了这一点。南京临时政府宣布自1912年1月1日起,改用阳历,章炳麟发表宣言说:"对于此等少数宣言,断难遵已。"①《大共和日报》公然宣布:"本报纪年仍用辛亥,以黄帝纪元无据也。纪月仍用阴历,以新历未颁,不能遽用。"②南京临时政府迫于革命战争尚在进行,没有也不可能组织民选参议院,这也引起中华民国联合会的不满。还在成立会上,它便通过了请愿组织民选参议院的提议。会后,又一面上书孙中山,要求各省选举议员,速赴南京组织参议院;一面通过《大共和日报》大造"无民选组织之机关,其主权所在不明"的舆论③。在建都之争中,它带头反对建都南京。《大共和日报》事后宣称:"自本报首先发议主张北京,而参议遂倚为后援,南京政府亦有所惮,无复固执,而首都之问题以定。"④南京临时政府被迫举借外债,它借他人之口,攻击南京的财政部成了"民国借债部"⑤。

当然,就中华民国联合会的全部活动而言,它在维护共和制、反对君主制方面还是起过一定积极作用的。当时,尽管社会舆论已"趋于共和",但各种反共和谬说远未绝迹。袁世凯也还在利用"君主立宪"来压迫革命党人向他让步。为此,中华民国联合会与袁世凯及其他反共和

---

① 《章太炎政论选集》,第539页。

② 《特别广告》,《大共和日报》,1912年1月5日。

③ 一谔:《释共和》,《大共和日报》,1912年1月8日。

④ 斐青(即解树强):《本报百六十日之回顾》,《大共和日报》,1912年6月21日。

⑤ 一谔:《外债诤言》,《大共和日报》,1912年3月2日。

派别进行了针锋相对的斗争。其机关报发表的第一篇社论就是《论吾国应确定共和之理由及其主义》。该文开宗明义就说："北方汉土,尚有一二惑于袁氏君主之说,以对外问题为口实,而欲苟安旦夕者;复有近见之士,以蒙、藏携贰,拥戴满清为羁縻之术,或持虚君共和,模棱两可,为调停之计。此种谬说皆足以阻挠共和之进行而置国家于累卵。吾人为百年根本计,不能不就吾国应确定共和之理由及其应采如何主义为天下告。"接着,社论便从巩固国基、根本改革、平均政权、统一边疆、拥护国权,以及"外国干涉之说绝不足虑"等方面,论证了"确定共和,诚为今日当务之急"①。9日,该报又发表题为《问清袁内阁》的社论,专驳袁世凯所谓"存亡绝续之交,不忍收天下于孤儿寡妇之手"和"虑伤各国皇室之感情,为列邦所否认"的谰言,指出"此后之中国断不容有君主也明矣"②。14日,再次发表社论,驳斥君主立宪论者鼓吹"改造政体,蒙藏必至分离"的谬说,认为"诚使今而后,藩邦崩析,危亡莫救,袁世凯之罪也,于改造政体何尤?"③要求南京临时政府及早定计,与坚持反革命立场、"以和欺人"的袁世凯决一死战。这说明中华民国联合会在当时反对君主制的斗争中,虽不完全如它自己吹嘘的那样,"自本报以'大共和'命名,大为鼓吹,共和之政体以定"④,但说它作出了积极的贡献,也是符合事实的。

　　遵循章程的规定,中华民国联合会于清帝退位,袁世凯被举为临时大总统后,开始酝酿改为政党。起初,它曾试图与某些"宗旨大约相同,本可合而为一"的政团合并,无如政见分歧,不能实现,遂于3月1日单独发表改党通告说:"中华民国联合会照章本应改党,特开参议会,询谋佥同,兹署新名曰统一党。"⑤2日,统一党在上海举行大会,选举章炳

①　《大共和日报》,1912年1月4日。

②　《大共和日报》,1912年1月9日。

③　《正蒙藏分离说》,《大共和日报》,1912年1月14日。

④　斐青:《本报百六十日之回顾》,《大共和日报》,1912年6月21日。

⑤　《中华民国联合会政党通告》,《大共和日报》,1912年3月1日。

麟、张謇、程德全、熊希龄、宋教仁五人为理事，唐文治等十七人（十省）为评议员，宣告正式成立。5日，又由全体职员举定汤寿潜、赵凤昌、唐文治、陈荣昌、邓实、应德闳、王清穆、叶景葵、庄蕴宽、蒋尊簋、唐绍仪、汤化龙、温宗尧十三人为参事。北京临时政府成立后，它特派刘莹泽、王印川入京筹组北京事务所。4月23日，正式组成北京本部。

　　统一党以"统一全国，建设强固中央政府，促进完美共和政治为宗旨"①。其政纲与联合会提出的"假定政纲"相差无几，仅根据变化了的形势，删去了"确定共和国体"，增加了"提倡征兵制度"等个别内容，但领导体制发生了较大的变化。联合会实行的是由正会长代表全体"总理一切会务，并指导各科干事"的个人负责制②，而统一党则实行集体领导，由"理事主持一切党务，以合议体行其职权"③。据章炳麟解释，这是"因此后本党所筹划之事甚重大而且繁缛，故以合议制为宜"④。至于组织路线，它公开宣言："本党本集革命、宪政、中立诸党而成，无故无新，惟善是与。只求主义，不涉危险，立论不近偏枯，行事不趋狂暴，在官不闻贪佞者，皆愿相互提携，研求至当。"⑤稍后，它又宣称："本党招集党员，凡有公民资格者，无论在朝在野，皆得入党。惟曾任北廷、南京两政府人，有与他国勾串作奸者，或著名贪秽者，或借吏职以遂其暴乱欺诈之术者，皆应严行甄别，摈不入党。"⑥这表明它所要摈弃的主要是被当时的官僚派和立宪派普遍称为"暴烈派"的同盟会急进分子。事实也是这样。尽管它以不偏不倚相标榜，实际上它所吸收的主要还是前清"被裁之官吏"⑦。当时《大公报》曾指出："统一党以罗致亡清官僚

　①　《辛亥革命在上海史料选辑》，第779页。
　②　《辛亥革命在上海史料选辑》，第771页。
　③　《辛亥革命在上海史料选辑》，第780页。
　④　《联合会政党纪事》，《大共和日报》，1912年3月3—4日。
　⑤　《章太炎政论选集》，第588页。
　⑥　《统一党广告》，《国民公报》，1912年5月7日。
　⑦　《梁启超年谱长编》，第642页。

为事,久为他团体僇笑。"①在实际活动方面,它声明"不取急躁,不重保守,惟以稳健为第一要义"②。它对当时行将取消的南京临时政府和同盟会多所指摘。3月4日,南京临时政府内务部为巩固共和新秩序,颁布暂行报律三章。统一党机关报立即发表社论加以"驳议",并联合上海报界俱进会通电表示"万难承认"③。同盟会为加强在南北统一政府中的实力地位,力争掌握陆军、财政两部,它指斥这是少数军人挟有"私意",要求"公同婉劝黄君(指黄兴)权任参谋部长,以安南北之军心"④。它并通过《大共和日报》呼吁"南京政府及参议院均持恬淡主义,交相为让"⑤。与此同时,章炳麟还大骂南京临时政府"任用非人,便佞在位,私鬻国产,侵牟万民,无一事足以对天下者。同盟会人……长此不悟,纵令势力弥满,人莫予毒,亦乃与满洲亲贵等夷"⑥。他甚至向袁世凯建议:"以光武遇赤眉之术解散狂狡,以汉高封雍齿之术起用宿将,以宋祖律藩镇之术安尉荆吴。"⑦对南京临时参议院制定的《临时约法》,他认为多不完备,"应即提出修改"⑧。以上事实说明,统一党在政治倾向方面与联合会是一脉相承的。

二　同盟会改组及其新纲领

同盟会由秘密的革命团体改组为公开的议会政党,经历了一个相当长的内部争论过程。武昌起义以后,胡汉民等人坚持认为"革命之目

---

①　《闲评二》,《大公报》,1912年6月2日。

②　《章太炎年谱长编》,第393页。

③　《孙中山全集》第2卷,中华书局1982年版,第198页。

④　统一党致孙中山等电(1912年3月29日),《大共和日报》,1912年3月30日。

⑤　一谔:《时评二》,《大共和日报》,1912年3月25日。

⑥　《章太炎政论选集》,第587页。

⑦　《章太炎政论选集》,第584页。

⑧　《章太炎之政见》,《时事新报》,1912年5月7日。

的并未达到，让权袁氏，前途尤多危险，党中宜保存从来秘密工作而更推广之，不宜倾重合法的政治竞争而公开一切"①。但多数领导人和重要活动分子则都主张适应新的"共和"形势，改组为公开的议会政党。

然而，就是这后一种意见，也不无分歧。曾一度以庶务干事代行总理职务的刘揆一，率先于1911年12月10日发表《布告政党请取消从前党会名义书》，提出"自今以后，务皆以提倡共和民国政体，组织中华民国政党为共同统一之宗旨"，凡从前所设立党会，"应请一律取消，化除畛域，共建新猷"②。接着，章炳麟也抛出"革命军起，革命党消"③的口号。在他们的影响下，宋教仁、张继、景耀月、陈其美、谭人凤等均持同一态度，声言"将选择同盟会中稳健分子，集为政党，变名更署，与同盟会分离"④。同盟会机关报《民立报》甚至鼓吹说，只有解散同盟会，才能"救党派分歧之中国"⑤。但孙中山不同意这种看法。他自国外回到上海后第五天，即12月30日，便召开由各省旅沪同盟会分会负责人参加的本部临时会议，讨论通过了《中国同盟会意见书》，严厉批判"革命军起，革命党消"的口号，强调同盟会"必先自结合"，完全实现民族、民权、民生三大主义；同时郑重表示："俟民国成立，全局大定之后，再订期开全体大会，改为最闳大之政党，仍其主义，别草新制，公布天下。"⑥这表明孙中山虽赞成改组同盟会为公开的议会政党，但不同意取消同盟会名义，也不赞成马上改组。

孙中山所以不赞成马上改组，据他自己说，一是因为"中华民国成立之初，凡我同志，皆奔走国事，无暇顾及党事"⑦；二是为了避免"一党

---

① 《胡汉民自传》，《近代史资料》，1981年第2期。

② 《神州日报》，1911年12月10日。

③ 《章炳麟之消弭党见》，天津《大公报》，1911年12月12日。

④ 《太炎最近文录》，第77页。

⑤ 《说丛》，《民立报》，1911年12月12日。

⑥ 《同盟会本部改定暂行章程并意见书》，《天铎报》，1912年1月2日。

⑦ 《孙中山全集》第3卷，第4页。

专制"。他说："当南京临时政府成立之时,中国无所谓政党,同盟会席革命成功之势,若及时扩充规模,改组政党,则风靡全国,亦意中事。同人等屡以是劝,而鄙人不为稍动者,知政府之进步,在两党之切磋,一党之专制,与君主之专制,其弊正复相等。"①"自己已执政权,倘又立刻组织同盟会,岂不是全国俱系同盟会,而又复似专制?"②因此,孙中山坚持保存同盟会名义,暂不改组为议会政党,而只是加以适当的整顿。

　　孙中山这次整顿同盟会的努力,虽也收到一定的效果,使宋教仁、张继等人放弃了"变名更署"的主张,表示愿继续留在同盟会内,以"保持革命精神"③,但却未能使多数同盟会员接受他暂不改组,以求他党"发达"的意图。会后不久,美洲旧金山同盟会员伍平一便拟就《同盟会改组政党计划大纲》,函请孙中山和黄兴、宋教仁等人乘南京临时政府成立之机,速集各省及海内外支部开全体大会,"宣布改组政党,植势力于议会,为实行三民主义之准备",并坚决主张:"不让异党标榜相异之政纲,致妨建立宪政之进行。"④陈其美等人则仍然不理睬孙中山维持同盟会名义的主张,擅自将同盟会改组为"共和本党"、"军国党"、"共和党"等等名称的政党⑤。在此纷乱的趋势下,同盟会本部不得不于1912年1月22日在南京召开大会,讨论同盟会何去何从的问题。黄兴、胡汉民(代表孙中山)以及各省代表均出席。会上,赞成与反对改组

---

①　《共和民主两党宴孙中山先生记》,《宝山共和杂志》第5期,1912年12月。

②　《孙中山全集》第3卷,第40页。

③　《张溥泉复章太炎书》,《缔造共和之英雄尺牍》卷5。

④　《中华革命军筹饷局事略》。

⑤　据《民立报》1912年1月21日载江西马毓宝、吴铁城致陈其美电,29日载广东潮州留日同盟会员林国英等致陈电,以及《天铎报》1912年2月2日载蒋作宾致陈电,均称陈在沪发起将同盟会改为"共和本党",并称以"辅助及监督新政府之行政"为宗旨,后因同盟会决定改组政党而作罢。另据《民权报》1912年7月13日载《尹仲材启事》称,"军国党"签名参加者计512人,后以同盟会改组政党,公议取消。又据1912年3月28日《天铎报》载张治澜等致孙中山等电称,四川成都同盟会分部于1月14日开会议决组织"共和党"。

两派展开激烈争论。最后,赞成一派"占多数",通过改组政党的决定,同时修改同盟会誓词为"推翻满清政府,巩固中华民国,实行民生主义",改选汪精卫为总理①。

但是,由于孙中山事实上仍不赞成遽尔改为政党,而汪精卫又不肯担任总理职务,所以大会之后,具体的改组事宜,实际上并未进行。到2月底3月初,全国组党形势日益高涨,且对同盟会越来越不利。一方面,立宪派、旧官僚利用组党机会,加紧联合"非同盟党之力,以摧陷同盟党"②;另一方面,同盟会内部自行设会组党、各行其是的现象也越来越严重,使同盟会实力大受影响。加上袁世凯已取得临时大总统地位,同盟会也必须采取办法,以确保其行动不致逸出宪政轨道。这时,孙中山、黄兴等人才深感同盟会"有重新团结之必要",遂"决定大加扩张,以实成民国之一最大政党",并责成居正等人积极筹备改组大会③。

3月3日,同盟会在南京再次召开本部全体大会,通过新的"总章",选举孙中山为总理,黄兴、黎元洪④为协理,宣布正式改组为政党。随后又选定汪精卫为总务部主任干事,张继为交际部主任干事。"不数月间,而会员增至十数万人,支部遍于十八行省。"⑤其中仅广东支部,自4月中开始吸收新会员,"计在支部加盟者约四百人,在广州分会加盟者约八百人,在各分会加盟者约二千人";且仅指"发证书者而言,其在远处分会加盟,尚未报领证书者,不知凡几"⑥。这就为日后国会选举的胜利奠定了基础。4月25日,随着北京临时政府建立,同盟会本

---

① 据胡汉民说,因孙中山"方综国政,不宜兼摄党事",所以改举汪精卫为总理。《胡汉民自传》

② 《汤觉顿致梁启超书》,未刊稿,北京图书馆藏原件。

③ 居正:《梅川谱偈》,第18页。

④ 当黎元洪伙同袁世凯阴谋杀害湖北党人张振武、方维后,同盟会本部即发表"启事",宣布革去其协理并予除名。(《民立报》,1912年8月28日)

⑤ 《中国同盟会滇支部全体公启》,昆明《天南日报》,1912年8月19日。

⑥ 《前中国同盟会粤支部长谢英伯报告北京本部及各省支部书》,《民谊》第2号,1912年12月。

部由南京迁往北京。

新的《中国同盟会总章》规定，"以巩固中华民国，实行民生主义为宗旨"。它的政纲是：1. 完成行政统一，促进地方自治；2. 实行种族同化；3. 采用国家社会政策；4. 普及义务教育；5. 主张男女平权；6. 励行征兵制度；7. 整理财政，厘定税则；8. 力谋国际平等；9. 注重移民垦殖事业①。对于第一条，它的一个机关刊物发表文章解释说：所谓"完成行政统一"，即是"举凡内务行政、外务行政、财务行政、军务行政、司法行政，大权悉集于中央，各省行政悉受中央行政之制裁，有若心之使臂，臂之使指，庶不致混乱无章，茫无次序，乃足以收政治敏活之实效"；但同时又必须"于行政便宜上，划其行政权之一部分，让与地方之人，办地方之公益"，"以促进地方自治"②。这表明同盟会虽承认袁世凯的统治地位，但仍企图通过"地方自治"来保存与发展革命势力，以防止袁专制独裁，危害民国。至于主张"男女平权"、"力谋国际平等"等条在政治上的先进性与积极意义就更为明显了。前者反映了广大妇女群众要求参政的愿望，后者反映了中华民族反对帝国主义压迫的革命精神。特别是后者，在当时各政党中是绝无仅有的。

还要特别指出的是，同盟会改组为政党后，虽未在政纲上写上"平均地权"一条，但并不等于放弃了这一主张。因为，同盟会不仅于"总章"中明确规定了以实行民生主义为宗旨，而且在随后发布的《中国同盟会募集基本金公启》中进一步强调："吾侪试平心以思，今日所完全办到者，仅第一主义。其第二主义，就精神上观察，不过基础初奠，未底健全。第三主义则尚待集群策群力，研究其如何稳健进行，始可冀不与今日社会现象相舛驰，以获和平之改造。"又说："于此步履艰难之际，吾会遂不得不联袂攘臂，与当世贤者共厕于政党之林。此固吾会所以求贯

---

① 《中国同盟会总章草案》，《民立报》，1912 年 3 月 6 日。

② 百砺：《本会政纲第一条说明》，《中国同盟会杂志》第 3 期，1912 年。

彻第二、第三主义之精神所在，又实吾全国同胞所属望者也。"①各支部改组，也都把"实行民生主义"摆到最重要的地位。例如：无锡支部召开成立会，吴稚晖发表演说称："同盟会系一政党，现在则当实行民生主义，故又可谓之民生进步党。"刘民畏接着说："吴君'民生进步党'一语，实表同情。今民族、民权虽达目的，而民生主义方始发轫，愿诸君实行社会政策，以苏民生之困，谋社会之平等。"②所以，黄兴不止一次地指出：同盟会"特别之党纲者，即孙中山先生夙所主持之民生主义"③。其次，据孙中山解释，"平均地权"实包含于民生主义，即"社会革命"之中。他说："本会从前主义，有平均地权一层。若能将平均地权做到，那么社会革命已成七八分了。"④可见，"实行民生主义"的主要内容就是"平均地权"。有的同盟会员也指出："同盟会若握政权，则政见可行，平民生计日渐等均，社会不平庶几可免。是即同盟会改组政党时代，与人民之关系者也。"⑤

　　以上事实说明，同盟会改组为政党，不仅适应了当时新的斗争形势的需要，而且坚持了先前所订宗旨和纲领，"同盟会之精神，依然充实"⑥。它虽如同孙中山所说，确有一些人对"实行民生主义"表现冷淡，认为"种族革命、政治革命皆甚易，唯社会革命最难"，"必须人民有最高程度，才能实行"⑦，但也不能因此就说同盟会改组为政党后放弃了"平均地权"的纲领。

　　改组后的同盟会也暴露了不少弱点和局限。其一，为发展党势，它

---

①　《民权报》，1912 年 4 月 27 日。

②　《民权报》，1912 年 4 月 17 日。

③　湖南省社会科学院编：《黄兴集》，中华书局 1981 年版，第 238 页。

④　《孙中山全集》第 2 卷，第 320 页。

⑤　郑少壮演稿：《同盟会与国家人民之关系》，《中国同盟会杂志》第 6 期，1912年 9 月。

⑥　居觉生（正）：《梅川日记》，大东书局 1947 年版，第 74 页。

⑦　《孙中山全集》第 2 卷，第 319 页。

把一大批官僚、政客及投机分子拉入会内,造成了组织上的严重不纯,以致"纯粹的革命党""多变了官僚派"①,一般会员也"由铁血主义一变而为权利主义"②,从而大大减弱了它的革命性。其二,它虽推举孙中山、黄兴为总理、协理,但孙中山醉心于"实业救国",黄兴困于南京留守事务,两人都不注重"党事"。作为"辅佐总理或协理指挥本会一切事务"的总务部主任干事汪精卫,先是力辞不就,继则不顾本部一再挽留,放洋出国。代理主任魏宸组又自感众望难孚,不甚热心。所以,改组后的同盟会始终没有形成一个能率领全党为实现其政纲而进行有效斗争的坚强领导核心。其三,由于缺乏领导核心,会员意见纷歧,步调极不统一。即如孙中山、黄兴倡导的"国民捐",也未能在党内取得一致意见。宋教仁认为"缓不济急",不表同意。谭人凤则诋毁为"信口狂谈,无意识已极"③。同盟会议员也多持消极态度。因此,轰动一时的"国民捐"活动,最后不能不以流产而告终。所有这些都说明,同盟会还不是一个"有组织、有纪律、能了解本身之职任与目的之政党"④。

三　共和党的组建与分裂

共和党由前述统一党和民社、国民协进会、民国公会、国民党等五政团合并而成,1912年5月9日在上海正式宣告成立。它是当时实力最强的两大政党之一,在北京临时参议院的地位仅次于同盟会。

民社与中华民国联合会及统一党一样,也是南京临时政府时期最有影响的政团之一。它由黎元洪、孙武、孙发绪、刘成禺等二十四人发起,1912年1月16日在上海宣告成立,2月20日出版机关报《民声日

---

① 《时报》,1912年5月22日。
② 《中国同盟会杂志》第3期,1912年。
③ 石芳勤编:《谭人凤集》,湖南人民出版社1985年版,第49页。
④ 《孙中山选集》下卷,人民出版社1962年版,第521页。

报》。它的本部虽设在上海，但发源地和大本营却在武昌。其核心人物是清末革命团体共进会领袖孙武、政客孙发绪和未公开挂名的黎元洪的秘书饶汉祥。其支部发展至"十余省，党员过万人"①，主要是旧军官、旧官僚、失意同盟会员和清末立宪派分子，其中立宪派分子尤其受重视。但就职业而言，则以现役军人为主，南京支部发起人共四十人，其中军人多达三十二人，多数系浙、粤军高级军官。立宪派汤觉顿根据这种情况，指出民社的特点是握有"武力"②。

起初，民社未颁布何种政纲，仅表示"对于统一共和政治持进步主义"③，至 2 月底才议决三条富于民族主义内容的政纲：1. 提倡军国民教育；2. 采用保护贸易政策；3. 扩张海陆军备。其实，民社维护的主要是以黎元洪为首的武昌政客集团的利益。南北建都之争初期，它既不支持建都南京，也不支持建都北京，而主张建都武昌。它发布通告指出："际兹南北纷争之日，新旧暗斗之时，吾党似未可加重一方，启内部党派之争，堕外人挑拨之术。折中定制，莫若武昌。"④接着，《民声日报》连续发表《论临时政府宜在武昌》、《国都平论》等专稿，论证"武昌建都之说为不可易"。

民社以同盟会和南京临时政府为攻击的首要目标，诬蔑孙中山领导南京临时政府是"无功受禄"，"掠人之功以为功"；南京临时政府坚持同盟会的领导地位，是日谋"蟠踞之私利"；坚持建都南京是"沐猴而冠，盗终不变其盗"⑤；颁布暂行报律是"钳制舆论"，"欲蹈恶政府（指清朝政府）之覆辙"⑥；批准道胜借款是"效尤"前清所为；等等。与此同时，它拥护袁世凯取代孙中山为大总统，咒骂持反对意见的同盟会员为"从

①　《民社大事记》，《民声日报》，1912 年 4 月 22 日

②　汤觉顿致梁启超函(1912 年 7 月 18 日)，未刊稿，北京图书馆藏原件。

③　《民社缘起及规约》，《天铎报》，1912 年 1 月 21 日。

④　《建都武昌之倡议》，《民声日报》，1912 年 2 月 20 日。

⑤　春雨：《龙蟠虎踞之南京》，《民声日报》，1912 年 3 月 15、16 日。

⑥　《却还内务部所定报律议》，《民声日报》，1912 年 3 月 7 日。

龙之辈"，欲"长保南都富贵"①。袁上台以后，它虽继续标榜"监督政府"，实际上却在"赞助政府"。为适应袁世凯集权需要，它鼓吹全国政令"应听之中央"②，"各省都督宜由中央任命"③。为实现袁世凯的"统一"，它攻击黄兴南京留守府"发表之官制，俨然帝制自为，有南京政府之状态"，并借口陈其美已任工商总长，要求"撤消"沪军政府④，等等。

国民协进会是民国成立后黄河以北地区建立较早的政团之一，1912年2月由范源濂、籍忠寅、黄远庸、蓝公武等人在京、津发起。成立时有会员二百余人，大部分为清末立宪团体宪友会和辛亥俱乐部成员。它与梁启超关系甚密，曾表示愿为梁"所用"⑤。

武昌起义后，范源濂等人意识到共和将成，决心联合京津各团体组织大政党，并准备于3月2日举行成立大会。后因北京兵变，成员星散，延至18日方于天津正式宣告成立，后移本部于北京。它不设会长，仅选举范源濂、籍忠寅、黄远庸、周大烈、王璟芳、严修、蹇念益等十八人为常务干事，而"主脑"则是宪友会要人籍忠寅、黄远庸。它宣布的政纲是：1. 巩固共和政治；2. 确定统一主义；3. 发达社会实力。其政治立场是拥袁拒孙。为促进袁世凯统一政府早日成立，它致电南京参议院及唐绍仪等，请唐及南方国务员"先期到京"⑥，并电请上海民国公会"联合团体，分别劝阻"南方"率重兵北来"⑦。当北京报界传说袁世凯拟同意南方派兵北上，袁将与国务员同时移居南苑时，它连忙上书于袁说："京师甫就稳靖，倘一日移居南苑，恐地方再生变故。"要求袁取消

①　春雨：《龙蟠虎踞之南京》，《民声日报》，1912年3月15、16日。

②　《国民之声》，《民声日报》，1912年4月27日。

③　留予：《论各省都督宜由中央任命》，《民声日报》，1912年4月14日。

④　《敢问今之执政》，《民声日报》，1912年4月15日。

⑤　张伯桢致梁启超函(1912年3月27日)，《梁任公(启超)先生知交手札》，文海出版有限公司印行，第974页。

⑥　《大公报》，1912年4月9日。

⑦　《太平洋报》，1912年4月8日。

此举①。

　　民国公会由陈敬第、黄群等人发起，1912年1月底成立于上海。会员最多时不过二三百人，基本上没有支、分部，是当时人数较少的一个政团。主要骨干多系前清立宪派政客和"光复会中稳健分子"②。其政纲是："1.保持中华民国之统一；2.建设健全之中央政府，应世界大势，以促民国之进步；3.成立健全之舆论，保证民国之民权，继此永无障碍；4.扶植国民经济之发展。"③在现实政治斗争中，它反对南京临时政府，支持袁世凯的统一活动。孙中山提议建都南京，它先是献计于袁世凯："政府地点问题，就时势论，自以北京为是"④；后又以"京津变起"，压迫孙中山和南京临时参议院火速定议⑤。在"北京兵变"中，它深以袁世凯的安危为虑，曾驰电表示"慰问"。

　　国民党由潘昌煦、朱寿朋、潘鸿鼎、陆鸿仪等三十余人于1912年2月下旬在上海发起。他们当时宣布："本党同志集合至五百人以上时，即开成立大会，公举党首及各职员"，"未经成立以前，暂称国民党同志会"⑥。但事实上直至5月，也未能举行成立大会。因此，与统一党、民社等合并为共和党的，实际上只是国民党同志会。可见，该会成员始终不多，仅为"江浙间朴学士人，素昔从事教育及地方公益者"所组成⑦。由于势单力薄，它从未颁布任何政纲，在现实政治斗争中也无甚表现，仅宣布其宗旨为"于全国统一政治之下，以人民为国家主体，完全保护其固〈有〉之权利，以发扬共和之精神"⑧。

---

① 《大公报》，1912年4月12日。
② 《共和党本部第一次报告》，第2页。
③ 《辛亥革命在上海史料选辑》，第859页。
④ 《民国公会主都北京之公电》，《大公报》，1912年2月28日。
⑤ 民国公会致孙中山等电(1912年3月4日)，《神州日报》，1912年3月5日。
⑥ 《辛亥革命在上海史料选辑》，第873页。
⑦ 《共和党本部第一次报告》，第2页。
⑧ 《辛亥革命在上海史料选辑》，第873页。

统一党等五政团虽各具特点,略有差异,但在反对南京临时政府和同盟会方面是一致的。这是它们联合组党的政治基础。1912年3月中旬,国民协进会刚刚成立,即决议"与民社联合,推黎为党魁"①,并推定籍忠寅、周大烈二人为南下协商代表。接着,民国公会也派陈敬第等同行。他们先到武汉取得黎元洪、孙武的同意,然后与民社代表孙发绪东下上海。4月15日,第一次合并协商会议在上海商学公会举行,参加者由国民协进会等三个政团发展到七个政团。经过近十天的反复磋商,除国民协会、共和建设讨论会因"理事问题,稍有异议",中途退出外,其他五政团于24日正式签订协议书,一致同意合并为共和党。5月9日,共和党成立大会在上海张园举行,出席者千余人,公推张謇为临时主席。大会一致通过了共和党规约及支部分部条例,选举黎元洪为理事长,张謇、章炳麟、伍廷芳、那彦图为理事,并宣布林长民、刘成禺、籍忠寅、沈彭年、张一鹏等五十四人为干事,暂以上海为临时本部。次日,临时本部举行第一次职员会,推举干事周大烈、胡钧、陈敬第、袁毓麟、沈彭年五人前往北京协同组织本部。29日,北京共和党本部宣告正式成立,上海临时本部改为交通事务所。

共和党宣布的党义是:1. 保持全国统一,取国家主义;2. 以国家权力扶持国民进步;3. 应世界大势,以平和实利立国。其核心是第一条。孙武说:共和党"最大宗旨在国家统一主义"②。所谓国家统一主义,据其本部所撰《共和党党义浅说》(以下简称《浅说》)一文解释,"就是一切政事都从全国统一着想的意思",即凡办一事,除应属地方各省办理者外,应"绝对由中央政府办理,不准各省各自为政"。因此,它主张"取国家主义,从前所有统一的形式,保持它不使分割,从前即有不统一的地方,从此更加统一,事事趋向国家一方面,即事事由国家有统系的办

---

① 蓝公武致梁启超函(1912年3月),《梁任公(启超)先生知交手札》,第1184页。

② 《专电》,《时报》,1913年4月16日。

来"。关于"以国家权利扶持国民进步"一项,《浅说》指出:所谓"进步",就是"国民一日一日的兴盛起来,日新又新,蒸蒸日上,有动作往前进的意思"。这就需要"利用国家的权力去扶持国民"。比如国民几个人创办一工厂,"起初的时候,必要用国家的权力帮助他。当招股时,国家就可认股,助他开办,开办之后,国家可以许他种种特别的利益,助他发达起来。即令不幸偶有亏损,国家可以限定多少年担保股本官息。于是股东可以放心,不动摇这工厂的根本。到了后头发达起来,国家还时时保护他,替他排去障碍。倘若在国际上与外国同样工厂相竞争,也可以将国家的权力补助他力量不足"。关于"应世界大势,以平和实利立国"一项,《浅说》解释说:实利就是国民利用土地、资本、劳力三项,年年求其增殖,以发达生计的意思。所谓"平和实利",就是坚持以和平办法,而不以战争手段解决生计冲突①。至于共和党为何采用国家主义为政纲,其审计员张振武说:"有鉴于今日时势,社会主义(指孙中山的民生主义)不足以救危亡,乃变其方针,一采国家主义而改组斯党。诸君试思今日我国民程度若何,有美国之托拉斯等弊否? 如提倡社会主义,将使游手好闲之辈人人脑中存一均财思想,诚恐中国不亡于专制政治,而将亡于社会主义也。"②

　　从以上事实来看,共和党标榜的是要"将这共和民国造成世界第一等强国,使全国人民共享受共和民国的幸福"③。它理想中的共和国,不但高度统一,"能与外国对敌",且能扶持全国人民发展资本主义实业,成为他们生计竞争中的坚强后盾。可见,共和党同样是一个资产阶级政党。可是,它对另一个资产阶级政党同盟会的政纲,真正为资本主义发展开辟道路的民生主义,即"社会主义",却诚如孙中山所说"多有

---

　　①　共和党本部撰稿:《共和党党义浅说》,《宝山共和杂志》第 3 期,1912 年10 月。

　　②　《共和党成立大会纪事》,《大公报》,1912 年 6 月 3 日。

　　③　共和党本部撰稿:《共和党党义浅说》,《宝山共和杂志》第 3 期,1912 年10 月。

误解"①,并持否定态度。以为它是"社会均产主义",将损害富有者的利益。共和党对同盟会政纲的"误解"和否定,是和它的组织成份大多数都是富有者密切相关的。因此,它不可避免地走上了支持真正阻碍资本主义发展的旧势力代表袁世凯,而与同盟会对立的可悲歧路。它支持袁世凯"实行武断政策"②,建议他迅速编定官制,以便南北"不至意气用事"③;并要求其党员"对于中央政府必确守本党党纲,而发为稳健之政见","其与吾党党义合者,固乐为赞成;其与吾党党义愫【悖】者,亦只尽监督之责,而不必为无益之破坏也"④。正因如此,所以袁世凯也把它看作对付同盟会的难得伙伴而优加维持。1913年3月下旬,共和党参议员李国珍、郭同等风闻同盟派议员将对他们有所不利,急函袁世凯请求保护。袁当即"着内务部传知警察厅严密防范"⑤。与此同时,他还应共和党本部和黎元洪之请,命京师各警区于共和党议员住所和不久前宣布加入共和党的梁启超的"往来地点,妥为保护"⑥。共和党错误地与袁世凯结成了同盟关系。

共和党成立后,借助统一党等五政团原有的基础,在组织方面确如其原先所期望的那样,有了一定的发展。但是,共和党的道路也不是一帆风顺的。就在它宣告成立不久,即出现了章炳麟宣布统一党重新独立的危机。

为抵制同盟会的"专横",章炳麟虽不反对与民社、国民协进会等政团合并,但由于统一党成立在先和党员人数远胜各政团的优势地位,因

---

①　《共和党欢迎孙中山纪事》,《时报》,1912年9月10日。

②　《民声报之三大罪》,《民权报》,1912年7月27日。

③　《孙武之谈论》,《时事新报》,1912年6月11日。

④　《共和党本部第一次报告》,第26—27页。

⑤　京师警察厅总监令(1913年3月31日),中国第二历史档案馆藏原件。

⑥　内务部秘书处致外左四区警察署函(1913年4月14日),中国第二历史档案馆藏原件。

此他不以与国民协进会等"不能独立之小团""平等合并"为然①。早在这几个政团提议合并之初,他就傲慢地提出过,以不更改统一党名称,不设理事长为先决条件。可是,自他离沪入京以后,在上海主持"合并事件"的张謇,为加强立宪党人和旧官僚在新党中的地位,非但不恪遵其所提条件,且变本加厉地与国民协进会等四政团,达成不论各团人数多寡,一律各举四人为"基本干事"的协议,从而更激起了他对合并的不满。他说:"后上海来电,欲举基本干事。所谓基本干事者,各团各出四人,此假合并之名,而无合并之实,俨然是一联邦政府。且各团基本干事,多至二十人,各不相识,办事亦不能如意。故仆对于基本干事一节,始终极端反对,与季直电商者三四次。"②

但是,章炳麟的反对并未奏效。张謇以不可失信为辞,拒绝了他的要求,并于5月9日在上海共和党成立大会上,正式宣布了包括"基本干事"在内的各政团所选干事名单。这使从不甘为人傀儡的章炳麟,更加怒不可遏。他一面力辞共和党理事,一面向前来要求合并的在京国民协进会和民社职员提出四个条件:1.上海所推理事须经北京开会认可,理事长如不便住党,必于其余四理事中推举一人常住党内,以对本党负完全责任;2.干事与评议员不同,须由理事派定,须住本部办事,不得徒拥虚名,但特别交际科不在其内;3.各团体所负之债,须各团体自行偿还,新团体不负责任,但各团体余存之款,当归缴于新团体;4.各团体所设立机关报,须由新团体管辖。他企图从根本上"将上海之成立会取消"③。北京国民协进会和民社职员得知章"所提条件无从置议"④,于是一面采取既不辩驳,也不赞成,装聋作哑,终不复信的迁延战术,以稳定章炳麟;一面拉拢刘莹泽、龚焕辰等部分在京统一党成员,

---

① 《章太炎政论选集》,第589页;《六团不能合并实情》,《国民公报》,1912年5月9日。

② 《章太炎政论选集》,第590页。

③ 《附太炎提议条件》,《时事新报》,1912年6月2日。

④ 《共和党本部第一次报告》,第15页。

于 5 月 14 日达成各团事务所同时取消、以后各团不得私发电信等六项合并协议,加紧策划成立北京共和党本部。章炳麟忍无可忍,遂毅然向报界披露了统一党不能合并的详细理由,并于 17 日在统一党本部举行大会,痛斥老立宪派及官僚派"以抵制同盟会为名,而阴怀攀龙附凤之想",其害"过于同盟会远矣",表示绝不能以政党为他们"争官争衣食"开辟门径①。大会最后通过了《统一党独立宣言书》,正式宣布与共和党决绝。为更新标帜,避免与他党混淆,章炳麟宣布独立后的统一党由先前的理事制改为总理制,并接受推选,出任该党暂行总理。与此同时,江西、云南、贵州乃至北方各省的统一党支分部也多有"不愿合并者"②,这表明统一党的独立是有一定群众基础的。

事实说明,随着时间的推移,章炳麟对张謇等老立宪党和旧官僚利用政党与同盟会争权夺势的真面目,已有所认识,并断然采取了宣布统一党脱离共和党,重新独立的抵制措施。这对章炳麟和统一党都是可取的。遗憾的是此后不久,由于各党"私争"激烈,章炳麟对"政党政治"大失所望。他先是主张"吾党此后应改监督政府之眼光转而监督政党"③,继则干脆"宣告脱党,居于超然地位"④。这就给袁世凯死党王赓以可乘之机。9 月 2 日,王赓在北京召开统一党改组大会,他和王印川等人被选为理事;不久又增推袁世凯、黎元洪为名誉理事长,岑春煊、徐世昌、冯国璋、赵秉钧、张镇芳等二十八人为名誉理事。统一党从此成了地地道道的袁世凯的御用党。

四　以"第三党"相标榜的统一共和党

统一共和党由共和统一会、国民共进会和政治谈话会联合组成,是

---

①　《章太炎政论选集》,第 592 页。

②　《章太炎政论选集》,第 592 页。

③　《统一党谈话会纪事》,《新纪元报》,1912 年 7 月 22 日。

④　《统一党第一周年纪念大会纪事》,《新纪元报》,1913 年 3 月 3 日。

一个以"第三党"相标榜的政党。

　　共和统一会等三个政团，以共和统一会成立最早，1911 年 12 月，由景耀月、陈其美、胡瑛等同盟会员与立宪派张謇、赵凤昌、伍廷芳等人联合发起，同时创办机关报《大中华报》。他们宣称唯一的天职是"设一共和政治进行时代有力之枢机，而期成一巩固健全之大共和国家"①。国民共进会的全称是"中华民国国民共进会"，1912 年 1 月初由褚辅成、殷汝骊、沈钧儒等浙江都督府各部长及部分省议会议员发起。拟设总会于南京或上海，曾举沈钧儒等四人为特派员，前往宁、沪联络。它以组织完全"共和政体"为宗旨，以政体统一主义、民族共和主义、社会民生主义为政纲②。政治谈话会为同盟会员刘彦所组织，其成员多为南京临时参议院议员。

　　以上三个政团均以实现"完全共和"为根本任务，又都主张"绝对统一制"和组织所谓健全的大政党。因此，1912 年 2 月，随着全国组党高潮的出现，它们也开始谋求合并，另组新党。在此过程中，以景耀月表现最活跃。他原先认为"共和建设非一手一足之力所能奏功，亦非片面单独之见解所能办理"，曾倡议同盟会"易名改组"，"以接纳热心革命与运动共和之贤豪者"③，但遭到多数同盟会员的反对。他于是改而提出联络国民共进会、政治谈话会另组一党。经多次协商，2 月底，共和统一会等三政团在上海达成合并为"统一共和党"的初步协议。

　　此外，云南都督蔡锷也起了直接的推动作用。南京临时政府建立不久，他便在财政十分匮乏的情况下筹资十万元，准备"合全国军界、政界极有能力及社会上极有学识资望之人，组织一稳健强固之政党，借以监督政府，指导国民"，并为此邀约萧堃、袁家普、石陶钧等入滇"面授机

---

　　①　《共和统一会意见书》，《民立报》，1911 年 12 月 23 日。共和统一会各发起人除景耀月外，后来均未参加统一共和党。

　　②　其原文为："政体以统一为主义，民族以共和为主义，社会以民生为主义，为本会三大政纲。"（《中华民国国民共进会纪事》，《时事新报》，1912 年 1 月 9 日）

　　③　景耀月：《国民党与同盟会》，《民主报》，1912 年 8 月 14 日。

宜"。起初,他欲与中华民国联合会和民社等反对同盟会政团相联合,派萧、袁二人前往上海"筹商一切"①。对于蔡锷这一主张,章炳麟等人也十分赞成,曾复电表示"万里一心",待萧、袁抵沪后,即"筹合并进行之法"②。可是不久,章炳麟因和张謇发生矛盾,拒绝与民社等政团合并,此议遂告失败。随后,蔡锷同意萧、袁继续留沪,与粗具规模的"统一共和党暂时周旋","以暗移旧日有力之一部以同趋一途"③,即企图通过组党办法,将同盟会势力引上立宪派的轨道。由于他答应以十万元党费相助,又有云南都督的显要地位,加上该党本有他不少昔日留学旧友,所以反而后来居上,被拥为最主要的发起人。

从此,蔡锷不等统一共和党本部正式成立,便在云南积极展开了筹组支部的活动。他命回滇不久的萧堃、袁家普与当地"政学社"协商合并,"更新组织",并通过各种方式和途径吸收政学绅商各界百余人参加④。4月7日,统一共和党云南支部举行正式成立大会,选举蔡锷为支部长。他在就职演说中强调指出:1. 统一共和党务要以"国家为前提",因为"国权为拥护人权之保障","欲谋人民之自由,须先谋国家之自由;欲谋个人之平等,须先谋国家之平等"。"故吾党主义,勿徒骛共和之虚名,长国民凌嚣无秩序之风,反令国家衰弱也。""苟国家能跻于强盛之林,得与各大国齐驱并驾,虽牺牲一部之利益,忍受暂时之苦痛,亦所非恤。"2."务期本党内部之巩固。"这就要求"党内分子之健全。故本党党员与其骛多数之虚名,广为征引,致涉于滥,不如定格稍严,取具有常识、足以为齐民之表率者而结合之,庶足以举国利民福之实,而闿滋流弊"。3. 党员绝不可"藉党势以谋私利,图个人之侥幸,或藉党援以为倾陷排挤之资";"即对于他党,纵主义不同,趋向互异,可以言竞

---

① 曾业英编:《蔡松坡集》,上海人民出版社1984年版,第305页。
② 《章太炎等复蔡锷电》,《华南新报》,1912年4月4日。
③ 萧堃致梁启超函(1912年5月9日),《梁任公(启超)先生知交手札》,第962页。
④ 《统一共和党云南支部布告》,《华南新报》,1912年5月1日。

争,而不可以施排挤。尤不可以异党之故,伤及个人相互之友爱"。总之,统一共和党"宜鉴世界之趋势,察本国之情形,务择最有利于国计民生、最稳健之政策而采用之。陈义不求过高,着眼务求远大"①。足见他与同盟会存在原则分歧,而对该党寄于满腔希望。为了"恢张党势",他又电催各府厅州县迅设分部。仅一月之间,云南"入党者已有数千人之多"②,成为该党势力最雄厚的省份。

在蔡锷推动下,4 月 11 日,统一共和党在南京召开正式成立大会,选举蔡锷、张凤翙、王芝祥、孙毓筠、沈秉堃为总务干事,殷汝骊、袁家普、陈陶遗、张树森、彭允彝为常务干事,景耀月、刘彦、欧阳振声、吴景濂、沈钧儒、萧堃等二十人为参议,褚辅成、李曰垓等二十五人为特派交际员③。蔡锷虽以"滇居边远",力辞总务干事一职,但对"筹维扩张"党务却仍十分"竭力"④。他电令陆鸿逵、章遹协助组织本部,委派萧堃、殷承巘为滇省常驻代表,甚至不惜自食"军人不预闻党社"之言,电请唐继尧、戴戡、李烈钧等发起组织贵州、江西支部。正因如此,所以他仍被奉为当然领袖。至于孙毓筠、张凤翙等则莫不欣然就职。特别是张凤翙,不仅公开表示:"同盟会以革命为宗旨,我即为同盟会员,现在革命目的已达,破坏之后急宜建设,故我注意于统一共和党"⑤,而且发起组织陕西支部,亲任支部长。以上组党过程清楚表明,统一共和党主要由同盟会员和立宪派两部分人组成,并"多为政治界人物",具有一定实力。据该党自己宣布,成立不过数月,支部即"遍十余省,党员达数万

---

① 《华南新报》,1912 年 5 月 6 日。

② 《滇池鳞影片片》,《民立报》,1912 年 6 月 3 日。

③ 关于统一共和党,历来都称由蔡锷和谷钟秀、张耀曾所组织,虽有人指出其中的错误,但至今仍多沿袭此种说法。事实是,除了蔡锷之外,主要参加者为景耀月、陈陶遗、彭允彝、吴景濂等人。谷钟秀成为统一共和党重要人物,是该党迁往北京以后的事,在组党期间他并没有起多大作用,甚至成立时连一般参议都不是。至于张耀曾,则始终未参与该党组党活动。

④ 《华南新报》,1912 年 5 月 9 日。

⑤ 《统一共和党陕西支部开会详志》,《秦风日报》,1912 年 6 月 25 日。

人,参议院议员亦占有三分之一之席次"①。

统一共和党宣称"以巩固全国统一,建设完美共和政治,循世界之趋势,发展国力,力图进步为宗旨"。其政纲为:1. 厘定行政区域,以谋中央统一;2. 厘定税则,以期负担公平;3. 注重民生,采用社会政策;4. 发达国民商工业,采用保护贸易政策;5. 划一币制,采用虚金本位;6. 整顿金融机关,采用国家银行制度;7. 建设铁路干线及其他交通机关;8. 实行军国民教育,促进专门学术;9. 振新海陆军备,采用征兵制度;10. 保护海外移民,励行实边开垦;11. 普及文化,融合国内民族;12. 注重邦交,保持国家对等权利②。与同盟会、共和党政纲相比较,这个政纲显然具有"调和"的色彩。对此,统一共和党并不隐讳。它明确宣布说:"本党党纲于积极的民生主义暨积极的国家主义,均不偏重,折中损益,中道而行。"又说:"国基初定,安危之机,间不容发。若两党皆走极端,相持不下,难免感情有伤,实非国家之福。本党奔走于折中政纲之下而取调和之态度者,正因时势之要求,不得不如此也。"③

随着南京临时参议院的北迁,统一共和党本部也迁到北京。经过一番角逐,其议员吴景濂、谷钟秀被选为北京临时参议院议长和全院委员长,并由此成为该党实际领袖。在参议院,它以"第三党"自居,声称与同盟、共和两党"无所偏持",一切"以调和为主旨"④,专意于"融洽两党之感情,措国家于安全之地位","绝无把揽政权之思想"⑤。但实际情况并不如此。为了发展党势,它时而附和共和党,时而转向同盟会,一切视其自身利益为转移。所以到后来,社会舆论普遍指斥它为"反复无常的党",是"混杂的官僚派"⑥。

---

① 《统一共和党本部通告》,《平民日报》,1912 年 9 月 1 日。
② 《统一共和党规约》,《民立报》,1912 年 3 月 10 日。
③ 《统一共和党本部通告》,《平民日报》,1912 年 9 月 1 日。
④ 《大总统与统一共和党代表谈话纪要》,《大公报》,1912 年 6 月 30 日。
⑤ 《统一共和党本部通告》,《平民日报》,1912 年 9 月 1 日。
⑥ 《时评》,《大公报》,1912 年 7 月 30 日。

五 国民协会与共和建设讨论会

国民协会是张嘉璈等人于 1911 年 10 月 24 日在当时尚未光复的上海发起的。

张嘉璈（1889—1979），字公权，江苏宝山人，早年就学于上海"广方言馆"，1904 年中秀才。不久，在友人帮助下，东渡日本东京庆应大学学习财经。1909 年毕业回国后，先在北京任立宪派机关报《国民公报》的路透电讯翻译，后任邮传部《交通官报》总编辑。1911 年 10 月武昌起义爆发后，他即离京至沪，联络杨景斌等三十二人发起国民协会，"以谋中华民国之统一，促进共和国体之完成"①。接着，扬州、杭州、南京、苏州、宁波等地相继成立支部。1912 年 1 月 21 日，国民协会在上海江苏教育总会举行第一次全体大会，选举张嘉璈与温宗尧等二十二人为干事，唐文治为名誉会长，温宗尧为干事总长，正式组成上海本部。不久，温宗尧以"力所不胜"②，宣布辞职，国民协会改举唐绍仪为总理，杨士琦、袁树勋为协理（后唐因任内阁总理，改称名誉总理），但实际负责人仍是张嘉璈。

国民协会的基本骨干是追随立宪派的资产阶级知识分子，有的还是前清咨议局议员。其政纲是：1. 统一国权；2. 培养元气；3. 发达民力。所谓"统一国权"，主要指"消融意见，合群策群力，以图统一南北"③。为此，在当时全国"万众一心，人人争欲得共和"的形势下④，它赞成以民主共和制统一南北，反对袁世凯提出的"虚君立宪制"。1911 年 12 月下旬，它一面致电袁说："满洲君主，万无存理"，"清帝逊位，为

---

① 《国民公报》，1911 年 12 月 28 日。
② 《温宗尧君力辞国民协会干事总长函》，《时报》，1912 年 2 月 28 日。
③ 《大公报》，1912 年 2 月 8 日。
④ 《民立报》，1912 年 1 月 23 日。

目前第一要义"①；一面联合其他政团通告人民："今共和之成否，全在人民一鼓作气，坚持到底……愿同胞毅力图之。"②与此同时，它还积极联络各省人士，赞助南方成立临时政府。其名誉会长唐文治一再呼吁："今北方行政操于一人，军队调遣，听其所使，有臂指之效；而南方则军府林立，虽群策群力，无阂隔之弊，然函电筹商，动稽时日。而军事规划，尤宜统筹全局，布置分配，必皆有成谋预计，依次进行，庶足达期望而成大功。即其他各种行政，亦必有统一之办法，使行者励战术上之策略，居者展政治上之经猷。此组织临时政府所不可一日或缓者也。"③所谓"培养元气"，就是"免战祸，固财产"④。因此，它"对于国体问题，坚持和平解决之说"；对于共和新政府主张采法国责任内阁制，反对美国总统制，以免一旦政府不为人民信任，重新爆发"革命"⑤。所谓"发达民力"，就是"确立地方自治，使国民为政治上练习，因以养成其政治上良习惯"，以避免"暴民专制之祸"⑥。由此可见，国民协会所代表的还是上层资产阶级的利益，和立宪派并无重大差别。

　　共和建设讨论会是孙洪伊、汤化龙等人于1912年2月在上海发起的。当时，南北议和告成，清帝宣布退位，他们认为"今后之民党，果挟有大党以盾其后，政府将俯就之不暇"⑦。于是便以讨论民国建设问题为名，发起共和建设讨论会，"以为改组政党之备"⑧。

　　经两个多月的广泛联络，征得会员三百人，计划刊行的会报也筹备就绪。孙洪伊等随即于4月13日在上海举行成立大会，公推汤化龙为

①　《申报》，1911年12月24日。

②　《申报》，1912年1月2日。

③　《国民协会为提议组织国民参事院与全国同胞商榷意见书》，《民立报》，1911年12月29日。

④　《大公报》1912年2月8日。

⑤　《民立报》，1911年12月25日。

⑥　《大公报》1912年2月8日。

⑦　《梁启超年谱长编》，第629页。

⑧　共和建设讨论会第一次发布：《中国立国大方针商榷书》，第79页。

主任干事,正式组成共和建设讨论会本部。随后"省会成立者闽、鲁、湘、赣、蜀、滇、秦、晋八省（鄂不日成立）,以外各省各州邑成立约二十处,会员殆逾万人"①。

相对而言,共和建设讨论会是当时各政团发起成立较晚的一个,因此其成员多为他党跨党分子。该会要员吴贯因说:"所谓讨论会员者,多挂名他党籍。"②而考其组织构成,则以立宪党人、旧官僚为主。上海本部"多旧议局议长"和旧官界中所谓"矫矫"者③,各省交通处也大多系"中流以上人物",且往往由现任都督之类的"大力之人出任发起"④。至其活动经费,除部分会员（主要是华侨会员）捐款外,更大部来自官僚、军阀之手,据孙洪伊说,其中一半是湖北都督黎元洪给的。

共和建设讨论会与梁启超关系相当密切。它发起后的头一件事就是介绍梁启超入会,奉他为实际党魁,并暂停已有成议的"各团合并事",倾力运动副总统黎元洪、国务院铨叙局长张国淦、云南都督蔡锷、蒙古王公那彦图等,力促袁世凯召梁速归。而梁也明确表示同意入会,并事实上负起了指导责任。当时的同盟会机关报北京《民主报》曾载文说:共和建设讨论会实由梁启超暗中主持,其"两次所发商榷书,即出梁启超之手"⑤。不过,由于革命党人"反对之气焰犹昔"⑥,共和建设讨论会尚不敢公开打出梁的旗号,甚至婉言拒绝了他提出在该会会报上刊发文稿直署其名的要求⑦。它奉梁为党魁的主要目的,是在利用他的地位和影响,为该党提供政见,指导舆论,招徕会员,扩大党势。

---

①　《梁任公（启超）先生知交手札》,第 165—166 页。
②　《梁任公（启超）先生知交手札》,第 430、432 页。
③　《梁启超年谱长编》,第 632 页。
④　《梁任公（启超）先生知交手札》,第 167 页。
⑤　《民主报》,1912 年 3 月 4 日。
⑥　《梁启超年谱长编》,第 601 页。
⑦　《梁任公（启超）先生知交手札》,第 168—169 页。

　　然而事实证明，梁启超同样未能改变共和建设讨论会无力竞取政权的地位。因此，它只好标榜"不入政界，专以指导国民为务"①，而不公开发布任何政纲，仅在内部宣布："吾辈所抱铸党主义，不外乎稳健进步主义。以此主义协谋国是，则吾国种种建设，对外必取乎和平政策，对内必取乎实利政策"②，并通过发布《中国立国大方针商榷书》一文，系统而具体地阐述了它的总纲领和总政策。

　　共和建设讨论会在这篇长文中首先提出它的总目标是建设一个具备以下四条标准的"世界国家"：1. 其人民皆以国家为本位，努力从事"完全国家"的建设。所谓"完全国家"，就是分子调合、结合致密、持久不涣之国。这就必须消灭个人主义、地方感情、无秩序之自由、无系统之平等、无意识之排外、无计划之改革等等障碍。2. 其国土统一，政权集中，绝不"效颦美国，剖之为若干独立小邦，使各自为政"。③ 3."以平和为职志"，绝不"自为破坏平和之导火线"。4. 在生计界能占优胜。这篇文章表明共和建设讨论会希望中国成为一个巩固、统一、和平与在生计界占优胜的资本主义国家。

　　为实现这一目标，它认为关键是实行"保育政策"，也就是国家干涉政策，幻想通过现行国家政权来发展资本主义。为此，它提出关键在于建设强有力的中央政府，要在宪法上规定：1. 不可效法美制，限制中央集权；2. 不可各省自选都督，以免"寡人专制"和唐代方镇之祸再现；3. 不可把地方分权与中央集权对立起来，"两极端同时骈行，不相妨也，适相济也"；4. 不可效颦美国立法、行政绝对分离之法，以免政治责任无所归和政府与国会外则各不相谋，内则私相交涉的恶果；5. 更不可像现行制度那样，内阁总理须由立法部选举，阁员须经立法部一一承认，"专务以立法部掣肘行政部，干涉其用人权"。总之，"人民之对于政

----

① 《梁启超年谱长编》，第648页。
② 《中国立国大方针商榷书》，第84—85页。
③ 《中国立国大方针商榷书》，第9页。以下凡未注出处的引文，均见此文。

府也，宜委任之，不宜掣肘之；宜责成之，不宜猜忌之。必号令能行于全国，然后可责以统筹大局；必政策能自由选择，然后可以评其得失焉；必用人有全权，内部组织成一系统，然后可以观后效也"。这是为它在政治上拥袁制造的理论根据。

最后，共和建设讨论会还提出建设强有力政府的可靠保证，不是美制"不党内阁"，而是英制"政党内阁"。因为不党内阁阁员系总统私人工具，总统"虽横恣污黩，民莫如何"，"欲易政府，势必出于革命"，且每届改选总统，国内必骚乱无已。而政党内阁则不但无此弊端，且"阁（内阁）会（国会）一体"，内阁权力虽大，却不至利用其"国会多数之后援，以恣行秕政"，因而有两方面相反相成，两种"福国利民"政策交替为国所用等优点。它提出现时应从三方面为实行政党内阁预作准备。首先是确立以下政治原则：1. 内阁必由政见相同之人组织；2. 政府所提议案不能通过于国会、国会弹劾政府以及为不信任投票时，即或解散国会，或政府辞职，二者必居其一；3. 严格选举制度，以防"少数桀夫壬人私相授受，变为寡人专制政治"；4. 须禁用武力，保证议员发表意见、审择表决的自由权利。其次是厘正政党观念：1. 排除"官僚势力之集合"和秘密结社这两种伪政党；2. 勿为己党垄断政权，而以卑劣手段妨害他党行动；3. 防止小党分裂。第三是通过灌输政治常识、增强政治责任心等方法，提高全体国民的共和程度。这说明它最终还是要竞取政权的，所谓"不入政界"，不过是入不了政界时所唱的一种高调而已。

国民协会和共和建设讨论会在政治上同属拥袁反孙派。这种政治上的一致性是它们决定于同盟会、共和党之外独立发起一党的基本条件。1912 年 10 月 27 日，它们联合靳云鹏的共和统一会、广东的国民新政社、浙江的共和促进会等六政团，正式成立了以汤化龙为干事长，孙洪伊、向瑞琨、梅光远等三十人为常务员的民主党，以普及政治教育、拥护法律自由、建设强固政府、综核行政改革、调和社会利益为政纲。

六　中国社会党及其他政团

中国社会党是中国有史以来一切政治团体中破天荒第一个"自承认为党者"①，也是中国第一个宣布自己为社会主义者的政党。它于1911年11月5日在上海正式成立，主要发起者、组织者和领导者是江亢虎。

江亢虎(1883—1954)，名绍铨，以字行，江西弋阳人，早年受维新派思想影响。自1901年起，他两次赴日留学，与社会主义运动著名领袖片山潜、幸德秋水有所接触，共同讨论过社会政治经济改革诸问题。1910年春，他再次获得一次环球之游的机会，以整整一年的时间先后游历了日本和英、法、德、荷兰、比利时、沙俄等国。目睹世界社会主义潮流日进千里，不可阻挡，他立志回国后即"倡导社会主义"，希图把中国社会主义运动引入"上而朝廷，下而阃阓"皆能"赞同"的"正轨"。但在当时清朝专制统治下，他没有勇气"倡言社会党"，只好先采"称名异而取义同"的办法，代之以"个人会"的名称。

1911年6月1日，江亢虎赴杭州惠兴女校作《社会主义与女学之关系》的演讲，鼓吹"社会主义要从女子做起"②。这是他在国内进行公开演讲，第一次打出"社会主义"的旗号。江的演讲当时本"无人注意"，但由于杭州某巨绅欲借此"推倒其私仇"，浙江巡抚增韫为取媚此巨绅，于是派员"查办江亢虎"，最后又将他"驱逐出境"。经此一查一逐，江亢虎声名一时大噪。他避居上海后，遂乘机借用日本"社会主义研究会"的名称，于7月10日在张园发起成立"社会主义研究会"，宣言以"研究广义的社会主义"为宗旨，"介绍西来之学说，发挥古人之思想，交通近

---

① 怀霜：《中国果有党争乎》，《天铎报》，1912年3月13日。

② 《时评二十则》，《社会星》第3号。

世之言论,一以公平的眼光,论理学的论法出之"①。当场签名入会者五十余人。这是中国社会党的前身。辛亥革命爆发后,江亢虎感到清政府再无干涉可能了,便于11月5日以社会主义研究会发起人名义召集特别会,提议"改组社会党",并宣布由他一手制定的党纲八条:"一、赞同共和;一、融化种界;一、改良法律,尊重个人;一、破除世袭遗产制度;一、组织公共机关,普及平民教育;一、振兴直接生利之事业,奖励劳动家;一、专征地税,罢免一切税;一、限制军备,并力军备以外之竞争。"②江的提议获全场一致通过,中国社会党上海本部从此宣告成立。

江亢虎的社会主义,带着浓厚的无政府主义色彩。早在留学期间,他就提出"欲求安乐,必举其苦的根本掀翻之,由有宗教变而为无宗教,由有国家变而为无国家,由有家庭变而为无家庭"③。这就是他自鸣得意的所谓"三无主义之说"。但是,江亢虎又与一般无政府主义者不同。首先,他并不笼统否定政治,而"持无国界而有政治之说"④。其次,在方法手段上,他不赞成"以暗杀、暴动、大破坏为先锋"⑤,认为"党同伐异,流血相寻,民族之革命,国际之战争,教团之仇杀,皆社会主义所不取者也"⑥。既不主张用革命暴力打碎旧的国家机器,建立无产阶级的政治统治;也不要求改变生产资料私有制的性质,消灭雇佣劳动的剥削制度和阶级。在他看来,只要人人都在成人之前"受一致之教育",成人之后"各谋生计",不受供养,也不供养于人,而死后又实行遗产归公,不给子孙继承,社会主义的"极乐世界"就会到来⑦。所以,他在中国社会党的党旗上写上了"遗产归公"、"教育平等"两个口号。显然,这只是第

---

① 《社会星》第2号。

② 《中国社会党规章》,《天铎报》,1911年11月24日。

③ 江亢虎:《洪水集》,1913年版,第36页。

④ 《江亢虎文存初编》,第148页。

⑤ 《江亢虎文存初编》,第148页。

⑥ 《社会主义研究会开会宣言》,《社会星》第2号。

⑦ 《社会主义研究会开会记》,《社会星》第2号。

二国际右倾机会主义影响下的产物,与科学社会主义毫不相干。

中国社会党上海本部成立后,各地响应者颇不乏人。据它宣布,至这年年底在全国各地建立起支部"四百九十余起",拥有党员"五十二万三千余人"①。这个数字虽然很夸大,但全国有不少地方曾一度挂过中国社会党招牌,有不少人耳食过"社会主义"这个名词,则是事实。在众多的党员中,就其对社会主义的认识论,绝大多数是"莫知其然"的盲从者,只有极少数,如天津支部干事李大钊等才称得上是真诚追求真理的革命者,还有一些则是无政府主义者或国家社会主义者。就职业和阶级而言,占首位的是资产阶级小资产阶级知识分子,其次是工商业者,再次就是破产的农民、手工业者和其他劳动群众②。

中国社会党早期为建立资产阶级民主共和国起过一定促进作用。它成立于民主共和制和君主专制殊死搏斗的关键时刻。它把"赞同共和"定为头条纲领,即是对革命的声援。各省军政府代表在南京议组临时政府时,它联合上海惜阴公会致电各省代表团,主张选举孙中山为临时总统③。它赞成并力求贯彻孙中山"平均地权"的主张。江亢虎说:平均地权,必宜专征地税,这与中国社会党的党纲"吻合无间"④。他选定长江口上的崇明岛作为试验场,由崇明支部发起成立了地税研究会。此外,它还曾积极宣传男女平等,支持女子参政。它在规章中写道:"党员……无论男女,义务权利平等。"⑤这是民国初年各党派团体中最早"有女党员,且其义务权利完全平等"的一个党⑥。以上事实表明,中国社会党成立之初,对资产阶级民主革命的态度是积极的。

但是,江亢虎毕竟是个投机政客,他发起中国社会党不过是借"社

① 《中国社会党传单》,中国第二历史档案馆藏原件。

② 《社会世界》第4期,1912年7月。

③ 《新闻报》,1911年12月29日。

④ 《洪水集》,第55页。

⑤ 《辛亥革命在上海史料选辑》,第897页。

⑥ 《江亢虎文存初编》,第140页。

会主义"的美名,妄图争取国会"多数议席",以谋取个人权力而已①。因此,当袁世凯及其他各省当局为巩固专制统治,而对某些所谓"有意扰乱秩序"的中国社会党支部横加压迫和摧残时,他便不顾多数党员和地方支部的反对,而极力主张妥协让步了。1913 年 8 月,袁政府下令解散中国社会党。江亢虎以所谓"今日之事,既不可以理喻,复不可以力争;既不忍叫专制之摧残,复不忍见反动之惨剧"为理由,不顾广大党员速起讨袁的要求,自动卷起"社会主义"旗子,辞了总代表名义,从容跑到大洋彼岸的美国去了。

除上述统一、同盟、共和、统一共和等党派团体外,其他较有影响的小党派还有中华民国自由党、中华民国工党等。

中华民国自由党是林与乐、梁舜传、谢树华等十二人于 1912 年 1 月 8 日在上海发起的,2 月 3 日正式宣布成立。它拥戴孙中山、黄兴为正、副主裁,推举李怀霜为临时副主裁,林与乐为理事长,谢树华为理事,实际首领是李怀霜。

李怀霜(1878—?),广东清远人,自掇科名后,即同情革命。光绪末年,与黄节、谢英伯等创办《时事画报》,鼓吹革命,并加入同盟会。不久,受同盟会资助赴日留学。1911 年春,自日本回国,出任奉孙中山之命而创办的上海《天铎报》总编辑兼主笔。武昌起义爆发后,协助陈其美光复上海,随后即被林与乐等同盟会员发起的自由党推为"首领"。

该党领导成员,从上海本部到各地支分部大都是资产阶级、小资产阶级知识分子。其党员则主要是小资本家、小商人、小房产主、手工业主、小律师、医生等。因为它声称凡入党者将终身受其"保护"②,所以也吸引了一部分下层人民。

该党以西方资产阶级的"天赋人权"学说为指导思想,认为人生下来,不论男女贫富都享有同样的自由幸福之权。因此,它宣布"以维护

---

① 《社会主义之今昔》,《江亢虎演讲录》,第 79、82 页。
② 《自由党修改章程草案》,《天铎报》,1912 年 3 月 23 日。

社会自由,扫除共和障碍为宗旨"①。在现实的政治立场上,它公开声明"与同盟会是一个宗旨"②,所以自发起之日起,就得到孙中山的热情支持。1912年1月中旬,孙中山接见该党代表王树谷,表示将"尽个人力助"③。4月18日,孙中山亲赴其本部发表演说,指示它对政府应"善则扶持之,不善则推翻之"④;26日又指派马君武代为宣读他所拟该党政纲十条:1.保障人民自由;2.防止虚伪共和;3.促成地方自治;4.反对中央集权;5.励行强迫教育;6.主张男女平等;7.力谋币制统一;8.采用虚金本位;9.实施征兵制度;10.劝励拓殖事业⑤。这就更激起了袁世凯之流对它的仇视。1913年6月,其湖北荆州分部首遭黎元洪取缔。8月30日,所有该党各省支分部无不遭此厄运。

中华民国工党虽打着"工党"旗号,却是一个资产阶级政党,由徐企文在上海发起,1912年1月21日正式成立。

徐企文(?—1913),又名继曾,出生在上海一个小职员家庭,肄业于中等工业学校和德文医学堂。武昌起义后,他先入中华共和宪政会,任宣讲部长,继而加入中国社会党,随后则联络工厂主朱志尧等人共同发起工党,并被举为临时干事,负责筹备一切。21日,徐召集大会,推举正副党长及各职员,朱志尧当选为正长,他和钟衡臧当选为副长,中华民国工党上海总部遂告正式成立。

工党领导成员主要是资产阶级小资产阶级知识分子、资本家、工头、开明士绅。它的基层组织是按行业建立的,各行业皆选有正、副领袖。这些所谓"领袖",多数也是有产阶级。其党员也并非"以工人为主体"。它宣布:工党"万不可屏逐资本家于局外";工党是"工界之工党",

①　《自由党修改章程草案》,《天铎报》,1912年3月14日。

②　《中华民国自由党湖南支部白话报》,未刊稿,中国共产党湖南临澧县委党史办公室藏件。

③　王树谷致自由党本部电(1912年1月),《民立报》,1912年1月16日。

④　《孙中山全集》第2卷,第343页。

⑤　《敬录本党政纲》,《自由月报》第1期,1912年5月。

而非"工人之工党"①。在此思想指导下,徐企文一次就介绍二百多"工头领袖"入党②。

该党宗旨是:1. 促进工业发达;2. 开通工人智识;3. 消改工人困难;4. 提倡工人尚武;5. 主持工界参政。其核心是第一条,实际就是"实业救国"。它不提倡工人罢工,主张与资本家通力合作,以与欧美各国争存竞胜。工人如有加资要求,"必先通告各企业家,及要求不遂,不得已始行罢工政策"③。它宣布:工党的任务在"提倡国货,改良制造,使中国物产为外所欢迎"④。其进行手段是要求政府厉行普及工业知识,争回治外法权,厘订专利条例,奖励发明创造,补助实业教育经费,提供工业贷款等等⑤。它还呼吁国人"爱用国货,勿购洋货,以挽回利权"⑥。

为了发展实业,使工人不致因"过度劳动"而对"劳动问题""起恶感情",该党对工人的经济利益也表现出一定程度的关心。这在当时各政党中是绝无仅有的。在思想上,它认识到"职工者,工业之花也","可爱而不可贱"⑦。在行动上,它支持工人反对个别"不人道"的资本家。1912年7月,上海翻砂工人为缩短工时和增加工资举行罢工,它组织"罢工干事会"作工人后盾。同年12月,上海小木工人罢工期间,面对雇主解雇威胁,徐企文邀请"素抱人道之资本家二十余人"发起工党第一木工公司,以防工人失业。1913年2月,它曾"议就关于儿童工作、成年人工作之时间,星期休业,最少数之工金以及劳动保险、罢工律等十余种议案"⑧,准备向国会请愿。等等。

① 《中华民国工党宣言书》,《民立报》,1912年1月28—29日。
② 《工党之发轫》,《天铎报》,1912年1月26日。
③ 《何某君之不惮烦》,《中华民报》,1912年12月5日。
④ 《工党宣讲会志盛》,《民立报》,1912年7月20日。
⑤ 钟衡臧:《论工党进行之手续》,《天铎报》,1912年1月26日。
⑥ 《工党之进行》,《天铎报》,1912年3月10日。
⑦ 《何某君之不惮烦》,《中华民报》,1912年12月5日。
⑧ 《民权报》,1913年2月22日。

工党在政治上属于同盟会派。它拥戴孙中山为"名誉领袖",以其民生主义为指导思想,参加过反对袁世凯的斗争。1913年5月1日,徐企文代表工党出席了自由党等团体为声讨袁世凯而发起的公民大会。紧接着,他又与张尧卿、柳人环等发动攻打上海制造局的武装起义,并为此献出了生命。由于领袖被杀,工党随即瓦解。

第三节　各省政情与南北对峙的政治形势

北京临时政府的建立,标志着人们企盼已久的南北统一终于实现了。但正像时人所说:"统一者其形式,而不统一者其精神。"①综观各省政情,南北对峙的政治形势,实际上仍然存在。

最突出的表现就是同盟会领导下的南方各省同袁世凯控制的北方各省仍处于对抗地位。同盟会企图通过地方革命政权,保存与发展革命势力,建立一个真正的资产阶级共和国,而袁世凯北洋集团则力图仗恃他们攫得的中央政权,铲除和消灭革命势力,维护大地主官僚资产阶级的专制统治。这实际上仍是革命与反革命两大政治势力较量的继续。此外,立宪派、旧官僚控制下的南方各省,虽然拥护袁世凯中央集权,但从其自身利益出发,又继续保持一定程度的独立性,其性质尽管与前者不同,但也可说是南北对峙形势的又一种表现。最后,包括北方在内的其他各省革命党人反对袁世凯北洋集团的斗争,以及某些省份各种力量的消长变化,从根本上说也是这种政治形势的反映。

一　同盟会领导的南方各省

袁世凯就任临时大总统后,江西、广东和安徽等省仍完全掌握在革

---

① 沙曾诒:《论中国今日急待解决之三大问题》,《东方杂志》第9卷第3号,1912年9月。

命党人手中,俨然成为同盟会的"根据地"①。

当时,江西、安徽都督分别为李烈钧和柏文蔚,广东都督由胡汉民复任。李、柏本是反对让权袁世凯的激进派。胡汉民虽主张交出政权,但也很快从袁世凯的所作所为中感到共和有被断送的危险,主张继续坚持反袁斗争。为此,他们采取了以下各项巩固革命政权和发展革命势力的措施。

(一)加强同盟会的领导地位。李烈钧接任江西都督后的第一件事,就是在稳定社会秩序的同时,根据同盟会党部决议,"对军政两界人员大加淘汰",将"旧有人员更调大半"②。其中新委各司司长,除教育司长符鼎升为统一党党员和军务司长俞应麓党籍不明外,内务司长钟震川(继任者王有兰)、财务司长魏期灵、司法司长王侃、实业司长曾桢等,均为同盟会员。又设政务会议,自都督以下各司长及都督指定的顾问皆参加,"议决事项,交由各司分别执行"③。胡汉民复任广东都督后,所有司厅旅长"悉由都督任命"④,而且"非同党不用"⑤。如以陈炯明为总经略,邓铿为陆军司长,廖仲恺为财政司长,罗文幹为司法司长,朱执信为核计院长,邹鲁为官银钱局总办,陈景华为警察厅长等。柏文蔚在安徽政争十分剧烈的情况下,为"保存一部分革命力量"而接任都督。就职后,他以思想激进的陈仲甫(独秀)为都督府秘书长,徐子俊为参谋长,王曙笙为机要秘书,徐唯一为高级参谋,"一切施政方针皆由四人代为规划"。他自己则在管昆南、卢仲农、谢叔骞等人协助下,"将所有行政机构,加以充实整顿"。他明确指出:革命党人决不能违背"革命

---

①　同盟会本部致电胡汉民,即称"粤为根据地"。(《申报》,1912 年 7 月 5 日)

②　《李都督之新猷》,《申报》,1912 年 3 月 26 日。

③　王辅宜(侃):《民初江西省政府》,《江苏文史资料》第 6 辑;《赣省政界近闻》,《申报》,1912 年 7 月 7 日。

④　《粤议会尊重约法之议案》,《申报》,1912 年 12 月 12 日。

⑤　《筹议广东善后意见书》,中国社会科学院近代史研究所藏原件。

的宗旨"①。

（二）牢固掌握军权。这不仅表现在各同盟会都督向袁世凯力争发布征兵令、调动军队和整饬兵工厂之权，还表现在对于裁军的数量与步骤，始终坚持依本省实际情况而定，既不受袁世凯限制，更不以他的意旨为转移。因此，各省虽裁遣一部分乌合之众，但也有效地保存了一定数量的革命军队（详见下章裁军问题）。

（三）积极整顿财政。为解决财政困难，李烈钧一面详定章程，慎选贤能，开发资源，改革税则；一面设立民国银行，严禁钱商典当发行钞票。同时规定各项财政措施，均以"维持地方权利"为宗旨。例如，对淮盐统由两淮盐政总理张謇派员督销一事，他坚决要求将所收各款十分之六留赣，"其盐局总办及派委分销、缉私各员，赣省应有节制商撤之权"②。对萍乡县煤矿，他不顾汉冶萍公司董事会的反对和工商部的查办，仍主积极开办。结果，经过短期整理，江西财政"居然绰绰有余"。当时广东财政也十分困难，每月"收入不过百万元，不敷之数在二百万元以上"③。廖仲恺从确定货币流通办法、清理各类厘捐税收和发行有奖公债等方面入手，切实加以整顿，使财政有了明显转机。安徽通过"统一币制，厘定钱粮"等项措施，也取得一定成效。比如芜湖常关，监督李葆林"以裕课宽商为宗旨，将所有积弊革除净尽"，每年约增收三十余万④。为切实控制财权，各同盟会都督还坚决要求各省自定税法及征收法，反对袁世凯在各省设立财政专司，监理财政⑤。

（四）坚持地方分权。胡汉民原来就持地方分权意见，因此他复任

---

① 柏文蔚笔记、王坦夫整理：《从辛亥革命到护国讨袁》，《江苏文史资料》第 6 辑；柏文蔚：《五十年经历》，《近代史资料》1979 年第 3 期。

② 《李烈钧致国务院电》，《申报》，1912 年 6 月 30 日。

③ 啸秋：《各省政谈》，《民立报》，1912 年 6 月 30 日。

④ 《芜湖改革今昔观》，《申报》，1912 年 8 月 7 日。

⑤ 《广东胡都督致大总统暨国务院电》，《正宗爱国报》，1912 年 6 月 17 日；蒋永敬：《胡汉民先生年谱》，台北 1978 年版，第 147 页。

不久即通电提出"有限制的集权说",要求"分权各省"。他说:"此时不能采集权制,一则视察难周,易启奸人之心;一则易使人狃于故常,不能唤起其爱国之念;最大之忌,则在使全国易返专制,稍不幸则全局皆翻。且其国内治既未完全,与其赖中央数人之力以整顿,不如分权各省,自为整理,成功较易。"①接着,李烈钧也认为这是"吾国今日建设之方针"②,联合各省都督,电请袁世凯实行③。他还明确表示:"鄙见对于地方分权,信为民权根基,当竭心力,以期扩张。"④可见,各同盟会都督主张地方分权,完全是为了扩张"民权",而目的即在反对袁世凯集权,返回专制。这与同盟会纲领是一致的。当时陪同孙中山视察江西的马君武就曾称赞李烈钧说:"地方分权为吾党所主张,而李督为实行本党主张之第一贤豪。深愿猛进不怠,造成新江西,以为中国模范。"⑤

此外,各同盟会都督在改良社会风气和实行民生主义方面也作了一定的努力。对于社会风气的改良,以安徽柏文蔚态度最为坚决,也最富于成效。主要表现在:1. 雷厉风行推行禁烟政策。柏文蔚督皖不久,即下令封闭烟馆,铲除烟苗,规定有私种二十株以上者,处以极刑⑥。对于私贩鸦片,更坚决予以打击。如安庆某商勾通英商偷运鸦片,被警务人员截获,柏文蔚当即令警察厅就地全部焚毁。事件发生后,英人公然出动战舰,百般威胁。但柏毫不示弱,集中炮队,严阵以待,迫其退出安庆。2. 破除迷信,"废除淫祀"。省城内外庙宇庵堂中的土木偶像大都被毁除,庙产一律充公。有人上书,请保留城隍庙中的纪信偶像,柏文蔚批道:"城为城垣,隍为城濠,安得有神为之主宰?""城

---

① 《粤都督之治国策》,《民立报》,1912年6月8日。

② 《李烈钧致袁世凯等电》,《申报》,1912年6月19日。

③ 《江西都督李烈钧咨请各省联合反对中央集权文》,《中华民国新文牍汇编》卷2之1,第27页。

④ 《孙中山抵赣纪详》,《申报》,1912年11月1日。

⑤ 《孙中山抵赣纪详》,《申报》,1912年11月1日。

⑥ 《皖都督理直词壮》,《太平洋报》,1912年10月18日。

隍专司鬼录,某人为某处城隍,此原巫觋之流言惑众","是为我国民最大之污点","本都督废除淫祠,正欲先毁城隍为拔本清源之计,岂有任听存在,留此障碍物,以阻进化之理?"①3. 禁演淫秽戏曲,并对不听劝告之园主依法拘留,震动颇大。

在实行民生主义方面,江西和广东都进行过或试图进行某种尝试。江西李烈钧上任伊始,即宣布他的唯一目的在于"为地方计安全,为人民谋乐利"②。为减轻人民负担,他宣布自 1912 年 6 月 15 日起实行新的田赋征收办法,规定田赋每丁一两,征足钱二千七百文,每漕一石,征足钱三千六百文,亩捐串捐概行取消;地丁赋加税,每丁一两,征收至多不得超过三百文,每漕一石,征收至多不得超过四百文③。他还采取了如下一些措施,如:下令取消武宁等县浮粮④;主持政务会议议决设立贫民借贷所,以使贫民"易于借贷,而轻于酬偿"⑤;严令"禁止米谷出口及米商平价",一再调整、减轻茶税;积极兴办社会公益,如继续修筑南浔铁路,拨款修筑南昌、新建等县圩堤,使人民免受水患之害;等等。这些措施,固然不可能给人民生计以多大改善,但毕竟反映了同盟会对人民疾苦的同情和关注。

广东则试图实践孙中山的"平均地权"思想。廖仲恺的更换土地契约法案就是为了这一目的提出来的。该法案的主要内容是:1. 每个土地所有者持前清政府所发旧地契,于两个月内交军政府进行登记,换发新照;2. 业主自由呈报地价,政府按价抽税百分之二;3. 逾期未换契者,加倍征税,甚至没收土地。廖仲恺指出:这不单是沿袭中国历代更换必改税契的做法,更重要的是为将来广东改革地租,以实现孙中山土地照价纳税的主张创造条件。1912 年 7 月中旬,经过激烈辩论,换契

---

①　《柏都督告全皖同胞文》,《申报》,1912 年 11 月 24 日。

②　《宣言》,《民立报》,1912 年 3 月 23 日。

③　《李都督规定田赋办法》,《申报》,1912 年 6 月 16 日。

④　《李烈钧自传》,三户图书社 1944 年 8 月版,第 21 页。

⑤　《江西内政述要》,《申报》,1912 年 8 月 17 日。

法案在税额减为百分之一与延长换契期限的条件下为省临时议会所通过。孙中山对此十分赞赏，认为这种单税法，为平均地权的一个办法①。更换契照当然不可能解决土地国有问题，但力图将孙中山的学说付诸实践，这不仅难能可贵，而且在全国也是独一无二的。

当然，严格说来，各同盟会都督在巩固、发展革命势力和改革社会方面所作的努力还是有限的，而且很不彻底。但是，即使这样，也具有明显的反专制独裁的战斗意义。关于这一点，只要看看反对派的态度就清楚了。在江西，据一篇发自南昌的通讯记载，李烈钧督赣后，"赣省之前清官僚派深恐君子道长，大生嫉妒；又有某党（指共和党江西支部）排斥异己，每思推倒李督，以乱赣省"②。共和党参议员郭同、李国珍和所谓江西旅京同乡公益会也在京遥相呼应，或提出查办李烈钧违法案于参议院，或四出活动，以为后盾，必欲除之而后快。在安徽，立宪派、旧官僚肆意攻击柏文蔚授权"金壬"，"拥兵自卫"，要求袁世凯代之以北洋军阀陆建章。而广东的立宪派、旧官僚则颠倒是非，攻击胡汉民"武断专横"，意在"专制"。至于袁世凯更采取种种阴谋手段，企图从根本上动摇和打消各同盟会都督的改革计划。他屡派大员到皖，"币重言甘"，拉拢柏文蔚；又以二百万元和晋勋一级为诱饵，邀李烈钧入京；对胡汉民则以高等顾问相许。但这一切都无济于事，柏、李、胡等始终虚与委蛇，不为所动。以上事实表明，同盟会领导下的各省确实与袁世凯北洋集团处于对峙地位。

二　立宪派、旧官僚控制的南方各省

湖北、云南、贵州和广西等省，一般说来，属于由立宪派、旧官僚完全掌握政权或在政治上占有绝对优势的省份。

---

① 《孙中山与各界谈话会》，《民立报》，1912年6月15日。
② 《赣省风潮始末记》，《长沙日报》，1912年12月26日。

　　湖北黎元洪受革命之赐,由前清协统一跃而为民国副总统、鄂军都督领参谋总长,但他与革命党人并无感情,随着个人地位的巩固和全国形势的变化,其反动面目也就暴露出来了。他打击革命党人的主要策略是"阳为附合,徐图芟平"①,伺机利用革命党人的内部矛盾,以打击革命党人。1912 年 7 月,同盟会鄂支部(由前文学社改组而成)横遭迫害一事,就是典型事例。

　　6 月中下旬,所谓同盟会谋乱的谣传,在武昌内外不胫而走。月底,以孙武为首的共和党鄂支部和同盟会鄂支部各军界要人,在黎元洪召集的军事会议上又大起冲突,孙派指责同盟派王宪章、杨玉如等"因不得重要位置,欲谋危黎副总统,推倒鄂军政府",同盟派自辩这是共和党的诬陷。双方相争不下,以至动武②。会后,都督府民政总监、军务司等府署轻信"同盟会亦欲推倒共和党重要人物",公然架起大炮,空气异常紧张。黎元洪见有机可乘,于 7 月 1、2 日宣布武昌戒严,下令"有暴动及擅自开枪聚众者,格杀勿论"③。尽管居正、胡秉柯等代表同盟会向黎声明"但使共和政体一日无颠覆之虞,同盟政党断不至有革命之举"④,但王宪章(代二镇统制)、杨玉如(都督府顾问)和祝制六(警察学校监学)仍被黎无理解职。到了 17 日,黎元洪更出动大批军警,逮捕江光国、滕亚纲和祝制六,随即秘密杀害。随后,黎宣布祝制六为"群英会会长","私立机关,假改革政治为名,主持极端破坏","实属……罪大恶极"⑤,并依照所谓"名册"索捕处死"文学社同志""不可计数"⑥。由此可见,这次被称为"第三次革命"的风潮,实际上是黎元洪利用"党争"打击同盟会力量的一次阴谋活动。

---

① 《黎大总统政书》,上海晋益书局 1916 年版,卷 26,第 3 页。
② 《鄂省共和同盟两党之大决斗》,《申报》,1912 年 7 月 7 日。
③ 《鄂省共和同盟两党大决斗续志》,《申报》,1912 年 7 月 8 日。
④ 《民权报》,1912 年 7 月 9 日。
⑤ 《副总统黎解散乱党示文》,《中华民国新文牍汇编》卷 7。
⑥ 蔡寄鸥:《鄂州血史》,上海龙门联合书局 1958 年版,第 197 页。

　　但具有讽刺意味的是,祝制六等遭无辜杀害后,同盟会内尽管有人看出是黎元洪"做成的圈套",而领导人却不敢为他们伸冤,甚至否认他们之间的关系。蒋翊武就公开表示与被杀三人"志不同,道不合","祝等犯罪与否,不得而知"①。他们还一味指责孙武为谋取都督职位,出钱唆使李忠义告发,一手制造了这次事件。孙武则上书黎元洪,指控事件为同盟会"主持",要求"宣布罪状,通告国中"②。就这样,一场黎元洪打击、迫害革命党人的活动到头来反淹没在派别斗争之中。

　　与此同时,黎元洪又狠抓军政大权,全面控制各要害部门。他作为一个武人,自然懂得枪杆子的重要性。还在南京临时政府时期,他便一面扩充军队,一面位置私人③,以后又适应袁世凯的需要,将军队缩编为三个师,以前清旧军官唐克明、王安澜和卖身投靠、声称给他"四十把大刀包把文学社员杀绝"的蔡汉卿为师长。对军政府各要害部门,他更是"远贤亲佞",极力把持。如立宪派夏寿康"顽固荒谬",继杨时杰、周汝翼之后委以内务司长,潘祖裕"贪婪狡猾",继胡瑞霖、李作栋之后使长财政,其他"若饶汉祥之狡谲,李国镛之卑鄙,孙发绪之阴险,唐仲寅、吕丹书辈之诡暴,刘有才等之无赖,凡能助黎氏以滥杀为事者,黎无一不信任之"。总之,所任之人"非前清龌龊之旧员,即市井无赖之朋类,否则旧日野蛮之军官,旧部污贱马夫卒弁"④。此时,他虽通电提出"军民分治",并于7月1日正式宣布实行,但正如时论所说,不过是虚有其名。因为代理民政长刘心源就是他的亲信,而且各司司长的任免,仍受他的"干预"。如饶汉祥升任内务司长,黎澍继潘祖裕为财政司长,"均出自黎氏之手"⑤。可见,黎元洪实行"军民分治",丝毫不意味着放弃对权力的垄断。

────────────

① 《蒋翊武致孙武书》,《民立报》,1912年8月19日。
② 《孙武诬陷同盟会之真据》,《民国新闻》,1912年8月11日。
③ 蔡寄鸥:《鄂州血史》,上海龙门联合书局1958年版,第194页。
④ 《社论三·大革命之一回顾》,《民立报》,1912年10月16日。
⑤ 《内务财政两司长之八面观》,《长沙日报》,1912年11月23日。

此外，为了加强统治地位，黎还和袁世凯日相勾结。在当时同盟会与袁世凯的历次争执中，黎元洪几乎无不站在袁世凯一边，推波助澜。而袁世凯为了向南方渗透北洋势力，也通过各种渠道，对他极尽笼络之能事。据张国淦说，袁军事上利用陈宦"削弱武汉革命武装"，而政治上即通过他"和黎进行联络"①。黎、袁合谋将有影响的首义党人调离武汉，由袁世凯"笼以高官厚禄"，加以羁縻。包括孙武、张振武、蒋翊武在内的"起义功人"先后被调到北京。但除孙武等少数人外，大都识破了袁、黎的诡谋，不久又相继回到了湖北。

在黎元洪统治下，首义之区的湖北很快恢复了旧的统治。省城武昌阴森恐怖，直如"黑暗地狱"②。"法庭之黑暗有甚于前清州县衙门，贿赂公行，毫无顾忌，草菅民命，仍用酷刑"③。革命之初发布的铲除一切陋规的文告，完全成了一纸空文。甚至"变陋规为正税，于满清薄税之名亦不保存"④。而且罗掘无穷，人民"生命财产直等之空花幻影，绝不能得确实之保护"⑤。总之，"幸福未见丝毫"，人民依然水深火热。

但另一方面，黎元洪终非北洋派，他控制湖北的目的完全是为了"厚势力于一己"。他同袁世凯北洋集团的勾结，从根本上说是建筑在共同对付革命党人基础上的，本身就是相互利用的政治交易，因而有着矛盾的一面。其突出的表现就是袁世凯包藏祸心，欲以亲信代黎督鄂，而任黎为参谋总长；黎则借口参议院于兼任"颇生疑义"，拒不受命，甚至鼓动左右，大造他"万难离鄂"的舆论。

同时，黎元洪固然不遗余力打击湖北革命党人，但对省外革命党人，特别是同盟会本部，却不愿决然断绝关系。同盟会选举他为协理，

①　张国淦：《袁世凯与黎元洪的斗争》，杜春和等编：《北洋军阀史料选辑》上册，中国社会科学出版社1981年版。

②　《屠户黎元洪》，《太平洋报》，1912年10月4日。

③　《湖北之五光十色》，《时报》，1913年3月7日。

④　《湖北征收钱漕之变本加厉》，《时报》，1913年5月23日。

⑤　《社论三·大革命之一回顾》，《民立报》，1912年10月16日。

他未予反对,而且在有的问题上还往往采取"调和"态度,并不完全以袁世凯的意愿为转移。例如,对贵州问题,他支持杨荩诚反对唐继尧,并为此发起召开鄂、湘、黔三省四方会议,通过黔军回黔、滇军回滇的协议。接着,他又以执行"协议"为名,请袁任命他所派代表赵钧腾为贵州宣慰使,企图以赵督黔。黎元洪的"调停"虽因后来遭到袁世凯的破坏和唐继尧的反对,未能变为事实,但却明显反映了他与袁世凯的争夺。以上事实说明,黎元洪也是不甘心完全受制于袁世凯的。

云南、贵州和广西等省与湖北情况不尽相同,但在基本立场和发展动向等方面,却颇为相似。

首先,无论云南还是贵州和广西,各都督都拥护袁世凯集权。蔡锷宣称"大权所在,不能不收集中央"①,并且从政治、财政、舆论、组织和军事等各方面全力支持和维护袁的统治。唐继尧说得更直截了当:"继尧外观时变,内察国情,力助中央,俾得展布政策。"②所谓"力助中央",即是"力助"袁世凯。

其次,他们都排斥同盟会势力。唐继尧虽是老同盟会员,实际上这时已完全成为立宪派和旧官僚的代言人。他攻击孙中山坚持"南北之见",要求袁世凯取消省制,企图根本取消各省同盟会势力。他残酷镇压贵州自治学社的反抗,即使《临时约法》保护的集会结社,也企图加以取缔。唐继尧的所作所为,实际上也是得到蔡锷支持和默许的。当唐因受到贵州同盟会的反对,意欲率军回滇时,他就出面劝阻,说是"一旦舍去,不独黔省良善无以安生,且全黔又必为某党(指同盟会)势力所弥胜,于国家前途,关系匪浅"③。在云南,蔡锷虽因同盟会拥有很大势力,且未对他造成直接威胁,因而未对革命党人采取粗暴的压制措施,仍保持着形式上的联合,但其瓦解和削弱同盟会力量的意图也是显而

---

① 《蔡松坡集》,第436页。
② 唐继尧:《〈云南首义拥护共和始末记〉序》,《云南首义拥护共和始末记》。
③ 《蔡松坡集》,第549页。

易见的。如主用文官、反对军人入党及公开提出毁党主张等等,都明显含有这种企图,而且在行动上也与同盟会日渐"疏淡"①。至于广西,陆荣廷一经地位巩固,就公然宣布不许革命党人有所活动。即使后来他参加了国民党,也如他所说,"只知有国,不知有党"②,仅仅挂名而已。

再次,他们都力图维护和发展自己的势力。唐继尧随着地位的巩固,个人野心也急剧膨胀起来。袁世凯曾对他加力拉拢,但他总半推半就,"不肯完全买账"。蔡锷对袁世凯也保有一定的独立性。当时就有他奉行"大西南主义"的说法。陆荣廷则在"桂人治桂"的旗号下,把旧军中的陈炳焜、谭浩明、沈鸿英、莫荣新等人,以及广西籍旧官僚和立宪派豪绅陈树勋、唐钟元、韦锦恩等网罗在自己的周围,日渐形成了一个以他为首领的地方性的封建军事集团,一切以发展自身利益为转移。

当然,三省的实际情况是不完全一样的。比如,蔡锷拥袁就非完全效忠袁世凯个人。在他看来,民国初建,"当以救国为前提"③;而"救国",就必须建立"强健有力之政府";而建立"强健有力之政府",就必须拥护袁世凯集权。蔡锷把救国和拥袁混为一谈,以为拥袁就是救国,这当然是错误的,但也表明他的拥袁同时交织着爱国思想的因素。因此,蔡锷虽拥护袁世凯,但对袁的所为绝非一味盲从。如他要求袁世凯"于用人行政之际,破除畛域,以协群情,痛扫弊风,以新耳目,使秕政余毒,不至复生,民国基础,得以巩固"④。又如在借款问题上,他强烈反对不顾国家民族利益,接受帝国主义的苛刻条件,并在云南全省掀起认购爱国公债的热潮,以实际行动抵制帝国主义的要挟;等等。这表明蔡锷与唐继尧、陆荣廷还是有区别的。

从以上所述可以看到,湖北等省政局的变化,实际上造成了一种以

---

① 　詹秉忠、孙天霖:《忆蔡锷》,《辛亥革命回忆录》(三),第433页。
② 　《公电》,《广西公报》第65期,1913年8月。
③ 　《蔡松坡集》,第716页。
④ 　《蔡松坡集》,第348页。

反对革命党人、拥护袁世凯和极力维护既得利益为特征的政治势力。这种政治势力在根本上代表了立宪派和旧官僚的利益和要求。由于当时全国范围的政治形势主要表现为革命派与北洋集团的斗争，它同时又带有明显的地方实力派的色彩。尽管其表现形式与程度在各省不尽一致，但这个总的格局及发展趋势则是显而易见的。

三　处于激烈争夺中的南方各省

浙江、福建、江苏、湖南、四川等省则是另一种情势。一方面，同盟会或居于实际掌权地位，或掌握大部分军队，或依然为政治上的中心力量。另一方面，立宪派在这些省份基础雄厚，力量相当，同革命党人的争夺十分激烈。因此，这几个省既不同于同盟会完全领导的省份，也有别于立宪派、旧官僚直接控制的各省，政局明显表现出急剧变化的特征和不同的发展趋势。在江苏、湖南，同盟会影响在继续扩大，而在浙江、福建、四川，同盟会的力量则在日渐削弱。

第一种情况，可以湖南为例。湖南独立不久，立宪派便通过政变夺得政权，推谭延闿为都督。但革命党人没有停止斗争，加之革命在全国尚处于高潮中，谭延闿不敢与革命党人"过于立异"，所以"政治上的中心力量还是在同盟会方面"①。

当时，部分中下层革命党人对"非同党出身"的谭延闿推翻革命政权一事，愤恨不已，"常有排去之意"②。以周震鳞、程潜等人为代表的上层革命党人，为把湖南变成同盟会的前进基地，则普遍赞成遵照黄兴指示，采取争取谭参加革命与尽力发展同盟会势力并举的方针。这一方针得到北京同盟会本部的支持。同盟会本部于6、7月间特派仇鳌回

---

① 　仇鳌：《一九一二年回湘筹组国民党支部和办理选举经过》，《辛亥革命回忆录》（二），第179页。

② 　《谭组庵之脱身计》，《正宗爱国报》，1912年3月16日。

湘主持党务。仇到湘后，经内外革命党人积极活动，被谭任为民政司次长。他政治上"主急进"，组织上"主用少年英俊"①，很快把各方面力量聚集到同盟会的周围。而这一切，居然又得到了谭延闿的默许或赞同。因此，不但谭本人早在4月就加入了同盟会，到9月下旬同盟会改组国民党时，几乎所有立宪派头面人物及骨干分子都成了国民党员，谭延闿并被举为支部长。仇鳌本人也由此正式取代刘人熙担任民政司长，握取了行政用人大权。随后，黄兴、宋教仁又相继返湘，进一步扩大了革命党人的影响。财政、实业和军事厅厅长也都改由革命党人担任。

当然，谭延闿靠拢革命党人并不表明政治立场的根本转变，而主要是出于巩固其统治地位的需要。他倚重程潜等人，既是为着假党人之手裁减军队和对付中下层革命党人的反抗，但同时也意味着革命党人势力的不断增长，使他不得不迎合以至接受革命党人的某些主张。他不顾旧势力的反对，长期保留周震鳞的筹饷局局长职务就是一例。周"大权独揽，操纵自如"，而且所行政策也颇具革命意味。例如募集捐款一事，他规定一律按房产、田产的多寡摊派，豪绅权贵照样"提充"。湘潭袁树勋拥资近千万，因"不愿多捐"，即将其田产五千余亩及省城镇沅典铺（约值银五万两）一律没收充公。长沙瞿鸿禨原认捐不多，后又逃往上海租界躲避，遂将其所存长沙蔚丰厚票号银四万两以及日升昌票号银一万两，一并提出充公。湘乡曾国藩祠被改为"大汉烈士祠"，其田产五百余石拨充烈士祠常年费，并提现银四万余两，充作军饷。即使对于谭延闿之兄也"驰电交攻"，迫其认捐缴纳。这种经济上严厉打击豪绅的做法，在当时全国也是十分突出的。

此外，谭延闿还在军事、实业建设等方面采纳了革命党人的一系列建议。在军事上，黄兴提出另编一支新军，推荐张孝准担任军事厅厅长，谭表示完全接受。同时因购械"为中央所不许"，他拨银六十万两，计划于醴陵自设兵工厂。在实业建设方面，他支持废除盛宣怀与四国

---

① 《湘民政司辞职之原因》，《申报》，1912年10月13日。

银行原订川粤湘鄂筑路借债合同,主张"由湘人自行主持"。在改革风俗方面,他"禁止买卖人口,提倡破除鬼神迷信"①。对临时政府的组织,他要求袁世凯不再留用"从前名誉已坏、为民国所不认可者"②。对于省制、省官制,他主张无论省长取何种方式产生,总须经省议会同意或择定。对梁启超回国问题,他"反对极力"③。如此等等。可见,谭延闿虽意在利用革命党人,以加强自己的地位,但革命党人也极力把他拉向维护共和的轨道,而且收到了显著的效果。双方关系日益密切毕竟对袁世凯北洋集团是不利的。

第二种情况,可以福建为代表。福建独立后,革命党人彭寿松身兼数职,实际控制着军政大权。起初他尚"虚心接纳",不久即对郑祖荫、林斯琛、刘通等老同盟会员"逐渐疏远",甚至不惜以暗杀手段,先后派人刺杀了同盟会员蒋筠和黄家宸。接着,又查封《群报》和《民言报》,逮捕并严刑拷打《群报》主笔、同盟会员苏渺公。

但总的说来,这还不是福建全部问题的根本所在。首先,蒋、黄被刺一案,据当事人刘通说:蒋筠光复后"畀以县长(县知事),不满所欲,自负才力,愤怒不平",于是"到处演讲,肆意攻击"。黄家宸光复后曾招集数百人,请彭寿松编营给饷,彭以事前未奉命令,中间又无报告,加以拒绝。黄遂"散布仇恨之言",并图谋暗杀彭寿松④。其所办《民心报》,则"主张裁撤政务院",迫彭寿松去职⑤。因此,蒋、黄被刺后,上海《太平洋报》刊载的一篇《福建通信》说:"《民心报》主任某(指黄家宸)不得辞其咎。"⑥可见蒋黄案主要还是革命党人之间的权力之争。其次,彭寿松在查封《民言报》馆告示中指出:"及至光复告成,人人竞争权利,要

---

① 《湘人之改良风俗热》,《太平洋报》,1912 年 10 月 9 日。
② 《谭延闿致袁世凯等电》,《申报》,1912 年 3 月 26 日。
③ 《梁启超年谱长编》,第 645 页。
④ 刘通:《福建光复的回忆》,《福建文史资料》第 6 辑。
⑤ 《闽军政府亦封禁报馆矣》,《申报》,1912 年 5 月 12 日。
⑥ 《共和党党员之野心》,《太平洋报》,1912 年 9 月 20 日。

求位置,本总监以建设方始,人浮于事,总应因地择人,不能人尽有事。此辈所求不遂,捏造无稽之言,任意污蔑,滥登报中,言之深堪愤懑。"又说:"现民国虽已成立,国际潮流日急,基本未尝巩固,功罪尚不敢自知,何暇计及求全之毁?业败垂成,本总监非有司马昭之心,不可无伊尹之志,不得已权行专制手段,期达共和目的。"①此外,当时舆论也认为,"彭之为人,与官僚派誓不两立"②,又始终主张"政权应操于革命党人之手"③。这说明彭寿松"权行专制手段",固然表现了他的专横跋扈,但其本意也多少含有维护革命政权的成分。

然而,彭寿松的恃权骄横,却为立宪派和旧官僚提供了可乘之机。

本来,由立宪派和旧官僚联合组成的闽省共和党支部以及所掌握的共和实进会,早已"生觊觎之念,暗嗾该省人民排彭"④。因此,蒋黄案和查封报馆案相继发生后,"其乘瑕蹈隙,谋攫政权者,如水银泻地之无孔不入"⑤。他们首先广造舆论,攻击彭"把持政权,广植党羽"⑥,继而推举省临时议会议长宋渊源(同盟会员)及议员陈祖烈、朱腾芬等赴京请愿查办彭。宋等先到上海运动岑春煊率兵赴闽镇抚,得岑同意后,即联合福建公会及南洋华侨联合会所举代表径赴北京,请袁世凯委以正式名义。袁当时正拟委张元奇为闽省民政长,将北洋势力伸入南方,宋等此举自然使他喜出望外。于是,他当即任命岑春煊为福建镇抚使,同时下令撤免彭寿松都督府总参议、警视厅总监各职,听候查办。

当蒋黄案和查封报馆案发生后,部分同盟会员为"稳定政局",曾主张请陈其美担任都督,林森为民政长,但为立宪派、旧官僚所坚决反对。袁世凯查办令下,黄展云、马景融、郑祖荫、董光弼、林衡可、林雨时等同

①　《彭寿松封〈民言报〉告示》,《申报》,1912年9月8日。

②　《共和党党员之野心》,《太平洋报》,1912年9月20日。

③　刘通:《福建光复的回忆》,《福建文史资料》第6辑。

④　《共和党党员之野心》,《太平洋报》,1912年9月20日。

⑤　郑祖荫编:《福建辛亥光复史料》,第340页。

⑥　《宋渊源等报告书》,《申报》,1912年9月19日。

盟会员又以"人心惶恐"为词，一面致电袁世凯要求"阻止岑带兵入闽"；一面召开市民大会，发表演说，号召罢市，以谋抵制。立宪派、旧官僚则以共和实进会、国民协会、共和党闽支部等五十六团体名义，致电欢迎岑春煊"速来"①。

彭寿松虽曾准备抵抗，但因势单力孤，又不为党人所谅，终于9月辞职离省。1912年10月3日，岑春煊带兵赴闽。他到闽后的第一件事就是请袁世凯通电缉拿彭寿松，"解赴闽省归案讯办"，并大兴党狱，逮捕林斯琛、陈景松，株连数十人，欲将"同盟党人一网打尽"②。至于他保荐的民政、司法、外交等司司长，则无一非前清旧官吏③。11月16日，袁世凯任张元奇为福建省民政长。从此，北洋派进入福建。

浙江、四川与福建情形大体相似，所不同的是浙江继任都督朱瑞直接被袁世凯拉拢，成为北洋势力在浙江的代理人；四川由于尹昌衡一意宠信胡景伊，大权旁落，终于使胡景伊与袁世凯北洋集团的勾结演为事实。

以上两种情况清楚表明，革命党人只要继续坚持斗争，即使像湖南、江苏这样并不实际掌握政权的省份，也会使形势变得对自己有利。反之，如果居功骄横，热衷于个人权势，或看不到加强革命政权的重要，就都将导致政局的逆转和革命力量的被摧残。而后一种情况则又无一不是立宪派、旧官僚和北洋集团合谋导演的结果。

四　袁世凯直接控制的北方各省

袁世凯直接控制的直隶、河南和山东，则呈现另一番景象。

直隶等三省，是袁世凯北洋集团的发迹地。武昌起义后，这三省也

---

① 《福建团体欢迎岑镇抚使电》，《申报》，1912年9月27日。
② 《请看岑氏之三罪》，《长沙日报》，1912年11月26日。
③ 《一幅魑魅魍魉图》，《长沙日报》，1912年11月24日。

出现过"炸弹横飞,前仆后继,势不可遏"的革命形势。但由于袁世凯的残酷镇压,斗争大都失败了,旧的统治秩序本没有什么改变。袁世凯上台后,为了巩固他的统治地位,对这些省的控制又有了进一步的加强。

　　首先,袁世凯不顾南京临时政府和三省人民的反对,强行安排自己的亲信、死党为各省都督。还在他被举为临时大总统不久,南京临时参议院就通过了一个"接收北方各省统治权办法案",规定东三省、直隶、河南、山东、甘肃和新疆等未独立各省,须将原有督抚撤除,另由各该省临时议会公举都督①。但袁世凯认为这样势必动摇他对北方的控制,拒绝实行。他先令上述各省督抚改称都督,"职权仍旧"②,然后宣布"南方都督为革命时代所推戴,北方都督乃从前督抚之改称,"沿革不同","军民"心理亦不同",故都督民选问题"非军政民政分析之后,无从解决"③。他并抢先造成既成事实,于 1912 年 3 月 15 日任其亲信张锡銮署理直隶都督(1912 年 9 月 8 日改任冯国璋为都督),23 日改任张镇芳署理河南都督,28 日任周自齐为山东都督(到任前由余树达署理)。当南京临时参议院要求新任内阁总理唐绍仪同意撤换直隶、河南、山东三省都督时,袁世凯竟蛮横表示:"三省都督,业由本总统委定,决无更改之理。"④

　　袁的倒行逆施,引起三省人民的强烈不满。以河南为例:张镇芳督豫命令一下,全省"舆论哗然",各团体纷纷上书,表示"死不承认"。省咨议局并致电袁世凯拒绝张镇芳到豫,同时提出举同盟会员曾昭文为河南都督,河南旅宁将校团也发电响应,要求推曾督豫。因此,张镇芳

---

① 《参议院议事录》;《议决北省公举都督条件》,《正宗爱国报》,1912 年 3 月 24 日。

② 《临时大总统令》(1912 年 3 月 15 日),《正宗爱国报》,1912 年 3 月 17 日。

③ 《袁大总统复国民共进会函》,《正宗爱国报》,1912 年 3 月 28 日。

④ 《袁总统以去就争自举都督》,《申报》,1912 年 4 月 13 日。

抵豫后，终日如坐针毡，不敢出门一步①。但袁世凯毫不让步，他密电张镇芳说，河南旅宁将校团推曾督豫，出于黄兴"私意"，断不能接受②。

在袁世凯支持下，张锡銮、周自齐、张镇芳等为"增涨北方势力"，首先牢牢控制各级地方官吏的任用大权。张镇芳走马到省，一次即保荐三十余人，请袁"破格录用"，致使省府各官"非前清之翰林，即前清之主事"，府一级知事"非前清之进士，即前清之中书"③，成了清一色的"官僚派"。周自齐向袁保证："到任后，一切要政，万不敢自作主张，惟有事事禀命大总统而后行。"④张锡銮、冯国璋上任后，也再三宣称"维持现状"，将都督府和各级地方政权完全置于袁世凯北洋集团控制之下。其次，对待省临时议会，也完全按袁世凯意旨行事。冯国璋独断专行，凡事拒不提交省议会讨论。直隶省临时议会要求他：1. 都督府各官一律更换；2. 任用司道须得省议会同意；3. 各州县知事考试录用；4. 财政由省议会举人掌理⑤。但他在袁世凯怂恿下⑥，除第三条曾口头敷衍一时外，其他各条表示概不接受。张镇芳更"视省议会若仇敌"⑦。河南省临时议会制定《临时省议会法》，规定有议决本省官制、官俸、官规和承诺及否拒本省行政主管官任用的权力，他借口与《临时约法》相抵触，坚不承认⑧。甚至于北京临时参议院议决"河南省会于中央省制未

　　① 《张镇芳之闭门羹》、《豫都督自请告退》，《太平洋报》，1912 年 4 月 6 日、8 日。

　　② 《民国元年南北政府来往电稿钞录》第 2 册。

　　③ 《大中民报》，1912 年 7 月 9 日。转引自王天奖、邓亦兵：《辛亥革命在河南》，河南人民出版社 1981 年版，第 138 页。

　　④ 《京师谈荟》，《申报》，1912 年 5 月 11 日。

　　⑤ 《异哉直省会之要求条件》，《申报》，1912 年 11 月 1 日。

　　⑥ 袁致电直隶省临时议会说："任免官吏之权自应归之都督，议会不得干涉。"（《申报》，1912 年 12 月 1 日）

　　⑦ 《参议院咨请查办张镇芳函》，《申报》，1913 年 2 月 12 日。

　　⑧ 《河南都督咨文》，《申报》，1912 年 5 月 23 日。

颁行时,有暂行议决本省官制之权"①,他仍横加阻拦,破坏实行。

　　袁世凯对直隶等三省加强控制的另一措施,是在"保持公安"的名义下,残酷镇压革命力量及一切进步势力。

　　首先是强行改编和遣散革命武装。当时,河南、山东都还保留有革命党人的军队。河南仅王天纵、刘凤同、马云卿领导的南阳民军,就有六七千人,马四五百匹,炮十二尊②。另有旅沪豫人组织的"威武军",驻军信阳。对于南阳民军,袁世凯先是企图强令他们退出豫境③。王天纵等通电反对后,他随即加委李纯督办豫南剿抚事宜(不久改任豫南总司令官),相机"收抚",同时密电张镇芳,"收抚"必须"不令多留"④。李根据袁世凯旨意,提出改编刘凤同所部为陆军两营、炮队一队,王天纵、马云卿所部各为巡防两营(内有马队一营),其余一概缴械遣散。袁当即电准照办,并表示"豫饷不敷,可暂由京协济"⑤。对于威武军,袁世凯同样采取"剿抚并用"策略。6月初,威武军因国民捐问题发生内讧,要求撤换司令,率众回沪。袁世凯密令张镇芳会同李纯乘机"将该军勒令缴械,就地遣散",不可令其"成师回沪",并说:"如虑滋事,可酌拨兵队震慑。"⑥李纯也认为"趁此除根,方足弭其后患",并提出三种遣散办法,即"以威严整饬……令留械潜逃,是为无形遣散;以大势开导,给饷一月,并予凭照,是为名誉退伍;末以审察人数,实行强迫收械遣散"⑦。曾在辛亥革命中威震一方的南阳民军和威武军,就这样在袁世凯软硬兼施之下,被相继取消了。以后,王天纵、马云卿应袁电召先后

----

　　①　《参议院三十日会议情形》,《申报》,1912 年 6 月 6 日。

　　②　据《李纯致张镇芳等电》(《民国元年南北政府来往电稿钞录》第 2 册)。实际数字则不止这些。王天纵在 1912 年 6 月 22 日同盟会欢迎会上的演说中,即称其所部解散两万三千人。(《申报》,1912 年 6 月 29 日)

　　③　《民国元年南北政府来往电稿钞录》第 1 册。

　　④　《民国元年南北政府来往电稿钞录》第 2 册。

　　⑤　《民国元年南北政府来往电稿钞录》第 3 册。

　　⑥　《民国元年南北政府来往电稿钞录》第 10 册。

　　⑦　《民国元年南北政府来往电稿钞录》第 10 册。

入京,王最后终被袁世凯收买。威武军司令官张鹗翎、主令参谋陈星枢则被袁以"折变公债票"罪名,分别判处有期徒刑八年、六年,各褫夺公权十五年。后因李书城等四十七人联名上呈抗辩,才又下令"特赦"。山东民军重要组织人连成基的命运更惨,他于军队改编后奉令入京,刚抵天津,就被陆建章派人杀害于码头。

其次是残酷镇压革命党人的反抗。当时,直隶等三省的不少革命党人为维护共和,反对专制,仍继续坚持斗争。仅河南开封就有"共和中立死士团"、"监察共和团"和"铁血团"等革命团体。他们或以"流血"相号召,或以"暗杀"为宗旨①,决心将不惜生命对付那些"假意共和者"②。对于革命党人,袁世凯一开始就确定了"重治"的方针。他以总统府军事处名义密电直隶等三省都督及各统领,"于军队驻扎之所,专设收信处,派亲信员弁专司检查";如发现革命党人联络函件,"即行扣留,密访下落,以清奸宄"③。于是,天津"铁血监督团"首当其冲,惨遭北洋集团剿杀。该团是1912年2月由曾广为、方正、马伯援、凌钺等人,为防止袁世凯效法拿破仑称帝而组织的,宣称"以铁血监督政府,排去国民公敌,促进完全共和政体为宗旨"④,在直隶、河南各地广泛开展活动。铁血监督团出现于北洋腹地,袁世凯当然不能容忍。6月,赵秉钧便以谋刺袁世凯罪名,拘捕曾广为兄弟四人,并判处曾广为监禁二年,其弟曾广伟等各一年,武装押解河南光山原籍,但行至信阳,即被李纯借"土匪"之手杀害了,该团随即也被取缔。山东周自齐主要采取软化手段,对付革命党人。他令登州(今属蓬莱市)、黄县所有"有功人员",到济南都督府稽勋局登记,"论功行赏,从优议叙";甚至假惺惺委

---

① 河南"流血会"所布传单,即宣称"以平均贫富、专事暗杀为宗旨"。(《河南近讯》,《太平洋报》,1912年6月8日)

② 《强国公报》,1912年4月25日;《民约报》,1912年4月22日。转引自王天奖、邓亦兵:《辛亥革命在河南》,第141页。

③ 《民国元年南北政府来往电稿钞录》第11册。

④ 《铁血监督团宣言书》,《大公报》,1912年2月28日。

任同盟会主要负责人徐镜心为济东泰武临首道,但其真实目的不过是以官禄为钓饵,实行分化瓦解而已。徐镜心等人虽然进行了抵制,但山东革命势力终究为周所肢解,从而使袁世凯达到了完全控制山东的目的。

再次就是摧残舆论,禁止人民"私自结社、集会、演说"①。张镇芳逮捕开封《自由报》总编辑贾英,毫不掩饰地宣称他"不懂得什么法律,宁拚着都督不作"②。直隶巡警道杨以德在天津肆意殴辱、拘捕新闻记者。他手下一个稽查员是这样说的:"尔等开报馆者……均属目无长官,要造反,再要不改,吾们杨大人(指杨以德)有的是势力银钱,不难将尔等按土匪炮制。"③仅此二例,便足以看出北洋集团摧残舆论到了何等暴虐的地步。

总之,直隶、河南、山东三省较之辛亥革命前并没有多少变化,所不同的是北洋势力急剧膨胀,控制进一步加强。1912 年 5 月 10 日,开封《大中民报》曾刊载一组题为《哀河南》的诗,其中一首写道:"堂堂贵戚④莅中州,亡国余威使人愁。大陆依然崇专制,共和若付水东流!"这首诗所描绘的,不只是河南一省的情况,其实也是直隶和山东的真实写照。

五　东三省

袁世凯对东三省的控制,同样不遗余力。

武昌起义发生后,以东三省总督赵尔巽为首的封建势力,在"保境安民"的旗号下,顽固对抗革命。他们通过奉天咨议局表示:"如竟成共

---

① 《强国公报》,1912 年 4 月 11 日。转引自王天奖、邓亦兵:《辛亥革命在河南》,第 141 页。

② 《参议院咨请查办张镇芳案》,《申报》,1913 年 2 月 12 日。

③ 《新天津报社同人公启》,《正宗爱国报》,1912 年 5 月 29 日。

④ 指张镇芳,为袁世凯的表弟。

和政体，应请将东三省暂予特别办法。"①所谓"特别办法"，就是"举恭王即皇帝位，以赵尔巽为总理"②，在东三省成立满洲小朝廷。

　　袁世凯一直密切注视着东三省的局势。他认为赵尔巽心怀叵测，便暗中加紧收买东三省将领，以牵制赵尔巽。他派遣密使，赠给张作霖"军刀一柄及其他贵重物品，价值一万余元"③。同时委张锡銮为东三省边务大臣。张锡銮的任命遭到赵尔巽公开抵制后，他又一面调动北洋第四镇，进行"武力震慑"，一面派心腹段芝贵赴奉天活动。在袁世凯拉拢下，张作霖态度一变，公开通电拥戴袁世凯做"共和大总统"，并向袁表示：如满族贵族在东三省建立小朝廷，"自有统领等抵制，请纾廑念"④。在此形势下，赵尔巽被迫作出拥袁决定，但同时提出以东三省用人、行政不变更为条件⑤。袁世凯权衡利害，满足了赵尔巽的要求。3月15日，他正式下令分别改任赵尔巽、陈昭常、宋小濂为东三省都督和吉林、黑龙江都督。就这样，在充满狡诈和肮脏的交易中，东三省挂起了五色国旗。

　　东三省虽然宣布改旗易帜，但用人行政一仍其旧，来往公文、示谕仍用总督印信，大清银行、官报发行所等名目依然存在如故。直到这年11月张锡銮取代赵尔巽时，还发布告示，劝导各界剪发，改用阳历，宣布不准再用前清衔翎及钦命字样，大人、老爷、卑职、沐恩等名称，请安跪拜诸仪节以及前清官帽官服，等等⑥。可见，在此之前，封建统治秩

---

　　①　《华兴报》，1912年2月21日。转引自李时岳：《辛亥革命时期东三省革命与反革命的斗争》，《辛亥革命史论文选》（下），第844页。

　　②　《盛京时报》，1912年2月14日。转引自李时岳：《辛亥革命时期东三省革命与反革命的斗争》，《辛亥革命史论文选》（下），第844页。

　　③　《落合驻奉天总领事致内田外务大臣函》，邹念之编译：《日本外交文书选译——关于辛亥革命》，中国社会科学出版社1980年版，第82页。

　　④　《退位后之东三省》，《民立报》，1912年2月21日。

　　⑤　《赵尔巽为国体解决后东三省行政用人勿遽变事致内阁电稿》（1912年2月13日），辽宁省档案馆编：《辛亥革命在辽宁档案史料》，第81页。

　　⑥　《张都督最近政见》，《长沙日报》，1912年12月25日。

序并无丝毫改变。在此情况下,革命党人遭受迫害是并不奇怪的。赵尔巽公开宣称:"今者政体已定,更无革命之可言","倘再意图破坏,扰害治安,即属国民之公敌"①。他强令所有革命军队及革命团体"立即解散",凡非奉籍党人,一律驱逐出境,奉籍党人必须"各回旧业"②,否则,就"借重武力"。锦州铁血会支部未及全部解散,即被指控"存心扰乱治安,破坏大局","一日拿获三十七人",后经丁开嶂极力营救方陆续开释,但铁血会调查部长王寰已冤死狱中③。

吉林、黑龙江并不比奉天好些。黑龙江宣布共和当天,宋小濂还在捕拿革命党人。同盟会支部长管颖侯、理财部长关步青就因揭露他"破坏共和,暗助宗社党",一个被通缉,一个被逮捕。同盟会虽一再派人交涉,致函诘问,他仍声称"按律惩办",绝不"稍涉宽纵"④,反革命气焰十分嚣张。吉林陈昭常同样"阳奉共和之名称,实阴施其毒辣之手腕",致使"遍地叫苦,民不聊生"⑤,"人民空享共和之虚名,常受专制之实祸"⑥。

赵尔巽等肆无忌惮迫害革命党人,与袁世凯的支持是分不开的。早在劝赵赞同共和时,他就有话在先:"如省内有借名革命紊乱秩序者,均认为马贼,即行弹压勿贷。"⑦赵等后来解散革命团体,遣散革命党人,他又派朱锡麟、张英华、张石携巨款协同办理。朱等到奉天,仅用二

①　《奉黑两省解散民党之办法》,《申报》,1912年4月6日。

②　《赵尔巽为资遣南方党人回乡劝谕奉籍党人各回旧业的告示》(1912年3月2日),《辛亥革命在辽宁档案史料》,第261页。

③　丁开嶂:《辛亥革命时期的铁血会》,《近代史资料》1955年第2期。

④　《黑省党祸纪闻》,《申报》,1912年6月24日;《宋小濂致各省都督等电》,《申报》,1912年6月14日。

⑤　《侠义党出现有期》,《太平洋报》,1912年10月18日。

⑥　《弹劾都督案续闻》,《太平洋报》,1912年8月14日。

⑦　《袁大总统电致奉天赵次帅》,《正宗爱国报》,1912年2月25日。

十天时间,便"将东三省及所属各蒙旗党人一概资遣净尽"①。

但是,袁世凯支持赵尔巽"保全"东三省,最终目的还是为了扩张北洋势力。因此,当赵尔巽自恃"保全地方"有功,企图垄断东三省权力,而坚决反对三省都督平权②,要求改称奉天都督为大都督,仍照前清律例,"节制"吉林、黑龙江两省"一切政事",并从自身利益出发,对袁的"军民分治"阴谋计划提出异议时,他便毫不客气地要迫赵去位了。

其实,袁世凯先前委任张锡銮为东三省边务大臣,派段芝贵赴奉天活动,就有乘机取代赵尔巽的意图。只是由于赵尔巽宣布"赞成"共和,打乱了他的如意计划。1912年4月,袁准备再次采取措施,策划由齐耀琳出任东三省都督,但未及实行,即遭到赵尔巽的抵制。赵鼓动东三省将领联名致电袁世凯,声称东省时局万分危险,若骤易生手,恐将"全局动摇,前功尽弃",并特别指出:东省现在局面纯系"赵都督剖心呕血换来者",为"彰公道而安人心",必须"倾心推重","决不令赵都督避谤引退"③。但袁世凯去赵之心并未因此而打消。随后,他改采"釜底抽薪"办法,策动东三省将领,特别是张作霖叛离赵尔巽。张作霖本与赵貌合神离,自袁世凯改编其部为陆军第二十七师,并任他为师长后,便更加有恃无恐,处处与赵作对。赵见大势已去,不得不再次提出辞职。

---

①　《赵尔巽为饬令预备朱锡麟等遣送东三省党人用费事给度支司的札文稿》(1912年3月30日)、《赵尔巽给民政部的咨文稿》(1912年4月6日),《辛亥革命在辽宁档案史料》,第264、266页。

②　"东三省都督平权",是当时东三省政潮的一个重要内容,其主旨是改东三省都督为奉天都督,吉林、黑龙江不再受奉天节制。自东三省宣布赞成共和后,吉林、黑龙江临时省议会即倡此议。陈昭常、宋小濂从加强自身权力出发,亦极为赞同。1912年5月,东三省参议员将此案作为"建议案"正式提出于参议院,同月被参议院通过。但袁世凯认为"于事实上有种种之窒碍",主张"变通办法":"奉天、吉林、黑龙江三省,各设都督,一律平权。惟吉、黑两省军事、交涉两项,仍统属之于奉天,其余三省用人行政各不干涉。"7月1日,参议院开会通过袁的"修正"。17日,袁遂下令公布,并改赵尔巽东三省都督为奉天都督。

③　《潘榘楹等东三省将领致袁世凯等电》,《正宗爱国报》,1912年6月7日。

11月3日，袁世凯批准赵"辞职"，以张锡銮署奉天都督（16日正式任命奉天都督），并加陆军上将衔，终于实现了他对东三省的直接控制。

六　山西与西北各省

山西与西北各省在袁世凯的胁迫下，实际上也被纳入北洋集团的势力范围。

山西临近京畿重地，是袁世凯极力争夺的省份。当派兵干涉和拒绝承认山西为起义省份的阴谋相继失败后，他便以强硬手段压迫阎锡山就范。开始，他严令阎锡山仍驻忻州，不准返回省城太原，并放风说将以布政使李盛铎取代他的都督地位。后虽迫于舆论，他不得不于1912年3月15日任命阎为山西都督，但同时又委李盛铎为民政长，以牵制阎（李以病辞，改委原太原府知府周勃署理）。

阎锡山对革命本不十分坚定，又有着强烈的权力欲。为了保住他的都督地位，自4月4日回到太原后，即开始积极投靠袁世凯。他不惜以四十万重金贿赂总统府秘书长梁士诒，又把袁早年的把兄弟董崇仁派往北京进行疏通，甚至将他的父亲送到北京作人质，以表示对袁的恭顺。在政治上，他极力迎合袁世凯，"在北方首倡裁兵"，"极主军民分治"，因而很快就博得袁世凯的赏识，认为："革命人才鲜当人意，独阎都督器宇深纯，与流俗异也。"[1]

与此同时，阎锡山为适应袁世凯的需要，还极力排挤打击革命势力。首先，他"对于一切革命有功者咸不信任"[2]。其次，他借"裁军"之名，压制革命力量的发展。如晋北续桐溪等提出将"忻代宁公团"改编为正式军队，晋南河东革命党人要求以李鸣凤旅为基础扩编为第二师，均被他拒绝。再次，对在晋外籍革命党人，尤心怀猜忌。总之，凡不肯

---

①　尚秉和：《辛壬春秋·山西第六》，历史编辑社1924年版。

②　《山西乱党伏法详情》，《申报》，1912年11月24日。

为他所用的，没有不遭到他的忌恨和排斥①。

　　阎锡山一面遏制革命势力，一面又以同乡五台人为中心，以封建纲常名教为纽带，结成死党。以同乡关系充任都督府秘书长的赵戴文就常说：阎与他是"君臣之分"②。同时，为巩固权力，阎还大力扩充嫡系军队（即同乡军队），"配以新式快枪精良武器"，待遇极为优厚。反之，对外省、外乡军队，则视为异己，处处加以限制。由此可见，阎锡山虽依然列名同盟会、国民党，实际上已毫无革命党人的气味。

　　但山西毕竟是辛亥革命中风雷激荡的省份。阎锡山投靠北洋军阀和排除革命势力的行径，必然要引起不甘顺从的革命党人的不满与反抗。到1912年底，终于酿成了震动全国的"河东案事件"。

　　河东是山西辛亥革命的重要据点，也是革命党人力量最集中的地区。阎锡山回太原不久，为了全省的统一，温寿泉曾自动宣布取消河东军政分府。但以观察使张士秀、驻军旅长李鸣凤为首的革命党人，认为"袁不可靠"，阎为保地位计，也"恐将附袁"③，主张拒绝阎锡山的裁军改编命令，继续保持和发展革命力量。他们提出二十四项附加条件，要求"对于都督或民政长所发命令，见为不合时，得暂令所管地方官吏缓期执行"④。他们并利用河东经济富庶的有利条件，控制全部盐课钱粮，准备坚持长期斗争。

　　阎锡山攻击张、李"聚财称雄，俨然割据"⑤，借口统一财政，接连派员向张、李施加压力。随后又派南桂馨为河东筹饷局局长兼会办军务，坐镇河东，伺机夺取军政大权。南桂馨原为同盟会员，这时已完全成为阎的亲信。他一到运城，即命令各县钱粮地丁一律直接解局，以控制财

① 《山西乱党伏法详情》，《申报》，1912年11月24日。
② 《阎锡山在山西》，《近代史资料》1982年第3期。
③ 王用宾遗稿：《记山西在辛亥革命前后的几件事》，《辛亥革命回忆录》（五），第123页。
④ 《河东抗命始末记》（十一），《申报》，1913年2月28日。
⑤ 《河东抗命始末记》（十一），《申报》，1913年2月28日。

权,并以巨款运动各团、营长反抗张、李。他威胁说:如不服从,即"借都督名义设法处置"①。但是,各团、营长终不为所动,夺权阴谋也很快被张、李察觉。于是,阎锡山抢先下令撤免李鸣凤,而代以亲信孔繁蔚。

12月27日,张、李等人忍无可忍,将南桂馨拘捕严讯,并于当天致电袁世凯,揭露南"煽乱酿变",要求从速查办军政司司长黄国樑。这就是当时人们所称的"河东案事件"。这是阎锡山积极投靠袁世凯,一意排除异己的结果,也是不甘妥协的革命党人反对阎锡山斗争的总爆发。

阎锡山获悉南桂馨被拘后,惟恐阴谋暴露,急令张、李交出南,由孔繁蔚解省"讯断"。李鸣凤表示:"当整率全旅来省交代。"阎锡山见李将诉诸武力,便一面急电袁世凯,指控张、李违法抗命,请派大员前往河东"督饬裁并军队";一面亲派董崇仁入京,请示"机宜"。袁世凯本对河东革命党人恨之入骨,自然有求必应,当即电令张、李放出南桂馨,归阎"办理",并威胁说:"南桂馨等倘有丝毫损害,定惟该旅长是问。"②同时密令阎锡山,若李率部回省,"即以土匪相待,痛加剿办可也"③。张、李针锋相对,明确指出:"阎实为此案原动",自在"统一讯办之列,无再参与讯办之权"。为昭"平允",应由中央特派大员,并另委邻省都督或接境带兵大员,来运城会同办理,同时取消阎锡山的会办权,一并提拿归案讯办④。接着,他们又发布宣言书,声明不认阎为都督,不认袁再有特任山西都督之权⑤。阎、袁见威胁恫吓无效,便进而勾结起来,大动杀机了。

阎锡山宣布张、李为国民公敌,电请袁世凯速派兵"会剿",声称"若再延长时期,不以武力解决,不但南桂馨性命堪虞,而晋省大局将不堪

---

① 《河东抗命始末记》(二),《申报》,1913年2月19日。
② 《河东抗命始末记》(六),《申报》,1913年2月23日。
③ 《河东抗命始末记》(六),《申报》,1913年2月23日。
④ 《河东抗命始末记》(七),《申报》,1913年2月24日。
⑤ 《河东抗命始末记》(十),《申报》,1913年2月27日。

设想"①。袁接电后,即令保定北洋第二师王懋赏率混成一团"迅赴太原",归阎指挥;令陕州毅军统领赵倜率军渡河,勒令交出南桂馨,"解散该处军队"。12月22日,赵倜率马步炮六营直抵运城,将张、李拘押,解往北京,交军警执法处审判。阎锡山为置张、李于死地,也专程赶往北京。结果,原告成了被告,南桂馨宣布"无罪释放",张、李反以"称兵作乱,危害民国"罪被判处徒刑,河东革命军队也被遣散。一场正义的斗争,就这样被狼狈为奸的阎锡山、袁世凯残酷镇压下去了。从此,阎完全控制了山西的军政大权,成了北洋军阀的附庸。

控制西北,也是袁世凯的既定目标。对陕西,他如同对山西一样,主要采取威胁拉拢手段,利用革命党人削弱革命势力;而对西北其他各省,则主要是扶植旧势力,打击革命党人,进而扩张北洋势力。他在甘肃,采取的就是这后一种办法。

辛亥革命后,甘肃实际上形成了两个性质完全不同的政治中心。一个是兰州的以代理布政使赵惟熙为首的旧官吏和立宪派,他们迫于大势,同时也是为了阻止军学各界"自举都督","酿成暴动"②,于1912年3月6日,由赵领衔致电袁世凯和资政院表示"承认共和"。另一个是秦州(今属天水市)的以黄钺为代表的革命党人和进步青年,他们经多方努力,于3月11日宣布独立,成立甘肃临时军政府。袁世凯为达到控制甘肃的目的,3月15日,正式下令委任赵惟熙署甘肃都督。随后又以兰州承认共和在先为借口,诬蔑秦州独立是"甘心破坏","为全国公敌",强令黄钺取消独立,一切听候赵惟熙命令办理③。赵在袁的支持下,也攻击黄钺为"匪徒逆党",准备调军围堵。但黄钺不畏强暴,据理抗争。他复电袁世凯,申明秦州独立时,"未闻兰有承认共和之

①　《河东抗命始末记》(九),《申报》,1913年2月26日。

②　《甘肃赵藩司惟熙等来电》,《正宗爱国报》,1912年3月19日。

③　《黄钺致各省都督及与黄兴、袁世凯等往来文电》,《甘肃文史资料选辑》第11辑。

事",并揭露兰州承认共和后,除"悬国旗"和宣称政纲服制"暂仍旧贯"外,"一事未办",是名为承认共和,实则沿袭"腐败专制"。至于甘省统一问题,电文表示秦州军政府成立不久,即拟约八条,谋求解决,但赵惟熙等拒不答复,惟以武力相威胁,是破坏统一责任不在我而在彼①。黄电义正辞严,使袁无辞以对。但是他为了达到控制甘省的目的,紧接着又蛮横宣称黄"擅拥甲兵,自称独立","非辟以止辟不可"②。本来就准备采用武力镇压手段的赵惟熙,这时更加狐假虎威,叫嚷黄钺"蓄意扰乱和平,甘为天下公敌","不能不诉之于武装"③。

对于袁、赵所加罪名,黄钺能够据理进行驳斥,但同时也暴露了他一个致命的弱点,这就是他仅仅停留在要求袁承认秦州军政府的合法地位,而没有进一步采取巩固革命政权的措施。他一再向袁表示:"钺始终守和平恬退主义,所以解决稍迟者,正因大总统屡次来电,全与钺事实不符,必俟心迹彰明,方能去此。"④因此,当袁世凯顺势变换策略,表示承认他"前次倡议反正,自系误会甘省未承认共和所致"⑤,"心迹实有可原"⑥,赵惟熙也虚伪表示承认他所提解决条件时,他便接受"和平解决",于6月7日宣布取消秦州军政府了。

袁世凯支持赵惟熙取得了甘肃全省的统治权,赵自然懂得怎样报答这一知遇之恩。他公开宣布将以袁所标榜的"渐进主义"为治甘方

---

①　《黄钺致各省都督及与黄兴、袁世凯等往来文电》,《甘肃文史资料选辑》第11辑。

②　《大总统批斥黄钺之严厉》,《申报》,1912年5月10日。

③　赵星缘:《赵惟熙向袁世凯报告黄钺反正事件电文》,《甘肃文史资料选辑》第11辑。

④　赵星缘:《赵惟熙向袁世凯报告黄钺反正事件电文》,《甘肃文史资料选辑》第11辑。

⑤　《黄钺致各省都督及与黄兴、袁世凯等往来文电》,《甘肃文史资料选辑》第11辑。

⑥　《黄钺致各省都督及与黄兴、袁世凯等往来文电》,《甘肃文史资料选辑》第11辑。

针,并向袁保证说:以此"办理一切,自有把握"。他竭诚拥护袁世凯"中央集权",赞成袁大借款和对各省省长实行任命。与此同时,他又以袁为榜样,实行个人专制。尽管当时的省临时议会远不是真正的"民意"机关,议长李镜清也只是一个与革命党人有过某些联系的开明士绅,但由于对他"招权纳贿、任用私人"表示过不满,便再也不能容忍了。他利用狭隘的地方观念和民族成见,挑拨、操纵回族将领马安良派兵围困省议会,接着又派人于 7 月 17 日刺杀了李镜清。连当时北京国务院也认为他的某些行为"殊乖共和政体"①。

在赵惟熙统治下,封建秩序重又笼罩了整个甘肃。"即冠服一端,犹复红顶花翎,朝珠补服,招摇过肆,恬不为怪。"大小官吏唯以"保全利禄为心","不识共和为何物"②。以周务学、刘尔炘为核心的封建复辟势力,甚至公开组织"保清会",开列条件,要求以"特别法治甘肃"③。其实,这不仅甘肃一省如此,也是袁世凯控制下的所有西北各省的缩影。

---

① 《赵惟熙反对剪发》,《长沙日报》,1912 年 12 月 15 日。
② 《兰州某君致旅陕同乡函》,《民立报》,1912 年 6 月 30 日。
③ 其请求条件为:1. 甘肃不准办新政;2. 本省人不得免本省行政官;3. 解散省议会。

第二章　北洋军阀集团与同盟会矛盾的尖锐化

第一节　袁世凯追求封建独裁和同盟会的反抗

一　唐内阁垮台与同盟会主张政党内阁

唐内阁成立不久,就为坚持实行责任内阁制,与袁世凯发生尖锐冲突,并最终导致了它的垮台。

责任内阁为《临时约法》所规定,又是同盟会所极力坚持的重要政治原则之一。蔡元培、宋教仁等人对实行责任内阁抱着满腔热忱。唐绍仪也试图负起内阁总理的责任,在施政方面不想事事听命于总统府。如裁军问题,他主张全国一律,"并非若袁总统之偏重南方"。对北洋派和同盟会之间的矛盾,他采取调和的态度,并多次向袁世凯表示:同盟会"诸君皆以诚相待","决无他意"①。蔡元培认为唐绍仪的主张虽然与同盟会的主张不完全一致,但也可说是"调和南北之政策"②。

袁世凯对唐绍仪本来是信任的,所以才任命他为内阁总理。但在袁的心目中,内阁不过是他的幕僚机构,总理只应起幕僚长的作用。因此,他非但不能容忍同盟会阁员坚持责任内阁,对唐绍仪也心怀猜忌,

---

① 阮忠枢致张镇芳函(1912年3月),中国社会科学院近代史研究所藏原件。
② 《蔡元培在同盟会机关部的演说》,《中国同盟会杂志》第6期,1912年9月。

疑唐挟同盟会以自重,"有独树一帜之意"①。他的党徒更露骨攻击唐"专事献媚同盟会,行动离奇"②。

为阻挠责任内阁制的实行,袁世凯唆使内务总长赵秉钧和陆军总长段祺瑞等人进行公开抵制。赵、段等在国务会议上竭力反对划清总统府与国务院的权限,主张事事奉令承教于大总统;反对国务院为有机的整体,主张各国务员可"单独行动",不必固守国务院的成议。讨论各项政策,他们也决然与各同盟会阁员立于对立地位。诚如蔡元培所说:"同一谋统一也,甲派(指同盟会阁员)主开诚布公,得各方面之同意,而乙派(指赵、段等袁党)主因利乘便,以一方面为牺牲。同一集权中央也,甲派主限制的,而乙派主极端的,甲派主驯致的,而乙派主袭取的。同一借外债也,甲派主欲取姑与,一方面为取给于本国之筹备,而乙派主为单纯之磋商。其他不同之点,大率如此。"③到后来,赵秉钧索性经常不出席国务会议,有关内务部公事,直接向袁世凯报告,根本不把唐绍仪放在眼里。

但袁世凯的压迫,并没有使唐绍仪完全屈服。例如,在政府用人问题上,他仍旧主张"贵新不贵旧",非万不得已,"决不可延用旧人"④。他有时和袁争得面红耳赤,甚至使袁气急败坏地说出"我老了,少川你当总统吧"之类的威胁话。到了5月初,他们之间的冲突,便终于以借款问题为导火线而公开爆发了。

唐内阁成立后,因财政困难,向六国银行团商洽借款。银行团先以唐曾向比利时华比银行借款,逼他"谢罪",接着又提出监督中国财政和军事开支的严酷借款条件。消息传出,全国舆论哗然。同盟会所属报刊,纷纷发表评论,指出:银行团"监督我财政也,皆是致我国今日之死命","与其因监督财政而亡国,毋宁义旗再举,血溅权奸,为缔造艰难庄

①　《三水梁燕孙先生年谱》上册,第121页。
②　《京华短柬》,《申报》,1912年4月20日。
③　蔡元培:《答客问》,《民立报》,1912年7月27日。
④　《总统、总理之异同》,《太平洋报》,1912年6月19日。

严神圣之中华民国稍延一线生机"①。4 月 29 日,黄兴更通电提倡"国民捐",以免"艰难缔造之民国沦为埃及"②。唐绍仪考虑到同盟会的态度,于 5 月 3 日断然拒绝了银行团的无理要求。银行团大为不满。《京津泰晤士报》攻击唐绍仪"不愿借款告成","以致中国各界误会各国政见,竟有排外举动"③。袁世凯认为唐损害了他和帝国主义列强的关系,便改派财政总长熊希龄与银行团交涉。

本来就不甘心同盟会占有内阁一半席位的统一党和共和党,这时也把"借款失败"归咎于唐绍仪。他们指责说:"借款团之所以必求监督我中国财政者,由不信我政府耳;其所以不信我政府者,由南京所借比款约一千数百万,而其用途并未正式宣布。此次大借款,外人恐用途又不明了,不能不要求监督。"④其参议员还准备向参议院提出弹劾,大有非推唐下台不可之势。共和党甚至已内定熊希龄为"候补总理"。而熊则在内阁内部屡为单独行动,动辄以辞职相要挟⑤。统一党、共和党排斥唐绍仪,根本目的在打击同盟会。唐绍仪就说过:统一党、共和党"非反对我总理也,是反对我同盟会也"⑥。

随着袁世凯的步步进逼,同盟会阁员痛切感到,责任内阁绝无实现希望。他们商议提出辞职,不做此"伴食之阁员"。唐绍仪也极表"赞成",说:"公等辞职后,我亦得借此以辞。"⑦

就在这时,又发生了王芝祥改委事件。王任直隶都督,原是唐绍仪南下组阁时与同盟会达成的协议,并得到了袁世凯的同意。当时,顺直咨议局也发电要求以王芝祥督直,反对袁世凯任命张锡銮。但袁的许

① 《列强监督财政之警告》,《民权报》,1912 年 4 月 17 日。
② 《黄兴集》,第 171 页。
③ 《京津泰晤士报》(Peking & Tientsin Times),1912 年 6 月 19 日。
④ 李国珍在参议院第四次常会上的发言,《参议院第四次会议速记录》。
⑤ 《蔡元培在同盟会机关部的演说》,《中国同盟会杂志》第 6 期,1912 年 9 月。
⑥ 《孙武氏之抵掌高谈》,《申报》,1912 年 6 月 7 日。
⑦ 蔡元培:《答客问》,《民立报》,1912 年 7 月 27 日。

诺,如前所述,不过是权宜之计,目的是为了骗取同盟会放弃陆军总长一职,而由其亲信段祺瑞充任。因此,当 5 月 26 日王芝祥到京,冯国璋、王占元等十余人便于 27 日联名上书袁世凯,声称直隶各路军队对委任王芝祥督直"绝不承认","且极愤懑"。他们说非有"声威兼著,在直隶有年,感情甚孚,及军界素所仰望者,难资镇慑"①。袁随即以军队反对为借口,改委王芝祥为南方军队宣慰使,并针对直隶各团体纷纷通电拥护王芝祥,令国务院致电署理都督张锡銮,不准各界"随意迎拒"。唐绍仪认为政府不能因军队反对,失信于民,力图挽回。不料袁竟无视《临时约法》关于大总统发布命令,须由内阁副署的规定,把未经唐绍仪签名副署的委任状交给王,对内阁的权力表示十足的轻蔑。唐绍仪再也无法忍受了,遂于 6 月 15 日出走天津。

唐出走后,袁世凯一面派梁士诒、段祺瑞等人,先后到津作了一番虚情假意的挽留,一面开始筹组新的内阁。

唐内阁垮台,激起了同盟会的强烈不满。同盟会本部致电驻沪机关部,指出"唐为保持民国计,为保持约法计,不能不退者"。陈其美质问袁世凯:"唐总理固受逼而退矣,试问逼之者何心? 继之者何人? 果于大局无害而有益,即更举总统可也。"②上海、南京、广州、南昌等南方各城市一片谴责声,公开揭露袁世凯摧毁内阁,欲实行"拿破仑之目的"。

但是,同盟会却没有真正认识到,袁世凯把持权力早已堵塞了通往责任内阁制的大门,而只是从内阁的组织形式,探寻唐内阁倒台的原因。同盟会本部致上海机关部电中,即把袁世凯剥夺副署权和熊希龄的"独断专行"、混合内阁不能保持阁议一致的"弊端",不加区分地相提并论,最后归结为:"此次内阁,本非政党,政见既不同,猜疑嫌忌,难以

---

① 《旧军官攻王芝祥》,《太平洋报》,1912 年 6 月 4 日。

② 《陈其美致袁世凯等电》,《民权报》,1912 年 6 月 22 日。

和衷共济",遂使责任内阁"徒托空言"①。6 月 20 日,张耀曾、李肇甫、熊成章、刘彦等四人代表同盟会见袁世凯,更明确说:"唐内阁成立以来,一切政务不能着着进行,实因党派混杂,意见不一之故。盖非纯粹政党内阁,当然有此弊病。"因此,"此后欲图政治之进行,非采完全政党内阁不可"②。即使抨击袁世凯最猛烈的戴季陶,也认为"唐内阁之倒,则倒于党见混同;假使唐内阁而纯为同盟会之内阁,则必不能有今日之怪剧",并提出"欲救中国危亡,定政府之内讧,以唯一之政策收健全之效果者,舍完全之政党内阁而外无他策"③。为此,6 月 28 日,同盟会本部召开全体职员会,正式议决"绝对主张政党内阁"④,同时作出同盟会员不得自由加入"混合内阁"等规定。

同盟会以为组织政党内阁,就能保证责任内阁制不受袁世凯干涉,而发挥它的正常作用,这无疑是不切实际的,但在当时的条件下,则又具有一定的积极意义。首先,同盟会主张政党内阁,是相信它有力量在议会中取得多数席位,组织一个完全的"同盟会内阁",以推行它的各项政策。蔡元培就满怀信心地说:"本会但本从前革命精神极力做去,政党内阁主张终有达目的之一日也。"⑤同时,同盟会宣称它主张政党内阁就是为了"革除社会专制思想"、"养成政党习惯"和"引起人民政治兴味"⑥。这不啻是向全社会树起了一面坚持共和、反对专制的旗子。

其次,同盟会主张政党内阁,是针对袁世凯坚持混合内阁而采取的对策,具有明显的排袁意义。袁世凯挤垮唐内阁后,为便于操纵、牵制,极力主张组织"超然总理混合内阁",反对政党内阁。他说:"吾国今日政党方在萌芽,纯粹政党内阁尚难完全成立。若再越数年,民国基础巩

① 《太平洋报》,1912 年 7 月 1 日。
② 《大总统与同盟会代表之谈话》,《政府公报》,1912 年 6 月 22 日。
③ 《共和政治与政党内阁》,《民权报》,1912 年 6 月 27 日。
④ 《同盟会之宣言》,《正宗爱国报》,1912 年 7 月 2 日。
⑤ 《蔡元培在同盟会机关部的演说》,《中国同盟会杂志》第 6 期,1912 年 9 月。
⑥ 《国民党主张国会内阁之理由》,《国民杂志》第 1 号,1913 年 4 月。

固,政党亦皆发达,人材辈出,届时余已退老山林,听诸君组织政党内阁可也。"①断然表示在他任总统期间,决不容政党内阁出现。同盟会针锋相对,坚持政党内阁主张,本身就意味着对袁世凯不信任,企图通过"政党内阁"进一步加强对袁世凯的限制。关于这一点,杨度曾说得很明白:政党内阁的主张虽"云根据学理",实对袁世凯"尚未充分信用,含有防闲政策"②。

二　陆徵祥组阁风潮

袁世凯挤垮唐内阁后,为阻止同盟会组织政党内阁,计划二次内阁"一切照旧,惟总理及一二国务员必不肯留者,略为更动可耳"③。关于国务总理,他最初放风说由徐世昌担任,因遭到同盟会及统一共和党的反对,后转而属意陆徵祥。陆徵祥(1871—1949),字子欣,又字子兴,是清末一个长驻国外的外交官。武昌起义爆发时,任驻沙俄公使,受梁士诒策动,曾联合一些驻外使节通电要求清帝退位,因而得任唐内阁外交总长。他表面上无党无派,实际上一切听命于袁世凯。所以袁认为由他担任总理,既可达"超然总理混合内阁"目的,又能随意操纵,并取得帝国主义列强的支持。陆起初尚犹豫,袁答应"代负责任",陆方欣然应命④。6月29日,经参议院多数通过,袁世凯正式任命他为国务总理。各国驻京公使纷纷致函称贺。

同盟会同意陆徵祥任总理,但对组织超然混合内阁抱抵制态度。6月28日,同盟会本部召开全体职员会,议决阁员全部退出内阁。7月1日,再次召开会议,强调"此次既系超然内阁,凡本会会员皆不得自由加

①　《大总统与同盟会代表之谈话》,《政府公报》,1912年6月22日。

②　《杨度与国民党之关系》,《时报》,1912年11月21日。

③　《北京电报》,《民立报》,1912年6月23日。

④　《组织内阁问题汇志》,《正宗爱国报》,1912年7月2日。

入,务使本会主张先后一致"①。同盟会这一行动,打乱了袁世凯企图利用同盟会为他继续装点门面的如意算盘。因此,当蔡元培、宋教仁、王宠惠、王正廷等同盟会阁员,遵照党议到总统府向袁提出辞职时,他并没有立即同意,甚至说"我代表四万万人民留君"。蔡等当然坚辞,蔡并针锋相对回答说:"元培亦对于四万万人之代表而辞职。"②7月10日,他们又联名致函陆徵祥,声明从即日起概不到院,从14日起概不到部办事。袁无奈,只好批准蔡等四人辞职,但仍继续物色同盟会员入阁。

袁世凯认为孙毓筠、胡瑛、沈秉堃三人既有同盟会籍,且"所持主义稳健"③,打算拉他们分别担任教育、农林和工商总长。同盟会听说后极为愤慨。宋教仁发表谈话说:"袁世凯此举,系一种逼奸政策。"④同盟会本部一面派魏宸组劝袁打消此念,一面于7月14日召开会议,作出孙、胡、沈三人不得参加内阁的决定。然而,袁世凯除将胡瑛换成王人文外,仍执意拉孙毓筠、沈秉堃入阁,而且不出袁所料,还得到了共和党的支持。该党表示"以大总统信任之人组织内阁,各党不必干涉"⑤。为保证参议院顺利通过袁世凯所信任的人选,共和党还极力拉拢统一共和党,许诺将支持位置该党的参议员为国务员⑥。在共和党的引诱下,统一共和党为使殷汝骊、谷钟秀、吴景濂等人进入内阁,遂与共和党采取了完全一致的态度。这样就给同盟会限制袁世凯的正义斗争蒙上了一层党争的色彩。

7月18日,袁世凯派陆徵祥到参议院要求通过所拟阁员补充人选。他们是财政周自齐,交通胡惟德,司法章宗祥,农林王人文,工商沈

①　《同盟会本部致上海支部等电》,《民立报》,1912年7月3日。

②　蔡元培:《答客问》,《民立报》,1912年7月27日。

③　《乔妆打扮之内阁》,《远生遗著》卷2,第66页。

④　《乔妆打扮之内阁》,《远生遗著》卷2,第67页。

⑤　《政界风云汇志》,《正宗爱国报》,1912年6月25日。

⑥　《黄炎培致赵凤昌函》,《近代史料藏札》(未刊稿),北京图书馆藏原件。

秉堃,教育孙毓筠。同盟会本来不同意混合内阁,自然反对。统一共和党原抱入阁希望,现竟无一人,自知受了共和党愚弄,同样愤愤不平。而共和党部分议员也认为陆徵祥演说"言词猥琐",不配做总理。于是,陆演说后,同盟会、统一共和党当即于投票前"先提出不信任总理问题"。袁世凯闻讯,急忙致函参议院,提议暂缓投票。次日,参议院讨论投票与否,同盟会、统一共和党以袁函非正式咨文,不予承认,坚持投票。结果,袁所提六阁员,一律被否决,并演成全国性的政治风潮。

　　陆徵祥于六总长被否决后,以"无组织内阁之能力",向袁世凯提出辞职。袁则"仍持极端的超然内阁主义",宣称:"无论如何,总不能改我此项宗旨。"①他先唆使北京军警联合会指责参议院"挟持党见,故作艰难,破坏大局"②,继邀各党派参议员六十多人至总统府开"茶会",大谈内政、外交危迫,要议员化除成见,协力挽救"国家"。接着,他又将参议院否决阁员情况通电各省,煽动说:"世凯诚信未孚,以致动遭扞格","但有转圜之余地,决不惜降心以相从"③。北洋集团及其追随者心领神会,随即纷纷发电,攻击同盟会与统一共和党"只知有党,不知有国",要袁"将提出各员仍交该院再付表决。如其不知自反,一意把持,惟有先行派署,以专责成"④。章炳麟也致电黎元洪,要求一致主张"大总统暂以便宜行事,勿容拘牵约法,以待危亡"。孙毓筠则写信给袁世凯,表示"与其无政府,不如无参议院"。湖北四镇统制邓玉麟等甚至声称要以武力相对待,表示"虽受破坏立法机关之痛骂,亦所不计"⑤。袁世凯见逼迫参议院就范的舆论已初步形成,遂乘势于7月23日向参议院提出二次阁员补充名单:财政周学熙,司法许世英,教育范源濂,农林陈振先,交通朱启钤,工商蒋作宾。

①　《陆内阁之中流驳浪》,《申报》,1912年7月30日。
②　《亚细亚日报》,1912年7月23日。
③　徐有朋编:《袁大总统书牍汇编》,上海广益书局1926年版,卷5,第6页。
④　《徐宝山致袁世凯等电》,《申报》,1912年7月31日。
⑤　《陆总理演说后之政界》,《远生遗著》卷2,第72—74页。

为使所提二次阁员通过,北洋集团及其追随者向参议院、同盟会及统一共和党进一步施加压力。仅 24 日一天之内,他们便抛出《讨议员谷钟秀、吴景濂、殷汝骊等布告》、《忠告参议员图》、匿名传单各一件和"健公十人团"恐吓信一百零三封。参议院守卫长也于是日称病请假。25 日,北京军警联合会再次召开特别会议,提出如不通过,就请袁世凯下令解散参议院。午后 2 时,毅军总统姜桂题、拱卫军司令段芝贵、直隶提督马金叙和军政执法处处长陆建章等军警要人,又于安庆会馆"招待"参议员、新闻记者及政界各员,声称"军人等抱一种国家观念,以外患之迫,财政之危,劝告诸君舍内而对外,移缓以就急"①。与此同时,共和党也不顾 7 月 19 日有该党和共和建设讨论会部分议员投票反对袁世凯所提六阁员的事实,将否决六阁员的责任全部推到同盟会和统一共和党头上,通电攻击两党有意陷国家于无政府地位。

对于袁世凯以军警威胁参议院的行径,同盟会和统一共和党起初也进行了一定的揭露和抵制。特别是统一共和党曾召开会议,决议对陆徵祥"绝不信任",并发表声明说:国务员任命由参议员同意,为《临时约法》所规定,"否认同意权者,是否认约法;侮蔑同意权者,是侮蔑约法";本党议员行使"同意权",正是为"保民党之精神,洗官僚之陋习,持稳健之政见,谋真正之共和"②。共同的斗争,还使两党开始了谋求组织上的联合,但是毕竟没能经得起袁世凯的武力威胁。7 月 26 日,参议院投票表决二次阁员补充名单,两党多数议员都屈从袁的压力,投了同意票。结果,除蒋作宾外,其余五名阁员均获通过。实际上,二次阁员人选并不比前次好些,竟能获得通过,连袁世凯都感到意外。这说明同盟会和统一共和党的多数议员都把维护个人的地位放在了首位,当他们的议员地位与"党见"发生冲突时,他们宁愿"牺牲党见"以换取个人的议员地位。袁世凯正是利用了他们的这个弱点,采取由武装军警

---

①　《三日观天记》,《远生遗著》卷 2,第 78 页。
②　《统一共和党启事》,《民主报》,1912 年 8 月 11 日。

施加压力的办法达到了他的目的。

此后，以谷钟秀为首的统一共和党议员，为了挽救参议院表决的失败，在部分同盟会议员的支持下，提出弹劾陆徵祥失职案，指责陆负有军警干涉议员行使"固有权利"的责任。这当然只是隔靴搔痒，但即使这样，也很快又在袁世凯的破坏和共和党的抵制下，改成了"质问案"。

以上事实说明，陆内阁风潮实际上是唐内阁垮台后，同盟会为反对袁世凯破坏责任内阁制的又一次重要斗争，是袁世凯追求专制独裁与同盟会维护民主共和矛盾的进一步发展。可惜，同盟会当时还不懂得议会斗争必须以武力作后盾，因而没有取得任何积极的成果，反以袁世凯的胜利而告终。

三　张振武被杀事件

在唐绍仪内阁和陆徵祥内阁风潮中，同盟会领导人为了民国政局的稳定，尽量保持克制。但是，袁世凯并不以取得的权势为满足，也在寻找一切机会，分化、瓦解和打击革命党人。1912 年 8 月 15 日夜，武昌起义重要将领张振武和随员方维在北京被袁世凯突然下令捕杀，就是一桩典型事例。

张振武(1870—1912)，字春山，湖北竹山人。他于 1911 年 6 月在武汉加入共进会，后参与武昌起义的指挥，并于起义成功之后，出掌湖北军政府军务部。不久，孙武伤愈出任部长，张即退居副长。随后，黎元洪以群英会反对军务部为口实，先后将孙、张和蒋翊武解除军务部职务。当时，张振武虽然与孙武一起组织了拥黎的民社，但张实际上瞧不起这个被枪杆子逼出来的副总统。他对自己被无辜排挤出军务部非常不满，曾让人向黎元洪要求留任，甚至要求出任军务部长，因而引起了黎元洪的忌恨。

袁世凯对于首义地区当然不会掉以轻心，何况黎元洪是他在南方最重要的同盟者，利用黎打击革命党人，正是他的重要策略。但黎毕竟不是北洋系军人，而且还担任同盟会协理，如何防止黎倒向同盟会，也是袁所要考虑的问题。于是，他接受参谋次长陈宦献策，利用湖北内部的矛盾，玩弄阴谋诡计。陈宦跑到武昌，私下对黎元洪说："三武不去（指孙武、蒋翊武、张振武），则副总统无权，若辈起自卒伍下吏，大总统召其来京，宠以高官厚禄，殊有益于副总统也。"①调虎离山，正合黎元洪的心意。

　　1912 年 5 月间，"三武"先后奉召北上，由袁世凯授以总统府军事顾问官的虚衔。但张振武对此极为不满，责问段祺瑞说："我湖北人只会做顾问官耶？"②还两次向袁世凯递屯垦条陈，要求主持屯垦事务。为了敷衍张，袁先委他为蒙古屯垦使，当他要求设立专门机构时，袁便不加理睬了。张一气之下，竟不辞而别，于 6 月中旬返鄂，然后凭借自己在湖北的实力，设立屯垦事务所，向黎元洪每月索款一千元，准备招募一镇精兵，赴蒙古镇抚。黎元洪对张振武的返鄂很是忧虑，因他与孙武、蒋翊武不同，手中一直掌握着一支精干的武装——将校团。张振武凭借这支武装和他在军队中的影响，一直不把黎放在眼里。

　　袁世凯对黎、张之间的矛盾非常注意，殷殷电请张振武再次进京，商议国事。黎元洪也赠与张路费四千元，并假意表示："对于张君可抚心自问，并无一些相待不好之心。"③在袁、黎的哄骗推拉下，张振武于 8 月上旬随刘成禺、郑万瞻等人又来到北京，同行的有湖北将校团团长方维等三十多人。

　　张振武这次进京，实际是钻进了袁、黎预设的圈套，但他却毫无戒备。8 月 14 日，张振武在德昌饭店宴请同盟会和共和党要人，希望"消除党见，共维大局"④。15 日夜，为调和南北感情，他又与湖北来京将

---

①　《世载堂杂忆》，第 194 页。

②　海鸣：《鄂中之政海逆潮》，《民权报》，1912 年 8 月 14 日。

③　《参议院第六十三次会议速记录》，《政府公报》，1912 年 9 月 8 日。

④　《调和党见之第一声》，《亚细亚日报》，1912 年 8 月 15 日。

校一起在六国饭店宴请北方将校。北洋将领姜桂题、段芝贵等出席敷衍。10 时左右，酒阑人散，张振武与冯嗣鸿、时功玖分乘三辆马车返回旅社，当途经正阳门时，段芝贵即指挥潜伏的军警突起拦截，将张振武捆绑起来，押解西单牌楼玉皇阁京畿军政执法处。在此之前，方维也在金台旅馆被捕，被押往执法处的城外分局。16 日凌晨 1 时，距被捕仅三小时，张振武在执法处被绑于木桩上，身中六枪毙命。临刑前，他对行刑士兵愤怒地说："不料共和国如此黑暗！"①方维也同时在城外被害。

张振武被捕后，同行的时功玖知事态严重，赶紧与共和党民社派联络。16 日凌晨 3 时，他和孙武等匆匆赶到军政执法处进行营救。然而，陆建章淡然告诉他们已经行刑，并出示了袁世凯捕杀张振武的军令。该令根据黎元洪的密电，由陆军总长段祺瑞副署。面对这令人震惊的突然事变，孙武默然无言，刘成禺愕然说："我不知竟死得这样快！"②请张进京的民社派郑万瞻、哈汉章感到他们坑了朋友，心中无限悲愤。他们一夜未眠，早晨 8 时又前往总统府质问，但不得要领。旋至哈汉章家会议，准备采取政治行动。

袁世凯对张振武案，故意不事张扬。军政执法处仅于 8 月 16 日在金台旅馆门首张贴了一张布告，公布袁世凯根据黎元洪密电所发的军令，算是向各界宣布了这一事变。黎元洪在密电中，以十分含混的措词，指控张振武："怙权结党，桀骜自恣，赴沪购枪，吞食巨款，当武昌二次蠢动之时，人心皇皇，振武暗扇将校团乘机思逞……近更蛊惑军士，勾结土匪，破坏共和，倡谋不轨（指所谓的三次革命）。"③袁便根据这份不足征信的电报发布命令，残杀了这位参与创建民国的革命志士。但

---

① 《枪毙张振武、方维之惨史》，《民立报》，1912 年 8 月 21 日。
② 《张方大冤狱（三）》，《民权报》，1912 年 8 月 24 日。
③ 《步军统领军政执法总长布告张振武正法之原因》，《民主报》，1912 年 8 月 17 日。

事后,他又命令以大将礼厚葬张、方,并赙赠三千元,企图安抚因张振武被杀而感情受到伤害的人。

当然,权术是压制不住人们的愤怒的。由于张振武是共和党内的民社派人,民社派首先发难。他们以参议院为中心,与袁世凯展开了合法斗争。8月18日,张伯烈领衔向参议院提出了《质问政府枪杀武昌起义首领张振武案》,控诉袁、黎"口衔刑宪,意为生杀"①。翌日,参议院破例讨论质问案(按惯例,质问案直接送交政府,不在院内讨论),刘成禺首先登台,愤怒抨击政府:"观政府杀人之手续,直等于强盗之行为,以冠冕堂皇之民国,而有此以强盗行为戕杀人民之政府,违背约法,破坏共和,吾人亦何不幸而睹此!且推此义也,则凡民国起义之功首,造成共和之巨子,皆可一一捕杀之,任凭其为帝为王矣!"②会场气氛悲愤异常。在连续三天的参议院会上,共和党、同盟会议员以从未有过的一致态度,共同谴责袁世凯和黎元洪。

参议院虽然提出了弹劾的问题,但却无法通过。当时共和党方面,民社派与张振武个人的利害关系比较密切,因而态度激昂,主张弹劾;而共和党的非民社派分子,只是因为不敢开罪于民社派而随声附和,他们支持袁世凯对付革命党人的政治态度并无改变。在同盟会方面,虽然个别议员言词比较激烈,但他们同张振武的个人感情比较疏远,多数人只是着眼于改组政府,希望乘内阁无能,行将倒台之机,推宋教仁出面组织政党内阁,然而他们并不敢冒推翻袁世凯的风险。因此,参议员们都用循规蹈矩来掩饰他们的怯懦,首先在提出弹劾案的问题上就表现迟疑不决。张伯烈说:"本院以人数不足,终不能擅提弹劾案,以蹈于非法之举动。"③的确,参议院陷入了这样的矛盾中:为了维持约法,必须对违法的政府提出弹劾;而提出弹劾,根据约法规定,必须有总员四

---

① 《亚细亚日报》,1912年8月19日。
② 《参议院第六十三次会议速记录》,《政府公报》,1912年9月8日。
③ 《参议院第六十三次会议速记录》,《政府公报》,1912年9月8日。

分之三以上的议员（即95席）出席，但参议院自开院以来，从来就没有那么多议员出席，因此限于规定，又不能提出弹劾案。结果是，守法的参议院，却不能根据约法制止政府违法。

但是，袁世凯历来不把这个怯懦的参议院放在眼里，他抓住参议员们害怕动乱的心理，在致参议院的咨文中闪烁其词地说："查此案情节重大，因张振武、方维本系军人，故以军法从事。惟所牵涉之人及所牵涉之事，不特关系湖北一方之治乱，且关系全国之安危，目前实有不能和盘托现之处。"①实际上，他是用所谓"暴民政治"的阴影吓唬胆小的参议员，并暗含扩大事态，株连革命党人的用意。参议院受到藐视，气愤之余，不得不决定于21日下午开秘密谈话会讨论提出弹劾问题。

参议院的所谓弹劾，共和党主张弹劾国务院全体，而同盟会只主张弹劾国务总理和陆军总长，双方在细节问题上扯皮，对真正的罪魁祸首袁世凯反而轻轻放过了。参议院所要提出弹劾的国务总理陆徵祥，只是一个无用的傀儡，他在张案发生之前，就因政务困难，托病住院治疗，与张案毫无关系，风潮掀起后，无须弹劾案成立，他就主动提出辞职了。然而，就是这样可怜的、不触及根本的政治行动，袁世凯也蓄意要让它流产。

袁世凯首先运动共和党中的前清立宪派分子，让他们"出为调停，冀得平和了结"。这些人劝告民社派说："如弹劾无效，（参议院）必出于解散之途，而大局为之动摇。"②经过幕后的密议，本来就支持袁世凯维持秩序的民社派开始退缩。就在参议院开秘密谈话会的当天，即21日下午5时，袁世凯又礼请民社派参议员时功玖、张伯烈、刘成禺、郑万瞻到总统府面谈。袁首先虚伪地向他们表示了对张振武的钦佩，表彰了张在武昌起义中的功绩，然后逼问民社派说："黎副总统来电，指陈一切，非常厉害，仿佛不即杀之，必足以发生大乱、妨害治安者。故不得

---

① 《张方案之八面观》，《民主报》，1912年8月21日。
② 《民权报》，1912年8月22日。

已,用快刀断绳办法。其所行种种不法事项,多在湖北,诸君均属鄂人,如不治之,乱将如何?"袁以治乱相问,竟使鄂议员难以对答。于是,袁向他们表示歉意说:"此间知法律者甚少,杀之之手续亦不完全耳。"①他这一席话,使民社派终于软化。此后,民社派竟在参议院中大呼起"维持大局"来了。

以同盟会本部为代表的同盟会稳健派,则唯恐国家重陷动乱,因而不愿和袁世凯决裂。他们把张、方案的责任主要归咎于黎元洪,于8月22日宣布革去黎元洪协理,并予除名。但以戴季陶等人为代表的激烈派却主张"以武力破坏法律者,仍以武力治之"②。稳健派对于党内的所谓"轻躁之士"的这些言论,十分忧虑,他们责问说:"今日之时局诚堪再生莫大之扰乱耶? 再生莫大之扰乱,中国能不亡耶? 是故贼天下者,必武力解决之一言也。"他们并一再强调:"国民对于此案,当完全诉之法律,求解决于法律问题之内。"③孙中山虽然没有参与这场辩论,但他的行动表明,他也不支持激烈派的主张,依然在谋求与袁世凯合作建设民主国家。因此,激烈派的主张,暂时还得不到党内的普遍支持。

8月28日,拖延了一个多星期的弹劾案,终于提交参议院开议。这件《弹劾国务总理、陆军总长案》,由张伯烈、刘成禺、时功玖、郑万瞻四人提出,同盟会参议员陈家鼎等八人连署。该案仅指责陆徵祥、段祺瑞"辅佐乖谬"④,使总统违法,要求袁世凯免他们的职,丝毫未涉及张振武案的阴谋。与此同时,刘星楠还提出了《提议咨请政府查办参谋总长黎元洪违法案》,指责黎"为破坏约法,背叛民国之元恶大憝"⑤,要求政府查办。然而,这两个不中要害的提案,在提交参议院时,却因不足法定人数而不能开议,徒然激起共和党、同盟会议员间的无谓冲突而

---

① 《参议院第六十六次会议速记录》,《政府公报》,1912年9月11日。

② 《张振武案之善后策——武力解决》,《民权报》,1912年8月21日。

③ 疾世:《论主张武力解决张方案者之非》,《民立报》,1912年8月23日。

④ 《民主报》,1912年8月28日。

⑤ 《民主报》,1912年8月28日。

已。张振武案就这样不了了之。张案风潮,在同盟会内部,加深了稳健派和激烈派的分歧;在参议院内部,则加剧了共和党和同盟会的对立,使号称民国立法机关的参议院,更加信誉扫地。袁世凯、黎元洪坐享渔人之利,实际的政治收获,大大超出了他们原先的估计。

四　南京留守府与南方裁军

1912年3月31日,袁世凯任命黄兴为南京留守。按照4月13日公布的《南京留守条例》,"南京留守直隶大总统,有维持整理南方各军及南京地面之责"[①],表面上似乎权力很大,但由于财政大权控制在袁的手里,实际难有作为。同时,条例又规定,"俟南方军队整理就绪,即行裁撤"[②],这就是说,留守府只是一个暂时的军事善后机关,袁世凯无非想借黄兴之手,来裁遣南方军队罢了。黄兴就任后,即通电表示:"顾念留守一职,专为维持南方现时军队起见,原系暂设。兴此心尚存,亦诚恐遽将经手未完事件均置不顾,或于大局转致违碍,负我同胞。惟有暂羁将去之身,勉随诸公之后,藉效棉力。俟布置略定,仍当归息林泉,以遂初志。"[③]

早在南京临时政府结束期间,黄兴即已着手整编军队。他先后将驻在苏、皖、浙、闽的军队编成二十六个师,五个军,即柏文蔚的第一军,徐宝山的第二军,王芝祥的第三军,姚雨平的第四军,朱瑞的第五军。4月11日南京兵变事件的发生,更坚定了他裁遣军队的想法。这天夜里,黄兴正在上海与唐绍仪商议要事,南京第七师所部赣军,因欠饷发生兵变,在白门桥、太平桥一带抢劫。待12日天明黄兴回到南京时,驻宁各军已及时镇压了兵变。黄兴严酷地处分了这次兵变,变兵被判死

---

① 　北京《临时公报》,1912年4月14日。
② 　北京《临时公报》,1912年4月14日。
③ 　《黄兴集》,第158页。

刑者达二百多名。这一事件使黄兴懂得了有兵无饷的严重危险，因而加紧裁遣军队。在兵变后的一个月内，除将赣军缴械押回原籍外，又将桂军六大队及粤军一部遣散回籍，浙军全部调回原籍，同时也抓紧了江苏本地区的军队的裁遣。

尽管如此，反对派还在落井下石，横加攻击。他们诬称南京留守一职妨害统一，指责黄兴有割据东南的野心。陈宦就曾扬言："留守机关裁撤，民国即号称统一。"①虽然，同盟会内确有一部分人曾把留守一职看成保存实力的手段，但黄兴本人则一直打算功成身退。他虽然对袁世凯排挤、打击、分化同盟会的种种手段不无愤慨，但却缺乏整军经武、备战应变的思想。在他看来，"将来政治竞争，但能以政见相折冲，不愿以武力相角逐"②。何况中国再也受不了破坏的震荡，"倘再经一次破坏，波兰、埃及岂可免耶?"③在这种思想支配下，黄兴面对着无法解决的财政困难和反对派的攻击，就索性洁身明志，正式提出辞职。5月13日，黄兴致电袁世凯，请求"准予即行销职"。他表示："统一政府既经成立，断不可于南京一隅长留此特立之机关，以破国家统一之制，致令南北人士互相猜疑，外患内忧因以乘隙而起，甚非兴爱国之本心也。"④

与此同时，黄兴对于江苏驻军的裁遣整编事宜作了规划，准备于两月内缩编兵数三分之一，将第一军、第二军划归陆军部直辖，其余除三十九旅划归山东外，交江苏都督统辖整顿。为了抵制列强利用借款监督中国财政的图谋，黄兴一面积极提倡国民捐，一面以爱国相号召，动员退伍。他的逻辑是，借款是因为财政困难，而财政困难又是因为军饷负担太重，因此，解甲归田就成了避免借债亡国的爱国行动了。在黄兴的感召下，许多士兵主动离开了军队，一些高级军官如第二师师长朱志

---

① 《民权报》，1912 年 6 月 1 日。

② 《黄兴集》，第 141 页。

③ 《黄兴集》，第 287 页。

④ 《黄兴集》，第 178—179 页。

先,第五师师长刘毅等相继要求撤销师部,解甲归田。至 6 月初,裁遣军队已达七八万人。但是,时局仍有隐忧,不能不多少考虑应变的问题。于是,革命党人"为保存革命实力计,将所有遣散部队的优秀军官及精良武器组成一师,定名为第八师。这个师从师长以下至营连长,都是在日本陆军士官学校和保定军官学校毕业的同盟会会员"①。然而,一方面号召爱国退伍,一方面又招兵充实基干部队,引起了军队中的思想混乱和不满情绪。结果,留守府被迫停止充实第八师,并将招兵的团长何遂撤职。因此,当留守府结束时,有限的应变工作并没有完成,致使裁军整编不仅削弱了军队数量,也挫伤了军队士气,更谈不上提高战斗力。

袁世凯表面上挽留黄兴,实际上则在考虑如何稳妥地接收留守府。北京政府与银行团的垫款合同成立后,袁世凯即于 5 月 18 日电告张謇准备裁撤留守府,拟派陆军部次长蒋作宾赴宁与黄兴面商善后,要张即日面商江苏都督程德全,考虑江苏方面接收留守府军队的办法。张因病仅以密电转告程。程得悉袁拟裁撤留守府后,即电告袁世凯,黄兴处处力求收束,并无"积极"思想,要袁不要操之过急,以免引起军队猜疑。他建议:"可否密谕蒋次长,于抵宁之日宣布钧意,以此番来宁,专为抚慰赞助起见,并非交接。"②于是,袁以挽留黄兴为名,派蒋作宾赴宁。

蒋作宾抵宁后,向黄兴出示了与银行团签订的垫款合同。黄兴本来就主张提倡国民捐以抵制列强的野心,他获悉合同的严酷条件后,即通电表示强烈反对,并且与财政总长熊希龄发生严重冲突。但是,黄兴既然拒绝银行团借款,自无法再向财政拮据的中央政府要钱,军饷问题当然更无法解决,于是不得不坚决要求辞职。蒋作宾与程德全商量后,都不赞成他即时解职,决定由蒋电袁要求拨款。袁世凯虽然同意请黄

---

① 李书城:《辛亥前后黄克强先生的革命活动》,《辛亥革命回忆录》(一),第203 页。

② 《程德全致袁世凯漾电》,江苏都督府秘书处密电密件室抄存件。

暂时维持,但除垫款外根本拒绝拨款。蒋作宾不得不电商程德全,请他来宁接收留守机关,以便获得中央军费,抚绥充满危机的军队,黄兴也荐程自代,程最后同意了蒋的办法。袁世凯遂于5月31日发布命令:"所有南京留守机关,候程德全到宁接收后,准即取消。"①

同盟会许多人,对黄兴消极引退是不满的。他们批评黄兴说:"若必辞职,是所谓暮气已深,易于谋始,难与图成者。"②陈其美亲由上海赶到南京,劝黄留任,并加紧活动,力求控制江苏。在他的主持下,苏州革命党人柳承烈等组织"洗程会",准备策动先锋营发难,推倒程德全,举陈为江苏都督③,惜事机不密,为程德全所破。同盟会老将谭人凤为挽救不利局面,特于6月4日致电袁世凯,要求收回成命,或改委留守为江苏都督。同盟会南京支部也相继采取同样步骤,要求任黄兴为苏督。但此时程德全的地位已无可动摇,他于处理苏州洗程会事件后,即赴宁接收南京军政事宜。6月14日,黄兴通电解职。南京临时政府残存下来的军事指挥中枢,从此宣告结束。革命党人的军事力量,遭到削弱、肢解和分割,处于群龙无首的状态。

当时,由于全国尤其是南方,兵多饷绌,秩序混乱,袁世凯利用裁兵来削弱南方军事力量,有着正当的理由。他在5月间召开的高级军事会议上说:"支持目前之财政,恢复地方之秩序,俱须从遣散军队下手。"④北京政府成立后,就一直在规划整理、裁遣军队事宜。6月中旬,参议院多次召开秘密会议,讨论整理军队问题。陆军总长段祺瑞亲自出席说明政府裁军计划。他说:"今于无标准之中定一标准,即姑以各省原有之军额、饷额为依据,越于原额之兵裁之,越于原额之饷节之。

---

① 《政府公报》,1912年6月2日。

② 民畏:《留守去留问题》,《民权报》,1912年6月2日。

③ 胡觉民回忆:《辛亥革命后的程德全》,苏州《文史资料》第2辑。程德全事后向袁世凯报告说:"(先锋营)假托二次革命,另举正副总统,改易国旗……已预行举定军政司、水陆军统制。"(中国第二历史档案馆北洋政府陆军部档)

④ 《遣散军队及优待军官之办法》,《申报》,1912年5月21日。

如因实际不得不增于原额者,由该省都督叙明理由,经财政、陆军、参谋三部允准,亦可酌增。"①就是说,南方各省辛亥革命中招募的军队大都要裁遣。对袁世凯这一阴谋,多数人不甚了然,参议院就抱支持态度。只有少数同盟会急进分子保持较清醒的头脑,他们"指斥北方日日添兵,南方何得独裁,甚至昌言,我们所以不主裁兵者,恐怕大总统要做皇帝"②。但一则当时调和妥协空气浓厚,二则袁世凯"添兵"尚在秘密进行,三则南方各省财政更加困难,军队事实上无法维持,所以也只好相继自行裁遣了。例如广东,到1912年6月初,陆续裁兵十一万余。江西李烈钧则通电称:"任事以来,首施此裁军节饷政策。"③于4月底接任安徽都督的柏文蔚,也表示"以裁兵节饷为第一要义"④。袁世凯政府当时缺乏经费,大借款尚未成立,实力不足,除从政令、舆论上督责南方尽量压缩编制外,对操纵南方各军尚力不从心。所以,各省对军队裁遣事宜仍拥有相对独立的权力。唯各省政情不同,裁军的方针方法也不尽相同。

程德全接收南京留守府后,按照黄兴所定裁军计划"节节实行"⑤。7月底,陈其美被迫辞去沪督职务,军队交程接收。8月1日浦口第一师兵变后不久,柏文蔚将一、九两师也交程。程依靠中央财政接济,大事裁遣,至1912年底,除扬州第二军及第八师外,苏属军队实存不满四万。1913年初,又整编为三师二独立旅。清江十九师原拟裁遣,因剿匪需要,暂于保留。为稳定局势,程德全除以亲信章驾时任驻苏州的第二师师长外,仍以革命党人章梓、冷遹分任驻南京、徐州的一、三师师

<hr>

① 《优待军人办法之大决定》,《申报》,1912年6月21日。
② 《远生遗著》卷2,第35页。
③ 《赣都督主张裁军节饷》,《民立报》,1912年5月23日。
④ 柏文蔚致段祺瑞电(1912年11月16日),中国第二历史档案馆藏北洋政府陆军部档案。
⑤ 程德全致袁世凯电(1912年7月11日),中国第二历史档案馆藏北洋政府陆军部档案。

长,并拒绝了陆军部重用张斯麐、尹同愈、朱志先等人的要求。他认为:"此间军官党派之意见尚小,留学生与非留学生之意见甚大……夫此数子者,非谓其竟不可用,但用以与军队对抗,致酿风潮,则殊觉可以不必。"①江苏各派相持局面得以维持的原因,就在这里。

湖北则不同,它是首义之区,军队本来就多,加上位置起义有功人员,1912年3月间军队编至八镇。黎元洪又竭力扩大一己权力,排挤、打击革命党人,致使军队风潮迭起,政治性暴动屡屡发生,裁军进展不快。陆军部允湖北保留三师,因困难重重,不得不求编五师。黎本唐写信给蒋作宾说:"湖北自去秋倡义,军队甚为复杂,历经裁汰,尚剩八师,兵士虽不足八师之额,而官佐则额数皆备,且又全系出力人员,目前拟归并五师,尚多掣肘,如三师则更困难矣。"②黎元洪也电京力争。由于湖北军队风潮愈演愈烈,革命党人一批批地倾向倒黎,黎元洪决心将旧有军队全部勒令退伍,另行征补,编组三师。他一面依靠客军黎天才的江南留鄂第一师维持地方,一面于1913年4月4日致电袁世凯,"请饬李纯派步兵一团到汉"③,引狼入室。

湖南辛亥后兵额增至五师二旅,经费支绌,发饷维艰,且军内派系林立,互相倾轧,使谭延闿一筹莫展。但谭与革命党人保持着友好的关系,6月间他派人与黄兴商量裁军,得到黄的支持。黄原主留二、三师以备缓急,但谭认为:"裁汰改编,必致发生争议,不如一律退伍,另建一支新军,较为妥善。"④程潜主张每师留二营,作为成立新军的干部,也未予采纳。由于缺乏裁军的监视部队,谭致电袁世凯请王芝祥赴湘协助,得到袁的允许。谭又电请王带兵入湘,以资镇慑。时驻南京第八师旅长赵恒惕与八师其他将领不和,待王芝祥南京事务结束,遂率八师陶

①　程德全致张一麐电(1913年5月),江苏都督府秘书处密电密件室抄存件。

②　中国第二历史档案馆藏北洋政府陆军部档案。

③　《黎副总统政书》卷19,第1页。

④　程潜:《辛亥革命前后回忆》,《辛亥革命回忆录》(一),第85页。

德瑶团以返桂为名，于8月底随王入湘。谭延闿由于得到革命党人的赞助，又优给退伍年金，遂于9月间将五个师顺利裁遣，仅留剩余兵队及旧巡防队一万一千余人，编为守备队四十八营，分全省为六个守备区，只赵恒惕所率一团扩编为一旅。

广东自胡汉民复任都督后，军权仍掌握在陈炯明手里。胡、陈虽同属革命党人，但屡生摩擦。循军①改编的陆军，"品格不齐，年龄不合"②，缺乏战斗力。裁余民军则改编为警卫军一百零四营，属地方警备队性质。南京留守府裁军时，驻在江苏的粤军两师，由军长姚雨平电商胡汉民，拟回粤驻防高州、廉州一带。但陈炯明私心太重，拥兵自固，横加阻挠。姚雨平遂与部下相商，全军解散。姚保存的训练有素的炮兵一营，回粤后也为陈派兵缴械。北伐粤军系有战斗力的精锐之师，如此率尔解散，殊为失策。陈炯明于1912年12月3日由袁世凯任命为广东护军使后，继续主持裁遣军队达十二三营之多，而陆军二师一旅"合计逃亡、死伤、退伍，缺额已逾半数"③。

柏文蔚任安徽都督后，将第四师及张汇滔旅（淮上军，寿州起义部队）归属安徽，柏所部葛应龙旅也早经孙中山命令调皖。一、九师归江苏后，柏答应由安徽补助江苏军饷。这一切引起了安徽士绅的强烈反对。段祺瑞因是安徽人，在安徽军界影响较大，他派得意门生吴中英出任安徽军政司长。吴排斥革命党人，与淮上将领屡起冲突。柏文蔚所受压力较大。陆军部定皖省为一师一旅，柏于1912年8月30日解散第一军，仅留军长名义。至10月间，为安置军官，暂定为二师一旅，士兵实数则为一师一旅，先后裁汰三万余人，取消官长二千余人。10月后，袁政府拨款五十万元，要柏继续裁并。至1913年3月编裁完成，原皖军归并为一师，由淮军宿将胡殿甲之子胡万泰任师长，而将第四师缩

---

① 陈炯明所部民军号称"循军"。
② 《粤都督说明募兵原因（胡汉民复省议会函）》，《申报》，1913年6月18日。
③ 《粤都督说明募兵原因》，《申报》，1913年6月18日。

编为一旅,驻军临淮。柏的实力,严重受损。但柏文蔚顶住了陆军部要他裁遣淮上军的压力,将淮上军改编为屯垦部队,驻扎寿州一线,仅张汇滔被迫离开部队。

江西都督李烈钧是一位杰出的将领,他不仅致力于裁遣游民组成的军队,整肃军纪,镇压兵变,而且十分重视军队的整补训练,备战应变。至1912年8月,他将防军(旧军)三十六营全部遣散,辛亥后扩编的十六标新军也被裁减一半,编成四旅,暂不设师。此后,李又继续将洪江会组成的团队士兵遣散,另行征补。与此同时,他为了加强自己的实力,同意将有战斗力而无所归属的林虎所部留守府警卫团调赣,于8月9日到达江西,随后又拨一团,编为一旅。他一方面购置枪械,加强军备,另一方面又调动异己将领,以加强对军队的控制。6月间,李将蔡森所部第四旅由省会调赴赣州,以后又将二旅长余鹤松以都督代表资格调京,三旅长刘槐森调任军事顾问,而以林虎、欧阳武等升任旅长。10月28日,李烈钧陪同视察江西的孙中山,校阅军队,这在当时是绝无仅有的,十分令人注目。为了充实兵力,李又于11月22日发布征兵令,征召土著农民入伍,改造军队素质。1913年1月,他拒绝了陆军部将赣军缩编为一师一旅的要求,编成两师,以俞应麓(后以欧阳武代)、刘世钧为师长。

除上述各省外,第五军朱瑞回浙后出任都督,将二师一旅裁并为一师一旅,但保留了巡防营四十营。福建军队不多,除裁去一些旧军外,保留了十四师,以许崇智接替杜持任师长。四川有兵五师,但蜀、渝对立,虽陆军部规定编三师,并于1913年7月发表了三师师长的任命令,但并未实行编并。贵州则以滇军二团为骨干,驱散了北伐黔军,至1913年7月编并为新军一师,国民军三十三营。云南除裁遣部分旧军之外,保留新军二师。广西新军在北伐的名义下全部被排挤出省,驻军南京,陆荣廷所部均系巡防营,改编为二师。北方起义各省,除山东烟台地区革命军被北洋派全部遣散外,晋、陕则自行进行了编并。

五 军民分治与江西民政长事件

辛亥革命后,南方各省的军政大权,落到了在革命过程中推举出来的都督手里。袁世凯对此虽然很不情愿,但也不能不正视现实,于7月间正式承认了他们的地位。黎元洪为迎合袁世凯大权独揽的政治野心,早在4月10日就提出了军民分治的问题。他列举革命时期暂时出现的一些混乱现象,认为"军人柄政","流弊丛生",主张"将军务、民政,划为二途"①。袁世凯对黎这一主张十分赞赏,力图马上付诸实施。

但是,江西都督李烈钧却率先起来反对。他通电指出,革命方法本来就分军政、约法、宪政三个时期,革命后的形势要求以"兵权保秩序,以图改革之进行",因此都督一官,"目前决不能骤废","应统揽一省之治权"②。接着,广东都督胡汉民通电响应,表示:"非国基大定,宗社党无从煽发,不宜行军民分治。"③他在详论中央集权、地方分权问题的长电中,针对袁世凯的隐衷,更进一步提出:中央应对"各省都督授以军政、财政两权,令其自行裁遣军队,整理财政,先使恢复旧规,然后徐图根本上之计划。断不宜大举借款,思以财政权操纵各省"④。为了反抗袁世凯的控制,他们两人不仅公开活动各省都督,共同抵制"军民分治",而且秘密联络南方各省,企图建立应变联盟。8月12日,李烈钧曾密电四川代理都督胡景伊、民政长张培爵说:"诸君……皆为创造民国巨子,敢请输诚联络,结一最稳健之政治、军事团体,对于中央为一致之进行。如政府能以国利民福为前提,则维持拥护,互相协助;如政府夹有私心,藉统一之名,施专制之实,亦惟有群起力争,实行匡正。总以

---

① 《黎副总统政书》卷9,第11—13页。
② 李烈钧通电(1912年4月18日),《时报》,1912年4月22日。
③ 《中华民国新文牍汇编》卷2,第17页。
④ 《政府公报》,1912年6月15日。

地方监助政府,不使政府操纵地方,庶不失权外人,复陷专制,种种险象,或可消弭。"①对李、胡这一正确立场,孙中山采取了坚决支持的态度。他说:"中央集权,地方分权,本来不成问题,不过反对者藉此肆其鼓簧。……盖须相因而行,不能执一。民权为天经地义,专制恶风,断难久存于二十世纪。"②

正因如此,袁世凯对李、胡更加忌恨。但广东僻处南疆,他一时鞭长莫及,于是江西李烈钧就首当其冲了。1912 年 12 月 10 日,南昌发生兵变,矛头直指李烈钧。事后查明,这次兵变是在袁世凯的直接支持下,由原江西第三旅旅长余鹤松发动的。余本是李烈钧日本士官同学,被李调京,失去了实权,因而对李十分不满,就去走袁世凯的门路。袁正求之不得,就给了他一笔经费,让他回江西活动,只要推倒李烈钧,就委他为都督。于是,余回到江西,策动旧部发动了这次兵变。

李烈钧虽然知道这次兵变的背景,但他还没有力量与袁世凯决裂,只好隐忍待机。为了缓和北京对江西的压力,李烈钧致电袁世凯,对兵变引咎自责,主动请行军民分治,并特荐汪瑞闿为江西民政长。汪曾任前清江西武备学堂总监,与李烈钧有师生情谊。李原以为汪处世温和,可利用他来缓和自己和袁世凯的矛盾,因而一再敦请他出山帮忙,不料这个目的没有达到,反给袁造成可乘之机。原来汪瑞闿是一个官迷心窍的旧官僚,并没有什么革命的新思想。据耿毅回忆,当时"汪认为李既叫他当省长,江西方面不成问题,惟闻袁和李极不睦,专凭李荐,袁未必允,若先到北京和袁接洽妥当,岂不更好。遂进京谒袁,述李荐他为省长固然好,但甚愿请大总统径行任命,不由地方大吏推荐,这不是表示中国更统一么"③。袁见汪主动上门,正可借他牵制李,所以 12 月 16

　　①　据胡景伊、张培爵致程德全电,江苏都督府密电密件室抄存件。按:胡、张电抄转了李电全文,据李电称,已分别另电起义各省,但程德全似未收到。

　　②　《孙先生游赣记》,《民立报》,1912 年 11 月 2 日。

　　③　耿毅:《癸丑讨袁回忆录》,《辛亥革命回忆录》(一),第 541—542 页。

日李烈钧请简民政长的电文到达北京才四小时,袁世凯就发布了任汪瑞闿为江西民政长的命令。待李获悉真相,大错已经铸成,只好另谋补救了。

在李烈钧暗中主持下,江西广饶协会等团体随即纷纷发表通电,历数汪瑞闿在前清仇视革命的种种劣迹,对他出任民政长表示"极力反对,誓不承认"①,要求袁政府"实行赵(秉钧)总理对于内治维持现状之宣言,无事变更吾赣政局,将简任民政长之成命收回"②。但袁世凯态度十分强硬,饬李烈钧传令广饶协会等团体必须遵守法律。20日,汪瑞闿有恃无恐,贸然抵南昌上任。李表面上对他殷勤接待,共和党人及当时共和党占优势的省临时议会对他更是十分欢迎。然而,李的部属却纷纷给汪以难堪。水巡总监蔡锐霆就当面对他讥讽讪笑,语带威胁。汪行馆差役也纷纷离去,迫使汪称病闭门谢客。29日,江西军警两界数千人召开拒汪大会,一致主张"武力驱汪出境","勒令两日内离省"③。夜半,南昌广、惠两门"匪徒"暴动,全城戒严。汪惊惧万分,逃离行馆藏匿。翌日,他函告李烈钧,声称赴沪就医。同时致电袁世凯,称病辞职。李派员故示挽留,但汪于当日下午5时即乘轮离开南昌,经九江、武汉前往北京了。

1913年1月3日,袁准汪病假二十天,责令李"从速筹备划分事宜,并敦促汪民政长迅行调治,刻期赴任"④。李复电说:"现在正式议会行将成立,于此数月内,拟即勉为其难,于军民要政担任完全责任"⑤,实际上打算把汪推出了事。但是,当时欢迎汪瑞闿的江西共和党人,以江西省临时议会、教育总会、商务总会、共和党、民主党五团体名义自汉口电袁,要求袁世凯"迅派镇抚使率兵莅赣,协助李督剪除凶

① 《广饶人反对汪瑞闿》,《民立报》,1912年12月23日。
② 《国民党江西支部通电》,《民立报》,1912年12月28日。
③ 《分治声中赣江潮》,《民立报》,1913年1月5日。
④ 《赣都督转汪颉荀君电》,《民立报》,1913年1月5日。
⑤ 《民立报》,1913年1月12日。

暴而靖地方"①。袁也曾先后打算派遣张勋、岑春煊及孙武前往江西武力对付李烈钧。张、岑等虽因种种困难,均未成行,但一时舆论哄传,形势十分紧张。

正在这时,李烈钧向日本订购的七千余支枪械及一批子弹于1月11日自上海起运,15日运抵九江。袁世凯获悉此事后,即饬参、陆两部以该批军械未经陆军部批准为借口,密令早已被袁收买的九江镇守使戈克安予以扣留。戈遵令于次日扣留了此项军械,随即以密电向参、陆两部报告,并称:"唯恐李督以决裂手段对待,此间兵单饷绌,将如之何?"要求设法接济,"一面调张勋军队及海军兵舰,按照前寒、删两电办理"②。22日,海军六艘军舰驶抵九江,以一舰停泊湖口,准备对赣用兵。与此同时,李烈钧一面复电参、陆两部申述原委,要求将所扣枪弹放行,一面以冬防为名,向湖口一带增兵设防,积极备战。24日,段祺瑞电复李烈钧,诈称"此项枪弹已分给各水师军舰",拒绝李烈钧所请③。于是,李发出通电,坚决要求发还。对此,段批文说:"今日李督通告天下,谓部扣留军械,是李不受善,莫可救药。"④

鉴于江西风潮日趋激烈,黎元洪于1月20日左右,派遣程守箴、邓汉祥前往南昌调解。24日,黎向陆军部密报江西军队调动情况,要求陆军部将此批枪支子弹放行,并说:"即令李督有如何野心,此区区之军火亦何济事?"对于派遣镇抚使一事,他主张:"果有其事,即令取消,否则请设法和解。"⑤27日,海军楚谦舰奉令提取枪械,蔡锐霆率百余人屯扎岸上,声言如敢装运,即开炮攻击,双方剑拔弩张。适黎26日发出的调解电到,戈克安请楚谦舰长王光熊登岸协商,然后,由王光熊电告海军部:"查浔、赣各有军队保护军火,内地毗连租界,若果强取,必动

①　《中华民报》,1913年2月22日。
②　中国第二历史档案馆藏北洋政府陆军部档案。
③　中国第二历史档案馆藏北洋政府陆军部档案。
④　中国第二历史档案馆藏北洋政府陆军部档案。
⑤　中国第二历史档案馆藏北洋政府陆军部档案。

武力,实与大局有关,因此未敢妄动,听候中央和平了解〔结〕。"①李的强硬立场,终于迫使袁世凯作了让步。

在调解中,黎元洪向双方提出和解条件:"非水陆退师,无以保地方之安宁;非发还军火,无以平赣人之疑虑;非迎回汪民政长,无以重政府之威信,应由李都督、省议会公派代表往迎汪民政长莅职。"并要求李烈钧"将怀夹私忿、造谣生事之人量加处分,以除祸本"②。显然,黎的调解,对袁是十分有利的。但李这时表现了少有的顽强精神,他干脆复电拒绝了上述撤兵、迎汪、惩凶三条件。理由是:湖口设局征兵属于永久计划,反对民政长属于舆论,汪去赣无人胁迫。不仅如此,他还愤懑指出:"烈钧奔走国事,将近十年……乃不意昔日以革命不能见容于满者,今共和告成,转不能见信于民国政府。"③当然,袁也不再让步,仍坚持迎汪莅职的前提条件,并强硬表示:"苟反乎此,则国法具存,断不敢博宽大之名,贻分裂之祸。"④

黎的调解活动没有成功,戈克安密报段祺瑞说:"李督现正多方布置,一意反抗中央,志极坚定。"⑤不仅如此,风潮还在扩大。

2月3日,南昌召开公民联合会,宣布省议会成立前,"凡属赣省大事,对内对外代表,暂以本会为总机关"⑥,摆出了与袁世凯对抗的姿态。大会提醒各省,袁对江西的压迫,绝不是孤立的事件,"一省如此,他省可知,今日如此,他日可知矣"⑦。会议对袁的指责绝非耸人听闻。就在江西民政长事件发生不久,袁世凯便不顾《临时约法》的规定,不经参议院通过,即以命令公布了《划一现行各省地方行政官厅组织令》等

①　中国第二历史档案馆藏北洋政府陆军部档案。
②　《黎副总统政书》卷16,第16页。
③　《黎副总统政书》卷16,第18页。
④　《国务院致黎副总统各省都督电》,《政府公报》,1913年2月1日。
⑤　中国第二历史档案馆藏北洋政府陆军部档案。
⑥　《江西公民联合会通电》,《民立报》,1913年2月16日。
⑦　《江西公民联合会通电》,《民立报》,1913年2月16日。

一系列官制官规,并且强行规定"按照政府计划,以民国二年三月以前为限,一律办齐"①。省官制问题,一直是有严重争议的重大问题。1912年间,袁政府曾两次草拟中央集权的省制方案,交参议院讨论,都因参议院反应强烈而不得不在开议以前就收回修订。袁世凯这时公布官制官规,充分暴露了他在全国范围内追求封建独裁的目的。

眼看江西风潮继续扩大,除黎元洪外,程德全、柏文蔚、朱瑞、谭延闿等人也纷纷出面,主张和平解决。在北京,王芝祥为避免战争损伤国家元气,向袁世凯表示愿去江西调停。袁即乘机要他出任"镇抚使兼理江西都督事",以便调李入京。但王没有答应,他认为:中央"不宜纯用手段,反启纷争"。磋议再三,王始勉强同意任"查办"②,并于1913年2月16日离京南下。与此同时,袁世凯又派耿毅作王的副手,亲自交给他一封密信指示机宜,对解决江西事件的方针作了明确规定:"一、汪瑞闿到省长任;二、枪支不发;三、蔡锐霆、陈廷训重办;四、李烈钧下野。"③耿本是革命党人,袁看中他是直隶人,因而留在身边办事。但耿与李烈钧关系也好,因此他先王芝祥到达南昌后,便立即着手与李密商对付袁世凯的策略。

3月1日,王芝祥也到达南昌。他一面责成江西取消公民联合会,一面向袁表示,赣人对汪恶感甚深,请改任赵从蕃出任民政,则赣事至易了结。袁一时无力南顾,不得不同意妥协。同时,英国公使朱尔典也致函外交部,为太古洋行索取枪械的"耽延赔偿费"④,自1913年1月28日起,每日索价二百两。这个经济压力也使袁政府承受不了,不得不从速解决江西事件。3月11日,袁世凯发布赵从蕃署理江西民政长命令,参、海、陆三部也电令发还扣留的江西械弹。在李烈钧的顽强抵

① 《政府公报》,1913年1月9日。
② 《王铁珊访问记》,《民立报》,1913年3月10日。
③ 耿毅:《癸丑讨袁回忆录》,《辛亥革命回忆录》(一),第544页。
④ 中国第二历史档案馆藏北洋政府陆军部档案。

抗面前,袁世凯只得表示让步。

但是,李烈钧毫不妥协地坚持原来的立场。他表面发电欢迎赵从蕃,实际上却把民政长一案交给省议会,因这届议会已改变了原来共和党人占优势的局面。江西省议会一开幕就讨论民政长一案,并通过决议,根本否认袁有任命民政长的权力,并致电袁世凯说:"省官制未经参议院议决,实无承认之理由。……大总统简任之命令,实非根据法律,未敢服从。"①袁世凯接电后,大为恼怒,即电告黎元洪,申斥江西省议会"蔑视约法",扬言"若仍借端反对,则惟有执法进行,以维大局"②。但江西省议会不畏强暴,痛斥袁实行专制,表示要为"维持约法,保障民权"而斗争③。慑于江西的民气,赵从蕃裹足不前,害怕重蹈汪瑞闿覆辙。

此外,李烈钧还在 3 月 15 日接收了被袁扣留两月之久的军械,并毫不迟疑地对袁世凯走卒戈克安采取了断然措施。他首先发布命令,改编金鸡坡炮台及驻浔上下两炮台为上三台,湖口东西炮台及马当炮台为下三台,上三台任命陈廷训为总台官,下三台任命陈传曾为总台官,并且命令驻浔第九团编入第一师,从而把戈克安作为九江镇守使的职权统统剥夺了。接着,他又向九江—湖口一线增兵,命令第一师长欧阳武在沙河(今九江县)设立司令部,压迫戈部。戈克安一日数电向北京告急,王芝祥闻讯从南昌赶到九江调停。27 日晚 11 时,蔡锐霆率兵二连袭占湖口炮台。结果,袁世凯只好让戈克安离职赴京,任命王芝祥暂兼九江镇守使,节制浔、赣各军,李烈钧遂于 4 月 2 日通告"地方安宁,人心大定"④,实际上是宣告对袁斗争的胜利。

自南京临时政府结束后,资产阶级革命党人在同袁世凯的斗争中,

---

①　《时报》,1913 年 3 月 18 日。

②　《黎副总统政书》卷 17,第 8 页。

③　《时报》,1913 年 3 月 27 日。

④　《中华民报》,1913 年 4 月 7 日。

从未取得胜利。李烈钧在这次江西民政长事件中所取得的胜利,是当时革命党人所赢得的唯一的一次胜利。这次胜利,虽然只是局部性的和暂时的,但它证明了辛亥革命的成果必须用武装斗争来保卫,离开武装斗争,革命党人就不可能在同袁世凯的斗争中取得任何胜利。

第二节　同盟会维持共和国的努力

一　孙中山鼓吹民生主义及其实业救国计划

　　1912年4月1日,孙中山在南京同盟会员饯别会上,发表了解职后的第一篇演说,详尽阐述了他对形势的看法和解职后的打算,指出:"今日满清退位,中华民国成立,民族、民权两主义俱达到。唯有民生主义尚未着手,今后吾人所当致力的即在此事。"[①]三天后,他离开南京到上海,接着开始周游各省。到是年底,在大半年时间里,除8月应袁世凯邀请赴京"商谈国是"外,曾先后到过湖北、福建、广东、山西、山东、江苏、浙江、安徽和江西等省,足迹几达半个中国。孙中山每到一地,都发表演说和谈话。据不完全统计,其中以民生主义为内容或主要内容的即达三十八次之多,占全部演说和谈话的三分之一以上[②]。

　　在这些演说和谈话中,孙中山主要宣传了以下各点:

　　(一)强调实行民生主义为当务之急。他说:当南北"未统一以前,政治、军事皆极重要,而统一以后,则重心又移在社会问题"[③]。况且振兴中国的目的,绝不是把它变成和西方各国并驾齐驱的国家,而是建立一个没有贫富对立的理想"社会"。因此,"今后欲谋国利民福,其进行

---

　　①　《孙中山全集》第2卷,第319页。

　　②　此根据《孙中山全集》第2卷所载材料统计,时间从1912年4月3日至是年底,包括演说和谈话。

　　③　《孙中山全集》第2卷,第335页。

之方针,惟有实行提倡民生主义耳"①。"民生主义关系国民生计至重,非达到不可。使大多数人享大幸福,非民生主义不可"②。那种以为"中国之当急者乃政治问题,至社会问题则相去甚远",不过是"浅见之徒,不足言治也"。

(二)实行民生主义即"社会革命",不仅必要,而且可能。因与欧美各国相比,"中国文明未进步,工商未发达,故社会革命易"。他批评同盟会内一部分人认为"社会革命最难","必须人民有最高程度才能实行"的观点,指出:待"人民程度高时,贫富阶级已成,然后图之,失之晚矣"③。对所谓"凡事必有等级,今资本家之等级尚未经过",不可"瞢然言民生主义"的论调,他批驳说:"果如所言,则共和之先必经君主立宪之阶级,而今之共和又何以能成厥功乎? 此更不待辩而自明者也。"④

(三)民生主义的主要内容是"平均地权"。但"平均地权"非"计口授田",而是实行"单一税法",即"从税契入手",包括由地主自报地价、国家"照价收税"和将来土地"涨价归公"等环节。同时"国家当需地时,随时可照地契之价收买"。因此,孙中山又把"平均地权"简单归纳为:一是照价纳税,一是土地国有。并说:"二者相为因果,双方并进,不患其不能平均矣。"⑤

(四)发展实业为民生主义的另一重要内容。孙中山指出:处当今时代,"中国亦将自行投入实业漩涡之中,盖实业主义为中国所必需,文明进步,必赖乎此,非人力所能阻遏"⑥。同时明确说:"三民主义以民生为归宿,即是注重实业。"⑦他在一次演说中把振兴实业、铁路"国

---

①　《孙中山全集》第 2 卷,第 354 页。
②　《孙中山全集》第 2 卷,第 441 页。
③　《孙中山全集》第 2 卷,第 320 页。
④　《孙中山全集》第 2 卷,第 338 页。
⑤　《孙中山全集》第 2 卷,第 355 页。
⑥　《孙中山全集》第 2 卷,第 492 页。
⑦　《孙中山全集》第 2 卷,第 339 页。

有",正式归作民生主义"四大纲"之一。

（五）实行民生主义"须以和平手段从事"，而不能采取"武力手段"。孙中山说："英美诸国资本家已出，障碍物已多"，社会革命或须用武力，"而中国社会革命，则不必用武力"①。他还一再申明："民生主义并非推倒富豪，如世俗所传抢富济贫之说。"②"今日讲民生主义，可以不用革命手段，只须预为防范。"③

（六）实行民生主义的根本目的，在于预防少数资本家"压制贫民"。孙中山反复强调，他"所以持民生主义者，非反对资本，反对资本家耳，反对少数人占经济之势力，垄断社会之富源耳"④。"苟全国之铁道皆在一、二资本家之手，则其力可以垄断交通，而制旅客、货商、铁路工人等之死命矣。土地若归少数富者之所有，则可以地价及所有权之故而妨害公共之建设，平民将永无立锥地矣。"⑤所以，他总结说："仆之宗旨在提倡实业，实行民生主义，而以社会主义为归宿，俾全国之人，无一贫者，同享安乐之幸福。"⑥

由此可见，孙中山这时对民生主义的宣传和解释，基本上还是他辛亥革命以前的理论的简单重复，但在新的历史条件下，也强调和注入了某些新的内容。首先，他更加强调了对资本主义制度的揭露和批判，对工人阶级、劳动群众和社会主义充满着同情和向往。他痛斥资本家以压抑平民为本分，对于人民痛苦全然不负责任，是"无良心者"。对工人则称赞说："世界一切之产物，莫不为工人血汗所构成。故工人者，不特为发达资本之功臣，亦即人类世界之功臣也。"⑦他指出他们因受资本

---

① 《孙中山全集》第 2 卷，第 319 页。
② 《记者眼光中之孙中山》，《远生遗著》卷 2，第 121 页。
③ 《孙中山全集》第 2 卷，第 473 页。
④ 《孙中山全集》第 2 卷，第 338 页。
⑤ 《孙中山全集》第 2 卷，第 338 页。
⑥ 《孙中山全集》第 2 卷，第 340 页。
⑦ 《孙中山全集》第 2 卷，第 519 页。

家"戕贼"、"苛遇",起来反抗是完全正义的,理所当然的①。他在宣扬美国资产阶级经济学者亨利·乔治(Henry George)土地公有论的同时,也称赞马克思的资本公有,说:"亨氏之土地公有,麦(马克思)氏之资本公有,其学说得社会主义之真髓。""社会主义家则莫不主张亨、麦二氏之学说,而为多数工人谋其生存之幸福也。"②其次,为防止资本家垄断,他明确提出了"大资本国有"的主张,力图限制私人资本的经营范围。"凡生利各事业,若土地、铁路、邮政、电气、矿产、森林皆为国有","不为一、二资本家所垄断渔利"③。因此,尽管他倡导的民生主义,依然是一个带有浓厚主观色彩的社会经济改革方案,他的社会主义也远不是真正科学的社会主义,但在当时还是有一定积极意义的。

孙中山不但积极宣传民生主义,而且身体力行,提出了十年内修筑二十万里铁路的宏大实业救国计划。他的这个计划,从解职后就开始酝酿,到6月下旬由广东回到上海后,经与黄兴共同磋商而渐趋成熟。孙中山早年就十分重视铁路建设,进行过一些研究,此时更认为发展实业必须从铁路入手。他说:"振兴中国惟一之方法,止赖实业",而"交通为实业之母,铁路又为交通之母"④;铁路发达,并可移民垦荒,开发资源,繁荣商业和增加国家的财政收入。所以,"修筑铁路,实为目前唯一之急务,民国之生死存亡,系于此举"⑤。他计划十年内修南、中、北三大铁路干线:一起南海,由广东经广西、贵州、云南、四川间,通入西藏,绕至天山之南;一起扬子江口,经江苏、安徽、河南、陕西、甘肃、新疆,迄于伊犁;一起秦皇岛,绕辽东,折入蒙古,直穿外蒙古,以达于乌梁海⑥。资本定为六十万万元。

---

① 《孙中山全集》第2卷,第519页。
② 《孙中山全集》第2卷,第516、518页。
③ 《孙中山全集》第2卷,第508—509页。
④ 《孙中山全集》第2卷,第383页。
⑤ 《孙中山全集》第2卷,第433页。
⑥ 《孙中山全集》第2卷,第383—384页。

孙中山修路的基本方针，是实行"门户开放"，利用外资。他说："今欲急求发达，则不得不持开放主义。利用外资，利用外人，皆急求发达我国家之故，不得不然者。"①如果不采取"借款修路"办法，而全用本国资本，"则一年筹一千万，亦需六十年始达六万万之数，而已精疲力尽。一切流通资本，悉归之铁路建筑之上，金融机关必全停止。则铁路告成之日，即为国家灭亡之时"②。且排斥外资，势必重价购置外国机器，"其不合算亦甚矣"③。因此，在难以迅速自筹大量资金及缺乏技术和管理人才的情况下，为早收铁路之利，非但不宜反对外资，而且应该"欢迎外资"，乃至利用"外国人才"和"良好方法"。但孙中山同时强调指出：实行"开放主义"，必须以不损害国家主权为前提，"但求主权不丧失，无论何国包修，皆未尝不可"④。对于帝国主义欲利用借债而提出诸如"置兵保路"等损害中国权益的要求，孙中山断然表示反对，坚持"将来订约，必不许外人有置兵保路之权，沿路之兵，均由我国设置"⑤。为此，他提出：1. 所有借款事宜，以所设公司名义进行，而不通过政府交涉；2. 借款"非全用现款"，其中五分之四"由外国购买材料"；3. 采取借资兴办、中外合股和定以限期，批与外人承办三种形式，以"批办为最相宜"。孙中山认为，如是借款修路，不仅可能，而且"能兴利，又无伤主权"，自是"绝好法子"。

孙中山还一再表示，借款修路，最终以"铁路国有"为归宿。他说："鄙人主张借款办铁路，更主张批给外人包办，且欲实行民生主义，以救种种方面之弊害，此即鄙人修办铁路之大意也。"⑥这里说的"实行民生主义"，即是实行"铁路国有"政策，用以防止少数资本家的垄断。所以，

---

① 《孙中山全集》第 2 卷，第 481 页。
② 《孙中山全集》第 2 卷，第 498 页。
③ 《孙中山全集》第 2 卷，第 449 页。
④ 《孙中山全集》第 2 卷，第 461 页。
⑤ 《孙中山全集》第 2 卷，第 468 页。
⑥ 《孙中山全集》第 2 卷，第 460 页。

孙中山有时又把"铁路国有"直称作"国家社会主义"。并明确宣布：所修铁路，四十年后一律收归国有。

为发展铁路交通，孙中山主张在"不失主权"的前提下利用外资，并采取种种制约措施，应该说是富有积极意义的。但他所持某些理由，如认为外国资本家会"争先恐后"借款给中国，认为"彼欲保此资本之安全，则有投鼠忌器之思，而不甘破坏平和"，因而无须担心会乘机"侵略中国，瓜分中国"①等等，则是不现实的，错误的。这表明他对帝国主义还抱有一定的幻想，不曾认识到在真正获得民族独立以前，根本不可能有什么平等互利的借款；外国资本家即使愿意借款给中国，也只是为了攫取中国的权益，而绝非真心帮助中国发展铁路交通事业。

1912 年 10 月 14 日，孙中山在上海成立中国铁路总公司，满怀信心地开始了筹措资金、设计干线等不切实际的修路准备工作。当时，连一些革命党人都说他"理想太高"，但他批驳说：中国幅员如此广大，十年内修二十万里铁路，"此为至小之计划"，"并非大言夸众"。还说："以二年募齐外债，以二年测量线路，有五年之功夫，可以全路告成。此亦并非空言。"②然而，与他的主观愿望相反，不独外国资本家无意帮他实现修路计划，当时国内的政治环境也没有提供最起码的条件。

袁世凯表面上不表示反对，并满足孙中山的要求，于 9 月 9 日特授以筹划全国铁路全权。但任命刚一公布，北洋集团控制的御用报纸就对孙中山发动攻击，叫嚷该项任命为"违法"，外人承办，"势必丧失主权"，等等。后来，孙中山派王正廷、徐谦携《中国铁路总公司条例草案》，到北京请袁世凯交参议院审议，袁又从中作梗，致使参议院对条例多所修改。孙中山虽愤怒抗议，指斥条例修改太多，说"若无特权，即不须有条例。若照修改之条例通过，则总公司无权办事，宁可取消"③。

---

① 《孙中山全集》第 2 卷，第 497—498 页。
② 《孙中山全集》第 2 卷，第 432—433 页。
③ 《孙中山全集》第 2 卷，第 561 页。

但毫无效果。袁世凯最后以命令公布的条例，对铁路总公司的职权仍大加削弱。如原条例第一条规定："除政府所办已成、未成及经签押应筑各路，属交通部之职掌外，所有贯穿各省及边地各干路铁路，总公司有全权办理。"而袁公布的条例改为："除政府所办已成、未成及经签押或载在草约成案上应筑之路，属交通部直接办理，暨政府已批准他公司承办之路仍归他公司办理外，所有全国各干线，总公司得全权筹办。但指定各干线时，须先协商政府，经其认可。"①实际上将孙中山的修路计划完全纳入了北洋政府的控制之下。由于袁世凯的暗中阻挠和破坏，孙中山很快陷入了困境。

那么，孙中山解职后，何以舍弃政治斗争而专注于提倡民生主义和发展实业呢？这除了渴望中国迅速摆脱贫穷落后面貌外，也有思想认识上的原因。首先，他没有认识到革命已经根本失败，反而为南北"统一"的表面现象所迷惑，认为革命取得了意想不到的"好结果"，造成了"完全无缺之中华民国"，并由此认为人民为民国主体，"政府不过一极小之机关，其力量不过国民极小之一部分"②，客观上具备了放手从事"社会革命"的条件。其次，他认为当此"内力日竭，外患日逼"之际，关系民国命运的首先不是政争，而是"经济问题"。政治上的"意见纷歧"，"皆为经济问题所窘"而引起，且"无论何人执政，皆不能大有设施"。因此，"若只从政治方面下药，必至日弄日纷，每况愈下而已。必先从根本下手，发展物力，使民生充裕，国势不摇，而政治乃能活动"③。第三，也是主要的，他对袁世凯非但没有认识，而且相信袁有能力治理国家。对社会政治形势的错误估计，使他陷入了绝无希望的"社会革命"幻想之中。

不过，孙中山致力发展实业虽未能达到预期目的，他的思想及其"铁路计划"却鼓舞和吸引了越来越多的人投身实业建设，从而推动了

①　《政府公报》，1913 年 4 月 1 日。
②　《孙中山全集》第 2 卷，第 318 页。
③　《孙中山全集》第 2 卷，第 404 页。

兴办实业热潮的进一步高涨。从这个意义上说，孙中山所进行的又是一次有意义的尝试，他的努力并不完全是徒劳的。

二　孙中山、黄兴应邀赴北京调和南北冲突

袁世凯十分重视利用孙中山、黄兴的革命影响，来巩固自己的统治地位。他就任临时大总统不久，就曾致电孙中山，要他解职后，尽快北上担任最高顾问。以后又多次通过第三者，甚至派专人专车南下迎接。对于黄兴，也同样如此。但他们都一一谢绝了。唐、陆内阁风潮相继发生后，袁世凯为缓和同盟会的反对，再次派人到沪殷殷相劝。孙、黄从巩固新创民国的良好愿望出发，这时也认为有必要亲自了解北方的情况，调和袁与同盟会日益激化的矛盾。他们于是在8月2日复电袁世凯，表示"拟缓数日，即同北上"。

袁接到孙、黄电报，除立即复电，表示"得遂凤慕，至深欢忭"外，又急派蓝建枢、张昉为迎接专员，携函至沪迎接。并特派赵秉钧、梁士诒、王赓、傅良佐、陈宧等军政要人为招待员，负责接待事宜；还腾出他的公事房——外交部迎宾馆，供孙中山下榻。袁虽极力装出竭诚欢迎的样子，然而就在这时，他又下令杀害了张振武。许多同盟会员从领袖安全出发，反对孙、黄北上。有一女会员甚至向孙中山坚决表示："公国民代表，共和坚城，必欲投入虎穴，某誓死反对。"但孙中山认为，既已同意北上，就无论如何不应"失信于袁总统"，且正可借此检验一下袁世凯到底可靠不可靠，因而坚持就道①。只有黄兴为群情所动，决定暂不进京。

8月24日，孙中山一行经天津到达北京，果然受到国家元首规格的隆重接待。当晚，袁世凯在总统府约见孙中山②，还亲至门口迎接，

---

① 《民权报》，1912年8月19日。
② 孙中山因路途劳累，决定次日会见袁世凯。但袁当晚即派人约见孙中山，孙只好改变原来的安排。

态度极为"谦恭",说他受国民付托,识薄能鲜,"用敢代表四万万同胞求赐宏论,以匡不逮"①。28日,袁举行盛大欢迎宴会,他在致词中对孙中山"备极嘉许",说:"中山先生提倡革命,先后历二十余年,含辛茹苦,百折不回,诚为民国第一首功","此次来京,实为南北统一之一绝大关键,亦即民国前途安危之所系",并高呼"中山先生万岁"②。孙中山在答词中,也称袁世凯"善于练兵","富于政治经验",高呼"袁大总统万岁"。接着,便开始了引人注目的秘密会谈。

经两次会谈后,孙中山认定袁世凯"可与为善,绝无不忠民国之意"。于是,他致电黄兴说:"以弟所见,项城实陷于可悲之境遇,绝无可疑之余地。张振武一案,实迫于黎之急电,不能不照办。中央处于危疑之境,非将顺无以副黎之望,则南北更难统一,致一时不察,竟以至此。自弟到此以来,大消北方之意见。兄当速到,则南方风潮亦止息,统一当有圆满之结果。"③在孙的电促和赵凤昌等人的怂恿下,9月5日,黄兴遂偕陈其美、李书城等十余人离沪北上。11日到京,受到袁世凯同样"热情的欢迎"。

孙中山到京当天,曾开宗明义宣布:"此次北来,惟一宗旨在赞助袁大总统谋国利民福之政策,并疏通南北感情,融和党见。"④黄兴到后也说:"定当调和一切,使我同胞无稍隔阂,和衷共济,以巩固民国基础。"⑤为达此"宗旨",孙中山和黄兴利用一切场合呼吁停止党争,劝说革命党人平和对待政府。孙中山在国民党成立大会的演说中,就告诫革命党人要"破除党界,勿争意见,勿较前功","即有他党反对,我党亦宜以和平对付"。他并不顾袁世凯屡用军警干涉政治的严重事实,要革

---

① 《欢迎孙中山再纪》,《申报》,1912年8月29日。
② 《总统公谦孙中山之详情》,《时报》,1912年8月30日。
③ 《孙中山全集》第2卷,第450页。
④ 《孙中山全集》第2卷,第406页。
⑤ 《黄兴集》,第255页。

命党人相信"此次共和既由军人赞成,则军人决无破坏共和之事"①。他还邀集原同盟会在京各报负责人座谈,要求他们"勿猛烈攻击袁"②。黄兴北上途中,在天津演讲也宣称:"以化除党见、统一精神为第一要义。"③到京后更提出"以和缓手段,对待婴儿之政府",要求报界"诸君须牺牲党见,共维大局"④。当然,孙、黄所说"破除党见",也有反对不顾大局,不重党德,纯争"党见"的意思,但主要是反对革命党人对袁世凯采取激烈行动。孙中山就说过:"国民对袁总统万不可存猜疑心,妄肆攻讦,使彼此诚意不孚,一事不可办,转至激迫袁总统为恶。"⑤

在悬而未决的组阁问题上,孙中山应袁世凯要求,出面劝说革命党人同意梁如浩任外交总长。黄兴"提议国务总理人选可遂袁意",同意赵秉钧为正式总理,同时遍邀国务员全体加入刚刚由同盟会改组而成的国民党,组织所谓"国民党内阁"。他还极力拉袁世凯入党,作国民党首领。孙中山称赞黄兴此举说:"今日内阁,已为国民党内阁,民党与政府之调和,可谓跻于成功。"⑥实际上,这个政党内阁"不驴不马,人多非笑之",讥为"非政党内阁,乃系内阁政党"⑦。

孙中山在京近一月,先后与袁世凯晤谈十三次,每次谈话由梁士诒一人陪同。谈话自下午4时至晚10时或12时,有三、四次直谈到凌晨2时。由于袁世凯竭力装出诚恳的样子,孙中山也推心置腹,畅所欲言,二人谈得十分投机。自然,袁世凯的"谦恭",不过是为骗取孙中山的好感,实际上是要孙作更大让步。因此,谈话中他总是"谆谆以国家与人民为念,以一日在职为苦","诉党派竞争之苦",并表示:"俟国会召

① 《孙中山全集》第2卷,第408页。
② 远生:《孙黄来京后之影响》,《时报》,1912年9月26日。
③ 《黄兴集》,第255页。
④ 《黄兴集》,第259页。
⑤ 《孙中山全集》第2卷,第413页。
⑥ 《孙中山全集》第2卷,第485页。
⑦ 《政谈窃听录》,《远生遗著》卷2,第153页。

集,选出新总统后,鄙人亦可一息仔肩,退为国民,与诸君子共谋社会上之事业。"袁世凯就这样终于取得了孙中山"十年以内,大总统非公(指袁世凯)莫属"的保证。

从孙中山和黄兴发表的大量言论来看,他们对会谈是满意的。孙中山说:与袁世凯"讨论国家大政策,亦颇入于精微。故余信该之为人,很有肩膀,其头脑亦甚清楚,见天下事均能明澈,而思想亦很新。不过,作事手腕稍涉于旧,盖办事本不能全采新法"。"故欲治民国,非具新思想、旧经练旧手段者不可,而袁总统适足当之。"①"今日之中国,惟有交项城治理。"②黄兴同袁世凯晤谈后,也不止一次地对人说:袁"热心维持民国","实为今日第一人物"③;"袁总统经营国事,不辞劳怨","实所钦服"④。这些议论,显然不全是应酬之词。凡此种种,说明孙中山、黄兴确有为袁世凯的伪装与花言巧语所蒙骗的一面。

当然,无论在公开场合,还是同袁世凯秘密会谈中,孙中山和黄兴都不隐讳自己的观点,更没有放弃原则主张。例如:对于南北冲突,黄兴指出:"南北现已统一,而尚有以为仍未实行统一者,并非南北不愿统一实现,在政府无一定政策,南方各省无从遵守,故似未统一。若中央将此策拟定,则南北行政自然统一矣。"⑤孙中山也说:"只须袁总统略为迁就,便可互相了解。"⑥对于借款,孙中山告诫袁世凯说:"目下财政困难,势不能不出借款之一途,但用途宜加详审,数目不可太多耳。"⑦黄兴批评说:"政府专借外债,以消耗于无形,而不谋生产事业,殊甚非

---

① 《孙中山全集》第 2 卷,第 484—485 页。
② 吴玉章:《武昌起义前后到二次革命》,《辛亥革命回忆录》(一),第 122 页。
③ 《黄克强在京之酬酢观》,《申报》,1912 年 9 月 18 日。
④ 《黄兴集》,第 301 页。
⑤ 《黄兴集》,第 259 页。
⑥ 《孙中山全集》第 2 卷,第 442 页。
⑦ 《孙中山全集》第 2 卷,第 427 页。

计。"①对于裁军，孙中山提出"宜南北同时举行"，反对只裁南方军队②。对于军民分治，孙中山和黄兴都认为短期内难于实行，主张民政长"民选"和实行"有限的中央集权"。此外，孙中山还始终不渝地宣传民生主义，宣传他的"铁路计划"和坚持迁都的主张，指出北京处外人牵制之下，"万不可居，将来急速迁移"。黄兴既主张"调和"，又认为必须维护革命党人的地位。所有这些，都表现了孙中山和黄兴光明磊落、表里如一的革命政治家本色，说明他们从事"调和"，不单是为了"疏通"革命党人与袁世凯的"感情"，消除彼此的"隔阂"，最重要的是为了求得共和国的根本巩固。

正因如此，孙中山、黄兴同袁世凯的会谈，除了同意由赵秉钧担任内阁总理之外，在上述问题上并未能达成一致协议，而这些问题则又是当时南北争执最烈和袁世凯一直在压革命党人屈从的问题。因此，黄远庸在评论孙中山同袁世凯会谈时说："惟是二公之推襟解决，尚未触著于时局之痛痒问题之焦点。"③这是符合实际的。

但是，孙中山和黄兴既热心"调和"，又公开表示信任、拥护袁世凯，就为袁利用会谈进一步施展诡谋提供了可乘之机。为给全国人民造成会谈圆满成功的假象，9月25日，袁以总统府秘书厅名义，抛出一个所谓共同协定的"内政大纲"。这个由袁世凯一手拟订的"内政大纲"，又称"八大政纲"，其内容是：1.立国取统一制度；2.主持是非善恶之真公道，以正民俗；3.暂时收束武备，先储备海陆军人才；4.开放门户，输入外资，兴办铁路矿山，建置钢铁工厂，以厚民生；5.提倡资助国民实业，先着手于农林工商；6.军事、外交、财政、司法、交通，皆取中央集权主义，其余斟酌各省情形，兼采地方分权主义；7.迅速整理财政；8.竭力

---

①　《黄兴集》，第 272 页。

②　《孙中山对于四问题之意见》，《大公报》，1912 年 9 月 1 日。

③　《记者眼光之孙中山》，《远生遗著》卷 2，第 120 页。

调和党见，维持秩序，为承认之根本①。十分明显，这个"大纲"的主旨是强调"统一"和"中央集权"，为袁世凯加强个人独裁服务的。其他"收束武备"、兴办实业等等，虽与孙、黄主张相似，但各自的内涵及出发点都不相同，这是当时无数事实证明了的。袁世凯正是利用这种似是而非的文字游戏，骗取了孙、黄对"八大政纲"的默认和赞同。"政纲"公布时，孙中山已离京南下，但他没有表示反对意见。黄兴当时尚在北京，他对袁世凯说："承示内政大纲八条……睹兹伟画，实所赞同。"②

孙中山、黄兴身为革命领袖，在北京期间不仅对袁世凯大加赞赏，称他"忠心谋国"，决无"野心"，所谓"帝制自为"，纯属无识之徒妄相猜忌，而且同意了他提出的旨在加强专制统治的"八大政纲"，这就在实际上麻痹了革命党人和全国人民的革命斗志，帮助袁世凯摆脱了困境。关于这一点，袁的党羽是看得很清楚的。他们认为这是袁世凯"收笼异派"的一种高明手段，从此以后，"内可减群恶（指革命党人）之破坏，外可坚他族（指帝国主义列强）信吾南北确已统一，于承认、借款两端或易为力"，实在"令人钦仰"③。总之，经他们这次北上"调和"，政局诚然出现了某种和缓的现象，但对革命是不利的。10月5日，英国《旁观者》刊载一则驻北京记者的通讯说："此间情势已有惊人的进步。民众对民国政府深为满意，对临时大总统的反对声浪也沉寂下去了。"④同一天的上海英文刊物《国民评论》也载文说："黄兴到北京后，继续致力于消除党派之间的猜忌和纷争，其结果无疑是加强了政府的力量。"⑤这清楚说明，孙中山和黄兴企望通过"调和"，消除南北冲突，维持共和国的努力，终究事与愿违。

① 《民国政府与政党首领之协定政策》，《民立报》，1912年10月1日。
② 《黄兴集》，第276页。
③ 《叶崇质致张镇芳函》（1912年9月16日）、《某某致张镇芳函》，《张镇芳存札》，中国社会科学院近代史研究所藏原件。
④ 转引自薛君度：《黄兴与中国革命》，湖南人民出版社1980年版，第144页。
⑤ 转引自薛君度：《黄兴与中国革命》，湖南人民出版社1980年版，第144页。

三　同盟会改组为国民党

宋教仁从唐内阁垮台中,感到同盟会要反对袁世凯利用混合内阁把持权力,就必须"对于他党之赞助本会者极力联络之",成一"强大真正之政党"。同时,他还认为党派纷立,不利于"和平竞争",只有造成两大党对峙的局面,才"合于共和立宪国原则"。因此,从退出内阁,"尽力党务"以来,他便积极主张并实际成为改组同盟会的主持者。

1912年7月16日,同盟会本部召集全体职员会,讨论改组问题。多数会员认为"现值各党竞争剧烈之时,本党若稍有动摇,恐他人利我改名而分势力,其危险有不堪设想者"①。白逾桓、田桐等人反对尤力,表示"同盟会系数十年流血所成,今日当以生命拥护此名"②。宋教仁等人提出的改组同盟会提案没有通过。21日,同盟会召开夏季大会,多数会员仍不表同意,蔡元培也提出"不能舍己从人,决不能变更名称"③。但大会选举结果,宋教仁与赞成改组的孙毓筠、张耀曾分别当选为总务、财政、政事部主任,改组意见实际上占了上风。此后,由于多数会员主要反对同盟会改变名称,而并不反对改组本身④,所以宋教仁等人继续坚持改组工作。

他们首先与统一共和党谋求合并。统一共和党由于在陆内阁风潮中摇摆不定,受到北洋势力和共和党指责,便转而与同盟会取一致态

①　《北京电报》,《民立报》,1912年7月17日。

②　《乔妆打扮之内阁》,《远生遗著》卷2,第68页。

③　转引自久保田文次:《辛亥革命与孙文、宋教仁——中国革命同盟会的解体过程》,《国外中国近代史研究》第2辑。

④　稍后同盟会各省支部也大体持这种态度,如蜀支部致本部电说:"同盟会名义光大,宗旨纯美,义当护惜,以尽死难诸贤未完成之志。若会名遽行取消,则精神无所系焉。"(《天南日报》,1912年9月13日)粤支部提出:"更易会名不宜急遽","缘同盟二字,久印粤人脑际","一旦更名,颇多窒碍"。(《民谊》第1号,1912年11月)

度,主张政党内阁。但即使这样,它也不同意无保留地与同盟会合并。谈判一开始,吴景濂就提出三项先决条件:1. 变更同盟会名义;2. 废去民生主义;3. 改良内部组织。8月5日,以旧官僚岑春煊为首领的上海国民公党得知同盟会与统一共和党合并消息,派代表到京表示愿意参加,除同意统一共和党三项条件外,还提出取消"男女平权"的要求。同盟会为了求得合并的成功,对于这些条件和要求,原则上一律加以接受,但坚持政纲中须保留"民生"这一特殊名词。7日,三党代表开会,就党名、党纲达成最后协议,推宋教仁、张耀曾和国民公党代表杨南生起草宣言。是日,在北京的国民共进会和共和实进会两个小政团也派代表与会,同意加入合并。11日,五党代表集会,通过"宣言",即于13日以五党本部名义公诸于世①。25日,在北京举行大会,正式宣告国民党成立。

国民党宣布以"巩固共和,实行平民政治"为宗旨,以"保持政治统一、发展地方自治、励行种族同化、采取民生政策、保持国际平和"为党纲。党纲坚持了同盟会"发展地方自治"的一贯主张;但同时把"实行民生主义"改为含糊的"采用民生政策",把"力谋国际平等"改为毫无斗争意义的"保持国际平和",又不顾女同盟会员的强烈反对,取消了"男女平权"的条文。这表明同盟会改组国民党后,从党纲上看,革命精神的确有所减退,妥协色彩更加浓厚了。吴景濂等人在致岑春煊电中十分得意地说:国民党"名虽合党,实系新造","同盟会牺牲一切,从我主张,尤为难得"②。

但同当时所有政党一样,单从党纲往往不能完全反映它的真实意向。实际上,宋教仁等人改组同盟会,更多的是着眼现实斗争的需要。宋教仁说:同盟会改组国民党,一是"求组织一健全有力之国会",一是

---

① 随后,北京的全国联合进行会也加入,所以后来的《国民党宣言》增加该会列名,因而又称六党合并。

② 《太平洋报》,1912年8月14日。

"求组织一健全有力之政府"①。他一再强调：国民党与同盟会所持态度与手段虽不相合，"然牺牲的进取的精神则始终一贯，不能更易也"②。"从前，对于敌人，是拿出铁血的精神，同他们奋斗；现在，对于敌党，是拿出政治的见解，同他们奋斗。"③有的同盟会员说得更为明确："当此时也，进步派人士苟不互相联络，互相结合，为一致之进行，则进步党之势力失，保守党之势力盛，共和之维持不可期，而少数人政治上之专横将复活矣。为维持国民公意，建设之共和计，并合主张进步之党为一，以谋政治上之统一，盖事实上所不容缓者。此国民党之所以成立也。"④此外，国民党虽然在党纲里放弃了"民生主义"的提法，但从它对"采用民生政策"的解释和党员坚持的实际内容来看，"民生政策"不过是"民生主义"的代名词。《国民党宣言》说，"采用民生政策"，就是"以施行国家社会主义，保育国民生计，以国家权力，使一国经济之发达均衡而迅速"。宋教仁则直截了当地说：党纲第四条，"他党多讥为劫富济贫，此大误也。夫民生主义，在欲使贫者亦富。如能行之，即国家社会政策，不使富者愈富，贫者愈贫，致有劳动家与资本家之冲突也"⑤。这表明国民党并没有真正"废去民生主义"。

由此可见，同盟会改组为国民党，既有妥协（主要是迁就统一共和党等政团的要求），同时又充满了进取和斗争精神。或者说，它的妥协含有一定策略成分，目的是为了更有效地进行斗争。

那么，孙中山对国民党的成立又是什么态度呢？8月13日，国民党成立前夕，他与黄兴联电同盟会各支部，说各党彼此所提条件"与本会宗旨毫不相背，又得此多数政团同心协力，将吾党素所怀抱者见诸实行，此非独同人之幸，亦民国前途之福"，要求对改组"务求同意，以便正

---

①　《国民党鄂支部欢迎理事宋遁初纪事》，《民主报》，1912 年 10 月 26 日。

②　《宋教仁集》下册，第 486—487 页。

③　《宋教仁集》下册，第 456 页。

④　戴天仇(季陶)：《国民国家与国民党》，《民权报》，1912 年 8 月 30 日。

⑤　《宋教仁集》下册，第 447 页。

式发表"。电文并针对部分会员反对改名,强调说:"同盟会成立之时,其命名本含有革命同盟会意义,共和初建,改为政党,同人提议变更名称者日益众,即此时而易之,可谓一举而两得矣。"①25 日,他亲自出席国民党成立大会,发表演说称:"合五大政党为一国民党,势力甚为伟大,以之促进民国政治之进行,当有莫大之效果。"又说:"男女平权,本同盟会之党纲。此次欲组织坚强之大政党,既据五大党之政见,以此条可置为缓图,则吾人以国家为前提,自不得不暂从多数取决。"②国民党成立后,他又不止一次地称:"合党之功与南北统一相同",要党员"以当年经营革命之精神,用温和稳健之手段共谋建设民国之事业"③。此外,同盟会本部致各支部电中,称改组为孙中山和黄兴所"提议":"两先生由上海屡来函电,欲与他党谋合并之方。"④宋教仁还为此发表"声明"说:"此次国民党之合并成立,全出于孙、黄二公之发意,鄙人等不过执行之。"⑤这些都说明,孙中山对同盟会改组为国民党是"深为赞成"的。

孙中山赞成同盟会改组并不是偶然的。首先,与大多数革命党人一样,孙中山此时同样认为同盟会革命目的已达,为着巩固共和国,"非合大多数人才"造成一大政党不可。他说:"今则共和成立,我同盟会目的已达,并不能再言破坏。凡赞同共和者皆我良友,故须广为联合,以巩固共和;若仍坚持同盟会以前手段,是为守旧。故改组一事,今日为必要之事。"⑥其次,孙中山同样认为政党内阁"可以代表民意";认为造成两党对峙,有利于竞争。这样,当同盟会为着实现"政党内阁"改组为

---

① 《孙中山全集》第 2 卷,第 395 页。
② 《孙中山全集》第 2 卷,第 409、410 页。
③ 《民权报》,1912 年 10 月 7 日。
④ 《同盟会又致各支部通电》,《民立报》,1912 年 8 月 17 日。
⑤ 《宋教仁集》下册,第 420 页。
⑥ 《国民党成立大会纪略》,《时报》,1912 年 9 月 1 日。

国民党的时候,他就很自然地视为"时势所趋,不得不然"①,甚至称"同盟会即国民党"②。

但孙中山虽然赞成同盟会改组,却并不热心。这是因为,他一则此时正专心致志他的"铁路计划","无暇顾及党务";一则由于他认为一味从事政治斗争不可能有多大希望。因此,他只愿做一个普通党员而坚辞理事长一职,采取了"于党事则一切不问,纯然放任"的态度。

国民党成立后,在孙中山和黄兴影响下,开会议决"取稳健态度,与袁总统提携"。但为时不久,即又在下述问题上与袁世凯发生了尖锐的对立。

(一)省长"民选"、"简任"之争。袁世凯为削弱革命党人在地方的势力,在顽固推行"军民分治"的同时,一直鼓吹省长简任,即由中央直接任命。为反对袁世凯这一"欲极端集权,以便威福"的阴谋,国民党坚持民选立场,针锋相对地指出:"以全国人民之铁血精神购此共和,其希望目的在能发达其民权","省长民选与否,即与共和政治能成立与否同一问题",只有省长民选"始能完全发现民意";"若由中央简任,前清督抚旧习必将复现","与民国精神大相反背"。且国民党主张地方自治,"以发达民权为惟一目的",于省长民选"必死力以争之"。还有的径直提出:省长民选本为"政治问题","不必以法理空争","当以政治眼光解决"③,即不管袁世凯同意与否,坚持实行。1913年1月8日,袁世凯借口全国行政"划一",公然公布《划一现行各省地方行政官厅组织令》后,国民党转向集中反对该项命令的斗争。议员彭允彝等首先提出质问书,指斥袁"逾越约法,蔑视立法机关"。接着,国民党各省支部纷纷通电猛烈抨击,要求参议院根据《临时约法》,"迅即提起弹劾案,交大理院

---

①　《孙中山救国伟论》,《平民日报》,1912年9月2日。
②　《孙中山全集》第2卷,第472页。
③　《国民党上海交通部欢迎会记事》,《民立报》,1912年12月6日。

组织特别法庭，秉公判断，以维约法、固国本而警专横"①。在国民党人的抵制和反对下，尽管袁世凯百般狡辩，诡称"并非以命令制定官制"，但实际上还是被搁置了起来。

（二）宪法起草权之争。据临时参议院议定之"国会组织法"规定，制定宪法为国会固有权利，其他任何人不得随意干预。但程德全竟通电倡议由各省推举代表共同组织"宪法起草委员会"。此论一出，袁世凯如获至宝，当即电令各省都督即刻派人到京，"讨论宪法大旨"。于是，为反对袁世凯肆意控制制宪权，国民党坚决主张宪法必须由国会自定。宋教仁发表演说指出："宪法者，共和政体之保障也。中国为共和政体与否，当视诸将来之宪法而定。使制定宪法时为外力所干涉，或为居心叵测者将他说变更共和精义，以造成不良宪法，则共和政体不能成立。"②就连一向较为温和的《民立报》也发表文章，认为："宪法之制定与起草权均当然属之上下两院，无容另生异议"；否则所定宪法，"国民必不承认"③。后来，袁世凯以"编拟宪法草案委员会大纲案"为参议院所否决，又提出设立宪法顾问。国民党人指出这不过"是劫夺国会起草宪法之故智，易其名而不变其实"，是"袁世凯欲得宪法之提案权，又欲得宪法之裁可权"④。针对袁世凯所谓"制定宪法必须取消防御主义"的说法，国民党提出"共和国家之宪法，其作用即在限制元首，使其不能如专制君主之为恶"，"若大权仍操诸元首，则是总统其名，而君主其实"⑤。可见，国民党反对袁世凯干涉宪法起草，不只是维护宪法起草权，更重要的是为了保证将来宪法按其意愿制定，使总统真正"处于无责任之地位"。这与它主张"政党内阁"是完全相一致的。

除此之外，国民党还坚持先定宪法后举总统，部分议员并主张大总

---

①　《国民党粤支部致本部电》，《民立报》，1913 年 1 月 26 日。

②　《宋教仁集》下册，第 460 页。

③　《呜呼半月来之政局》，《民立报》，1913 年 1 月 17 日。

④　民畏：《异哉宪法顾问》，《中华民报》，1913 年 3 月 18 日。

⑤　《议院政治促进会宣言书》，《民谊》第 6 号，1913 年 4 月。

统无解散省议会权。为加强、维护资产阶级的政治地位和经济利益,提出了改革税约、厘清地亩、开发产业、兴办铁路、振兴教育、厉行征兵制度、统一司法、统一币制等一系列积极政策。

因此,从实际活动看,国民党是当时积极维护共和,决意在中国"完成共和立宪政治"的中心力量,是袁世凯实行专制独裁的最大障碍,因而它仍然是一个反映革命党人利益和要求的有生气的资产阶级政党。对此,列宁在《中国各党派的斗争》一文中曾给以很高的评价,称赞国民党是"为着唤醒人民,为着争取自由和彻底民主的制度积极斗争"的党。并说:"不管那些以国内反动势力为靠山的政治骗子、冒险家和独裁者可能使这个党遭到什么样的失败,但是这个党的工作永远都不会是徒劳无功的。"①

当然,国民党自身的弱点也是极为明显的。首先,它一开始就面临着内部权力分配的激烈争夺。成立不到十天,共和实进会就因该政团无一人被选为参议,不甘居于"随班逐队"的配角地位,而重组"群进会",与国民党分道扬镳。统一共和党等其他政团,从狭隘的小团体利益出发,也极力反对以同盟会为中心,动辄以退出相要挟。而部分同盟会员"把持权力"又为这些政团提供了借口。这样,国民党内部赖以维系的基础是十分薄弱的。其次,为了取得国会多数席位,在"新旧合糅"口号下,组织上采取了"兼容并包"的发展方针。这就使得一大批官僚、政客和投机分子为着个人政治目的,"或家道殷实富于财产者,以为苟不欲与同盟人联系,恐不能全体保身",纷纷跻身于国民党,并从各方面施展他们的政治影响。所以,当时有人评论说:"中国之革命党,非使官僚党同化,是同化于官僚党。"②谭人凤甚至"以狐群狗党目之"③。这种情况说明国民党成分较同盟会公开后尤为庞杂。再次,主张纷歧,步

---

①　转引自《历史研究》1978 年第 2 期。

②　思秋楼主:《一知半解》,《民国》第 1 年第 1 号,1914 年 5 月。

③　谭人凤:《石叟牌词叙录》,《近代史资料》1956 年第 3 期。

调不尽一致。如上所述，国民党议员为"防总统滥用权力，以蹂躏立法之机关"，主张大总统无解散省议会权，而胡汉民、李烈钧则坚决反对，联名电请总统有解散省议会权。固然，胡汉民等从本省临时议会与都督对立的实际情况出发，主张大总统有解散权是为了加强自身的地位，但也反映国民党远没有形成统一的权威领导核心。最后，国民党由于以实现"政党内阁"为职志，全力从事议会斗争，以致越来越脱离了广大人民群众。所有这些，决定了国民党虽然可以在一段时间内造成极大声势，对袁世凯形成一定威胁，但最终却无法战胜袁世凯而达到自己的既定目的。

四　部分同盟会员的反袁活动

当时，尚有部分同盟会员根本不相信袁世凯，认为他终将"帝制自为"。他们或以报纸为阵地，或一直坚持武装斗争，成为革命党人中维护共和、反对专制最激进的力量。

在舆论方面，上海《民权报》可称为代表。《民权报》原由自由党谢树华发起筹备，但大宗股本多由周浩招集，且自周浩以及编辑重要人物"俱未入自由党"。因此到1912年3月正式创刊，实际成了周浩、戴季陶、牛辟生、尹仲材等同盟会员所掌握的一份反袁报纸。创刊伊始，戴就在《失败之革命》一文中尖锐指出："中央政府既未经事实上之改造，更未受思想上之淘汰"，"故此次之革命，非能革去恶政治也，所革去者仅满洲皇室之主权耳，专制腐败犹旧也"。以后，随着袁世凯专制独裁面目的不断暴露，《民权报》对他的揭露和抨击也从来没有停止过。

4月16日，《民权报》发表《胆大妄为之袁世凯》一文，揭露袁下令特赦杀害革命党人而被判处死刑的姚荣泽。接着，以同样题目连续发表时评九篇，抨击袁以私人名义向外国接洽借款，任命黎元洪为参谋总长和听任张作霖封禁《中华日报》。19、20两日，戴季陶发表《袁世凯罪状》一文，历数武昌起义以来袁对抗革命、抢夺革命果实的种种罪恶活动。26日，又发表《讨袁世凯》一文，指出：当撰写《袁世凯罪状》时，"深欲袁之悔悟而改其所为，以谋国利民福，为共和之保障。故语意间于激烈之中，尤含劝勉之意。孰意袁氏病国病民之行，日以加甚，俨然帝制自为，且较亡清为尤甚。夫忠告不见信，骂詈不见畏，举国人民之痛苦亦毫不加惜，是弃民也，是杀民也。弃民者民亦弃之，杀民者民亦杀之。则袁氏今日之地位，已由国民属望者变而为反对，更由反对者变而为公敌矣"。

5月以后，《民权报》对袁世凯的揭露批判更加无所顾忌。它指斥袁世凯为达其中央集权之目的，压迫黄兴辞南京留守；猛烈抨击财政总长熊希龄仰承袁的意旨，与六国银行团秘密签订垫款合同。唐绍仪内阁被袁挤垮后，它载文指出："此次之举动，非推翻同盟会之国务员也，直欲推翻此中华民国耳。……中华民国所以亡矣！"[1]袁以武力胁迫临时参议院通过陆徵祥内阁后，它进而指出："今后之内阁，既为段祺瑞以兵力逼迫成立，又为袁世凯私意组织，质言之，是非中华民国之内阁，而袁世凯之秘书院也。"[2]袁与黎元洪合谋杀害张振武和方维后，它直称"袁世凯之盗国，与悍盗贼之行抢掠无异"[3]。该报还坚决反对孙中山、黄兴北上调和南北冲突。

《民权报》还公开鼓吹武力反抗袁世凯。它指出："新造民国之结果，所以至于如斯者，'借重'二字误之也。"[4]"袁氏之在民国，盖病者血中之毒菌，留之病者之身，则虽有良医，终不能愈病者之痼疾也。"[5]且"袁世凯之帝制自为，其迹已昭昭在人耳目"[6]，因此对袁万不可再存幻想，唯有"以武力治之而已"。为此它发表了一系列文章，强调武力反袁

---

[1] 天仇(戴季陶)：《政治之恶潮》，《民权报》，1912年6月23日。

[2] 天仇：《兵力专制中之政海潮》，《民权报》，1912年7月27日。

[3] 仲材：《袁世凯之毒手》，《民权报》，1912年8月19日。

[4] 天仇：《鄂中之政海逆潮——附志》，《民权报》，1912年8月14日。

[5] 仲材：《孙、黄北上观》，《民权报》，1912年8月12日。

[6] 《民权报》，1912年6月27日。

的必要和号召"全国同胞共革彼命",指出:"百万言之锦绣文章,终不如一枝毛瑟","盖借兵力以行恶者,仍不能不以兵力防止其恶也。"①

当武力反袁不为多数革命党人所接受时,《民权报》也主张利用法律同袁世凯进行斗争。但《民权报》的真正目的是借以把袁世凯拉下大总统的宝座,并为此发动了一场国会脱离袁世凯控制的活动。

《民权报》对临时参议院本不抱希望,更痛恨它不敢坚持《临时约法》,屈从袁世凯的武力威胁。它曾愤慨指出:"苟袁氏而真以兵力压制解散参议院,杀参议员,则参议员之死,为遵崇约法而死,为代表民意而死,死亦荣也,更何必瑟缩畏惧,忍以代表民意之机关而曲服袁世凯之私意?""袁世凯将来若更以兵力胁参议院,使上皇帝劝进表,然则参议院亦将畏威力而草改元诏耶?"②因此,它认为行将召开的第一届国会必须摆脱袁世凯的武力胁迫,自由行使权力。9月,《民权报》发表文章提出:鉴于将来国会议员"一入袁氏之武力世界中,皆成无数木偶",第一届国会应"自行召集,并自行择定相当集会地点"。12月,尹仲材、何海鸣(何原在武汉主编《大江报》,8月黎元洪查封该报并下令捉拿何就地正法,何逃至上海加入《民权报》编辑部)、李元箸等遂发起成立"欢迎国会团",宣称"以保持立法机关之安全,预防临时政府之纷扰,欢迎第一届正式国会议员开预备会于上海,自择集会所在地为宗旨";还特别指出:"第一届正式国会既兼有参议院之特别职权,又有草定宪法、选举正式总统之特别事项,且又应避北京武力世界之虐","先开预备会于上海,随即开成立会于南京,极为得体"③。与此相配合,《民权报》接连发表文章,说"正式总统非袁莫属"、"正式总统非袁则乱"、"袁如不当选,军人必以武力干涉"等谬论,都是"妄谈而已矣"④。由于"欢迎国会团"

---

① 天仇:《张振武案之善后策——武力解决》,《民权报》,1912年8月21日。

② 天仇:《兵力专制之大成功》,《民权报》,1912年7月28日。

③ 《欢迎国会团第一次宣言》,《中华民国新文牍汇编》卷1,第41—45页。

④ 天啸:《辟主张举袁氏为正式总统者之妄》,《民权报》,1913年3月6日。

以"预防北京军警之干涉"相号召,尖锐地提出了"自由议定宪法"和"自由选举总统",不啻宣告取消袁世凯继续为正式大总统的资格,袁世凯"张皇失措",惊呼:"此项团体之用意,显系纯为反对本总统一人而起","宜速行解散"①。他一面指使孙毓筠通电反对,授意冯国璋进行恫吓,一面秘密与法使交涉,转饬驻沪领事加以查禁。何海鸣等进行了坚决反击,但终因袁世凯的破坏,又得不到国会议员的积极响应,没有达到预期目的。以后,"欢迎国会团"即演变而为"铁血监视团",由何海鸣任团长,继续从事反袁活动。

除《民权报》外,上海《太平洋报》、《中华民报》、天津《民意报》、北京《国光新闻》、《中国报》等等,同样充满了反袁文字。如《太平洋报》发表文章斥责袁世凯为"专制魔王","日日以帝制自为为心",鼓吹"欲解决此种问题,非从根本上着手不可"②。《民意报》从 8 月 19 日至 23 日连发论说,指名道姓称袁为"袁贼",斥袁"为桀纣,为操莽,为狼子,为猘犬",号召"国民必速立大决心,人怀死志,全国奋起,与此残害国民之民贼相周旋"③。该报曾因此一度遭到查禁。《中国报》于文字反袁的同时,并发起组织"国会地点研究会",与"欢迎国会团"遥相呼应,表示:"同人等不惜牺牲生命财产,组织斯会,其间不知经几多挫折,受几多诽谤。同人等坦白之心矢志不移,虽头断身裂亦无所辞,总期达到军人不干涉政治,司法能以独立之目的而已。"④

《民权报》等在鼓吹反袁的同时,对同盟会中居于主导地位的"稳健派"也提出了批评或忠告。《民权报》并同《民立报》展开了公开论战。论战的中心,即是认为革命并没有取得胜利,而是已经失败;认为造成形势日益严重的根源,完全由于袁世凯的"弃民"、"卖国"的反动统治,

---

① 《大总统对于欢迎国会团之意见》,《正宗爱国报》,1913 年 1 月 22 日。

② 朴庵:《辟邪说》、《言论界之张方案》,《太平洋报》,1912 年 7 月 24 日、8 月 26 日。

③ 《政府方面对于〈民意报〉封禁之抗词》,《申报》,1912 年 10 月 25 日。

④ 《国会地点研究会紧要启事》,《民主报》,1913 年 3 月 28 日。

而绝不是由于无谓的"党争";"今日之所谓总统及内阁总理与各部代理大臣,为往日中国之蟊贼者,什之八九"[①],当然不能相信;袁世凯帝制自为,绝非"虚造之伪言,摇惑天下之人心"。这说明革命党人中的激进派同稳健派对形势的看法和对袁世凯的态度存在着明显的不同。

与此同时,还有一些激进的同盟会员,一直在坚持武力反袁斗争。

湖南邹永成,武昌起义后反对与袁妥协,到处宣传袁"靠不住"。及见革命党人拱手交出政权,他在上海"因此郁闷于心,决计自杀",以为反抗。他在绝命诗中写道:"轰轰革命十余年,志灭胡儿着祖鞭。不谅猿猴(指袁世凯)筋斗出,共和成梦我归天。"[②]1912 年 4 月 20 日晚,他怀着满腔悲愤,投入黄浦江,经人救起后,经北京回到湖南。他在湖南积极联络军界中下层革命党人,进而与退职骑兵团长刘文锦、飞翰水师统领易棠龄、分统杨玉生及谢介僧等"密谋起事",首先"推倒谭延闿",将政权重掌革命党人手中[③]。在以"湘政改良会"名义发布的告全省"布告"中,他们号召说:"湘省自前年反正以来,我辈死力经营,皆为同胞起见,不料政界当道诸人昏愦用事,遇事迟疑,成此腐败现象。……今已抱定目的,准于日内实行,改建湘政府,扶助谢(介僧)、刘(文锦)诸君,代我同胞作事。"[④]只是由于计划泄露,这次夺权行动没有成功。

湖北革命党人的斗争从未停止。1912 年 9 月发生了南湖马队暴动。这次暴动是在何海鸣等人策划下,由顾斌、罗子常联络驻省城的下级军官和士兵发动的。它矛头直指袁世凯、黎元洪,宣称:"袁、黎不死,即不能真享共和幸福。"[⑤]他们原定 10 月 10 日武昌首义纪念日武装起义,推倒黎元洪,夺回湖北政权,但起义计划被黎元洪侦悉,先于 9 月 23 日晚派宪警包围札珠街总机关,逮捕罗斌、顾开文、罗子常、罗子达

---

① 《民权报》,1912 年 4 月 17 日。

② 《谭人凤启事》,《民立报》,1912 年 4 月 23 日。

③ 《邹永成回忆录》,《近代史资料》1956 年第 3 期。

④ 《湖南革命风潮详志》,《民主报》,1913 年 3 月 18 日。

⑤ 《鄂省南湖马标起事剿平之始末》,《时报》,1912 年 9 月 30 日。

等十余人,连夜处决。于是,驻南湖马队第二标官兵群情激愤,深夜1时全副武装直扑起义门。经三小时激战,终因孤立无援而失败。南湖马队暴动是袁、黎相互勾结,残酷摧残革命力量的必然结果,也是激进派进行的一次最有声势的反抗行动。

其他各省,包括袁世凯严密控制的北方各省,都有革命党人不畏强暴,或秘密组织团体,或积极筹饷购械,散发传单,组织暴动,掀起一次次的反袁声浪。袁世凯的亲信、署理直隶都督张锡銮曾惶恐不安地叫嚷说:"各省人民每多招集党徒,建设团体,或擅称某军,或号为某队,铁血、敢死种种名称,怪异离奇。……天津尚有镇北敢死队等名目,名称奇异,骇人听闻。即此意气嚣张,实足以酿乱阶。"①就是在北京,也有人倡言:"袁大总统将为第二拿破仑。袁所最惧者炸弹,吾辈当以炸弹从事。"②

激进派的反袁活动,无论是舆论鼓吹还是武装反抗,集中表现了不妥协的立场和坚持继续革命的决心。这是由于,激进派主要是一些与人民群众比较接近的中下层同盟会员。他们满腔热忱参加辛亥革命,对胜利充满无限希望,并始终主张通过革命党人自己的力量建立一个真正自由幸福的民主共和国。他们对旧势力深恶痛绝,更反对与袁世凯北洋集团妥协。他们中有的人虽也曾"惑于共和二字",以为"政府者国民之政府,决不至为袁氏所把持",但很快认识到这是不切实际的幻想③。同时,革命并没有使他们获得实际利益,而只是一般处于无权在野地位。这就决定了他们不仅敏锐感到"革命为议和所误,留下帝王余毒,必为后患"④,而且无所顾忌,毅然坚持斗争,矛头直指袁世凯。

---

① 《解散铁血敢死团布告》,《太平洋报》,1912年7月3日。
② 《同盟会语必惊人》,《申报》,1912年7月2日。
③ 海鸣:《治内篇》,《民权报》,1912年10月8日—10日。
④ 《记韩衍》,《辛亥革命回忆录》(四),第450页。

由于缺乏实际力量，又得不到同盟会上层领导人的支持①，激进派的活动终未能汇成强大洪流。但它在全国人民面前揭露了袁世凯的欺骗伎俩，揭露了他企图帝制自为的罪恶用心。历史证明，他们是最早看清袁世凯反革命真面目并为之积极斗争的革命党人。

第三节　国会选举与宋教仁被暗杀

一　国会组织与参众两院议员选举法

《临时约法》规定：约法施行后限十个月内，由临时大总统召集国会；国会组织及议员选举法由临时参议院制定。因此，1912 年 5 月 6 日，北京临时参议院第二次常会，即把南京临时参议院提出的"国会组织及选举法大纲"列为第一议案。经全院委员会审议与大会多次讨论，7 月 9 日，一致通过了《国会组织法大纲》和《国会选举法大纲》。接着，以此为基础，起草了《中华民国国会组织法》与《参议院议员选举法》、《众议院议员选举法》，经 8 月 2 日、3 日三读会多数议决通过，10 日由袁世凯正式颁布。

"国会组织法"共二十二条，首先确定国会由参议院和众议院组成。其次，规定参议院不取"地方代表主义"，由以下几方面议员组成。1. 各省省议会每省选十名；2. 蒙古选举会选二十七名；3. 西藏选举会选十名；4. 青海选举会选三名；5. 中央学会选八名；6. 华侨选举会选六名，总计议员二百七十四名。众议院以各地方人民选举议员组成，其名额，各省取"人口比例主义"，每八十万人选议员一名（人口不满八百万

---

① 当时包括孙中山在内的同盟会上层领导人对激进党人的活动都采取了反对乃至敌视的态度，认为纯属"意气之争"，是"捕风捉影"，"妄加揣测"。胡汉民甚至致电袁世凯请严加惩办，说："各省立心不正之徒，每以二次革命为口实，若不严诛一二，将何以遏止乱萌？请谕知各省，现在国本已定，如有倡言革命者，政府定予严办，俾奸人知所敛迹。"（《民立报》，1912 年 12 月 5 日）

的,得选议员十名);蒙古、西藏、青海同参议员额数。但由于全国人口尚未普查,普查也非一时所能办到,所以各省名额实际分配采取前清咨议局额数三分之一为标准,总计议员五百九十六名。第三,规定宪法制定以前,两院同时行使临时参议院职权,并特别规定宪法由两院合议,"非两院各有总议员三分二以上之出席不得开会,非出席议员四分三以上之同意不得议决"。因此,参、众两院虽与一般立宪国家的上、下两院相当,却没有贵族、平民之分,也无职权轻重之别。

关于国会议员的产生,"选举法"规定实行限制选举制。讨论中,有议员极力主张普通选举,认为《临时约法》明文规定"人民有选举权及被选举权","万不能因选举法之限制,致人民不能行使其选举权";"如果于民权有所剥夺","甚非立法慎重之道"。还有的提出:"民国成立之始,又系初次举办国会选举","以年龄满二十岁以上及在选举区住居二年以上者即可,不必过于限制"。但这些主张均遭到否决。有的甚至说:现时中国人民程度根本不能实行普通选举,"明知其不可而勉强行之,将必选出一般无智识之议员,不使国家陷于极危险之地不止"①。

所谓限制选举,除年龄、住居期限有所限制外,最主要的是财产限制和教育限制。《众议院议员选举法》和《省议会议员选举法》规定,凡有中华民国国籍的男子,年满二十一岁以上,于编制选举人名册以前在选举区内居满二年以上,具有下列资格之一者,有选举众议员、省议员权:1. 年纳直接税二元以上;2. 有价值五百元以上不动产(蒙、藏、青海得以动产计算);3. 小学以上毕业;4. 有与小学以上毕业的相当资格。其中一、二两项为财产资格限制,三、四两项为教育资格限制。直接税是采用日本选举法的说法,包括田赋、所得税和营业税。但中国当时根本不存在所得税和营业税,因此所谓"年纳直接税二元以上",实际仅限

---

① 《参议院第三十一次、三十五次会议速记录》。

于地丁、漕粮①。不动产规定为"补充直接税限制之不足,以为纳间接税者提供选举权",但限于土地、房屋、船舶(包括所有权及抵当权)②。相比之下,教育资格较财产限制稍宽。据临时参议院解释,凡"前清生员以上"和"毕业于六个月以上之各种传习、讲习、研究等所,简易、速成、预备等科,并曾在小学以上学校充当教员一年以上者"(体育教习除外),均当视为"与小学校以上毕业相当之资格",可获得选举权③。但在当时中国教育很不发达的情况下,具有这种资格的也为数甚少。

议员选举,众议员为复选制。初选以县为选举区,复选合若干初选区组成,每省不超过八区。初选、复选设选举监督,全省设选举总监督,均由各该地方长官充任④。其具体步骤是:先于初选阶段选出五十倍于本省名额的初选当选人,再由初选当选人于复选阶段互选产生。蒙古、西藏和青海众议员选举与各省相同。各省参议员选举,则先选举省议员,组织正式省议会,然后以省议员为选举人,进行选举⑤。省议员也须经初选、复选两阶段产生。参议员被选资格与众议员同,但年龄须满三十岁以上,较众议员年满二十五岁为长。

参议员选举其他部分,由于情况各殊,"选举法"分别作了专门规定。1. 蒙古和青海,由各选举区划王公世爵、世职为选举人,组织选举会,依所定名额选举,或联合两区以上举行。选举监督以选举会所在地方行政长官(得委托相当官吏)充任。2. 西藏,分前藏、后藏两个选举

---

①　《参议院咨大总统请将众议院选举法第四条各款转饬遵照文》,《政府公报》,1912 年 9 月 13 日。

②　《参议院咨大总统请将众议院选举法第四条各款转饬遵照文》,《政府公报》,1912 年 9 月 13 日。

③　《参议院咨大总统请将解释众议院选举法第四条各款转饬遵照文》,《政府公报》,1912 年 9 月 13 日。

④　凡实行"军民分治"省份,选举总监督由民政长担任,其他省份由都督担任(参议员选举监督同此规定)。

⑤　为保证参议员的广泛性,"选举法"规定:各省省议会议员被选者至多不得过定额半数。

区划,分别由该区达赖喇嘛、班禅喇嘛会同驻藏办事长官遴选五倍议员名额的人员,于拉萨和扎什伦布组织选举会,各选举五名。3. 中央学会,由该会会员为选举人选举,但被选举人不以会员为限。中央学会属全国性高级学术团体,依临时参议院所定办法组成。会员无定额,由具备在国内外大学、高等专门学校三年以上毕业,或有专门著述经中央学会评定等资格者互选,满五十票以上为当选①。设立并规定中央学会为选举参议员机关之一,目的是为了"选出学问优尚之人为议员"②。其选举在北京举行,以教育总长充选举监督③。4. 华侨,初定由华侨居住地商会,后增加中华会馆、中华公所、书报社,各选出选举人一名,到京组织选举会进行选举。选举监督以工商总长充任。选举会会员因事不能到会,可委托相当代理人行使其选举权。

　　"国会组织法"和议员"选举法",有两个显著特点。其一,对蒙古、西藏和青海选举极为重视。最初担负起草"国会组织法"的议员,鉴于蒙古、西藏和青海"地广人稀,交通不便",由人民直接选举众议员甚为困难,而参议院内又规定有这几个地区的议员名额,因而主张不再选举众议员。但这种意见遭到了绝大多数议员的坚决反对。他们指出:《临时约法》既规定"中华民国人民一律平等,无种族、阶级、宗教之区别",蒙、藏、青海选举众议员当然为其应有权利,"若因困难而剥夺蒙、藏选举权,则于法律上、事实上均相违背";"参议院为立法之地,不能以不易办到遂置而不办",困难与否为"办法上之问题","应办不应办乃原理上之问题"。况且,"若要巩固民国国基,必当开化蒙、藏人民,输入文明程度。今不与蒙、藏人民选举权,则是蒙、藏政治永不能进行"。至于因参议院有蒙、藏议员,认为众议院即可不必有蒙、藏议员之说,更不能成为

---

①　《中央学会法》,《民立报》,1912 年 12 月 6 日。

②　《张耀曾关于起草"中央学会法"的说明》,《参议院第一○七次会议速记录》。

③　中央学会实际上并未成立,当然也未选出议员,1914 年 2 月 19 日由教育总长呈准正式废止。

理由。因为"参议院议员皆系王公世爵，与蒙、藏地方之关系甚浅，并不能代表蒙、藏全体人民"。只有"于蒙、藏普通人民中选出之议员，归入众议院议员，然后始能引起蒙、藏人民政治上之观念而真正代表蒙、藏人民，蒙、藏政治可渐臻于改良之地步"①。在多数议员的坚持下，起草员最后也认为"理由非常充足"，"全无辩驳之余地"，很快放弃了自己的意见。于是，业已通过二读的《众议院议员选举法》停止继续讨论，转入蒙、藏、青海议员选举法的起草、审议和讨论，最后形成了包括蒙、藏和青海议员在内的《众议院议员选举法》。"选举法"不仅明确规定蒙、藏、青海人民有权选举众议员，而且还根据实际情况，在选举资格方面特别规定财产以动产计算，并规定：选举监督认为调查选举资格不能普遍实行时，得专就其驻在地进行，驻在地以外区域可由具有选举资格者自行呈报；关于停止现任行政、司法官吏及巡警、僧道及其他宗教师选举权及被选举权的规定，于蒙、藏、青海概不适用，唯一增加的一项新规定是被选举人必须通晓汉语。后来当外蒙古和西藏提出在北京就近举办选举，参议院也破例照准，还为此制定了《西藏第一届国会议员选举施行法》。所有这些规定和变通办法，显然是为了使更多的人获得选举权，和保证蒙、藏、青海人民能选出自己的议员。

其二，设立华侨专额，给海外华侨选举权以特殊照顾。华侨选举权问题，是临时参议院在南京时就已讨论过多次，到北京后着重讨论的问题。虽有议员以为"不合法律"，不赞成华侨有选举权，多数议员则认为"华侨于国家前途关系极大"，万不能不许他们有选举权。经过辩论，多数议员的主张获得通过，并议决作为"特殊势力"，于参议院明定其议员名额②。特许华侨有选举权，是海外侨胞的殷切愿望，也是临时参议院的一个创举。正像有的议员所说："侨居外国人民而享有选举权，各国

① 《参议院第四十六次会议速记录》。
② 见参议院第二、三、七、九等各次会议速记录。

无此制度,今由中华民国创此特别例。"①而多数议员所以坚持华侨有选举权,一是认为同系炎黄子孙,与国内人民自应"权利平等";二是"华侨热心爱国,扶助祖国之力不少,现在共和成立,对于华侨不能不有所酬报";三是"华侨在外之人甚多,而有特殊势力者不少。将来中国经济上种种关系,甚希望华侨之扶助"②。正因如此,当华侨对选举议员仅限于商会表示不满,要求修正"选举法"时,参议院极为重视,认为以商会为唯一选举机关,使无商会组织或未入商会的华侨丧失选举权,诚"不公平";并说明参议院原来规定华侨有选举权,就曾抱定"决不希望小部分人得其选举权,而不能达其大多数之意见"③。于是,在不修正"选举法",以保持法律严肃性的前提下,提出并通过了《参议院议员选举法华侨选举会施行法》,完全接受了华侨扩大选举人范围的要求。这就是前面提到的华侨参议员选举何以后来又增加中华会馆、中华公所和书报社的原因。

但是,"选举法"的局限也是显而易见的。首先,限制选举的实行,使一般贫苦大众被排斥于选举之外。"选举法"规定"年纳直接税二元以上",或"有值五百元以上不动产"的财产资格,固然不算太高,但它只能使一部分农民和城乡小资产者获得选举权,广大贫雇农和城镇贫民能获得选举权的则极为有限。它同时又规定:"不识文字者""不得有选举权及被选举权"。因此,即便不受财产限制,多数人也将因此而丧失选举权。由此可见,国会选举实际上与一般劳动人民无缘。

其次,无视女界要求,拒不承认女子有选举权及被选举权。当时,以唐群英为代表的"女子参政同盟会",为争取政治上男女平等,从南京到北京掀起了颇有声势的女子参政活动。因此,"选举法"公布后,该会

---

①　《刘崇佑在参议院第七十八次常会上的发言》,《参议院第七十八次会议速记录》。

②　《参议院第一〇四次会议速记录》。

③　《张耀曾关于"参议院议员选举法华侨选举会施行法"提案的说明》,《参议院第一〇四次会议速记录》。

接连两次上书临时参议院,指责参议院不承认女子选举权,是"全用特殊压制,剥夺其应有权利",是"违背约法,蹂躏人权","不以女子为人",坚决要求补定"女子选举法",颁布实行①。而参议院却以"前在南京已经批复候国会解决"为词(实际上当时的批复仅称参政权候国会解决,并未言及选举权与被选举权问题),一味敷衍。后经同情女界议员介绍,提到大会。但尚未开议,多数议员即群起反对,责怪介绍人不该介绍,请愿委员会不该受理,更不该向大会提出,并称此案已经"否决",再次提出"实与法律不合"。尽管有议员一再说明南京时"并未否决",此次请愿与那时也不相同,是要求女子有选举权,不应拒绝讨论;有的还以秋瑾为例,说"女界中为革命牺牲性命者不少",自应享有选举权,但大多数议员仍无动于衷,坚持"无成立之价值"②。结果,未经讨论,女界要求即被打消了。

再次,限制了相当一部分工商资产者的选举权。"选举法"采限制选举制,按理应极大程度满足工商资产者的愿望。其实,除少数人外,相当一部分资产者(主要是商人)由于无田产,又"未必能在小学毕业",显然不具备上述选举资格。讨论中,曾有议员提出:"中国不欲发达商业则可,如欲商业发达,如欲收商捐,即不能打消商人之选举权。"③他们并针对多数商人虽无不动产,却"大多赁屋而居"的情况,主张将"有值五百元以上不动产"的规定,改为"占有不动产"若干,以扩大这部分人的选举权。同时,也有议员主张索性改作"有资本金五百元以上",或把"年纳直接税二元以上"改为"年纳税二元以上"。但这些意见没有引起大多数议员的重视,均以少数遭否决④。因此,"选举法"公布后,特别是参议院作了直接税仅限于地丁、漕粮的说明,全国工商界大哗,认

---

①　《女子参政同盟会参政请愿书》,中国第二历史档案馆藏原件。
②　《参议院第一〇四次会议速记录》。
③　《参议院第五十九次会议速记录》。
④　《参议院第三十五次、三十六次会议速记录》。

为："直接国税指地丁、漕粮，是分明剥夺工商之选举（权）。商人纳税多为关厘等间接税，然所得税、营业税参议院不先规定，是商人无法纳直接税，非不愿尽义务也。况厘金未裁，关税繁重，加以地方捐税烦苛，商工对于国家负担已多，而何以享权利则最少？且以学识程度论，商工果不如农人耶？至有不动产五百元以上即得选举权，而商人有动产数万、数十万、数百万，反不得与五百元者享同等之权利，尤为不公。财产所得税不行，参议院不得借口无法调查也。以彼所定五百元而论，略有田宅者合计即可取得选举人之资格。然多半乡僻居民，知识不开，视久居都市之工商，程度果孰为高下？"①工商界并于 11 月初，召开全国临时工商大会，决定请愿要求修改"选举法"，并声称如参议院不接受要求，"今后无论国家、地方各捐税，一概不纳"②。袁世凯见工商界群情激愤，于是改变态度，动用"复议权"，要参议院接受工商界要求，"变通"财产限制条款。但多数议员依然不同意修改，同时对袁世凯的做法大为不满，指出：在营业税、所得税根本无从划分而召集国会又刻不容缓的情况下，袁"明知事实上做不到"，而一再提出"修正案"，并非真心维护工商界权利，不过是"故意用此有名无实之选举权，以欺骗国民，而自告无罪，并且欲借此诿过于本院。本院万不能通过"③。就这样，在多数议员坚持下，临时参议院否决了工商界修改"选举法"的要求。后来，各省商会又联电请求援照中央学会和华侨选举会办法，为各省商会设立议员专额，也遭到了临时参议院的拒绝。

如果说，排斥一般劳动人民，拒不承认女子有选举权，表现了参议院议员的阶级偏见和成见；那末，漠视工商界要求则主要与他们大多数为资产阶级、小资产阶级知识分子有关。他们一般在政治上、经济上同资产者较少联系，或没有什么联系，既无兴趣也不曾感到为这个社会力

① 《工商界之要求选举权之热》，《申报》，1912 年 11 月 4 日。
② 《工商界之要求选举权之热》，《申报》，1912 年 11 月 4 日。
③ 《参议院第九十二次会议速记录》。

量争取政治权力的重要。因此,他们宁肯放宽教育资格的限制,保证那些财产有限、既不纳直接税又无不动产的"寒士"获得选举权,也不愿对财产资格条款稍作"变动",以满足工商界的愿望。当然,资产者自身力量微弱,对政治又大多不甚热心,不足以引起参议院议员的重视,也是一个原因。

"选举法"虽然对选举资格作了种种限制,但从各省登记的选民共有四千万以上,占总人口四万万的 9.98％,约每十人中便有一名选民来看①,较清末咨议局选举则增加了二十四倍以上。当然,选民由各省自报,不无浮报和滥报。但随着辛亥革命后民主空气的高涨,"选举法"放宽选举资格,使更多的人获得选举权,毕竟是一个事实。因此,从这个意义上说,"选举法"还是多少体现了民主共和精神,反映了人们要求民主权利的愿望,因而具有一定的广泛性和吸引力。

二　各党派竞选活动与国会选举结果

还在国会选举筹备阶段,各党派就已秣马厉兵,为全面竞选做准备了。同盟会改组国民党,本来就是为了在国会选举中取得多数席位。它号召党员:"介绍党员,以有选举权者为标准"②,"盖党员愈多,人才愈众。多一党员则将来多一选举权,并可多得一议员,政治上始有权力"③。它不但于本部特设"选举"一科,还要求"各分部为筹备选举事宜,应联合数部设分部联合会于复选举投票地"④。它毫不隐讳自己的竞选意图,宋教仁就说过:"我们此时虽然没有掌握着军权和治权",但"世界上的民主国家,政治的权威是集中于国会的"。所以"我们要停止

---

① 张亦工:《第一届国会的建立及阶级结构》,《历史研究》1984 年第 6 期。

② 《云南同盟会和统一共和党支部致国民党本部电》,《民主报》,1912 年 8 月 20 日。

③ 《粤同盟会改组国民党之盛况》,《民主报》,1913 年 2 月 6 日。

④ 《国民党规约》,《国民》第 1 号,1913 年 5 月。

一切运动，来专注于选举运动。……我们要在国会里头获得半数以上的议席，进而在朝，就可以组成一党的责任内阁；退而在野，也可以严密的监督政府，使它有所惮而不敢妄为，应该为的，也使它有所惮而不敢不为"①。他并充满信心地宣称："民国政党，唯我独大，共和党虽横，其能与我争乎？"②

共和党也视国会选举为"最注重之事"，决心倾力以争。它一面广设分部，一面发布《选举须知》等文件，鼓励党员"不争做官，而争做议员"。它说：本党政纲"最合乎现在中华民国立国之大要"，"但是选举若一失败，则虽有此美善之党义，仍不能见诸实行，万一有危险之事发生，大局不可问矣。故共和党之于选举，一党之胜负问题，不啻即全国之存亡问题"。为此，它要求党员一不可放弃选举权利；二不可选举本党以外的人；三要学会选举，"不可空投"③；四则"运动急宜着手占先，不可退落人后"④。对于竞选前景，它同样充满信心，声称：于苏、皖、赣、湘、鄂等省，曾一一调查，"凡富有经验、声望素孚者，多吾党人，将来胜负不言而喻"⑤。

统一党"于选举一事"，同样不甘落后。该党中坚人物袁乃宽曾以密函致河南都督张镇芳说："京师本部刻已极力扩张势力。揖唐（王赓）、月波（王印川）一力进行，创一法政大学，新设言论机关，名曰《黄钟报》，又设招待所二。天津、上海皆派要人前往扩张。"他要求张镇芳：河南支部亦宜"放手前进，实力进行"，"万不可稍存退步"，并说："党之发达与否，全恃经费，既本部有力，支部可大为扩张。如石青（胡汝麟）、承轩（袁振黄）有急切需款之处，请师座拨付，由受业拨还，或万或数千，祈

---

① 《宋教仁集》下册，第456页。

② 《宋教仁集》下册，第419页。

③ 所谓"不可空投"，指投票之先，首先考察所投的人能否当选，其次了解他的已有票数，如尚不足则投票，若有余，便无需再投，可投他人。

④ 《时事新报》，1912年11月11日。

⑤ 《请看共和党刘树堂之亲笔书信》，《民立报》，1912年11月3日。

照拨。"在这封"乞阅后付丙,切不可令幕中人见之"的密函中,袁乃宽不仅和盘托出了统一党的竞选"计划",还声称:"无论用何项手段",总以不使国民党取胜是为①。

民主党虽成立最晚,势力不若他党,但因它的中坚分子非前清咨议局联合会成员,即宪友会会员,"全以政见结合",因而"团体之坚固则十倍于他党"②。还在合党前,它的骨干成员萧湘、李文熙就曾函请在日本的梁启超:"国会选举期转瞬即至,吾党不可不早预备正坛演说资料,并各交通处着手运动选举方法,亦请择其纲要,汇帙见示,俾本部早日刊行,通告各地,扩张党势,必有大影响。"③合组民主党后,他们更以选举胜利激励党员说:"本党成立稍后,在事实上不得不为第三党。其实他日居如何之位置,全视选举之结果而定。"④"若举国欢迎,则出而组织内阁,出而为各省省长……掌握政柄,亦何所不可。"⑤以上事实表明,各党都在期望选举的胜利,激烈的竞选将是不可避免的。

为控制选举,各党一开始就通过行政力量,极力掌握选举机关。如江西李烈钧委任的六名复选监督,全都是国民党人⑥;广东胡汉民委任的七名复选监督,有六人为国民党员⑦;湖南由专程从北京回湘"掌握选举"的国民党员仇鳌"筹备选举事务",对各县知事"作了一番调整",

① 《张镇芳存札》,中国社会科学院近代史研究所藏原件。

② 《民主党江苏支部开本党省议员欢迎会及分部代表大会记事》,《时报》,1913年2月17日。

③ 《梁启超年谱长编》,第647页。

④ 《民主党上海分部成立日演说稿》,《时报》,1912年12月13日。

⑤ 《论民主党》,《时报》,1912年11月12日。

⑥ 据共和党赣支部和共和建设讨论会致参议院等电,李烈钧的办法是:临、饶、抚三复选区所在地知事原为国民党员,径委充复选监督;赣州、南昌两区以知事非国民党员,则委国民党员汤祚贤、徐元诰为复选监督;吉安区论交通便利,当以庐陵为宜,但庐陵知事非国民党员,则委吉水知事国民党员刘存一为选举监督,旋调刘任庐陵知事,便改庐陵为复选区。

⑦ 《粤同盟会运动选举之手段》,《时报》,1912年10月15日。

使"省、县、区的选举负责人联为一气"①。湖北选举总监督为共和党干事夏寿康,筹备选举处长为共和党本部特派回鄂运动选举的阮毓崧,结果"复选监督亦多该党之人"②。甘肃赵惟熙以共和党支部长名义致函地方行政官,声称"如他党战胜,不惟有碍大局,即我甘现状万难维持",必须将本属初当选人"用全力联络入党,已入他党者勒令退党"③。四川各党也先抓"各地区的选举监督,把本党有关系的人安排去办理各地选举事务……使初选的代表基本上能受本党的运用"④。山东各党势均力敌,所有遴派投票、开票、管理、监督各员,"务宜相等,不得专派一党"⑤。

党派竞选本是资产阶级代议制的正常现象。各党虽然都以"注重党德"、"宣传党纲"相标榜,但实际上除个别人发表一些竞选演说外,对此并不感兴趣。正如梁启超所说:"今者建国第一次选举,而未闻有一党发表政纲、建旗帜以卜人民之祈向,又未闻有一选举区焉开政党演说之会,此实普天下立宪国所无之现象,而天下政党所未睹之前例也。"⑥由于各党主要不是通过宣传政见,而是倚仗行政手段控制选举,则势必使选举不可能在完全"合法"范围内进行,以至明抢暗夺,愈演愈烈,出现种种"怪状"和"丑闻"。

(一)浮报选民,竞相效尤。因"选举法"规定各选举区议员按选民比例分配,各党为争取更多议员名额便纷纷多报选民。如河南各属"只求增加选民,不恤逾限与否,甚至有报过判定总数之后,补报选民至四、

---

① 仇鳌:《辛亥革命前后杂忆》,《辛亥革命回忆录》(一),第451页;《一九一二年回湘筹组国民党支部和办理选举经过》,《辛亥革命回忆录》(二),第182页。

② 《湖北选举议员怪现状》,《时报》,1913年1月19日。

③ 《秘密谈话之一证》,《民主报》,1913年1月22日。

④ 《四川文史资料选辑》第3辑,第5页。

⑤ 《山东都督周自齐训令》,《中华民国新文牍汇编》卷1,第28页。

⑥ 《敬告政党及政党员》,《时报》,1913年3月25日。

五万之多者"①。湖南"每每于限期外,补报至再至三,辗转效尤,需求无已",以至临近选举,犹"难得齐全总数,以为分配标准"②。广西尤为严重,其中浔州、柳州所属所报选民竟占"人口二分一或三分二",而又"皆系选举事务所违背法定报告日期,故纵各属浮报所致"③。其他各省也都有浮报选民的现象。

(二)拉票,冒投,无奇不有。苏州初选省议员,"共和、统一、国民、自由各党及各团体均于附近特设选举人休息所,预发休息券,并派有招待员","招待颇为周到"④。"至于运动,有用酒饭者、面点者、川盘者、火车票者,纷纷不一"⑤。广西桂林民主党则于"发给选举票时,每一初选人附送一券,上写凭券发米粉若干碗,如未使用,或使用未完的数量,得按值换取现金"⑥。于是顶冒,代投,"或一人而投数票,或散票而预书名","几为各省之流行病"⑦。"其有资财者,则雇人轮番往投,其吝于财产,则只请戚友数辈往投,甚有成卷整百投入"⑧。广东某些地区,选举前"多列假名","及投票时雇用数十人承认假名,每人另予一小铜牌为标识。办事人见此铜牌,即投数十次亦不追究"⑨。更有甚者,某些办理选举人员,或以调查选民之便,"私匿选票","届时雇人冒投"⑩;或"将票偷藏于衣袋及裤裆中",以瞒人耳目⑪;或"通同舞弊,私自填写

---

① 《张镇芳致筹备国会事务局电》,《申报》,1912年11月27日。
② 《谭延闿致袁世凯等电》,《政府公报》,1912年12月1日。
③ 《内务总长致广西都督电》,《政府公报》,1912年12月1日。
④ 《苏、常、镇、扬省议会初选现状》,《申报》,1912年12月9日。
⑤ 《松江省议会初选投票之现状》,《申报》,1912年12月8日。
⑥ 魏继昌:《国民党和民主党在桂林竞选国会议员的斗争》,《文史资料选辑》第82辑。
⑦ 《宿松选举大弊窦》,《申报》,1913年1月11日。
⑧ 《湖北选举议员怪现状》,《时报》,1913年1月19日。
⑨ 《粤省选举之怪状》,《时报》,1912年12月24日。
⑩ 《松江省议会初选投票之现状》,《申报》,1912年12月8日。
⑪ 《湖北选举议员怪现状》,《时报》,1913年1月19日。

选举票多张，并令私党多人各填多票，黄夜投入票筒，以图当选"①。安徽宿松县北乡一区松塘庄选举调查员黎宗干于"调查选民时即揩匿选举票一千余张"，或自投，或由他的子、婿投，"狼狈为奸"，"令人发指"②。

还有比拉票、冒投更为"新奇"的，就是"列名指定"，强要选民选举。广东选举前夕，胡汉民即以同盟会支部长名义分函各县分部长，"指定某县应举某人为初选当选人"③。复选众议员，更致电复选监督"必举"林伯和、黄增者、司徒颖、易次乾等人。为此，报纸抨击他"大有专制时代牌示委派之象"④。

（三）抢票，毁票，时有发生。如奉天营口选举省议员，商会总理李恒春"当场强索选票一千五百张，嘱私人三、五名分派填写"⑤，是为倚势"强索"；湖北省城一次"放抢"，有十余名监管选举人员"各抢一二千票出外，交其机关处填投"⑥，是为公开行抢。以至出现未到中午，票已发完，续来选民无票可投的现象⑦。由于行抢不遂，进而捣毁投票所，也屡见不鲜。江苏武进选举省议员，共设十投票区，由于共和、国民两党相争，有八投票区被毁，管理员被殴，签到簿、投票瓯无一存者⑧。袁世凯不得不电饬各省："应由各初选监督，摘录刑律第八章关于妨害选举之罪各条，揭示于投票所"；"一面依照选举法于投票所、开票所周围临时增派警兵，保持秩序"⑨。

---

①　《宝山之选举诉讼》，《申报》，1912 年 12 月 17 日。

②　《宿松选举大弊窦》，《申报》，1913 年 1 月 11 日。

③　《粤省选举之怪状》，《时报》，1912 年 12 月 24 日。

④　《粤省选举之怪现象》，《时报》，1913 年 1 月 30 日。

⑤　《营口之选举诉讼》，《民立报》，1912 年 12 月 27 日。

⑥　《湖北选举议员怪现状》，《时报》，1913 年 1 月 19 日。

⑦　《湖北选举议员怪现状》，《时报》，1913 年 1 月 19 日。

⑧　《武进选举捣毁记》，《申报》，1912 年 12 月 10 日。

⑨　《临时大总统袁为选举竞争非法诰诫各官吏严行整饬秩序文》，《中华民国新文牍汇编》卷 1，第 26 页。

（四）金钱收买，变本加厉。起初"每一选券值值两角以至五角"，最多不过二三十元。到复选阶段，"辇金收买初选当选人，或一百元一个，或二百元一个。时期愈促者价愈昂"①。湖北选举竞争激烈，"因之票价飞涨"②，"凡当选者无人不出于金钱运动，即大名鼎鼎之汤化龙，亦被初选当选人吴宝瑺控其揹骗票价不付"③。湖南贿选参议员，"有消耗至数千金者"。甚有"破产运动，因耗费已多，而票额仍难如愿，竟在家放声大哭"，或"悬梁自缢为家中瞥见得免于死者"④。四川胡景伊"对选举代表的拉拢收买，不惜施用各种卑鄙手段，要官许官，要钱支钱"，遂使共和党金钱收买肆无忌惮⑤。各党不仅要收买非党和反对党选票，就是本党党员，为了不被他党贿买，保证所提候选人当选，有的也需用金钱来控制。

（五）威逼胁迫，"手枪相向"。安徽第一复选区选举监督、国民党员潘世琛"意图私人当选"，临时改派史推恩为管理员，"当场胁迫选举人，并带凶伙多人，身着军服，手持手枪，分布投票所内外"⑥。四川胡景伊为对抗国民党，迫使省议会选举民主党员胡骏（同时为共和党员）为议长，"令会场内外罗列军警，枪上刺刀，封门威迫"⑦。湖北两党互相指控，直闹得乌烟瘴气。国民党揭露共和党欲选举覃寿堃为议长，不惜"令军警到场，百般威胁"，其党员梅宝玑并"拿出手枪向议员等射击"⑧。共和党则指责第一复选区"国民党当选省议会议员梁钟汉及在该党之高等检察长王镇南，当场武力胁迫本党汉川选民李流芳、张春山

---

① 《自由谈话会》，《申报》，1913 年 1 月 7 日。

② 《湖北国会选举与政党竞争》，《时报》，1913 年 2 月 22 日。

③ 《鄂省选举新笑史》，《申报》，1913 年 3 月 3 日。

④ 《湖南参议员选举情况》，《民主报》，1913 年 3 月 31 日。

⑤ 《四川文史资料选辑》第 3 辑，第 5 页。

⑥ 《筹备国会事务局致安徽都督电》，《政府公报》，1913 年 1 月 29 日。

⑦ 《内务总长致四川都督兼民政长电》，《政府公报》，1913 年 3 月 28 日；《四川民报等致袁世凯等电》，《民主报》，1913 年 3 月 19 日。

⑧ 《赵光弼等致内务部等电》，《民主报》，1913 年 3 月 15 日。

等投欧阳启勋票。及投票非欧……拳足交加,强要李流芳写贿托投汪
哕鸾字据";第二区"国民党暴徒石瑛、田桐等竟以手枪逼投己票,并当
场枪伤本党初选当选人四人"①。可见两党暴力胁迫,实不相上下。

(六)拒不到会,以为抵制。"选举法"规定参议员须有选举人总数
三分之二以上到会,并得票满三分之一为当选,这一规定竟也成为各党
用以竞选的一个手段,在竞争激烈的省份尤为突出。湖南第一次选举
参议员,共和党预料不能取胜,即相约全体不出席,嗣又强迫、欺骗超然
派议员不到会,致使选举"迟之又迟"②。湖北共和、国民两党或"因内
部组织未能完备",或须筹谋新的对策,"均以不出席为能事"③。最后
相持不下,只得以平分议员名额相妥协。江苏、四川,莫不如此。

(七)起诉,审判,几若虚设。"选举法"固然有违法、舞弊情事,得向
地方、高等审判厅起诉的明文规定,但司法机关通常为一党把持,很难
做出公正裁决,有效制止舞弊行为的发生。如上述湖北两党互控一案,
黄冈地方审判厅为共和党控制,省高等审判厅掌握在国民党手中,各偏
袒本党,互相抵制,谁也没有受到"制裁",反而激起更严重的对立,到后
来连筹备国会事务局也无可奈何,只好不了了之④。又如广西、安徽、
四川、湖南等省,或一党把持,"无可伸诉"⑤;或虽经起诉,"高审厅庇
徇,延不开庭"⑥;或"拘留在案",旋由同党"保释"⑦;或以"妄控长官"
罪名"滥行逮捕"⑧;等等。总之,起诉、审判完全以党势为转移,结果舞
弊者继续舞弊,当选者照常当选,真正秉法制裁的,实不多见。

---

① 《筹备国会事务局致湖北民政长电》,《政府公报》,1913 年 2 月 26 日。
② 《湖南参议员选举情况》,《民主报》,1913 年 3 月 31 日。
③ 《湖北参议员之难产》,《时报》,1913 年 3 月 31 日。
④ 《政府公报》,1913 年 3 月 23 日。
⑤ 《筹备国会事务局致广西都督电》,《政府公报》,1913 年 1 月 12 日、2 月 19
日、3 月 23 日。
⑥ 《筹备国会事务局致安徽都督电》,《政府公报》,1913 年 2 月 17 日。
⑦ 《皖省国会复选之风潮》,《申报》,1913 年 1 月 24 日。
⑧ 《内务总长致湖南都督电》,《政府公报》,1913 年 2 月 11 日。

国会选举开始,人们普遍欢欣鼓舞,认为"吾国今日之国势已如是,强弱兴亡,在此一举"[1]。但五花八门的选举现状,使许多人大失所望,也引起不少选民的反感。首先,一般选民对选举"不甚热心"。江苏江宁县初选省议员,"共投票二万四千二百二十七张,弃权者约六千票"[2]。上海选民五万一千零四十二人,选举省议员到一万二千三百二十九人,约占 25%,选举众议员到一万二千八百七十六人,约占25.2%。其次,对舞法舞弊,多有抵制。广东省议会选举参议员时,选票上有写"何必举"的,有写"钱运动"的,有写"你谬之"的,更有一张写"那班鬼"三字,下注两行小字:"浊世无是非,可哀中国之前途。"[3]其中书写"你谬之"一票,即系针对某人以"每票一张,谢以礼服七件"而发[4]。四川省议员游运炽等愤于胡景伊以武力胁迫选举胡骏为议长,通电表示:"不得最终正当解决,惟有蹈东海而逝耳。"[5]

但另一方面,有数千万选民参加的国会选举,客观上又是全国范围内的一次民主大演习,使人民平等、人民有权利决定国家事务的观念得到进一步传播。而且,它尽管暴露出上述种种污点,却并非所有选举人都不珍惜自己的权利,卷入了唯党是争的漩涡,当选议员也不都出于非法运动手段。当时曾有人分析选举人心理说:"上焉者,本自己所信仰,不受政党之支配,亦不为人所运动,纯然以自己意思为意思者也;其次则以政党之意思为意思者也;又其次则富于村落思想,以地方主义之意思为意思者也;又其次则殉交游,重然诺,而以交谊之关系为意思者也;最下者则无意思,只知计金钱报酬之厚薄而已。"[6]这大体是符合实际情况的。同时,各党竞选实质上是拥袁、排袁两大势力的公开较量。从

---

[1] 《敬告选举人》,《申报》,1912 年 9 月 5—6 日。

[2] 《省议员选举开票记》,《民立报》,1912 年 12 月 12 日。

[3] 《粤省会选举参议长余闻》,《申报》,1913 年 2 月 19 日。

[4] 《再志粤省选举参议员怪象》,《时报》,1913 年 2 月 24 日。

[5] 《内务总长致四川都督兼民政长电》,《政府公报》,1913 年 3 月 28 日。

[6] 《选举人心理之实测》,《申报》,1913 年 1 月 11 日。

国民党方面说,它不遗余力地争取选举胜利,主要还是借以实现其政治主张,进而打破袁世凯与反对党的实际联盟,创造一个好的政治局面。

国会选举自 1912 年 12 月上旬开始,到次年 3 月基本结束。选举结果,综合报刊披露资料,大体如下:

第一,在国民党领导的江西、广东、安徽和湖南,参议员全部为国民党囊括;众议员九十九人,占 83% 以上。第二,在东三省和山西、陕西、甘肃、浙江、福建、广西、云南等省,国民党也居于明显优势。其中除山西无法统计外,参议员计九十人,国民党七十二人,占 80%;众议员计二百零二人,国民党一百六十二人,约占 80.2%,或一百六十四人,占 81%①。第三,在共和党实际控制或势力相当的湖北、江苏、四川、直隶、河南和山东,众议员计二百十二人,除超然派一人以外,共和党、统一党和民主党合计一百零九人,比国民党只多七人②;参议员则"平分秋色",国民党占三十人,共和党等三党合占三十人。第四,仅在新疆和贵州,共和党取得绝对多数。当然,由于跨党现象极为普遍,各党都把跨党党员计算于本党之内,以上统计,不见得十分准确,但大致还是反映了各党的实际情况的,说明国民党以较大优势击败反对党,赢得了选举的胜利③。

国民党竞选的胜利,使全党沉浸在一片欢腾之中。连孙中山也兴奋地说:"此次国会议员之选举,本党竟得占有过半数……足见国民尚有辨别之能力,亦可见公道自在乎人心。"④共和党则"多丧气",不管新

---

① 据《国民》载《众议院议员一览表》统计。

② 据《时报》载《各直省众议院议员表》统计(其中山东因未列党籍而采《民主报》所载《国民党众议员一览表》)。

③ 国民党所获议员,流行的说法为三百九十二人,较共和、统一、民主三党总和多一百六十九人(李剑农:《戊戌以后三十年中国政治史》,第 169 页)。但由于跨党,又有四百九十人(《两院议员之确实调查》,《民主报》1913 年 4 月 16 日)、四百七十一人(《国民党议员名单》,中国第二历史档案馆藏原件)等说法。

④ 《孙中山全集》第 3 卷,第 4 页。

近宣布加入该党的梁启超如何以"壮语解之，亦复不能自振"①。然而，就在国民党以为大局已定，满怀胜利喜悦，准备组织责任政党内阁时，一桩震动全国的血案发生了。

三　宋教仁被暗杀

宋教仁主持同盟会改组为国民党后，成了该党最引人注目的人物。为了把中国建成一个独立富强的资产阶级民主共和国，他第一步是领导全党夺取国会选举胜利，组织完全政党内阁。1912 年 10 月 18 日，宋教仁离京南下，布置各省选举事宜，同时顺道探望离别八年的老母和妻子。不久，传来国民党初选告捷消息，他兴奋不已，又匆匆告别亲人，继续出游②。他经长沙到上海，后又到杭州与南京，到处会见国民党人，到处发表慷慨激昂的演说。他的演说没有谩骂，没有恫吓，表现了一个政治家"平心论事"的风度。这些演说，主要内容包括：

（一）猛烈抨击袁政府。宋教仁结合他曾任国务员的亲身感受，指出："自民国成立，迄今二载，纵观国事，几无一善状可述。"内政方面，"财政之状况，其紊乱已达极度，政府对于财政之将来全无丝毫计划，司农仰屋，惟知倚赖大借款，以为补苴弥缝之术"。于是，列强"百计要挟，以制中国之死命"③。"至于民生困穷，实业不兴，政府亦无策以补救之"④。外交方面，消极敷衍，无确定政策。震动全国的"库伦问题"，袁世凯事前"置之不问"，事后"亦无一定办法"，迄未"得一正当解决"⑤。所以如此，"殆以临时政府期近，敷衍了事，以塞国民之责，不惜以万难

---

①　《梁启超年谱长编》，第 668 页。

②　宋教仁离家时间，无明确记载。据他致刘羹臣信推断，当为是年 12 月下旬。

③　《宋教仁集》下册，第 457 页。

④　《宋教仁集》下册，第 462 页。

⑤　《宋教仁集》下册，第 461 页。

收拾之局贻之后人,此则政府罪无可逭之处也"①。这种政府,实"不如民意之政府,退步之政府"②。

(二)反复阐发国民党政见。宋教仁首先指出:在民主立宪国家,"内阁不善而可以更迭之,总统不善则无术变易之,如必欲变易之,必致摇动国本"。"故吾人第一主张,即在内阁制","以期造成议院政治"。对于"中央以下一省行政长官",他认为也"当由国民选举,始能完全发现民意"。关于集权、分权,他主张"高级地方自治团体当畀以自治权力,使地方自治发达,而为政治之中心"。宋教仁提出:国民党这些主张,绝非一党"私见",是关系能否"建设完全共和政体"的大问题,必须明文写进将来的宪法③。

(三)强调组织国民党内阁。宋教仁指责袁政府,阐发国民党政见,最终是为了组织"国民党内阁"。他毫不掩饰地说:"为今之计,须亟组织完善政府;欲政府完善,须有政党内阁。今国民党即处此地位。"④又说:"盖延聘医生之责任,则在吾国民党也。而其道即在将来建设一良好政府,与施行良好政策是已。"⑤为唤醒国人的注意,他尖锐指出:"今革命虽告成功,然亦只可指种族主义而言,而政治革命之目的尚未达到也。"⑥"扶危济倾,端在我党有志之士。"⑦他号召党员:"从今而后,宜将国民所以失望之点为之补救,而使国民得一一慰其初愿。"⑧

宋教仁上述言行,表达了国民党人的决心和愿望,但也引起了袁世凯北洋集团的仇恨。袁乃宽在致张镇芳的一封信中就说:"目下最讨厌

---

① 《宋教仁集》下册,第458页。
② 《宋教仁集》下册,第466页。
③ 《宋教仁集》下册,第459—460页。
④ 《宋教仁集》下册,第446页。
⑤ 《宋教仁集》下册,第463页。
⑥ 《宋教仁集》下册,第459页。
⑦ 《宋教仁集》下册,第458页。
⑧ 《宋教仁集》下册,第459页。

者,即宋教仁一人。"①

　　还在宋教仁离京南下前,袁世凯就预感将对他不利,曾企图用五十万元加以拉拢,但遭到宋的拒绝。随后,他便指令亲信爪牙,密切监视宋的一举一动。一天,他看到秘书处呈上宋教仁在湖北黄州的演说词,说:"口锋何必如此尖刻!"为抵制宋教仁演说的影响,打消国民党的组阁计划,冯国璋暗中主持所谓"救国团",攻击宋"莠言乱政",抱"总理热心,思攫现政府而代之",并把内政、外交一切失败全部归咎于国民党"醉心权利,不能垂功德而祛私见"②。与此同时,袁世凯的暗杀阴谋也在加紧进行。

　　宋教仁对袁虽有所警惕,例如他曾劝说谭人凤担任粤汉铁路督办,说"此路于南方军事上的关系紧要,大局难料,一旦有事,有款有人,尤可应变"③,还叮嘱程潜"湖南应从速训练军队"④;但同时又认为,至少在正式国会召开前,袁尚不敢公然"撕毁约法",与国民党为敌。他说:对国民党获得选举胜利,袁世凯"一定忌剋得很,一定要钩心斗角,设法来破坏我们,陷害我们。我们要警惕,但是我们也不必惧怯。他不久的将来,容或有撕毁约法、背叛民国的时候。我认为那个时候,正是他自掘坟墓,自取灭亡的时候。到了那个地步,我们再起来革命不迟"⑤。可见,他还没有从北洋集团的肆意攻击中,嗅到火药气味。同时,当有人告知袁世凯恐有加害阴谋,劝他"先为戒备"时,他也不相信,并说:"吾一生光明磊落,平身无夙怨无私仇,光天化日之政客竞争,安有此种卑劣残忍之手段? 吾意异党及官僚中人未必有此,此特谣言耳,岂以此懈吾责任心哉!"⑥

---

①　《张镇芳存札》,中国社会科学院近代史研究所藏原件。

②　《救国团驳宋通初演说词》,《时报》,1913 年 3 月 16 日。

③　谭人凤:《石叟牌词叙录》,《近代史资料》1956 年第 3 期。

④　程潜:《辛亥革命回忆片断》,《辛亥革命回忆录》(一),第 87 页。

⑤　《宋教仁集》下册,第 456—457 页。

⑥　《宋通初先生遇害始末记》,《国民》第 1 卷第 2 号,1913 年 6 月。

　　然而,袁世凯一旦感到他的权力受到直接威胁时,是一点也不迟疑的。3 月 20 日晚,宋教仁在上海由黄兴等人陪同,自《民立报》社赴沪宁车站,准备北上。10 时 40 分,他们走到检票处,突然三颗罪恶子弹从背后向宋教仁射来。宋当即被送往附近铁路医院。由于伤及要害,抢救无效,于 22 日晨 4 时 40 分逝世,享年仅三十一岁。宋教仁临终前,于痛苦中曾请黄兴代笔,口授致袁世凯一电,报告枪击情形及一生致力社会改革而"不敢有一毫权利之见存"的心迹。最后说:"今国基未固,民福不增,遽尔撒手,死有余恨。伏冀大总统开诚心,布公道,竭力保障民权,俾国会得确定不拔之宪法,则虽死之日,犹生之年。"①这说明宋教仁临死,也没有看透袁世凯的反动本质,但也表现了这位忠诚的资产阶级政治活动家的坦荡胸怀。

　　袁世凯自以为谋划诡密,凶手又当场逃之夭夭,可以瞒天过海。他得知宋教仁死讯,颁布命令说:"前农林总长宋教仁,奔走国事,缔造共和,厥功甚伟。迨统一政府成立,赞襄国务,尤能通识大体,擘画勤劳。方期大展宏猷,何意遽闻惨变?凡我国民,同深怆恻。"②他并电程德全等:"立悬重赏,限期破获,按法重办。"③同时,政府御用报纸大造国民党内部倾轧的谣言,以图转移视线。但事态的发展出乎袁世凯的意料。23 日,由于一个名叫王阿发的古董商向捕房提供重要线索,当天即将要犯应夔丞缉捕归案,次日又抓获凶手武士英,并于应家搜出五响手枪一支以及应与洪述祖、赵秉钧往来密电本和函电多件,使案情很快有了重大突破。

　　洪述祖字荫之,人称"洪杀胚",时为内务部秘书,实际上是袁世凯直接指挥的密探头目,专门负责监视和对付革命党人。应夔丞原为上海流氓、帮会头子,辛亥革命时攀附同盟会,得充沪军都督府谍报科长、

----

①　《宋教仁集》下册,第 496 页。

②　《临时大总统令》,《政府公报》,1913 年 3 月 23 日。

③　《大总统令南京程都督等电》,《政府公报》,1913 年 3 月 23 日。

南京临时政府总统府庶务科长兼管孙中山侍卫队等职，但不久就被孙中山撤职。回到上海后，他重操旧业，改组青红帮为"国民共进会"，自任会长，于长江沿岸一带鼓吹所谓"二次革命"，被黎元洪通缉。袁世凯得知此人历史，以为可以利用，遂派洪述祖到上海，借商谈解散共进会为名，秘密加以收买，并由洪引见程德全，委以"江苏驻沪巡查长"，以掩护他的真实身份。袁随后致电黎元洪取消缉令，又亲自电召他入京，借解散共进会名义，批给五万元活动经费。从此，应夔丞投靠袁世凯，成为袁在上海对付国民党人的一只恶犬。武士英原名吴福铭，山西人，系一毫无政治头脑、唯知金钱的亡命徒，流窜上海不久，即被应夔丞诱骗收买，拉入共进会。袁世凯布置这些爪牙，说明杀害宋教仁是他蓄谋已久的计划。

应、武二犯落网后，袁世凯惶恐万状。3月29日，他密电程德全说："连接南方私人来电，宋案牵涉洪述祖，是否确实？究何情节？宜速查复，以凭核办。"接着，他又电催程报告"证据"，以谋对付办法。他的机要秘书张一麐这时也多次密电程德全，要他把"牵涉中央证据向英厅索取"，派人送京，并特别叮咛说："可不作正式报告。"①但是，袁政府当时还不能完全控制江苏和上海一带，在孙中山和黄兴的强烈要求下，4月25日，程德全、应德闳不得不将查获的函电证据公诸于世。其中最重要的有以下各件：

1913年1月14日，赵秉钧致应夔丞函："密码送请检收，以后有电直寄国务院可也。"

25日，应致赵秉钧电："国会盲争，真相已得，洪（指洪述祖）回面详。"

2月1日，洪述祖致应夔丞函："大题目总以做一篇激烈文章，方有价值也。"

2日，应致赵秉钧电："孙、黄、黎、宋运动激烈，民党忽主宋任总理。

---

① 江苏都督府秘书处密电密件室抄存件。

已由日本购孙、黄、宋劣史……用照辑印十万册,拟从横滨发行。"

同日,洪致应夔丞函:"紧要文章已略露一句,说必有激烈举动。弟(指应)须于题前径电老赵,索一数目。"4 日又函:"冬电到赵处,即交兄手面呈,总统阅后颇色喜,说弟颇有本事。既有把握,即望进行。"8 日又函:"宋辈有无觅处,中央对此似颇注意。"12 日又函:"来函已面呈总统、总理阅过,以后勿通电国务院,因智(赵秉钧字智庵)已将应密本交来,恐程君不机密,纯令归兄一手经理。"①

3 月 13 日,应致洪述祖函:"《民立》记遁初在宁之演说词,读之即知其近来之势力及趋向所在矣。事关大局,欲为釜底抽薪法,若不去宋,非特生出无穷是非,恐大局必为扰乱。"

同日,洪致应夔丞电:"毁宋酬勋,相度机宜,妥筹办理。"

14 日,应致洪述祖电:"梁山匪魁(指宋),四出扰乱,危险实甚,已发紧急命令,设法剿捕之,转呈候示。"

18 日,洪复应夔丞电:"寒电立即照办。"次日又电:"事速照行。"

21 日凌晨两点,即武士英刺宋不到四小时,应致洪述祖电:"二十四分钟所发急令已达,请先呈报。"同日又电:"号电谅悉,匪魁已灭,我军无一伤亡,堪慰。望转呈。"

23 日,洪致应夔丞函:"号、箇两电悉,不再另复。鄙人于 4 月 7 日到沪。"②

这些证据的公布,暴露了袁世凯的元凶面目,不但震动了全国,也教育了许多的国民党人。他们指出:"杀一宋遁初者,非杀人也,乃打击平民政治、伸张专制政治也。"③"所谓绝大之凶犯即某氏(指袁世凯)是也。……使某氏而仍为正式总统也,吾恐死者不止遁初一人,四万万同

---

①　程君即程经世,时为国务院庶务秘书,曾对人言:洪述祖奉赵秉钧命去沪,临行前曾谒见袁世凯,洪到沪密电曾由他转过数次。

②　《宋案证据之披露》,《民立报》,1913 年 4 月 26 日。

③　张百麟:《说明本党国会期间之遭遇与态度》,《国民》第 2 号,1913 年 6 月。

胞之生命财产将悉为所断送。"①因此，国民党人强烈要求传讯赵秉钧，逮捕洪述祖，"严究主名"，矛头直指袁世凯。孙中山于宋案发生后看清了袁世凯的反革命真面目，坚决主张"非去袁不可"。这表明随着宋教仁的被暗杀和政党政治的破产，南方国民党人同袁世凯北洋集团的矛盾已公开激化，刀枪相见只是时间问题了。

---

① 《湖南公民大会》，《民立报》，1913 年 4 月 4 日。

第三章 帝国主义列强对中国边疆的侵略和善后大借款

第一节 列强对中国边疆的侵略

一 列强在华势力的新布局

民国初年,以英、法、德、俄、美、日六国为代表的帝国主义列强在中国拥有巨大的政治、经济势力,在相当程度上主宰着中国的命运。经过了辛亥革命时期一段"中立"的观察后,随着中国内部局势趋于明朗,列强之间也在调整立场,为巩固既得侵略权益,并进而攫取新的侵略权益而纵横捭阖。

英帝国主义在侵略中国的列强中,居于主导地位。1914年外国在中国的总投资为 225,566 万美元,其中英国为 66,459 万美元,占 29.4%①。英国在中国的势力范围即长江中下游流域,是中国经济、文化最为发达的地区。巨大的经济利益决定了英国的对华政策是尽可能避免使中国陷于动乱局面,而维持相对的稳定,这样才有助于巩固英国的既得利益。英国老牌侵华分子濮兰德说:"英国在中国有两种利益——国民的利益,它依赖于保护并扩张我国的商业;帝国的利益,它依赖于维持现状并保卫我们作为亚洲强国的地位。为了促进这两种利

---

① 吴承明:《帝国主义在旧中国的投资》,人民出版社1955年版,第52—53页。

益,必须在北京建立一个强有力的集权政府。"①这段话可以说是对英国政策出发点的高度总结。另一个在英国对华政策中不能不考虑的重要因素是欧洲局势。1911 年—1913 年间,先后爆发了摩洛哥危机、意土战争、两次巴尔干战争,欧洲局势日渐紧张,两大对峙着的帝国主义集团间的战争迫在眉睫,此时英国无力过多顾及东方问题,维持中国的相对稳定局面也就是必须的了。要做到这一点,关键是在中国扶持能够控制局面的代理人,而袁世凯则适逢其选。英国把袁世凯视为能够稳定中国局势,进而维护大英帝国利益的唯一代表。英国当时在国际政治中举足轻重的地位,又使它的对华政策不能不影响到其他国家的态度。

辛亥革命时期的美国,经济力量已居于世界首位,但就其在中国的政治、经济势力而言,尚远不及英国。美国对华政策的重心在于以"门户开放"政策为基础,凭借它的优厚的经济实力,对中国进行渗透和扩张。美国对袁世凯政府的态度比其他列强更为积极,重要原因之一就是国内金融工商界的压力。

1912 年 2 月 15 日,袁世凯当选临时总统的当天,"美亚协会"(美国金融企业家的组织之一)就通过一项要求尽快承认袁政府的决议。华尔街老板们的意图当然是借此为美国的资本和商品找到更多的市场。虽然碍于列强行动一致的原则,美国政府一时还不能独自动作,但美国众议院却于 2 月 29 日通过提案,表示了对"中国新秩序的赞同"②。这个提案的通过,对尚未完全控制全国的袁世凯建立袁记新秩序的支持及其作用是可以想见的。美国驻华公使嘉乐恒称许袁说:"还没有比袁世凯更强的人出现","未来的所有希望都集中于袁世凯一人"③。

---

① J. O. P. Bland: *Recent Events and Present Policies in China*, London, 1912, P. 284.

② *Foreign Relations of the United States*, 1912, P. 71.

③ 《嘉乐恒给国务院的报告》(1912 年 5 月 21 日,11 月 12 日), *U. S. Military Intelligence Reports*, China(1911—1941), No. 552、671.

法国的对华政策基本上追随英、俄两个同盟国。对法国来说,当时的首要问题是即将来临的与宿敌德国的大战。如果英、俄这两个同盟国因为中国局势而进行干涉,将会削弱它们在欧洲的力量,从而影响法国的地位。因此,法国不希望中国内部局势出现动荡,而把袁世凯看作"一个老练的人","能使中国避免出现一个混乱时期的唯一力量"[①],支持袁世凯成为列强的新代理人。

威廉二世统治下的德国,在欧洲是与英、法、俄对峙的两大帝国主义集团之一的同盟国集团的核心力量。但在中国,德国与英、法、俄之间尚无根本的矛盾冲突。德国同样不希望自己的力量被牵制在中国内部事务中,因而支持袁世凯的上台。德国驻华公使哈豪森在给首相的电报中认为:"如果人们置袁世凯政府命运于不顾,让可以引导到一个混乱局面上去的一些未成熟的或超出这个目标的政治企图自由发展,则其危险将会更大。"[②]由于德国当时在中国一时还无进一步的具体侵略目标,因此它在承认袁政府等问题上的态度不同于英、俄、日等国,而更接近于美国的立场。

在英、法、美、德四国力求使中国保持在袁世凯统治下的"稳定"局面时,日本、沙俄两国却对中国采取了更富于进攻态势和侵略性的政策。

日俄战后,日本一跃而为东亚强国。由于它的地理位置及和中国的关系,它在侵略中国时处于更有利的地位。1914年,日本在华总投资为29,089万美元,居列强中的第四位。早在1911年10月24日,日本政府在关于中国问题的内阁会议决议中公然声称,日本在中国"占有优势地位","一旦该地区发生变乱,能够紧急采取应变措施的,除帝国

---

① 《法国外交部档案》,28/5,32/318,转引自巴斯蒂:《法国外交与中国辛亥革命》,《国外中国近代史研究》第4辑,第81页。

② 《德国外交文件有关中国交涉史料选译》第3卷,商务印书馆1960年版,第213页。

而外,别无它国。这从帝国所处的地理位置与帝国的实力来看,已是不容置疑的事实,同时也是帝国政府对于亚洲所负担的重大任务"①。这一决议清楚地表明了日本排除其他列强势力,变中国为其独占殖民地的图谋。虽然日本在辛亥革命中武装干涉中国的动议遭到英、美等国的反对,但它在民国成立之后变本加厉地干涉中国内政,在承认、借款等问题上处处逼迫袁政府出让更多的权益。与英、美等国不同,日本的对华政策并不以支持袁世凯为中心,而是多方下手,制造中国内部的混乱,乘机渔利。日本军阀元老山县有朋这样说,日本"不想要中国有一个强有力的皇帝,日本更不想要那里有一个成功的共和国,日本想要的是一个软弱无能的中国,一个受日本影响的弱皇帝统治下的弱中国才是理想国家"②。这种看法支配着日本的对华政策,不管其国内党派间的政见分歧如何,在这一点上却是基本一致的。

列强中唯一与中国毗邻的沙皇俄国,也对袁世凯采取了拆台多于支持的政策。沙俄驻华公使曾对美国银行团的代表司戴德说,他"唯一的想法就是使中国保持衰弱地位,并坚决反对中国建立一个强有力的政府"③,这样才符合沙俄的利益。沙俄在民初的对华政策特别注意和日本的合作。在它看来,俄、日两国同为中国邻国,在中国的利益远较其他列强为优越,"因此,俄国和日本应特别利用目前的有利时机,以便巩固自己在中国的地位"④。这一方针同样为日本政府所认可。在承认、借款等问题上,沙俄与日本狼狈为奸,提出许多无理要求。但沙俄主要还是一个欧洲国家,欧洲局势不能不牵制它的力量,又多少限制了它的活动范围,使它的对华政策不能完全和日本同一步调。沙俄外相萨查诺夫曾对日本驻俄大使本野一郎承认:"由于欧洲形势,本国财

---

① 邹念之编译:《日本外交文书选译——关于辛亥革命》,第110页。

② K. K. Snum:"Japan's Attitude Towards the 1911 Revolution in China",Paper on *Far Eastern History*,Series 21,(1980,3),P. 151.

③ H. Croly:*Willard Straight*,New York,1925,P. 421.

④ 《红档杂志有关中国交涉史料选译》,三联书店1957年版,第366页。

政以及其他各种原因,俄国政府不希望在远东酿起事端。"①

民国初年的列强对华政策,英、美、法、德四国出于各自的利益考虑,着重于扶持袁世凯为列强的新代理人,并使他有一定力量保持中国的"统一",从而能够维护它们的既得利益。日、俄两国则更希望中国内部的动乱与分裂,为自己谋取更多的利益。然而,具体行动政策的不一致,并不妨碍列强在侵略中国的总的目标上保持一致。况且,日本对中国的扩张,也还没有从根本上打破列强在华的势力均衡,因此列强间的对华政策还能保持大体上的合作局面。

在中国扶持新的代理人,是列强对华政策的一个方面;利用中国内部形势,为自己攫取更多的侵略权益,是列强政策的又一方面。日本、沙俄自不待言,就是希望中国能保持"稳定"的英国也不例外,总想乘机捞上一把。英国对西藏,沙俄对外蒙,日本对东北,都提出了新的侵略要求。为了不致因为争夺权益而影响列强合作的"大局",列强间又进行了许多幕后活动,达成种种新的协议和默契。

1907 年日俄第二次协约及其密约,划定了两国在东北的势力范围。民国初年英、俄在西藏和外蒙古的侵略行动,使日本十分眼红,觉得自己"不应再事袖手旁观","亟应乘此时机,力图进一步巩固我国(指日本)在满蒙之地位"②。外蒙既已划为沙俄势力范围,日本就进一步向沙俄提出就两国在内蒙势力范围的划分进行交涉。1912 年 1 月 16日,日本内阁会议就开始第三次日俄密约谈判正式通过决议,声称:内蒙古与日本"势力范围之南满洲关系至为密切,日、俄两国在适当时机就此问题签订协定,不仅对于帝国将来之发展以及永远敦睦两国邦交有利,且在当前清国因此次事变而使蒙古问题即将展现一新局面之际,日俄两国就内蒙古问题签订某种协定,实为最得机宜"③。其后,日本

---

① 《日本外交文书选译——关于辛亥革命》,第 153 页。

② 《日本外交文书选择——关于辛亥革命》,第 421 页。

③ 《日本外交文书选择——关于辛亥革命》,第 150 页。

驻俄大使本野与俄方就此事进行秘密谈判。日本提出以张家口至库伦间大道为界，划分两国在内蒙的势力范围，而沙俄则认为这侵犯了它固有的势力范围，并进一步提出，日本应承认俄国在中国西部享有特殊利益。经过双方的讨价还价，7月8日，本野与俄国外交大臣萨查诺夫在俄京圣彼得堡签订了第三次日俄密约。密约除了将两国在东北势力范围的分界线加以延长外，又以东经116度27分为界（约为今北京、多伦、锡林浩特一线），划分了两国在内蒙的势力范围。此线以东为日本势力范围，以西为沙俄势力范围①。这一密约完成了日、俄两国对中国北部边疆的瓜分。同月，日本前首相桂太郎赴俄访问，《大阪每日》评论此行的目的，是"将日、英、俄三国的远东政策达成一致"，而访问的结果是"十分令人满意的"②。德国驻东京大使雷克司认为："很明显，三强对于它们的利益范围已经达成协议，并在某种程度上在它们的利益范围内各有行动自由。"③这从日本对英、俄在西藏、外蒙的行动不加指责这点，可以见其端倪。

日、俄两国而外，英、俄两国亦就西藏和外蒙问题有所接触。1907年的英俄协定中，双方曾允诺互不干涉西藏内政，不与西藏直接交涉，不为自己在西藏谋求筑路、开矿等让与权。现在英国觉得这些规定"严重地阻碍它对于中国在拉萨丧失权力所造成的局势做出反映，英国也感觉到俄国在蒙古的影响大为增加，英国应当在其他地方得到相应的补偿"④。1912年9月，俄国外交大臣萨查诺夫访英。英国外相格雷在和萨查诺夫的会谈中，表示不允许中国大量派兵进入西藏，同时暗示萨查诺夫，英、俄可就两国在西藏和外蒙的地位做笔交易。这一建议虽然受到萨查诺夫的反对，但他仍将即将赴外蒙的廓索维慈的秘密使命

---

① 王芸生：《六十年来中国与日本》第6卷，三联书店1980年版，第5—6页。
② *Recent Events and Present Policies in China*，PP. 343、346.
③ 《德国外交文件有关中国交涉史料选译》第3卷，第404页。
④ 兰姆：《中印边境》，世界知识出版社1966年版，第105页。

通知了格雷①。英、俄实际就此达成了谅解。以后，英、俄两国又就正式修改1907年协定问题进行了谈判，后因第一次世界大战的爆发而作罢。

英、俄、日三国对中国的侵略行动得到它们的盟友法国的支持，美、德两国则采取了暂时静观的态度。列强对中国的侵略使一度较为平静的中国边疆问题再次趋于严重。

二　沙俄策动的外蒙古"独立"及中俄交涉

外蒙古很早即成为中国领土的一部分。清政府对内外蒙古一直采取怀柔政策，尊崇喇嘛教，笼络教众，与蒙古王公联姻。为了加强控制，清廷又于1756年（乾隆二十一年）派官吏率卫队常驻外蒙的库伦，此为驻库伦办事大臣之始设。此外尚置有乌里雅苏台将军、科布多参赞大臣和阿尔泰办事大臣。

自十九世纪末开始，由于沙俄势力日渐渗入蒙古，构成对中国北部边疆的严重威胁，清政府对蒙政策遂由过去的禁垦一变而为移民实边，废除蒙汉通婚禁令，奖掖汉人赴蒙垦荒，并开始在外蒙筹划新政。1909年三多出任库伦办事大臣，积极在外蒙推行新政，设立了巡警队、审判厅、卫生局、商品陈列所等一批新机构。

清朝政府对外蒙的移民实边政策和新政的推行，对于加强外蒙古与内地的联系和外蒙古本身的进步发展，无疑有着一定的积极意义。但是，清政府在外蒙的新政，与外蒙上层封建王公、贵族、库伦活佛等的既得利益发生了很大矛盾，他们不甘心失去往昔的特权，对清政府渐生外向之心。不仅如此，清政府在外蒙施行的新政，徒求形式，而且过于操切，加重了当地人民的负担。当时"中央各机关督促举办新政之文

---

①　Международные отношения в эпоху империализма，Серия П（1903—1913），т. 20，ч. 2，No. 1034，Москва，1938—1940.

电,交驰于道,急如星火","库伦一城,新添机关二十余处",所有开办支应费用悉取之于蒙民,"使蒙民不堪其扰,相率逃避,近城各旗,为之一空"①。及至宣统二年(1910)库伦开办兵备处,筹练新军,"虽一兵未练而蒙情汹汹"②。一般蒙民因此难免对清政府产生埋怨之心,希望能减轻负担,而他们这些可以理解的愿望,又为心怀异志的少数上层人物所利用,成为这些人要求"独立"的借口。

与清廷统治在外蒙的衰弱伴随而来的,是沙皇俄国对外蒙的渗透和扩张。中俄外蒙边界本来早经 1728 年的《恰克图界约》划定,但是沙俄始终没有放弃对外蒙的侵略野心。十九世纪中叶以后,通过一系列的不平等条约,沙俄获得了在外蒙免税通商等特权,其势力开始全面渗入外蒙境内。日俄战争后,沙俄在东北的扩张受到日本的阻遏,遂将侵略矛头转而指向外蒙,企图通过外蒙进一步侵入中国北方的广大地区。1907 年,沙俄与日本签订第一次密约,外蒙被划为沙俄势力范围,使它可以放手进行对外蒙的扩张活动。

沙俄在外蒙的扩张,其主要方式之一就是笼络和收买外蒙上层封建王公、贵族、喇嘛,扶植亲俄势力。对在外蒙居优势地位的宗教势力,俄人及俄商"于活佛暨各大喇嘛既多所遗赠,表示亲睦","力结喇嘛之欢心"③;对世俗王公贵族,则利用他们入不敷出的经济困境,施以贷款,加以控制,使他们依赖俄人施舍过活,"故于生计方面,则蒙人久已隶属于俄国势力范围之下"④。这样,沙俄就在外蒙上层王公贵族中扶植起一个甘心出卖民族利益的亲俄集团。

清政府在外蒙推行新政、加强控制的措施,沙俄认为是对自己扩张的威胁,从而觉得有必要在外蒙有进一步的行动。他们没有忘记利用

---

①　陈崇祖:《外蒙古近世史》第 1 篇,商务印书馆 1922 年版,第 5 页。

②　陈崇祖:《外蒙古近世史》第 1 篇,商务印书馆 1922 年版,第 5 页。

③　高劳:《外蒙古之宣布独立》,《东方杂志》第 9 卷第 2 号,1912 年 8 月。

④　林唯刚:《俄蒙交涉始末之真相》,中国图书公司 1913 年版,第 2 页。

外蒙分裂主义分子来实现自己的阴谋。1911 年夏,外蒙各盟王公举行会盟大典,沙俄即利用亲俄派首领杭达多尔济亲王在会上"蛊惑活佛,密主联俄"①,虽然赞成者甚少,但杭达等人仍于会后率代表团去俄,冒充代表全蒙王公之意要求沙皇的"保护"。这个代表团于 8 月 15 日抵达彼得堡后,被沙皇"当作宫廷贵客招待"。沙俄各部大臣向他们保证支持外蒙的"独立"。当年 8 月 17 日,由沙皇政府总理斯托雷平在圣彼得堡亲自主持召开了有各主要大臣参加的远东问题特别会议。会议认为,"中国在蒙古拟实行的新政……尤其在紧靠近我国领土的地区,中国军队的大量出现,不能不使我们忧虑"。蒙古问题对于俄国"具有重大意义,支持蒙人反对上述中国政府计划的愿望完全符合我国利益"②。由于当时近东的紧张局势,沙俄没有力量对外蒙进行直接的军事干涉,因而此次会后沙俄在外蒙的行动是按照会上制定的方略双管齐下。首先,对中国政府施加压力,8 月 28 日,沙俄驻华公使廓索维慈致文清外务部,声称清在外蒙的政策,"于两国邦交显示危险现象,致使俄国于疆界上不能不筹必要之保护"③,迫使清政府于 9 月 13 日下令缓办外蒙新政。其次,直接的军事入侵。10 月初,沙俄哥萨克骑步兵八百余人开至库伦,还有几千人在恰克图遥为声援。沙俄陆军大臣下令将一万五千支步枪和七百万发子弹拨给伊尔库茨克军区司令部,以便一旦需要,就可发给外蒙叛乱分子④,通过这一系列的活动,沙俄分裂外蒙的阴谋诸事皆备,只等动手的有利时机了。

　　1911 年武昌起义爆发,反对清朝封建统治的革命烈火迅速燃遍全国。就在清政府手忙脚乱地调兵镇压起义时,沙俄认为机会已到,立即

　　① 《远生遗著》卷 2,第 38 页。

　　② Международные отношения в эпоху империализма,Серия Ⅱ(1903—1913),т. 18,ч. 1,No. 329.

　　③ 《清末民初外交部交涉案节略》,中国社会科学院近代史研究所藏原件。

　　④ Friters:*Outer Mongolia and its International Position*,The Johns Hopkins Press,1949,P. 61.

指示驻华公使,利用"南方革命运动给中国政府造成的困难",迫使中国在外蒙问题上让步①。11月中旬,杭达多尔济等人由俄兵护送回到库伦,早就准备好的枪支子弹及追加的一万五千把军刀,由沙俄伊尔库茨克军区司令部通过驻库伦领事,打着私人贸易的幌子送给了外蒙叛乱分子②。沙俄驻库伦的领事官员到处煽动蒙人"不要放过中国发生革命这个非常有利的机会来保证喀尔喀的独立发展"③。这样,由沙俄一手策动的外蒙"独立"由此开场。

1911年11月30日,外蒙亲俄分裂主义分子杭达多尔济等人以库伦活佛哲布尊丹巴的名义向清廷驻库伦办事大臣三多递交最后通牒,称外蒙"宣布独立","库伦地方已无须用中国官员之处,自应即时全体驱逐",限三多等于"三日内带同文武官员及马步队等赶速出境,不准逗留"④。次日,一队俄兵及携带俄造新式快枪的蒙兵包围了办事大臣衙门,三多见兵单力薄,势不能敌,遂避居俄国领事馆,其卫队"由俄兵收械解散",行辕"由俄兵会同蒙兵看管"。"此外,局所衙署,如印务处、兵备处、电报局等,均以蒙俄兵守之"⑤。12月5日,三多等人由俄兵押送出境,经恰克图回内地。12月16日,所谓"大蒙古国"正式成立,库伦活佛哲布尊丹巴为"皇帝",以"共戴"为年号,车林齐密特任"总理",三音诺颜汗任"副总理",杭达多尔济任"外交大臣",一个分裂主义政权粉墨登场。

外蒙"独立"的后台是沙俄,这个事实连沙俄自己也不否认。1912年1月,俄国外交部发表正式声明,表示对外蒙"愿意提供友好支持"。

---

①　Международные отношения в эпоху империализма,Серия Ⅱ(1903—1913),т.18,ч.2,No.607.

②　*Outer Mongolia and Its international Position*.P.61.

③　Международные отношения в эпоху империализма,Серия Ⅱ(1903—1913),т.19,ч.1,No.192.

④　陈复光:《有清一代之中俄关系》,云南崇文印书馆1947年版,421页。

⑤　唐在礼:《蒙古风云录》,1912年版。

声明打着蒙古人的旗号，要求中国不在外蒙设立行政机构，不驻兵，不殖民，并威胁中国说，俄国将与外蒙古实际的政府发生关系①。其实，在这项声明之前，沙俄政府早就在各方面，尤其是军事上大力支持库伦傀儡政权。外蒙的军队本为乌合之众，不过几千人，又缺枪少械，经与沙俄订立契约，由俄人廓洛维慈为指挥官，授与指挥军队之权，俄人范西礼夫等为教练官，负责训练蒙兵，到当年底训练了六个骑兵中队。至于军械则全由沙俄提供，计快枪四万枝，子弹四千箱，大炮八尊②。在沙俄的支持下，库伦当局组织军队在外蒙各地四出征战，扩大地盘，压迫各地王公附和"独立"，以摆脱自己的孤立局面，并进而骚扰内蒙各地，以图扩大影响。

1912 年 1 月 3 日，乌里雅苏台的札萨克图汗宣布"独立"，要清廷驻乌里雅苏台将军奎芳于 5 日内离境。沙俄驻华公使接到消息后，立即向清外务部表示愿意出为"调停"，调停的结果却是奎芳被俄兵以"保护"为名押解出境，乌里雅苏台为库伦当局所占。外蒙西部重镇科布多自库伦独立后一直拒不响应。库伦当局为了控制这一战略要地，从 5 月起即派兵数千围攻该城，守军虽顽强抵抗三个月之久，但因"援军未至，弹药告竭"，8 月 6 日科布多失陷。沙俄驻科布多领事再次出面"调停"，结果又是"令参赞溥润偕同官兵交出印信，即日离科"③。沙俄的所谓"调停"，无非是把外蒙"调停"到沙俄的卵翼之下。不仅如此，在科布多遭到围攻前后，新疆都督杨增新曾奉命增援，遭到沙俄领事的一再阻拦。沙俄驻乌里雅苏台领事竟狂妄地宣称："我们系奉君令，不放你们进兵"，"若你们官兵前来，我必有以回敬"④。在沙俄的威胁下，新疆军队的援科计划只得作罢。

---

① 《英国蓝皮书有关辛亥革命资料选译》上册，第 279—280 页。

② 《外蒙古近世史》第 1 篇，第 26—27 页。

③ 《蒙古风云录》。

④ 杨增新：《电呈驻乌里雅苏台俄领来文不令中国进兵请由部与俄使严重交涉文》，《补过斋文牍·戊集一》，第 55 页。

除了策动外蒙的"独立"外,沙俄还进一步把侵略矛头指向东北和内蒙。在东北,沙俄驻海拉尔领事吴萨缔"诱惑蒙旗额鲁特总管胜福……诸员主动独立,响应库伦",并以"俄兵改装助蒙,合攻胪滨府"①,最后成立了以胜福为首的"呼伦贝尔自治政府"。在内蒙,沙俄策动哲里木盟科右前旗札萨克图郡王乌泰叛乱,于 8 月 20 日宣布"独立"。乌泰在《东蒙古独立宣言》中自供:"今库伦皇帝派员劝导加盟,俄国供给武器弹药,给以援助,故宣布独立,同中国断绝关系。"②所谓外蒙"独立"的真相,在这段话里一目了然。由于有沙俄的支持,库伦当局在 1912、1913 年间,数次派兵大举南犯沿边各地,梦想把内蒙也囊括进"大蒙古国"的版图。因为遭到当地军队的反击,这几次进攻才以失败告终。

沙俄策动的外蒙"独立"发生于辛亥革命的高潮期间,穷途末路的清政府已无力顾及外蒙的事态发展,及至南京临时政府成立,日渐恶化的外蒙局势才开始提上共和国新领袖们的议事日程。1912 年 1 月 1 日,孙中山在《临时大总统就职宣言书》中庄严宣告:"国家之本,在于人民,合汉满蒙回藏诸地为一国,即合汉满蒙回藏诸族为一人,是曰民族之统一。"③1 月 28 日,孙中山又致电蒙古王公贡桑诺尔布、那彦图等人,向他们解释推翻清朝的目的是"欲合全国人民,无分汉满蒙回藏,相与共享人类之自由。……俄人野心勃勃,乘机待发,蒙古情形,尤为艰险。……祈将区区之意,通告蒙古同胞,戮力一心,共图大计"④。袁世凯上台后,也于 3 月 25 日发布《劝谕蒙藏令》,谓:"现在政体改建共和,五大民族,均归平等。……务使蒙藏人民,一切公权私权,均与内地平等,以昭大同而享幸福。"⑤

---

① 《呼伦贝尔志略·兵事》,第 103 页。
② 柏原孝久、滨田纯一:《蒙古地志》上卷,东京 1919 年版,第 1544 页。
③ 《临时政府公报》,1912 年 1 月 29 日。
④ 《临时政府公报》,1912 年 2 月 1 日。
⑤ 《中国大事记》,《东方杂志》第 8 卷第 11 号,1912 年 5 月。

北京临时政府成立后,对于蒙古局势,政府内部及舆论主剿主抚者兼而有之,但考虑到当时的实际情况,北京政府的对策是首先稳住内蒙,然后再设法解决外蒙问题。在外蒙"独立"的影响下,内蒙少数王公企图附和库伦当局,鼓噪"独立"。为了避免重蹈外蒙覆辙,北京政府"极意优待效顺之王公喇嘛,以坚其内向"①。1912 年 8 月,《蒙古待遇条例》公布,规定蒙古与内地一律,不以藩属待遇,蒙古王公原有之世爵、封号、特权一律照旧,俸饷从优支给。接着任命蒙古亲王贡桑诺尔布为蒙藏事务局总裁,那彦图为乌里雅苏台将军。对内蒙各旗参加叛乱的官兵,规定"但能释兵来归,其原有之产业,仍准享有,决不苛求。其原无产业者,应予设法安置,俾遂其生"②。通过这些措施,安抚了内蒙人心,使一度动荡的内蒙局势得以稳定,库伦当局企图把势力范围扩大到内蒙的图谋从此破产。1912 年 10 月和 1913 年 1 月,内蒙东四盟和西二盟先后在长春和归绥(今呼和浩特)召开了王公会议,通过声明,赞成共和,反对外蒙"独立"。蒙古王公联合会也于 1912 年 11 月 23 日发布通告,表示蒙古各部"均经赞成共和,协同汉满回藏人民,共建新国";声明库伦活佛哲布尊丹巴"妄称独立,伪立政府……蒙古全体,并未承认。……该伪政府如有与外国协商订约等事,无论何项事件,何项条约,自应一律无效"③。一些已"独立"的盟旗宣布取消"独立",许多在京蒙古王公还派人回旗劝导各属拥护民国。这些事实说明,绝大多数蒙古人民和王公热爱祖国,也说明北京政府对内蒙的政策基本上是成功的。可是,当北京临时政府企图由此进一步解决外蒙问题时,情况就远不是如此简单了。

在《俄蒙协约》签订前,北京政府对外蒙"独立"问题可说是犹豫不定,久无对策。这一方面是因为外蒙问题的复杂国际背景,不仅仅是沙

---

① 《中国大事记》,《东方杂志》第 9 卷第 8 号,1913 年 2 月。

② 《中国大事记》,《东方杂志》第 9 卷第 5 号,1912 年 11 月。

③ 《中国大事记》,《东方杂志》第 9 卷第 7 号,1913 年 1 月。

俄的插手,日、英两国还和沙俄互有密约和默契,使迫切需要得到列强承认的北京政府在解决外蒙问题时更难着手。另一方面北京临时政府面对的国内局势也不容乐观,财政困难,社会秩序尚未完全安定,更重要的是革命党人尚有相当大的势力和影响,袁世凯的首要目标是逐步铲除革命党人的势力,实现自己的"统一"计划,实际处于袁世凯控制下的北京政府自然不会把外蒙问题置于重要地位,但如果听之任之,事关国家主权,对全国人民无法交代。因此,袁世凯在外蒙问题上,实际上陷于左右为难的尴尬境地,既不能听任外蒙离去,国内外环境一时又使其无心也无力去彻底解决外蒙问题,唯一的办法是拖延。

在当时的情况下,解决外蒙问题的方法不外两种,一是在中国内部通过谈判或武力的方法解决,二是通过外交途径,与外蒙的后台沙俄交涉解决。从维护国家主权的立场出发,自应选择前者,这是中国的希望;可是从实际情况考虑,又很难避免后者,这是沙俄的图谋。北京临时政府确实也曾尝试与库伦当局谈判解决"独立"问题。袁世凯上台不久,即两次致电库伦活佛哲布尊丹巴,谓"外蒙同为中华民族,数百年来俨如一家","但使竭诚相待,无不可以商榷,何必劳人干涉,致失主权。……务望大扩慈心,熟观时局,刻日取消独立,仍与内地联为一国,则危机可免,邦本可固"①。北京政府颁布的《蒙古待遇条例》等优待法令,既为安抚内蒙王公,也是向外蒙示以姿态。除此之外,北京政府还准备派人去外蒙直接商谈,其中先行出发的兰逊(Lanson)牧师等已在库伦多方活动,运动蒙人中止俄蒙谈判,改与中国政府协商。但是,库伦当局的上层人物多是长期受惠于沙俄的亲俄集团分子,自恃有沙俄撑腰,执迷不悟,一意孤行,对北京政府的呼吁和优待置之不理。哲布尊丹巴在给袁世凯的回电中竟称:"与其专员来库,徒事跋涉,莫若介绍邻使,商榷一切之为愈也。"②北京政府几乎无法和库伦活佛建立直接

---

①　《库伦风云大事记》,《震旦》第1期,1913年2月。
②　《库伦风云大事记》,《震旦》第1期,1913年2月。

的联系,自然更谈不上和平协商解决问题了。

　　武力解决的路同样走不通。外蒙军事力量虽然并不强,然地处偏远,气候恶劣,军事行动不易。袁世凯对调动自己的北洋军队出征不甚积极,沙俄又为外蒙后援,极力威胁中国不得进兵。1912 年 3—4 月间,正当中国东路由黑龙江向外蒙边境调兵,西路由新疆调兵援阿尔泰时,沙俄立即出面干涉,表示"决不承认"。沙俄外交部公开威胁中国公使:"中国进兵外蒙,俄当干涉。"①逼得北京临时政府只好下令"暂缓调动,免生交涉"②。两种方法都行不通,剩下的只有一条路——和沙俄交涉解决外蒙问题。这是沙俄自外蒙"独立"后的基本立场,由中俄间的交涉,迫使中国承认外蒙"独立"的现状,无论交涉结果如何,都能为其后的侵略留下伏笔。

　　还在清帝退位前,沙俄已在要求由中俄接触解决外蒙问题,其"目的在于缔结一项保证蒙古自治的中蒙条约"。对该条约所应包括的内容,沙俄政府也详细指示了驻华代办谢金③。1911 年 12 月 31 日,谢金即据此照会清外务部,提出中国在外蒙不驻兵、不殖民、外蒙自治、俄国在库伦有筑路权等五条要求④,被清政府婉拒。1912 年,俄方又重提上述要求。4 月 2 日,沙俄驻华代办谢金在会见袁世凯时,要求中俄尽早就外蒙问题达成协议,并向袁明白表示"帝国政府通过的决议不能改变"。鉴于在中国内部解决这一问题的道路屡行不通,袁向谢金表示他个人"赞成"同俄国"达成协议"⑤。不料在内阁会议讨论沙俄要求时,大多数人认为,外蒙是中国领土,不容俄人干涉,决议对俄国要求置之

　　①　外交部吉林交涉署:《中俄蒙古交涉节略》,1913 年版。

　　②　《清末民初外交部交涉案节略》。

　　③　Международные отношения в эпоху империализма,Серия П(1903—1913),т. 19,ч. 1,No. 253.

　　④　陈箓:《蒙事随笔》,商务印书馆 1918 年版,第 6 页。

　　⑤　Международные отношения в эпоху империализма,Серия П(1903—1913),т. 19,ч. 2,No. 722.

不理。会后，外交部于 8 月 13 日授权驻外使节再次声明："民国对于满蒙藏各地，有自由行动之主权，外人不得干预。"①此时外蒙虽声称"独立"，但国际国内尚无公开承认者，北京政府自觉事态尚未演变到不可收拾的地步，拖的方针还可以维持下去。

《俄蒙协约》的签订使外蒙问题进入了一个新的阶段。由于中国一直拒绝与沙俄交涉，沙俄考虑必须对中国施以进一步的压力。沙俄驻京公使库朋斯基建议"俄蒙条约宜从速订结"。而英国在西藏问题上的态度，也使沙俄"觉得对待蒙古问题，亦有仿英办法采用强硬手段之必要"②。在此情况下，沙俄决定将前述之威胁付诸行动，与外蒙发生直接关系。1912 年 10 月，沙俄派前驻华公使、侵华老手廓索维慈去外蒙和库伦当局进行秘密谈判。行前沙俄总理大臣可可维慈指示廓索维慈："蒙古必须对俄提出若干权利，以报偿之，尤其是应当允许俄人得有在蒙殖民、在蒙购地之权。"③在俄蒙谈判中，廓索维慈软硬兼施，一方面威胁外蒙不得与中国谈判，否则"若无俄国之参与，而蒙古径与中国订约，则俄国政府对于此种条约，决不加以承认"④。另一方面又以二百万卢布贷款为诱饵，引诱库伦当局上钩。最后终于 1912 年 11 月 3 日迫使库伦当局签订了《俄蒙协约》及其附约《通商章程》。

《俄蒙协约》共四条，规定俄国扶植蒙古自治，帮助蒙古练兵，不准中国军队进入蒙境，不准华人移殖蒙地，蒙古无论与何国订立任何条约，未经俄政府允许不得违背本约及附约内之各条件。附约《通商章程》共十七条，给予俄国人广泛的权利，如俄人得在蒙境内自由居住、往来、经商、租地、买房、开垦、经营矿产、森林、渔业等事业，进出口免税，俄国银行有权开设分行，俄国可在外蒙设领事，领事居所可设专归领事

---

①　《中国大事记》，《东方杂志》第 9 卷第 4 号，1912 年 10 月。

②　王光祈译：《库伦条约之始末》，中华书局 1930 年版，第 35 页。

③　《库伦条约之始末》，第 32 页。

④　《库伦条约之始末》，第 65 页。

管辖的贸易圈,有治外法权,俄国可在蒙古设立邮政①。《俄蒙协约》及其附约,一方面完全无视外蒙是中国领土的一部分,其地方当局根本无权与外国订立这样的条约,另一方面又使沙俄在外蒙获得了近似于殖民地的种种特权,使外蒙实际上沦为沙俄的保护国②。通过《俄蒙协约》,沙俄等于承认外蒙是一个独立的政治实体,尽管它还不敢公开承认外蒙是一个独立国家。然而沙俄深知,没有中国的承认,《俄蒙协约》很难真正付诸实施。因此它仍然要通过中俄谈判进一步迫使中国承认这个协定,而《俄蒙协约》签订的本身,实际上也是对中国拒不谈判的一种威胁手段。

《俄蒙协约》签订的消息一经传出,全国舆论大哗,革命党人一致指责袁政府应付无方,坚决主张不予承认。孙中山分别致电袁世凯和参议院,认为"此事关系民国存亡",必须坚决"否认"③,并提出以钱币革命对抗沙俄的主张④。全国各政党团体也都通电痛斥沙俄侵略行径。各地纷纷成立"救蒙会"、"抵制团"等,抵制俄货,不为俄人服务,并索兑俄币,以致出现了华俄道胜银行的纸币"不能流通市面"的局面⑤。

面对《俄蒙协约》签订的形势,北京政府对外蒙问题的拖延策略也无法再维持下去了。得知《俄蒙协约》签字的消息后,北京政府首先令驻俄公使刘镜人声明:"蒙古为中国领土,现虽地方不靖,万无与各外国订立条约之资格,兹特正式声明,无论贵国与蒙古订立何种条款,中国政府概不承认。"⑥为了在外交上有所转圜,北京政府又令各驻外使馆

---

① 吴成章:《俄蒙协约审勘录》,顺天时报馆1915年版。

② 1913年—1914年间,沙俄和外蒙还签订了关于训练军队及购买武器的协定,以及贷款协定、《开矿条约》、《架设电线协定》、《敷设铁路协定》、《借款契约》等一系列协定,获得大量侵略权益。

③ 《天铎报》,1912年11月24日。

④ 在12月3日的通电中,孙中山倡议改革货币制度,以纸币代替金银,从而解决财政困难,抵抗沙俄侵略。《孙中山全集》第2卷,第545—549页。

⑤ 《民立报》,1912年12月16日。

⑥ 陈博文:《中俄外交史》,商务印书馆1928年版,第83页。

探听反应,希冀能得到列强的一点支持,岂料"各国官方的反应非常冷淡"①。当时英、日正为西藏、满洲问题与中国讨价还价,法国是沙俄同盟国,它们当然不会反对沙俄的行动。列强中只有德国表示了一点所谓"同情",但这并不足以为北京政府的寄托。反观国内,主战声浪虽高,实际出兵并非易事,面对日趋紧张的与革命党人的矛盾,袁世凯也不会轻易调兵北上。正如时人所分析的,"袁项城因为内地异己势力尚盛,既不肯调同派军队远征,又不欲遣派异派军队立功,尤虑外交上引起种种纠纷,不利于己"②。结果只有与沙俄谈判解决外蒙问题。这是中国一直力图避免而沙俄则求之不得的解决方法。

《俄蒙协约》签订后,北京政府外交总长梁如浩在舆论压力下被迫辞职,前驻俄公使陆徵祥继任外交部长。1912年11月起,陆徵祥开始与沙俄驻华公使库朋斯基会谈外蒙问题,至次年5月双方商订六款草约止,共会谈二十余次。在11月30日的第一次会谈中,沙俄提出四项条款,包括中国不更动外蒙行政制度、不在外蒙殖民、承认蒙古得有军备警察之组织、由俄国调处规定中蒙交涉及领土范围事宜、承认俄蒙商约各条③,俨然一副外蒙主子的架势。

中国方面在对案中,同意中国不改变外蒙古旧制,不于旧制外驻兵、设官、殖民,但要求俄国承认中国在外蒙的完全领土主权及治权,不干涉中国在外蒙的政策措施④。此后的会谈,双方即围绕各自的基本立场反复争执。沙俄抱定"欲使外蒙恢复旧状万不可能"的蛮横态度,极力压迫中国接受其提案。1912年底,北京临时政府为应付财政困难,向列强提出暂缓交付庚子赔款。沙俄立即在中俄会谈中表示:"倘

①　吕秋文:《中俄外蒙交涉始末》,台北1976年版,第28页。
②　远东外交研究会编:《最近十年之中俄交涉》,国际协报社1923年版,第144页。
③　外交部吉林交涉署:《中俄蒙古交涉节略》。
④　《中俄外蒙交涉始末》,第52页。

蒙案尚未解决,则俄国不能应允。"①次年5月,库朋斯基唯恐会谈久拖不决,更直接地威胁说:"若不从速议决,本国只有直接与库伦提议,彼时情变事迁,条件亦必因之迥异,果尔则中国虽欲按照今日之条件议结,本国政府亦不能应允矣。"②对中国来说,外蒙本是中国领土,自应坚拒沙俄的无理要求,无奈实力不够,气也就壮不起来。北京政府事前即规定了交涉方针是"持和平主义,以事折冲,不欲致有决裂"③。当时又值"二次革命"前夕,袁世凯迫切需要列强的谅解和支持,因此急于早日结束这场交涉。沙俄之所以敢于如此威迫中国,正因为它看透了北京临时政府的弱点。在此情况下,中俄双方遂于1913年5月20日达成协约草案六条,主要内容为:俄国承认外蒙古为中国领土完全之一部分,尊重中国旧有权利,中国不更动外蒙古历来之地方自治制度,许其有组织军备警察之权、拒绝非蒙古籍人殖民之权,俄国不派兵至外蒙,不办殖民,中国以和平办法施用其权于外蒙古,中国同意《俄蒙协约》所给予俄国的商务利益④。沙俄除作了一些文字上的让步外,实际上达到了谈判开始时的预定目的。

中俄草约于5月26日经国务会议通过,5月28日提交国会讨论。为了从速通过,袁世凯特意咨请众院秘密审议,省略通过及三读手续。陆徵祥在出席说明中,解释达成此草约是因为"北蒙地势辽远,非我国现时财力所能经营,只能姑允俄请,日后另筹回复"⑤。袁世凯在国会中的追随者进步党立即表示"承认大体修正条文,并认定此事绝无党见发生之余地"⑥。但国会中的国民党人坚决反对这一草约,认为这无异

① 《中俄外蒙交涉始末》,第54页。

② 《中俄协约案件·总长会晤俄使问答》(5月9日),中国社会科学院近代史研究所藏原件。

③ 《中俄交涉大事记》,《震旦》第2期,1913年3月。

④ 何汉文:《中俄外交史》,中华书局1935年版,第284—285页。

⑤ 《外蒙古近世史》第2篇,第12页。

⑥ 《时报》,1913年6月29日。

于断送外蒙。国民党人还利用这一草约揭露袁世凯无心抵御外侮，却一心消灭异己的行径，指出政府"空言搪塞，不肯实力维持，蒙古尚可增兵，我国未加守备，反至调兵南下，贻俄人以乘间进行"①。众院讨论草约后，提出修改意见，其最要之点为外蒙不得称中央长官，军警须受中国政府节制。然陆徵祥据此和俄方交涉时，俄使竟声称，"已奉有政府最后之命令，无修改之余地"②。因此袁世凯只能将草约强行交付表决，众院于7月8日通过，参院则于湖口起义的前一日7月11日将草约否决。沙俄政府不少官员本来就对草约规定外蒙为中国领土完全之一部分不满，现在见草约未通过，干脆于13日由政府致中国外交部一份照会，另提四条提案，明白要求中国承认外蒙自治。至此中俄交涉暂时陷于停顿，袁世凯忙于镇压革命党人的起义，一时也顾不上此事了。

二次革命失败后，袁世凯"统一"了全国，外蒙问题不能久拖不决，中俄双方又开始了新的一轮会谈。此时孙宝琦继陆徵祥出任外交总长，代表中国方面，俄方代表仍为库朋斯基，从1913年9月18日起，至10月29日结束，共会谈十次。沙俄在会谈中，除了坚持过去的要求外，又得寸进尺，提出中国应允许外蒙办理境内一切内政、工商事宜，条约中应将中俄蒙三方并列，使外蒙成为实际上的独立国家。对中国方面所主张的于条约正文中俄国承认外蒙为中国领土的一部分这一理所当然的要求，沙俄坚不同意，只允列入附件③。既然袁世凯在以前的谈判中已是步步退让，那么他现在也别无良策能坚持自己的立场，只能屈服于沙俄的压力。更有甚者，尽管国民党人在战场上失败，但袁政府仍心有余悸，为了逃避国会审议的手续，竟在会谈中主动提议，不以缔约形式而以互换公文的方式解决，沙俄当然同意。1913年11月5日，中俄双方正式签字互换了《中俄声明文件》。

---

① 邹鲁：《回顾录》，独立出版社1947年版，第63页。
② 《中俄协约案件·总长会晤俄使问答》(6月4日)。
③ 张大军：《外蒙古现代史》第1册，台北1983年版，第138—144页。

《中俄声明文件》正文共五款,规定:一、俄国承认中国在外蒙古之宗主权;二、中国承认外蒙古之自治权;三、中国承认外蒙古自行办理内政并整理本境一切工商事宜之事权,不驻兵,不派驻文武官员,不殖民,俄国亦担任不派兵、不干涉外蒙内政、不殖民;四、中国声明承认俄国调处。按照上述各条及俄蒙商务专款明定中国与外蒙古之关系;五、凡关于俄中两国在外蒙之利益及发生之问题均应另行商订。《中俄声明文件》还有另件四款:一、俄国承认外蒙古为中国领土之一部分;二、凡关于外蒙古政治、土地交涉事宜,中国政府允与俄国政府协商,外蒙古亦得参与其事;三、正文所载随后商定事宜,当由三方面约定地点委派代表接洽;四、外蒙古自治区域以前清驻库伦办事大臣、乌里雅苏台将军及科布多参赞大臣所管辖之境为限①。

《中俄声明文件》的签订,使中国除了一个空洞的"宗主权"外,丧失了对自己的领土外蒙古的几乎一切权利。从此中国在外蒙只剩下一个什么也管不了的驻库伦都护使及人数少得可怜的一点卫队。对沙俄来说,文件基本满足了它的侵略野心。它虽承诺不派兵,不殖民,但它在外蒙已驻有军队,俄蒙商约里也允许俄人在外蒙自由居住经商,因此,文件对沙俄的侵略行为并无约束力。难怪沙俄外交大臣在给驻外蒙外交代表的信中得意地声称,外蒙"虽然对中国还有一种宗属关系,但实际上对一切事务皆可独立处理"②。所谓"独立处理",其实就是听从沙俄处理。袁政府的外交总长孙宝琦给袁世凯的呈文中,竟还厚着脸皮说什么此约"似与土地主权稍获挽救"③,真是自欺欺人。

《中俄声明文件》签订后,根据文件的规定,中俄蒙三方于1914年9月8日起在恰克图会议,解决各项未决问题。中国代表为专使毕桂

---

① 卓宏谋:《蒙古鉴》第5卷,北平普善印刷局1935年版,第11—12页。

② 蒋廷黻选、张禄译:《帝俄与蒙古》,《国闻周报》第10卷第50期,1933年12月。

③ 李毓澍:《外蒙古撤治问题》,台北1961年版,第26页。

芳、驻墨西哥公使陈箓,俄国代表为驻外蒙总领事密勒,外蒙代表先为达喇嘛达锡札布,后为"司法副长"希尔宁达木定。三方各自提出了条约草案,其争执的要点在于铁路、邮政、税则、司法诉讼等具体问题。沙俄代表在会上力图扩大各种侵略权益,并一再威胁中国方面,"若会议因中国提议让外蒙万难承认之条件而无效,俄当一再扩充承认蒙古政府事实上自治发生之效力"[1]。中国代表曾希望通过会议挽回一些利权。但是,此时正值中日关于"二十一条"的交涉吃紧,袁政府唯恐再得罪沙俄,指示代表"务望设法勉力解决,免致功败垂成,且碍大局"[2]。为了打破会议的僵局,袁政府令代表可以用"彼有实事,我徒虚名"的方法向俄方让步[3]。这个"徒虚名"的指导方针是导致中方失利的原因之一。结果虽然保存了虚名,许多国家主权和利益却被断送了。这是封建自大思想加妥协退让精神的半殖民地外交的典型。

由于中国代表的让步,在经过几十次会议后,1915年6月7日,中俄蒙三方在恰克图签订了《中俄蒙协约》。《协约》共二十二条,大致内容包括:外蒙古承认《中俄声明文件》及另件,承认中国宗主权;中、俄承认外蒙古自治,为中国领土之一部分;外蒙无权与各外国订立政治与土地关系之国际条约;哲布尊丹巴呼图克图汗名号由中华民国大总统册封,外蒙使用民国年历,兼用蒙古干支纪年;中、俄承认外蒙办理一切内政及与各国订立关于工商事宜条约之专权;中俄不干涉外蒙现有内政之制度;中国商民运货入外蒙不纳关税,但须交纳已设及将来添设之各项内地货捐;凡关于中蒙、中俄人民诉讼事宜,均由中蒙、中俄双方会同审理,《俄蒙通商章程》继续有效等[4]。《中俄蒙协约》将前此沙俄获得的各项侵略权益确认并加以具体化,中国除了得到一个毫无实际作用

---

① 《中俄外蒙交涉始末》,第94页。

② 《中俄外蒙交涉始末》,第114页。

③ 《中俄外蒙交涉始末》,第117页。

④ 国民政府蒙藏委员会编:《中俄中英关于蒙古西藏约章合编》,1929年版。

的册封权及使用民国纪年外,于实际一无所获。

《中俄蒙协约》签订的当天,袁世凯宣布册封哲布尊丹巴呼图克图汗,所有外蒙王公喇嘛的爵职名号一仍其旧,赦免所有参加库伦独立之人。库伦活佛于6月9日致电北京政府取消"独立"及国号年号,北京政府于库伦设办事大员公署,任命都护使,于恰克图、科布多、乌里雅苏台设佐理专员公署,任命佐理员。中国对外蒙恢复了名义上的治权,民国初年喧嚣一时的外蒙问题至此暂时告一段落。

沙俄除了策动外蒙独立、扩大侵略权益而外,还非法窃占了中国的唐努乌梁海地区。唐努乌梁海在外蒙西北部,面积17万平方公里,历来属于中国。1727年的中俄《恰克图界约》在法律上明确规定了唐努乌梁海为中国领土。清朝统治时期,它一直属于清驻乌里雅苏台将军管辖。十九世纪中叶以后,随着唐努乌梁海地区的金矿和其他资源的发现,俄国人蜂拥而入,到辛亥革命前后,已达到一万多人,占当地人口总数的六分之一,沙俄开始积极图谋吞并该地。1912年1月,沙俄驻华代办谢金呈请沙皇立即占领乌梁海地区,可是就连沙俄外交大臣萨查诺夫在研究了国家档案后也不得不承认:"俄国在乌梁海地区并没有法律上的权利。"沙皇尼古拉二世对此极为不满,他提醒萨查诺夫:"中国发生了巨大的改变,我们必须更积极地解决此事,否则我们在中国边界上就得不到什么利益。"①1914年初,萨查诺夫在一份备忘录中表示内阁关于合并乌梁海的政策是正确的②。4月,沙皇批准了这一备忘录。6月,沙俄军队即开进唐努乌梁海地区,任命格里哥列夫为乌梁海事务长官,组织大规模的俄国移民,1915年又宣布俄国的民、刑法典全部适用于该地区,并拒绝了外蒙根据《中俄蒙协约》划定的界限在唐努乌梁海派驻代表的提议。沙俄就这样强占了中国的唐努乌梁海地区。

---

① 《红档杂志有关中国交涉史料选译》,第375页。

② *Outer Mongolia and its International Position*,PP. 103—104.

三　英国觊觎西藏及中英交涉

西藏自古即是中国领土不可分割的一部分。长期实行政教合一的统治制度。清朝实行尊崇黄教的政策,顺治和康熙帝都曾给该地区两大统治首领达赖和班禅喇嘛优加封号。1720 年(康熙五十九年)清军入藏平定准噶尔叛军之乱后,开始派员驻扎西藏,加强对西藏地方的管理。1727 年(雍正五年)正式设驻藏正副大臣二人,分驻前后藏。1793 年(乾隆五十八年),清廷颁布了《钦定西藏章程》,规定有关藏内大小事务,"均应禀命驻藏大臣办理"①,并规定了西藏地方政治、经济、军事、外交一整套制度,表明中国对西藏拥有完全的主权。

十九世纪中叶,英国完成了对印度次大陆的入侵后,开始把侵略矛头指向与印度毗邻的西藏。其首要目标是确保印度的地位不受损害,使西藏成为印度与沙俄之间的缓冲地带;其次是掠夺西藏丰富的羊毛、皮革、矿产资源,推销印度茶叶和工业品,并通过西藏进一步向中国西部扩张。为达此目的,英国先后发动了 1888 年和 1903 年—1904 年的两次侵藏战争,通过随后签订的《中英藏印条约》(1890)及续约(1893)、《中英续订藏印条约》(1906)及《通商章程》(1908),英国攫取了一批侵略权益,包括开放亚东、江孜、噶大克,自由通商,派驻官员,租赁房屋,领事裁判权等。尽管如此,在 1906 年的《中英续订藏印条约》中,英国也不得不"允不占并藏境及不干涉西藏一切政治"②。但它并不就此住手,而是在寻找更有利的时机实现其侵占西藏的阴谋。

英军两次侵藏战争,更兼沙俄也野心勃勃,窥视西北,使清廷感到西藏地位的危险。清政府内部的不少官员鉴于"俄人觊觎于北,暗中诱

① 《卫藏通志》卷 12。

② 《光绪条约·英约(三十年丙午)》,外交部印刷所 1916 年版。

之以利，英人窥伺于西，近且胁之以兵"的状况①，主张在西藏进行改革，加强西藏与内地的联系。1906年，张荫棠出任查办藏事大臣，拟定善后办法二十四条，主张在西藏练兵筹饷，革除苛政，振兴农工商业。未及实行，张即离任。新任驻藏大臣联豫积极推行新政，设立督练公所、巡警局、电报局、学务局等新机构②。在西藏改革的同时，清廷又任命赵尔丰为川滇边务大臣，在藏人聚居的四川西部进行以改土归流为中心的改革。清廷在西藏与川边的这些改革措施，对于加强西藏与内地的联系，巩固祖国边疆，无疑有着一定的积极意义。但是这种改革往往带有民族歧视意味，不容易得到广大藏族人民的支持，同时又与西藏上层封建农奴主阶层的既得利益发生了矛盾，遭到他们的反对。

英军两次侵藏后，为了消化侵略成果，也为了避免与沙俄的冲突③，英国对西藏采取了所谓"不干涉政策"，更注重经济渗透和政治分化，在西藏上层人物中扶植亲英势力。英国驻西藏的商务专员等人采取各种手段拉拢和收买西藏官员，挑拨汉藏关系，制造和扩大汉藏矛盾。驻亚东的英国商务委员麦克唐纳曾供认，每当汉藏间发生争执时，他总是火上加油④。随着藏印贸易的发展，西藏产生了一批靠垄断羊毛贸易获取高额利润的特权阶层，他们成为亲英派的主要人物。亲英派首领伦青夏札即因专靠羊毛贸易营私舞弊，被联豫下令抄没家产。清廷在西藏的改革措施自然激起西藏上层人物的激烈反对，他们唯恐失去自己的特权，除呈请暂缓改革外，还煽动各地土司头人反对改革，

---

① 《联豫驻藏奏稿》，西藏人民出版社1979年版，第14页。

② 《陆兴祺咨送前清末季西藏沿革大略文》(1918年10月28日)，中国第二历史档案馆藏北洋政府蒙藏院档案。

③ 英俄两国曾于1907年签订协约，在关于西藏的部分中，两国约定不干涉西藏内部行政，不与西藏直接交涉，不派代表至拉萨，不为自己谋求特殊权力等。这是英俄妥协的产物。

④ 麦克唐纳著，孙梅生、黄次书译：《旅藏二十年》，商务印书馆1935年版，第36页。

并直接派藏军进攻川边三岩等地。在此情况下,清廷决定恢复鸦片战争后名存实亡的中央驻军西藏制度,派钟颖率川军入藏,以加强控制。1910年2月12日,川军进入拉萨。在阻止川军入藏的企图失败后,十三世达赖喇嘛偕夏札等人于当日仓皇出逃,经亚东到达印度大吉岭,请求英国"保护"。英国如获至宝,"处处从事笼络"。英印总督明托、英国驻锡金政务官柏尔等人多次会见达赖,为他打气。并"预备馆舍,供给一切,未及两年,达赖与藏员尽为所愚,而倾向维殷矣"①。

辛亥武昌起义爆发的消息传至西藏后,原本平静的藏局再次开始动荡。先是,驻藏清军因欠饷而军心浮动,军中会党分子乘机活动,此时革命消息传来,即有人以弃藏回川为号召煽动起事。1911年11月13日,郭元珍、何光燮等人领导兵变,囚禁联豫,推钱锡宝为首领。不久为钟颖击散②。其后,联豫称病避入布贽绷寺休养,藏政由钟颖主持(次年5月10日,北京政府正式任命钟颖为驻藏办事长官),拉萨局势稍定。但不久征讨波密的军队于撤退途中闹事抢劫,与藏军发生冲突,并波及江孜、日喀则等地。次年三月,拉萨市内的汉藏冲突亦因驻军抢掠寺院而激化,双方为此而开战。汉藏间的冲突,一定程度上是清廷民族压迫政策的恶果,然而这是中国的内部问题,应该由中国人自己解决。可是英国却感到有机可乘,遂极力插手,企图实现其把西藏从中国分裂出去的阴谋。在英国的怂恿和策动下,所谓西藏"独立"的喧嚣得以在更大范围内掀起。

辛亥革命爆发后,卸任不久的英印总督明托赶赴大吉岭与达赖密谈。其后达赖遣派的官员即潜回西藏进行煽动,达赖的内侍亲英分子达桑占东负责具体组织军事叛乱。他组织了一支一万多人的藏军,自

---

①　《陈贻范报告西姆拉会议情形及自请惩戒文》(1914年10月15日),北洋政府政事堂档案。

②　辛亥革命在西藏的情况比较复杂,历来著作均称"兵变",近年有人认为应属于"革命"。但驻藏清军中赞成帝制及拥护共和者兼有,兵变领导人的旗号亦是先勤王,后革命。在未深入研究前,这里沿用旧说。

任总司令,1912 年 3 月开始向江孜驻军进攻。经英国驻亚东商务委员麦克唐纳的"调停",当地清军被迫交出武器弹药,取道印度回内地①。接着,日喀则的驻军亦遭同样之命运。自 1912 年 4 月起,达桑占东调集各路叛军包围并进攻拉萨,与守军展开激战。守军因"兵饷欠罄","内缺枪弩",英国声援藏人,"复禁卖粮食"②,不得已只能接受英国指使的廓尔喀驻藏官员噶卜典的"调停",和藏军达成四点议和条件,将枪弹交出,经印度回内地,并赔偿兵变损失,只驻藏大臣留驻拉萨③。9月,驻藏军队陆续启程返回内地。11 月,达赖强令留藏所有官员必须于 11 月 10 日前离开西藏④。钟颖及其卫队被迫离开拉萨,先移驻靖西,次年 3 月回内地。至此,所有驻藏官员及军队均被英国支持下的西藏上层亲英分裂主义势力驱赶出境。

1912 年 6 月,在印度流亡了两年多的达赖在英军的护送下,从噶伦堡启程回藏。在行前的欢送仪式上,英国官员公然表示:英国的愿望是,"在中国维持对西藏的宗主权而不进行干涉的条件下,看到西藏内部自治,他们期望达赖喇嘛能尽其一切力量,达到目的"⑤。有了英国人的支持保证,西藏亲英分裂主义势力更为猖狂。在藏内,他们挑动民族仇恨,煽动要把汉人"驱逐净尽"。在藏边,藏军东进,切断川藏交通,到 6 月中旬,藏军先后攻陷江卡、盐井、理塘等地,包围了察木多、康定等地,川边未被攻陷的县城,南路只有三个县,北路尚余八个县,由此直

---

① 《旅藏二十年》,第 68—70 页。

② 《川督尹昌衡报告达赖派兵围攻汉军电》(1912 年 8 月 3 日),中国第二历史档案馆藏北洋政府国务院档案。

③ 朱锦屏:《西藏六十年大事记》,1925 年版,第 29 页。

④ 《江孜关监督史悠明报告汉藏第二次议和条款电》(1913 年 2 月 7 日),中国第二历史档案馆藏北洋政府蒙藏院档案。

⑤ 《俄国中央及地方政府档案》(1878—1917 年),第 2 类第 20 卷,第 220—221 页。转引自丁名楠等:《帝国主义侵略中国领土西藏的罪恶历史》,《历史研究》1959年 5 期。

接威胁到川、滇两省的安全①。

1913年初，达赖派亲信德尔智潜赴库伦，与沙俄卵翼下的外蒙当局秘密谈判，签订了所谓"蒙藏条约"，议定双方相互承认脱离中国而"独立"，互相援助②。通过这一行动，西藏分裂主义势力又得到了沙俄的支持。这样，西藏问题就成了继外蒙问题之后，困扰北京政府的又一大边疆问题。

南京临时政府成立时，孙中山已明确宣告西藏为中华民国领土。袁世凯任总统后，再次重申了这一点，在1912年4月22日发布的大总统命令中，要求"蒙藏回疆等处""通筹谋画，以谋内政之统一"③。面对当时的西藏局势，首先是藏军武装进犯川边所造成的对川、滇两省的威胁，北京临时政府决定对藏政策是剿抚结合，先剿后抚。这一政策之所以能付诸实施，主要原因在于川、滇两省的地方当局鉴于切身利害关系，对进兵态度积极。川督尹昌衡认为，必"先有武装而后有和平"④。因此川、滇两省接到命令后，立即行动，派兵西征。对袁世凯来说，只要不出动北洋军队而由川、滇两省出兵，既可免伤实力，又可削平藏乱，自然是件好事。川、滇两省军事行动的部分成功，成为稳定藏局，使西藏事态发展没有演变到外蒙那种地步的重要因素。

1912年7月，川督尹昌衡亲率川军前队二千五百人从成都出发。8月，川军兵分两路，南路由朱森林率领，收复河口、理塘，北路由刘瑞麟率领，解察木多、巴塘之围。与此同时，云南都督蔡锷派遣的一支军队在殷承瓛的率领下也收复了盐井等地。到8月底，川边失陷之地已基本收复，形势趋于稳定。

川、滇军队节节胜利的消息，使西藏分裂主义势力的后台老板英国

① 北洋政府外交部编：《藏案纪略》，第25页。
② 柏尔著，宫廷璋译：《西藏之过去与现在》附录，商务印书馆1930年版，第31—32页。
③ 《中国大事记》，《东方杂志》第8卷第12号，1912年6月。
④ 尹昌衡：《西征纪略》，第15页。

终于忍耐不住了。它放弃了所谓"不干涉政策"，开始走上前台赤裸裸地干涉中国内政。还在川、滇两省的进兵尚在准备中时，6 月 23 日英驻华公使朱尔典与袁世凯会谈，就中国迫切需要的借款问题提醒袁注意，如果川军的进兵超出一定范围，英国政府就"不会对中国提供任何进一步的援助"①，进而声称"西藏问题总以日后和商易为归结，倘现时用武力，或与友睦之办法必有巨碍"②。此后朱尔典在与袁世凯的几次会谈中，又重提中国不得派兵入藏，不得改西藏为行省，否则所有责任惟中国是问③。在这些威胁一时未见效，而藏军在川、滇军兵锋之下不断败退的情况下，8 月 17 日，英国方面正式向中国提交照会，声明五点：一、英政府不允中国干涉西藏内政；二、反对华官在藏擅夺行政权并不承认中国视西藏与内地各省平等；三、英国不欲允准在西藏境内存留无限华兵；四、以上各节先行立约，英方将承认之意施于民国；五、暂时中藏经过印度之交通应视为断绝④。英国的照会完全无视国际法准则，是对一个主权国家内政明目张胆的干涉。西藏本为中国领土，中国政府如何行事完全是自己的事，英国根本无权干涉，何况英国自己也在 1906 年的《中英续订藏印条约》中，承认不干涉西藏一切政治。英国此举，是洞悉袁世凯政府迫切要求得到列强承认和借款，不敢轻易与英决裂，才如此行事的。9 月 6 日，朱尔典在与外交次长颜惠庆的会谈中，更进一步威胁中国，如果中国政府不令川滇军停止西进，英国不仅不承认中国政府，且将以实力助藏独立⑤。前此，袁世凯与朱尔典的会谈

① 　F. O. 535/15, No. 150, Jordan's Memorandum of Interview on 23rd June, 1912.

② 　北洋政府外交部编：《西藏问题议案》。

③ 　Mehra: *The North - Eastern Frontier*, *A Documentary Study of the Interne-cine Rivalry Between India*, *Tibet and China*, Vol. 1, Delhi, 1979, P. 66.

④ 　北洋政府外交部编：《藏案纪略》，第 14 页。

⑤ 　杨德麟：《西藏大事记》，台北 1955 年版，第 34 页。

中,袁已承诺中国并无将西藏改为行省之意①。现在,面对英国的强硬态度,有求于列强的北京临时政府终于改变了立场。8月30日,国务院致电尹昌衡,令其"切不可冒昧轻进,致酿交涉,摇动大局"②。9月12日,又令尹昌衡,"该军已到察木多之队,务饬切勿过该处辖境"③。同时,滇军亦奉命暂缓进军。这样,川、滇军基本上停止于怒江一线。有人评论说:"战胜川军者,非藏兵也,英使朱尔典也。"④

　　武力解决的方法既行不通,北京临时政府只好退而求其次,改剿为抚,"冀以怀柔之手段,牢笼藏人"⑤,即通过和西藏地方当权人物的直接交涉,求得西藏问题的和平解决。1912年9月,内阁总理赵秉钧在参院秘密会议上说明北京政府今后的对藏方针是,"不施行新制,悉依旧法","承认达赖之归藏,及复其封号",保护英人在藏之生命财产⑥。10月28日,袁世凯下令正式恢复因离藏出逃被清政府开革的达赖封号,次年4月1日又加封班禅,并对联豫等人及滋事官兵予以处分。蒙藏事务局着手拟定《西藏待遇条例》,内容大致同于《蒙古待遇条例》。北京政府任命的护理驻藏办事长官陆兴祺和劝慰员杨芬也先后到达印度,准备入藏与达赖交涉。1912年12月,袁世凯致电达赖,表示已令有关方面停战,并希望达赖"亦转饬属下停战","所有滋事以来汉番曲直及善后一切事宜,另派专员商办"⑦。

　　在北京临时政府的努力下,西藏地方当局一度有过和解的表示。1912年底,达赖先后通过钟颖及袁世凯任命的新疆都督袁大化向北京

---

①　Mehra:*The North - Eastern Frontier*, *A Documentary Study of the Internecine Rivalry Between India*, *Tibet and China*, Vol. 2, P. 66.

②　《民元藏事电稿》,西藏人民出版社1983年版,第32页。

③　《民元藏事电稿》,西藏人民出版社1983年版,第45页。

④　陆兴祺:《西藏交涉纪要》下篇,第4—5页。

⑤　王勤堉:《西藏问题》,商务印书馆1929年版,第66页。

⑥　《内外时报·英藏交涉始末记》,《东方杂志》第9卷第10号,1913年4月。

⑦　《西藏地方历史资料选辑》,三联书店1963年版,第286页。

政府提出五项条件①,同时还写信给蒙藏事务局总裁贡桑诺尔布,表示愿意"妥商"西藏事务。北京政府和达赖的接触之所以未能最终导致和平解决西藏问题,除了达赖本人左右摇摆,犹豫不决外②,更主要的在于英国的干涉和阻挠。自8月17日英国递交照会后,英印当局立即切断了中藏间经印度的交通(这是当时进藏的主要通道)。杨芬、陆兴祺等人滞留印度,不能前进。杨芬"迭电达赖及其噶布伦等","然所发函电皆为英人扣留,复密行雇人投递两次,亦为该处英人阻回"③。后来还是通过达赖驻印交涉员札喜旺堆,杨芬才与达赖建立了间接联系。对陆兴祺出任护理驻藏办事长官,英国根本不予承认,也不准其与藏人通信,否则即要令其离印④。和达赖的直接接触都无法建立,协商解决西藏问题就更谈不上了。在英国的怂恿支持下,达赖于1912年底致电袁世凯,声称汉官兵尽退,藏自相安⑤。西藏当局并作出决议:"若民国政府派兵来藏,藏人不能限止时,即请英人出面阻止,并以特别权利报

---

①　这五项条件是:1. 西藏人当与汉人有同等之权利;2. 民国政府每年补助西藏五百万两;3. 西藏人得以西藏境内之矿山自由向外国人抵借;4. 西藏人得自由练兵,民国政府不得干涉,但承认得以我国内地军队一千五百名派驻西藏;5. 一切官制虽照民国政府之规定施行,而人才则采用西藏人。北京政府的答复是,第三条不予承认,二、四两条须说明理由,余均可答应。(《内外时报·英藏交涉始末记》,《东方杂志》第9卷第10号,1913年4月)

②　十三世达赖喇嘛最初并非亲英派。西藏另一宗教首领班禅喇嘛及许多僧侣都表示拥护民国。在拉萨召开的僧俗代表大会上,倾向民国的"亦不少"。(《西藏之过去与现在》,第93—94页)这些意见达赖不可能不考虑。但是,西藏当权人物如夏札、达桑占东等人,多数为亲英分裂主义分子,达赖为他们所包围。而且达赖本人自流亡印度后,受惠于英人及其影响,回藏后倾向联英,所以他一度摇摆后,最终以英国为靠山。

③　《杨芬呈报入藏情形文》(1913年9月2日),中国第二历史档案馆藏北洋政府蒙藏院档案。

④　《陆兴祺致北京政府电》(1913年8月16日),中国第二历史档案馆藏北洋政府蒙藏院档案。

⑤　《达赖致袁世凯电》(1912年12月24日),中国第二历史档案馆藏北洋政府蒙藏院档案。

酬英人。"①西藏亲英分裂主义势力自恃有英国为后盾,关闭了协商大门。武力和和平的路都走不通,北京政府于无可奈何中只得和英国交涉解决西藏问题。

　　民国初年的所谓西藏问题,很大程度上是英国政府有意制造出来的。而自问题发生后,英国政府的中心政策,是要由中英双方的交涉,规定西藏今后的政治地位。其目的是:"西藏虽然名义上仍可保留在中国宗主权下的自治邦的地位,但在实际上应使它处于绝对依赖印度政府(实际上是英国政府——编者注)的地位,而且还应该成立一个有效机构,以便把中国和俄国都排挤出去。"②毫无疑问,这将给英国带来莫大的好处,可以由此分裂西藏,控制西藏,为大英帝国的殖民利益再添上一笔资本。沙俄在外蒙的扩张及北京政府的软弱态度,同时刺激着英国的侵略欲望。英印总督哈定在给本国政府的信中写道:"既然俄国对蒙古政府的支持并没有随之以反俄浪潮,那么我们也没有理由猜想,英国反对把西藏划入中国会导致反英浪潮。"③1912 年 8 月 17 日英国的照会,一方面是为了阻止川、滇军队的进军,更重要的是提出了中英就西藏问题改订新约的要求。只有这样,才能使英国的侵略合法化。照会提出后,北京临时政府虽已下令暂缓进军,但也不想和英国重订新约,因为其结果是不言而喻的,所以它对英国照会一直采取拖延而不作答的态度。英国在几次催促无效后,12 月 12 日,英国外交大臣格雷授意朱尔典,如果不承认民国政府尚未构成对中国的足够威胁,则可通知中国,除非它按照英国条件在三个月内进行谈判,否则英政府将视1906 年《中英条约》为无效,并将自由地与西藏直接谈判,英国政府还准备给西藏以实际支持,建立和维护西藏的独立④。两天后,朱尔典在

---

①　《西藏六十年大事记》,第 44 页。

②　Woodman:*Himalayan Frontiers*,New York,1969,P. 149.

③　F. O. 535/15,No. 44, Viceroy to Secretary of State. 23,March. 1912.

④　F. O. 535/15,No. 303,Grey to Jordan 12,December,1912.

与外交次长颜惠庆的会谈中,两次要求中国作出正式答复。他还进一步暗示说,这些条款是在中国于西藏尚有部分主权的基础上提出的,远远超过中国现时所能期望获得的最大权利①。换句话说就是,中国可以得到的英国方面的让步不会超出条款以外的范围。这些话中公开和暗含的意义都不难理解,北京政府当然不会不明白。

　　1912 年 12 月 23 日,中国政府对英国照会逐条作出正式答复,声明:一、中国对西藏拥有全权,惟现时无意改西藏为行省,但亦不许其他一切外国干涉西藏之领土权及内政;二、中国于西藏为履行条约,维持治安,必须驻有军队,但非无限制;三、中英已两次订立关于西藏之条约,今无改订新约之必要;四、中国政府并无有意阻断印藏交通之事,以后更当加意保护;五、承认中华民国不能与西藏问题并为一谈,深望英国先各国而承认②。这个答复在不改西藏为行省,不驻扎无限制军队等问题上满足了英国的要求,但答复仍然拒订新约,又使英国"十分不满意",因为拒订新约,实际上就是认为旧约有效,从而也就确认英国无权干涉西藏内政。英国政府在对中国答复的答复中,无理认为中国答复"无法讨论",英国政府只能以"上年八月十七日所备节略为根据,会商允洽之法"③。朱尔典公然威胁外交总长陆徵祥:"不订约恐办不到。"④此时,正值"善后大借款"前夕,为了不得罪英国人,北京政府终于 1913 年 3 月 27 日通知朱尔典称,中国准备按照 8 月 17 日照会中所列条件与英国会商⑤。经过一年多的抵制、拖延、犹豫,北京政府最终还是只有屈服于英国的压力。

　　① 　F. O. 371/1239, No. 55588, Jordan to Grey, 16, December, 1912.

　　② 　《北京电报》,《民立报》1912 年 12 月 30 日。

　　③ 　《西藏议约案·清字第 97 号》,吕秋文:《中英西藏交涉始末》,台北 1974 年版,第 221 页。

　　④ 　《西藏议约案·清字第 97 号》,吕秋文:《中英西藏交涉始末》,台北 1974 年版,第 222 页。

　　⑤ 　F. O. 371/1610, No. 14001, Jordan to Grey, 27, March, 1913.

中国方面同意英国要求后，在正式会谈前，中英双方曾就会谈的方式、内容有过几次讨论。在这些讨论中，英国节外生枝，提出由西藏代表作为独立方面与会。举行中英藏三方会议的想法是英国驻华公使朱尔典于 3 月间首先向英国政府提出的，他认为三方会谈是达成协议的最好解决办法，"即使谈判失败，也将使我们处于一个有利的地位，和西藏人进行独立于中国人之外的谈判"[①]。此后，英国政府将朱尔典的建议当作一项政策执行。在和中国方面讨论会议方式时，英国坚持要中英藏三方共同会商订约，共同签字。如同中国方面所指出的，此"不啻承认西藏有主约之权，而等于自主之国"[②]。中国方面为了满足英方的要求，作了一点让步，同意举行三方会谈，但为避免给人以西藏是一个独立国家的印象，中国建议，西藏代表不称全权字样，而是"称为掌权员，随同商议"，或者由中英、中藏分别会谈，分别签约。此项建议遭英方拒绝，他们声称，三方会议的办法英国政府"势在必行，必无更改之理"[③]。8 月 25 日，英国通知中国，无论中国代表与会与否，会议都将在 10 月 6 日开始[④]。中国方面在英帝的威胁下只能再次让步，同意参加三方会议。值得注意的是，英国公使朱尔典在与陆徵祥的会谈中提出，"鉴于四川之设西康省，其西部纯系藏境，将来立约不能不规定藏境，明分川藏疆界"[⑤]。这为其后西姆拉会议中的划界问题埋下了伏笔。

　　1913 年 10 月 6 日，中英藏三方会议在印度西姆拉开幕，10 月 13 日开始首次工作会议。会址选在印度，是英方的主意，目的在于就近控

---

①　Political External Files 1913/40，No. 916/13. Jordan to Grey, 6. March, 1913；Lamb：*The McMahon Line*，*A Study in the Relations Between India*，*China and Tibet*，London，1966，PP. 454—455.

②　《西藏议约案·清字第 97 号》，《中英西藏交涉始末》，第 230 页。

③　《西藏议约案·清字第 97 号》，《中英西藏交涉始末》，第 230—232 页。

④　F. O. 371/1612. No. 39306，Alston to Grey，25，August，1913.

⑤　《西藏议约案·清字第 97 号》，《中英西藏交涉始末》，第 223 页。

制会议进程①。英方代表是英印政府外交大臣麦克马洪，另以原英驻华使馆官员罗斯为中国事务顾问，英驻锡金委员柏尔为西藏事务顾问，西藏代表为亲英集团头目、首席噶伦伦青夏札。还在会议开始前三个月，柏尔就与夏札在江孜秘密勾结，"每日互商对付中国交涉办法"②。柏尔要夏札搜集各种档案文献资料，以此作为西藏"独立"的"证据"③。中国代表西藏宣抚使陈贻范、副宣抚使王海平 10 月 5 日方抵达西姆拉，在会议期间，"英人又禁止藏代表不与通信"，中国代表"一切举动，均派员陪侍，名为招待，实无异监视"④。西姆拉会议就是在这种英藏双方"协而谋我"的气氛中进行的。

西姆拉会议开始后，藏方首先提出六条草案，主要内容包括：西藏独立；西藏疆域要包括青海、理塘、巴塘、打箭炉等处；中国不得派员驻藏；英藏修改通商章程，中国不得过问等⑤。这些要求不仅要使西藏完全脱离中国，而且还就西藏疆域划了一条囊括青海和四川西部大片土地的界线，其荒谬程度连英驻华公使朱尔典都无可为其辩解。朱尔典曾就此评论道："没有一个人能使我相信，打箭炉和巴塘不属于中国人。"⑥藏方的要求遭到中国代表的强烈反对。11 月 1 日，中国代表提出驳复条款七条，主要内容是：西藏为中国领土之一部分；中国可派驻藏长官及卫队二千六百人驻扎西藏；西藏于外交及军政事宜均应听命中国中央政府指示而后行；通商条款之修改应由中英双方商议；中藏边界以当拉岭、江达等处划分⑦。次年 1 月，中、藏双方各自提出正式意见书，内容大略同前，请英方审查。本是侵略一方的英国，摇身一变成

---

① 中国提出会议在伦敦举行，为英方拒绝。

② 《西藏交涉纪要》下篇，第 19 页。

③ 《西藏之过去与现在》，第 99—100 页。

④ 《西藏交涉纪要》下篇，第 19 页。

⑤ 北洋政府外交部编：《西藏问题》。

⑥ Li, Tish - tseng: *Tibet, Today and Yesterday*, New York, 1960, P. 136.

⑦ 北洋政府外交部编：《西藏问题》。

了中国内部问题的仲裁人。麦克马洪主持会议,名为"调停",实际处处
干着有损中国主权的勾当。

就在西姆拉会议进行之中,1913 年 11 月 5 日,关于外蒙问题的
《中俄声明文件》发表。麦克马洪立即从这个英国的侵略伙伴的行动中
得到"启发",便向英国政府建议,仿效沙俄办法,将西藏一分为二,以此
解决显然将成为会议关键的西藏划界问题。英国政府于 1914 年 1 月
6 日认可了这一建议①。2 月 17 日,麦克马洪在就中、藏双方的提案提
出审查意见时,抛出了将西藏划分为内藏和外藏的计划,其要点是:"承
认外西藏业已成立的自治权,而中国于内西藏仍有若干权利。"这就是
英国心目中"俾全藏可复返太平"的"合理的解决办法"②。3 月 11 日,
麦克马洪正式交出英方调停约稿十一条,内容包括:中国对西藏拥有宗
主权并承认外西藏有自治权,所有外藏内政由拉萨政府掌理,中国不改
西藏为行省,西藏不有代表于中国议院或类似之团体;中国于西藏不派
军队,不驻文武官员,并不办殖民之事;英藏议订新通商章程,废除
1908 年的中英通商章程;英国商务委员可于必要时随时带卫队前往拉
萨等③。约稿将青海的大部分及四川西部均划入西藏界内,其中再划
为内藏与外藏,即使外藏亦包括青海及川边的部分地区④。这个"调
停"约稿表面上使中国对西藏保留了某些权利,如可派代表驻藏等,但
约稿的其他条文,又使这些权利的作用几近于零。约稿只允许中国在
西藏有卫队一百名,除了能起些驻藏代表的警卫作用外,对控制藏局没
有任何影响。约稿的实际作用是让西藏以自治之名,行独立之实。而
这种所谓"独立",无非是由英帝国主义控制,使西藏成为英国的殖民
地,这从约稿中规定给予英国的种种特权中清楚地表现出来。

---

①　Lamb:*The McMahon Line*,*A Study in the Relations Between India*,*China and Tibet*,P. 491.

②　《西姆拉会议记录》,《中英西藏交涉始末》,第 244—245 页。

③　北洋政府外交部编:《西藏问题》。

④　《西藏议约案·界字第 22 号》,《中英西藏交涉始末》,第 245 页。

英国方面的"调停"约稿提出后，除了划界以外的其余各条，北京政府鉴于外蒙的成例可循，没有表示过多的异议，只提出西藏在中国议院不得有代表的条款不能接受，英藏通商章程须经中国同意；惟对划界一事，虽一再让步，但坚持不同意英方的主张。因此，西姆拉会议的争执焦点即在于西藏（包括内外藏）界限的划分问题。中国方面最初主张以江达为川藏界，当拉岭为青藏界，这是前清时代赵尔丰经营川边所达到的最远界。其后，为了和英国达成妥协，中国一让再让，由江达，而丹达，再到怒江，最后提出，当拉岭以北青海地方及巴塘、理塘等地仍归中国完全治理，怒江以东及德格、瞻对、察木多、三十九族等地定为特别区域，不再添设郡县，维持达赖喇嘛向有之利益，怒江以西由西藏自治①。中国对英国的要求可谓是曲意迁就，但英方仍固执不让。4月15日，麦克马洪对英方约稿作了部分删改，但实质未变。麦氏尚抄袭沙俄故伎，另拟七款作为附约，包括承认西藏为中国领土之一部分，企图诱惑中国上钩②。4月27日，英方提出修正案，除在界务问题上作了少许让步外，文字基本照旧，仅在条约附图上将白康普陀岭、阿美马顷岭东北之地划归青海。英藏代表先行签字后，英方威胁中国代表在此修正案上签字，并声称如"不于今日画行，则约稿中之第二、第四两款（即承认中国对藏有宗主权及代表驻藏的条款——编者）全行删去，即与西藏订约，不再与贵员商议"③。在此情况下，中国代表陈贻范被迫于约上草签，但随即声明："画行与签押，当截然分为两事，签押一层，必须奉有训令而后可。"④

西藏问题与外蒙问题虽都是英、俄帝国主义挑起的，但两者却有一点重要不同。外蒙没有驻扎中国军队，内外环境又使进兵不可能，北京

① The North-Eastern Frontier, A Documentary Study of the Internecine Rivalry Between India, Tibet and China, vol. 1, P. 104.
② 《中英西藏交涉始末》，第249—250页。
③ 《藏案纪略》，第14页。
④ 《西藏地方历史资料选辑》，第299页。

政府于无可奈何中只有接受沙俄的摆布。而民初川、滇军队的西征,使中国在藏边有了一块根基,它虽不甚稳固,但毕竟在中国手中,西姆拉会议中英方所划的内藏区域,相当一部分尚驻有中国军队。即使有英国的支持,藏方一时也无力占领这些地方。中国无力改变西藏现状是一回事,但要中国从自己的领土上撤出军队,拱手送人,则是北京政府于心不甘,于势亦不敢的。这是北京政府在划界问题上不肯轻易让步的原因所在。4 月 28 日,中国政府接获陈贻范草签的报告后,立即去电声明:"执事受迫画行,政府不能承认,应即声明取消。"[1]29 日又通知中国驻英公使刘玉麟:"陈使为势所迫,以个人不正式之画行,本政府不能承认,仍希根据前电,向英政府交涉,请其电英员按照中政府业经让步办法,接续磋议为要。"[2]

1914 年 4 月以后,西姆拉会议的日程表上再也没有出现过大的波澜。英国唯一可做的事就是逼陈贻范在草约上正式签字,同时在外交上与沙俄就条约中可能违反 1907 年英俄协约之处达成谅解。1914 年 6 月 25 日,英驻华公使朱尔典照会中国政府,再一次公开威胁中国"除非该协约于本月底前签字,本政府将自由地单独与西藏签约。在此情况下,中国当然将失去所有三方协约内载的特权与利益,包括她的宗主权的承认。驻藏大臣之返藏亦将无限期推迟。本政府并将尽其所能协助西藏抵抗中国侵略"。[3] 虽然中国在划界问题上又作了若干让步,但出席会议的英国代表仍于 7 月 2 日通知中国代表将于次日签约。英代表还重复了一遍以前的威胁。为了引诱中方签约,英代表故作姿态,告诉陈贻范:"明日会议有图两份:一为旧图,一将昆仑以北之境,划归中国……不再有内藏之名,如中、英、藏三面签押,则签此新图。如仅英、

---

①　《西藏地方历史资料选辑》,第 301 页。

②　《中英西藏交涉始末》,第 254 页。

③　*The North - Eastern Frontier , A Documentary Study of the Internecine Rivalry Between India , Tibet and China* , Vol. 1 , P. 133.

藏两方签押，则签四月二十七日之图。"①但陈贻范奉中国政府之命拒绝签字。7月3日，英国代表只能与西藏代表私行签订了所谓《西姆拉条约》。陈贻范当时即严正声明："凡英藏本日或他日所签之约，或类似之文件，中国政府一概不能承认。"②7月6日，中国政府又向英驻华公使朱尔典，并通过中国驻英公使刘玉麟向英国政府声明："中国政府不能擅让领土，致不能同意签押，并不能承认中国未经承诺之英藏所签之约或类似之文牍。"③

《西姆拉条约》正文共十一条，除个别之处，基本上同于3月11日的英国"调停约稿"。条约另有交换文书七款及声明一件。交换文书一方面承认西藏为中国领土之一部分，达赖喇嘛的封号由中国政府加封，另一方面又规定，外藏官员由西藏政府任免，外藏不派代表出席中国国会及其类似机关，从而实际上使西藏居于"独立"地位。声明一件则认定："只要中国拒绝在上述条约签字，中国将被排除享受由于该条约所生的一切权利。"④《西姆拉条约》虽由英藏双方签署，但中国政府从来没有承认，因而这一条约完全是非法的，对中国没有任何约束力。进一步而言，当时的西藏地方是中国的完全领土，西藏地方当局受中国中央政府管辖，根本无权与外国私自订约，这更说明《西姆拉条约》没有任何法律效力可言。它只能作为英国侵略中国、阴谋分裂中国领土的铁证留于史册。

西姆拉会议期间，英国代表麦克马洪除了逼签条约外，还进行了其他一系列阴谋活动。7月3日，英、藏还签订了新的通商章程十一条，其中包括英国可以在西藏全境租赁土地、兴修建筑、自由贸易、架设电

---

① 《西藏地方历史资料选辑》，第300页。
② 《西藏地方历史资料选辑》，第300页。
③ 《西藏地方历史资料选辑》，第302页。
④ 《西藏地方历史资料选辑》，第302—306页。

线、会同审判等条文①。这个章程未经中国政府认可,其根据又是非法的《西姆拉条约》,因而同样是没有法律效力的。同年 3 月 24、25 日,麦克马洪在德里和夏札两人用秘密换文的方式划定了西藏东南与印度的界线②。它以英国阿波尔远征为基础③,把西藏东南门隅、洛隅、察隅地区约九万余平方公里的土地划入了印度。这就是所谓"麦克马洪线"的由来。此事根本没有在西姆拉会议上讨论过,中国政府也不知道此事,当然就更谈不上承认了。这是一条完全非法的无效的边界线。

西姆拉会议由于中国政府拒绝在条约上签字而就此收场。7 月 10 日,英国外相格雷在议会演说时,再次要求中国签字,并威胁说:"只要中国不这样做……后果对中国来说一定是灾难性的。"④然而中国政府坚持不签约的立场,终于使英国无计可施。

第二节　银行团与善后借款

一　列强监督中国财政的图谋

国际银行团是对华资本输出的垄断组织,发端于前清末年。当时,铁路让与权的争夺迫使各资本集团降低了对华贷款的条件,削弱了彼此之间掠夺中国的力量。于是,他们着手筹组国际银行团,以便垄断对华借款,共同剥削中国。1909 年 7 月 6 日,英、法、德财团之间,签订了组织三国银行团的协定,翌年 11 月 10 日,美国也加入了银行团,遂发

---

① *The North-Eastern Frontier*, *A Documentary Study of the Internecine Rivalry Between India*, *Tibet and China*, Vol. 1, PP. 119—123.

② 《西藏地方历史资料选辑》,第 118—119 页。

③ 1911 年底,由于英国官员威廉逊在西藏东南部从事间谍活动时被藏民击毙,英国派兵进入藏东南地区。这次入侵中的地理调查等活动为"麦克马洪线"的划分创造了条件。

④ (British)Parliamentary Papers, 1914. Lxlv, PP. 1447—1448.

展为四国银行团。就银行团本身来说,它是一个经济组织。英国财团以汇丰银行(The Hongkong & Shanghai Banking Corporation)为主,英国国内的主要银行没有加入对华贷款的英国财团,汇丰银行在英国政府支持下,享有对华金融上的独占地位。其他三国财团则不同。法国财团以东方汇理银行(Banque de I'Indo chine)为主,主要的法国银行,如巴黎国家贴现银行(Comptoir National d'Escompte de Paris)、里昂信贷银行(Credit Lyonnais)、法国振兴商工业合股公司(Société Générale pour Favoriser le developement du Commerce et de 1,Industrie en France)等都参加了法国财团。德国财团以德华银行(Deutsch-Asiatische Bank)为主,德国的四家大银行都是德华银行的合股者,即贴兑公司(Diskont Gesellschaft)、德意志银行(Deutsche Bank)、德莱斯登银行(Dresdner Bank)和达姆斯太国民银行(Bank für Handelund lndustrie)。美国财团则由摩根公司(J. P. Morgan & Co)、坤洛公司(Kuhn Loed & Co)、第一国民银行(The First National Bank)、花旗银行(The National City Bank of New York)组成。四国银行团组成后,即着手压迫清政府签订条件苛刻的贷款合同,1911年4—5月间,先后签订了一千万英镑的整理币制和振兴东三省实业借款合同和六百万英镑的湖广铁路借款合同。前一笔贷款因日、俄反对,除支付过少量垫款外,合同并未履行;后一笔贷款则激起了保路风潮,导致了武昌起义的爆发。

　　辛亥革命的迅速发展,使列强不敢贸然给清政府以财政支持,即使是列强赞赏的袁世凯出任内阁总理之后,他们仍持观望态度,采取了"金融中立"的政策。不过,在清帝退位之前,银行团就已在积极准备给袁世凯以财政支持。这样,银行团的对华借款的性质,就从实业借款转入了政治借款。1912年2月,清帝退位,列强即着手向袁世凯提供财政经费。当时俄、日两国处于和四国银行团对立的地位,但是列强在对华政策上有共同的政治利益。因此,英、美政府一开始就希望俄、日参加,英国政府并曾警告银行团,不要缔结没有俄、日两国参加的中国借款合同。中国政府方面,袁世凯认为"消除俄、日两国对四国银行的不信任是第一件应办的事"①，希望列强协调支持，来巩固其统治，并幻想借助列强合作来抵制俄、日对中国的领土野心。日本方面于3月初即表示，鉴于贷款的政治性质，它的参加是必不可少的，并指定横滨正金银行为日本财团代表。俄国方面则一度表示犹豫，担心中国把借款用来对付俄国在蒙古的扩张，但为防止列强之间的竞争，"损害列强在华之政治地位"②，以及希望从中牵制和监督借款的实施，也打算加入银行团，因此，它指示道胜银行（Русско‐азиатский Банк）避免与四国银行团竞争，不要正式参加与银行团竞争的对华贷款，但为了向四国银行团施加压力，以便将来与四国银行团达成有利的协议，因而让与俄亚银行组成辛迪加的华比银行（Banque Sino‐Belge）③作为私家银行出面，谈判对华贷款。

当时，中国政府方面由唐绍仪主持借款谈判，他力图利用外国银行家之间的竞争来获得借款。因此，他一面与华比银行经理德福斯（Devos）谈判一千万英镑借款，一面又通过美国财团代表司戴德（W. Straight）与四国银行团秘密商谈，以前清币制借款为基础，续付款项。唐考虑到一千万英镑不能满足中国方面的财政善后的需要，于是遂有成立善后大借款的拟议。当时，中国政府急需七百万两银子，主要是供给南京政府遣散军队及偿还债务（主要是日债）之用。以英国为主的四国银行团为了支持袁世凯稳定局势，同意在阳历3月份内向南京政府方面提供七百万两作为军事善后之用。袁于2月27日即电请南京政府财政总长陈锦涛向上海汇丰、汇理、花旗、德华四行提款。次日，汇丰银行向南京政府提交了首批二百万两垫款，以中国轮船招商局船

---

① 施阿兰：《使日记》。转引自孙瑞芹译：《清帝逊位与列强》，第329页。

② Международные отношения в эпоху империализма，Серия П(1903—1913)，т. 19，ч. 2，No. 557.

③ 参加俄国财团的银行还有英国许乐德公司（Messrs J. Henry Schroeder & Co.）、东方银行（Eastern Bank，Ltd.）、比利时的合股公司（Société Générale de Belgique）、海外银行（Banque d'Outremer）、法国的施毕策公司（A. Spitzer & Co.）等等。

只作为担保。这笔垫款事后通知了俄、日两国,并建议俄、日两国参加。同时,唐绍仪又向四国银行团提出了3—6月的垫款要求,和在夏季达成一笔供五年用的六千万英镑善后大借款的建议。

由于北京发生兵变,四国银行团借口局势不稳,没有续付垫款,并且提出了额外要求,要袁世凯保证除了四国银行团外,不接洽任何重要借款。唐绍仪本来就厌恶银行团的垄断,现在银行团又背约不续付垫款,遂向银行团声明"中国此后借款,皆自有选择之权"①。然而,袁世凯却于3月9日以信函方式接受了银行团的要求。信中说:"鉴于四国银行团在目前紧急关头所给予中国的援助,及其在外国市场上支持中国信用的贡献,中国政府向四国银行团保证,如条件与其他方面的条件同样有利,银行团有承办大规模的善后借款的选择权。"②当天,银行团即向北京当局交付了一百一十万两。尽管有此函约,中国政府仍与华比银行于3月14日签订了一百万英镑的借款合同,以京张铁路为担保,并拟续借至一千万英镑。中国政府方面由陆宗舆代表度支部首领周自齐签字,经两总统(指袁世凯、孙文)核准,后经南京参议院通过。唐绍仪就凭借这笔比款南下组织新政府,比款也旋即向北京、南京、武昌当局交付使用。

比国借款的成立,打破了银行团的垄断,引起了他们的强烈不满。银行团指责唐绍仪失信,违背了3月9日袁世凯的函约,原拟3月16日交付的一百万两垫款也扣住不交。3月25日,英、法、德、美四国公使直接出马晋谒袁世凯,就比款问题提出抗议,并要求取消比款(主要是取消关于给比利时发行一千万英镑借款优先权的条款),并表示如果他们的抗议得不到重视,"则需立即归还所有垫款"③。四国公使并且

---

① 《比国借款之内容》,《时报》,1912年3月7日。

② J. *MacMurray*: *Treaties and Agreements with and concerning China*, *1894—1919*, New York, 1921, Vol I. pp. 852.

③ Международные отношения в эпоху империализма, Серия II(1903—1913), т. 19, ч. 2, No. 688.

声明,"自此以后,凡关于中国借款之事,应与本国驻使交涉"①。当时,袁世凯竟扮演起一个银行团与唐绍仪之间的调人的角色。据德国驻华公使报告:"袁世凯对于这件轻率的行动(指比款)表示惋惜说,这是唐绍仪在因为兵变恐怕造成更困难局面的印象下进行的。"②并且,袁世凯把外交交涉的责任推到唐绍仪的头上,他答复四国公使说,"此事系由唐总理经手,须商之唐总理方能决定"③。

列强之热衷于向中国提供贷款,除了银行家为了赢得高额利润之外,主要是出于政治目的。英国外交部认为,使中国政府"克服无政府势力而趋于巩固,对于在中国拥有利益的所有国家都是有利的"④。他们的根本目的就是为了支持袁世凯对付革命党人,以稳定局势,而不是为了中国的复兴和强大。汇丰银行代表熙礼尔(Hillier)曾对周学熙说:"我欧洲各国之外交政策之对于中国,有二种意思,既不愿中国为野心之国所并吞,亦不愿中国有异常之发达,以二者皆足破列强之均势也。自中国共和告成,我欧洲各国未尝不有戒心,深恐中国能力发展,扩充国权。"⑤但是,在中国爱国民主精神高涨的形势下,如何去控制中国国内局势的发展呢?"他们想到,在目前只能采用一种施加影响的手段,这就是控制中国的国库"⑥。于是,四国银行团一面答应向中国提供贷款,一面于4月间蛮横作出决定:"应赋予该银行团以发行中国国家公债专权并同时监督财政,以十年为期。"⑦同时。列强政府把银行团的活动直接置于自己的控制下,把银行团作为列强对华政策的工具。

①　《四国借款近闻》,《申报》,1912年4月3日。

②　孙瑞芹译:《德国外交文件有关中国交涉史料选译》第3卷,第288页。

③　《申报》,1912年4月3日。

④　Международные отношения в эпоху империализма,Серия П(1903—1913),т. 19,ч. 2,No. 688.

⑤　《远生遗著》卷2,第214页。

⑥　Международные отношения в эпоху империализма,Серия П(1903—1913),т. 19,ч. 2,No. 675.

⑦　孙瑞芹译:《德国外交文件有关中国交涉史料选译》第3卷,第291页。

据俄国外交大臣萨查诺夫说:"法、英两国政府拟使中国不能随意举借外债及毫无监督地使用所借之款,拟将整个对华提供款项一事,置于与中国事务关系最密切的俄、法、英、德、美、日六国监督之下,银行家只应执行这六国政府之决定。"①列强妄图用财政监督的办法来扼杀所谓的"中国的沙文主义",也就是中国的爱国主义,中国的民族民主革命。

　　当时正在南方的唐绍仪,不理会四国公使的抗议和银行团的责难,他又与华比银行订约借款二百万英镑,银行方面于4月12日先行垫付了二十五万英镑。这时,俄国政府已于4月6日正式表示同意参加银行团,并指定俄亚银行作为俄国财团的代表,因此,俄亚银行奉命不参加这笔贷款。唐绍仪于4月20日回京之后,银行团向他施加了巨大的压力,他们一方面阻挠华比银行在法国发行债票,使预定的二百万英镑借款无法续付,一方面要求唐绍仪"第一取消比款,第二谢罪"②。唐绍仪为了从银行团获得急需的款项,被迫于4月23日拜谒英、法、德、美四国公使,表示道歉,并根据他们的要求,在与袁世凯商议之后,于4月27日正式具名致函银行团宣布取消比款,并同意"中国政府将不从银行团未来借款中偿还从比国公司方面借到的数目"③。银行团当然并不以此为满足,他们借口唐绍仪在南方滥用比款,指责"中国用款习为冒滥"④,正式向中国政府提出了财政监督的无理要求。当时,四国公使会议"建议银行家在同中国人讨论最近六周之内中国人所需三千五百万两垫款细则时提出条件:开支军饷、解散军队应由外国军官监督;今后使用垫款,应由各银行向财政部选派外国审计员进行监督。此外,要求中国政府保证采取措施,在外国专家参与下改革作为垫款担保的

---

①　Международные отношения в эпоху империализма,Серия Π(1903—1913),т. 19,ч. 2,No. 723.

②　《远生遗著》卷2,第2页。

③　《德国外交文件有关中国交涉史料选译》第3卷,第300页。事实上,比款后来仍在大借款中扣还。

④　高劳:《银行团借款及垫款之交涉》,《东方杂志》第9卷第1号,1912年7月。

盐政"①。5 月初，唐绍仪在与银行团谈判时，对于监督条件严正表示："国民决不承认，故亦不敢允诺。"②断然拒绝了银行团的无理要求，谈判陷于僵局。银行团蓄意打击唐绍仪，他们扬言："非唐辞职，不能借款。"③时适财政总长熊希龄自上海赴京履任，唐遂于 5 月 5 日向银行团声明"总理无暇，以后由熊总长直接磋商"④，自 5 月 7 日起，借款谈判就由熊与银行团（日、俄已加入谈判）举行。在以后的谈判中，熊希龄奉令承教于袁世凯，把唐绍仪挤出了借款谈判的决策人之列。唐绍仪为此气愤地说："我之内阁，乃背包内阁，多任总理一日，即多负罪一日。"⑤

　　袁世凯迫切地需要钱，他只有获得财政支柱才能稳固他的地位，因而不惜答允任何条件，5 月 15 日，六个国家的财团在伦敦会议上，起草了给北京代表的电报，提出了监督中国财政的苛刻的垫款条件，只是因为列强之间的矛盾没有解决，电报才推迟发出。该电报草稿的主要内容有以下几点：一、中国政府提出垫款目的和用途清单，由六国银行团进行监督；二、作为抵押的税收必须由海关或类似机构来管理；三、垫款是善后借款的一部分，在善后借款合同规定的五年内，中国不得向银行团以外的银行借款；四、在此期间，银行团应为中国政府的财政代理人⑥。5 月 17 日，银行团略为降低了监督的条件，中国政府就签署了垫款合同及监视开支暂时垫款章程。该章程规定，在财政部附近设立核计处，由银行和中国政府各任用一名核计员，签押向银行提款、拨款

---

① 　Международные отношения в эпоху империализма, Серия П(1903—1913), т. 19, ч. 2, No. 852.

② 　《大借款破裂记》，《时报》，1912 年 5 月 9 日。

③ 　《民权报》，1912 年 5 月 9 日。

④ 　《远生遗著》卷 2，第 3 页。

⑤ 　《北京电报》，《民立报》，1912 年 6 月 20 日。

⑥ 　*Foreign Relations of the United States*, *1912*. Washington, 1919, PP. 141—142.

的一切支票，而且规定，"关于各省发给军饷及遣散军队费用，须由该地方军政府备三联领饷清单，由中央政府委派高等军官及该地方海关税司会同签押，并须予该军官、税司以调查应需之便利"①。这就给了列强以监督中国财政，甚至监督中国军队的特权。合同签字之后，银行团先后于5月17日、6月12日、6月17日各交付了三百万两垫款，累计垫款数为一千二百一十万两。

列强控制中国的野心和袁世凯政府饮鸩止渴以加强统治的图谋，引起了各界人士的强烈愤慨，更遭到了革命党人的严厉抨击。

孙中山早在1912年4月底，针对列强企图监督中国财政的野心，就曾一再发表谈话指出："若果监督，则应拒之。"②"倘四国利用中国现今财政困难而阻中国之进步，则国人必将发愤自助，设法在国中募集公债，以济目前之急。"③在孙中山主持下，同盟会由南京留守黄兴出面，于4月29日通电提出劝募国民捐的主张，以挽救"借债亡国"的危局。他在电文中愤激地指出："二十年来，忠义奋发之士，所以奔走呼号于海内外，糜顶捐躯，不稍稍退却者，徒以救国故，徒以保种故，徒以脱奴籍而求自由故。乃一旦幸告成功，因借债以陷入危境，致使艰难缔造之民国沦为埃及，此则兴血涌心涛所不忍孤注一掷者也。"④于是，在人民中间掀起了一阵劝募国民捐的热潮。5月20日，当唐绍仪、熊希龄向参议院要求通过上述合同和章程时，参议院内群情愤激，对政府当局提出了强烈的指责（不过，共和党、统一共和党占优势的议会鉴于迫切的财政需要，仍然通过了签订的文件）。革命党人的舆论界更万矢齐发，痛斥熊希龄卖国。5月23日，陆军次长蒋作宾从北京抵宁，与南京留守黄兴商量交付垫款、裁遣军队事

① 《黄兴集》，第199页。
② 《孙中山全集》第2卷，第350页。
③ 《孙中山全集》第2卷，第350页。
④ 《黄兴集》，第171页。

宜,带来了有关文件。黄兴察阅之后,十分震怒,当即发表通电,痛斥熊"违法专断",要求参议院"责令毁约"。他指出:"此种章程,匪独监督财政,并直接监督军队。军队为国防之命脉,今竟允外人干涉至此,无异束手待毙。埃及前车,实堪痛哭。"①他再次呼吁发行不兑换券,举办国民捐。当时,黄兴在同俄国领事的谈话中,对列强也提出了严正的警告:"要知道你们之所以这样慷慨大度,是因为每提供一笔贷款,你们便愈觉得在中国如同在家里一样。但是,难道中国人民没有觉察到这一点? ……你们忘记了,是什么事件引起的震动最终地、决定性地导致了革命。"②6月1日,孙中山出任国民捐总会总理,并表示"民国存亡,胥视此举"③。广东都督胡汉民更揭示了袁世凯的用心,指出:"断不宜大举借债,思以财政权操纵各省,转使外人因借债之故,得以财政权操纵中央。"④在各界的强烈反对下,熊希龄不得不与银行团重开谈判,要求改变条款。但是,六国银行团不久即告成立,垄断之局已定,列强变本加厉地提出了更为严酷的借款条件。

六国银行团之间的谈判,于1912年5月15日在伦敦正式开始。当时,俄、日方面提出了两个关键性的条件,一是俄国要求在协议中承认俄国在中国的北满、蒙古和新疆的利益和特权,日本则要求承认日本在中国南满和毗邻的蒙古东部的利益和特权;二是俄、日两国要求在国外市场上自由发放分得的贷款的份额,尤其是俄国,要求让许乐德公司在伦敦市场上发行。除了法国对俄国的要求表示同情之外,对于第一条,原银行团认为这是政治问题而拒绝讨论,他们更顾虑到,这样做"只

---

①　《黄兴集》,第197页。

②　П. И. Остриков: Империалистическая политика Англии в Китае в 1900—1914 годах,Москва,1978,СТР. 172.

③　《孙中山全集》第2卷,第369页。

④　《胡汉民致袁世凯电》,《政府公报》,1912年6月15日。

可能加深中国对银行团的不信任"①。对于第二条,原银行团也一致予以拒绝,因为违反了国际银行团在本国市场上销售的原则。汇丰银行经理阿迪斯(Addis)反对尤力,他不愿意放弃汇丰银行的特殊利益。为此,俄、日代表中止了在伦敦的谈判,在北京的俄代表郭业尔(Гоер)和日代表小田切也退出了六国银行团对华贷款的谈判。6月7、8日,六国银行团在巴黎一度复会,又因未能达成协议而中止。俄国方面遂积极准备谈判破裂,但因难于把法国集团拉出银行团而作罢。6月18日,六国银行团再次在巴黎复会,由于俄国方面担心在竞争中处于劣势,而四国方面也不能不借助于俄、日这"两个在远东的善后借款的宪兵"②,因此最后达成了妥协,当日签署了成立六国银行团的协议。六国银行团把俄国的要求列入了议事录,即:如果向中国提供的贷款与俄国或日本的利益相抵触,那末,"俄国或者日本集团,以事情的涉及者为转移,有权拒绝协议"③。四国银行团同样为自己保留了退出的权利;在发行方面则允许俄国可以通过比国财团在布鲁塞尔发行不超过三分之一的债券。

六国银行团在完成了肮脏的交易之后,就联合起来向中国敲诈勒索。6月24日,新成立的六国银行团与中国政府外交总长陆徵祥、财政总长熊希龄举行了第一次会议。银行团根据上面提到的5月15日起草的电报及后来的修正方案,正式向中国政府递交了进一步垫款和善后大借款的四项条件:"一、须予该团以经理五年债票之专利权,二、须以盐务改照海关办法,三、须延聘该团中一人为财政部顾问,四、须聘

① Международные отношения в эпоху империализма,Серия П(1903—1913),т. 20,ч. 1,No. 157. Москва,1938—1940.

② Международные отношения в эпоху империализма,Серия П(1903—1913),т. 20,ч. 1,No. 157. Москва,1938—1940.

③ Международные отношения в эпоху империализма,Серия П(1903—1913),т. 20,ч. 1,No. 208.

外人为稽核处长。"①熊希龄鉴于革命党人的强烈反对,断然拒绝了银行团的条件。他声明:"无论什么时候都不敢提请参议院审核类似的草案,它在各省将激起愤怒,并被立刻拒绝。"②银行团方面明知中国政府不可能接受提出的越来越苛刻的条件,但不准备作任何让步。中国政府请求先行垫款,并减少借款数额至一千万英镑,以求减轻监督条件,也为银行团方面所拒绝。按照法国总理普恩加赉的意见,"应该停止支付垫款,因为垫款的继续,只能更难于缔结最后的协议,并使北京政府更加固执"③。7月8日,六国公使向陆徵祥和熊希龄声明,六国政府不赞成与所提条件不同的任何贷款。熊希龄当即声明:"垫款无着,只得令各省自行设法,或由中央另筹他法,以救目前之急。"④翌日即正式以函件方式发布。于是,大借款谈判宣告中断。

二　善后借款合同的签订和性质

大借款谈判停顿后,银行团停止了垫款。但是,中国政府财政十分困难,"袁总统需款甚急,不惜答允任何条件,他以为如能有五百万镑,他就可以使他的地位稳固,并控制军队"⑤。于是,袁世凯在总统府组织了财政委员会,以卸任财政总长熊希龄为会长,目的是向银行团以外的外国财团接洽借款。当时,在华的外国掮客十分活跃,只是由于列强政府的反对,小借款的谈判往往很难成功。经过极为秘密的谈判,至1912年9月初,外界才获悉,中国驻英国公使刘玉麟和伦敦鲁意特银

①　《今昔借款始末记·财政长呈大总统文》,《民立报》,1912年9月28日。

②　Международные отношения в элоху империапизма,Серия Ⅱ(1903—1913),т.20,ч.1,No.268.

③　Международные отношения в элоху империапизма,Серия Ⅱ(1903—1913),6т.20,ч.1,No.247.

④　《熊氏之通函》,《申报》,1912年7月20日。

⑤　《莫理循日记》,转引自《莫理循》,《传记文学》第29卷第1期,1976年7月。

行(Lloyd's Bank)的负责人克里斯浦(Crisp)达成了一千万英镑的借款合同。

原来,汇丰银行在英国并不是主要的银行,英国的大银行集团对英国政府支持汇丰银行垄断对华贷款的政策十分不满,他们和汇丰的矛盾,构成了银行团垄断中的薄弱关节。自从善后借款谈判停顿后,英国姜克生国际银行团(Jackson International Financial Syndicate)代表白启禄、克尔顿(伦敦《国民评论》记者)即与中国政府联系借款事宜,并于7月12日与熊希龄签订了草合同。中国政府旋委刘玉麟以借款谈判全权,与姜克生面谈,袁世凯的政治顾问莫理循也在伦敦从旁襄助。北京方面则由熊希龄一手经理,仅袁世凯和赵秉钧掌握谈判情况。而姜克生旋把承办借款的权利让给了克里斯浦。新借款得到鲁意特银行、京郡银行(京都省银行 The Capital and Counties Bank)、伦敦西南银行(The London and Southwestern Bank)、麦加利银行(The Chartered Bank of India, Australia and China)等的支持,并有法、美资本家参加。9月2日,袁世凯电令刘玉麟签字。9月15日,五十万英镑的第一批借款交付中国政府方面。

克里斯浦借款的成立,打破了银行团的垄断局面,引起了银行团的震动。英国外交部当即表示反对克里斯浦借款,并公开声明不能担保这项债务,企图阻止债票的发行和销售。英国驻华公使朱尔典于1912年9月11日接到了中国政府关于签署克里斯浦借款的通知后,即发起银行团列强代表会议,寻找破坏契约的方法。朱尔典又奉命向中国政府声明,英国政府不赞成这笔借款,并对它的缔结表示抗议。

尽管克里斯浦借款的第一批汇款已到,但中国政府举棋不定,没有马上提用。当时,新上任的财政总长周学熙事先对克里斯浦借款一无所知。他认为"借款利害影响及于政治,因噎废食,终非久计"[①],因而于8月底通过日本财团代表小田切与银行团接洽恢复谈判,并于9月

----

① 周学熙:《中国政府善后借款案据汇编·借款情形说帖》,1913年。

17 日就大借款的条件问题,交参议院讨论。不足法定人数的参议院,当时在讨论中原则上同意了政府的方案。周学熙对克里斯浦借款很不赞成,多次主张取消,以与银行团恢复谈判。时值中秋将届,需款甚急,中国政府要求银行团先行垫款五十万镑,但银行团反而要求中国政府先行取消克里斯浦借款。9 月 23 日,银行团最后拒绝了垫款要求,谈判再次中断,中国政府遂不得不动用克里斯浦交付的款项。

列强不把中国的财政咽喉卡住是不肯善罢甘休的。9 月 25 日,朱尔典晋谒袁世凯,再次表示抗议,并且开单逼债。其他几国也群起效尤,法国政府更节外生枝,无理地提出了赔偿辛亥革命时外侨所受的损失的要求。尔后,六国公使又就克里斯浦借款以盐税羡余为担保的问题向中国政府提出抗议。银行团更通电各省分行,阻止金融汇兑,并相约不准买卖麦加利银行汇票。

当时,中国政府积欠外债达一千一百万英镑,无法偿还,而列强逼债甚急。中国政府希望克里斯浦提前交款或续借一千万英镑,均因为六国银行团所扼,未能实现。袁世凯遂于 10 月初请法国公使出面调停,以求与银行团恢复谈判。在银行团方面,汇丰银行面临着本国银行团的竞争,十分焦急。英、法、德、美四国尤其是英国担心袁世凯政府财政困难,控制不住局势而陷于混乱,影响列强在华利益,因此他们赞成减少债额至二千万英镑,并降低监督条件,及早达成大借款。但俄、日方面,尤其是俄国,力求浑水摸鱼。美国驻德国大使莱西曼(Leishman)说:"无疑地它(指俄国)将乐于看到六国银行团陷于分裂,因为它害怕款项可能被用来加强中国在蒙古的地位。"[1]因此,俄国力求拖延大借款的成立。但是,俄国不能没有英、法的支持,因而也不能不向英国的要求让步。于是,大借款的谈判又恢复进行,于 11 月 27 日正式开议。不过,银行团方面先是要求中国政府委定办理借款的专员。于是,袁世凯于 11 月 30 日发布命令,责成财政总长周学熙担任借款事宜,并

---

[1] *Foreign Relations of the United States*, 1913. Washington, 1920. p. 156.

将熊希龄调任热河都统。随后,银行团又要求取消克里斯浦借款合同关于借款优先权的第十四条。中国政府与克里斯浦公司方面几经磋商,最后决定赔偿十五万英镑,五百万英镑提前于1913年1月15日付清,其余五百万镑归入大借款案内,由六国团办理。银行团在自己的要求得到满足之后,答应于1913年1月下旬垫款二百万英镑,双方遂达成了二千五百万英镑借款的大体合同,克里斯浦借款也于1912年12月23日废除。

袁世凯政府迎合列强要求,积极准备签署大借款。1912年12月27日,周学熙将大借款合同的五项特别条款交参议院讨论,得到参议院的大体同意。翌日,袁世凯又命令周学熙任税务处监督,准备大借款合同要求的盐务改革。1913年1月6日,袁世凯命令盐务收入各款自民国二年1月起专款存储,以备抵债。1月14日,袁世凯又公布了盐务稽核造报所章程。

尽管如此,银行团依然在节外生枝。12月31日上午,法使康德(Conty)、日使伊集院拜会外长陆徵祥、财长周学熙,就赔偿外侨损失和财政管理中的财政顾问问题进行交涉。中国方面被迫同意加借二百万镑以赔偿外侨损失。对于顾问问题,周学熙面有难色,他表示:"现在已多有谣言,谓财政受外人之监理,用人之权亦操之外人,以故若将聘用财政顾问等员载在借款合同内,更易引起国人之反对。"因而不敢同意将顾问问题列入合同。康德表示:"管理财政一层……承认之法,或载在合同,或另行订定,原可通融。"于是决定用秘密询问方法,由中国政府秘密答复"聘用外人条件薪数等事"①。列强代表对此表示满意,才指令银行团于当日下午4时与中国方面会议借款事宜,议定明年1月—3月,银行团先后垫交七百万英镑,并约定1月16日伦敦会议后

---

① 《陆徵祥、周学熙接见伊集院、康德时的谈话记录》,中国第二历史档案馆藏北洋政府财政部档案。

即行签约交款。尽管中国政府"凡可迁就者无不迁就"①，但列强仍枝节横生。1 月 15 日，法国公使康德又拜会外长陆徵祥，就中国政府拟议任命的三名财政顾问提出异议，要求法人占有一席，并出示法国政府来电中提出的主张："关于聘请顾问事，以理论应用出资国之人，以势论应按出资之多寡以定供给顾问之数。"②1 月 17 日，六国银行团驻京代表通告财政总长，得伦敦回电，因巴尔干风云日紧，欧洲金融异常恐慌，不能先行垫款。与此同时，银行团要求把大借款利息加至五厘五。而对革命赔偿问题，中国政府也只同意限于武汉战区，财政顾问问题中国政府只同意私函解决，列强代表再次表示反对。上述各项磋商不定，大借款签署不能不延期。

当时，连一贯主张达成大借款的记者黄远庸也愤慨地说："六国团最无理之行动，在屡次迫我取消别国借款，及既经取消后，则彼又不肯付款。比款时代如此，谷利斯浦（即克里斯浦）团时代又如此。……此次取消谷团优先权时，银行团亦未尝不以年内垫款若干相话，及至年底，乃一毛不拔。一国至受人欺凌至此，吾人真乃生不如死。……六国银行团今已纯粹一外交性质，综言之，即六国国际保证监督中国财政之委员会，并殖民银行之总汇是也。"③

由于银行团不能垫款，中国政府需款孔亟，周学熙遂效法熊希龄，于 1913 年 1 月 19 日致函银行团代表熙礼尔，声明"本总长有自由借款之权"④。翌日，总统府会议，也以垫款无着，不得不停止与银行团会议。但事实上中国政府弄不到大宗款项以应付列强逼债，而旧历年关又将来临，仍然不能不求之于银行团。1913 年 2 月 1 日，中国政府外

---

① 《1913 年 1 月 21 日陆徵祥接见伊集院、康德时的谈话记录》，中国第二历史档案馆藏北洋政府财政部档案。

② 《康德拜会陆徵祥时的谈话记录》，中国第二历史档案馆藏北洋政府财政部档案。

③ 《远生遗著》卷 3，第 45—46 页。

④ 《政府公报》，1913 年 2 月 8 日；《远生遗著》卷 3，第 62 页。

交总长以秘密函件的方式,向六国公使承认了关于革命赔偿和聘用财政顾问问题上的要求。为了在旧历年前得到银行团的垫款,预定2月4日,即旧历十二月二十九日签署善后借款合同。是日,中国政府通知六国驻使,任命丹麦人欧森(Oiesen)为盐务稽核处会办,德国人龙伯(Rump)为借款局会办,意大利人罗西(Rossi)为审计处会办。然而,这个任命在列强之间引起了一场轩然大波,善后大借款的签字再次被推迟了。

当时,在俄国的支持下,法国公使反对中国的提名,尤其不愿承认六国中只有德国人占有一席,法国公使坚持委派借款有关国家的人任顾问的方案。俄国正积极向蒙古扩张,别有用心,更极力阻挠大借款的实现。它借口在以盐税为担保的庚子赔款中占的份额最多,坚持有权派代表参与盐政。法国支持俄国占有一席顾问职务的要求,而美国则强烈反对。方案几经变化,而英、德又展开了争夺盐务稽核处会办一职。列强把欧洲两大集团的纷争也带入到对华贷款事务中来,久久不能达成协议。3月3日,银行团通知中国政府,列强商定借款聘用的顾问应以国籍分配,但中国政府考虑到国会将开,局势复杂,不敢接受列强明目张胆干预用人行政的方案。周学熙在致熙礼尔的信中抱怨说:“在这次借款谈判中,首先是常常拖延,其次是合同条件不断改变,我被迫处于一种难以想象的困难地位。”①协议的签署依然虚悬。

其时,美国政府新旧更迭,威尔逊出任总统。美国政府在答复美国财团询问政府的有关政策时,于3月18日发表声明,撤消了对美国财团参加善后借款的支持,美国财团遂宣布退出六国银行团。这个被称作威尔逊宣言的美国政府声明,表面上是出于道义的理由,即所谓“借款的条件近乎损害中国本身的行政独立”②,但实际上,则是因为美国

---

① *Foreign Relations of the United States*, 1913. Washington, 1920, P. 169.

② *Treaties and Agreements with and concerning China*, 1894—1919, New York, 1921, Vol. Ⅱ, P. 1025.

在银行团内的处境孤立,并对俄、日在中国的势力范围强烈不满,为贯彻其依靠门户开放政策打入中国市场,才决心退出银行团。所以这个声明中说:"现政府将鼓励并支持为给予美国商人、制造商、承包人及工程师以银行的及其他金融方面的便利所必需的立法措施,他们现在是缺乏这些便利的。而如果没有这些便利,则他们与他们的工商业方面的对手们比较起来,将处于一种极端不利的地位。这是现政府的责任。这是它的公民在开发中国方面的主要的物质利益。"①

　　美国的退团,对于五国团来说无关大局,但顾虑到美国可能会单独对华贷款,五国团尤其是英国,希望尽快达成善后借款。而更重要的是,中国的国内局势发生了激烈的变化。当时,围绕着国会成立和总统选举,革命党人与袁世凯的斗争日趋尖锐。1913年3月20日宋教仁被袁世凯政府收买的暴徒刺死,革命党人讨袁的声浪陡然高涨起来。袁世凯政府为了加强其对付革命党人的力量,迫切地希望弄到钱,也急于达成善后借款。袁世凯一方面再次迁就列强,接受了五顾问方案,即英国占盐务稽核总所会办一席,后任丁恩(Dane),法、俄各占审计院顾问一席,后分别任宝道(Padoux)、葛诺发(Коновалов),德占审计院稽核外债室洋稽核员及盐务副总稽核各一席,后分别任龙伯、斯泰老(Strauch)。另一方面,袁世凯在与俄国进行的秘密谈判中,屈从俄国的压力,承认俄国在蒙古的扩张。而列强看到革命党人高涨起来的反袁情绪,也急于达成善后借款,以便鼓励袁世凯。于是,中外反动势力达成交易的时机终于到来。4月22日,袁世凯命令国务总理赵秉钧、外交总长陆徵祥、财政总长周学熙会同签字。24日,签订了草合同。25日,袁政府秘密向有关国家去函并递交了顾问合同,满足了列强监督中国财政的要求。尽管在合同签字的前夕,革命党人同列强进行了严重交涉,反对签署善后借款,但英国公使朱尔典在得悉了孙中山反对

①　*Treaties and Agreements with and concerning China*，*1894—1919*，New York，1921，Vol. Ⅱ，P. 1025.

善后借款的声明后,"即授权英银行代向伦敦拍发一个安慰的电报",法、德两国公使也同样行动,以"防止国内方面将来受到有作用的新闻报导的不利影响"①。26 日夜至 27 日凌晨,在北京汇丰银行大楼,五国银行团与袁世凯政府经过最后谈判,签署了二千五百万英镑的《中国政府善后借款合同》。

　　善后借款是列强和袁世凯之间的一笔政治交易。一年多来,袁世凯一直在谋求帝国主义的支持,而列强也一直在支持袁世凯稳定局势,克服中国的所谓"无政府"状态。除了列强之间的勾心斗角之外,一年多来,由于革命党人的牵制,才使这笔政治交易迟迟未能完成。当时,袁世凯不能不有所顾忌。俄国驻华公使库朋斯基(Крупенский)报告说:"我觉得可以确信,无论是袁世凯,无论是主持政府的其他人,充分理解国外贷款对中国的必要性,并且准备好为缔结贷款而同意建立外国监督。但是,没有敢于公开表示这点,这是由于顾虑激起参议院和中国的知识界的愤慨,特别是在南方,在缺乏属于政府的足够巩固的威信和有力的政权的条件下,将导致它的倾覆。"②而列强通过监督中国财政以控制中国政局的企图,也因革命党人的存在,一时难以实现。六国团成立后,英国外交大臣格雷在同俄国大使本肯多夫谈话时,明确表示:"第一批垫款应该具有恢复秩序的目的,没有必要的和不能促成达到这个目的,就不应该支付垫款,到目前为止,中央政府的权力没有恢复。"③也就是说,只有当袁世凯能够对付革命党人、稳固政局时,英国才愿意提供垫款。而俄国更进一步希望,用少量的贷款和严重的监督条件来控制中国,既使中国无法整顿财政,又促使中国内部对抗,从而

　　① 《德国驻华公使哈豪森上帝国首相文》,《德国外交文件有关中国交涉史料选译》第 3 卷,第 378 页。

　　② Международные отношения в эпоху империализма,Серия Ⅱ(1903—1913),т. 20,ч. 1,No. 356. Москва,1938—1940.

　　③ Международные отношения в эпоху империализма,Серия Ⅱ(1903—1913),т. 20,ч. 1,No. 229.

"把这里的政府从我们利益范围内富有毅力的活动中吸引开"①。袁世凯准备和革命党人决裂,使袁世凯和列强的要求一拍即合,善后借款的签署也就水到渠成。

列强通过善后借款,进一步加强了对中国的统治,使中国进一步殖民地化。通过政治借款来操纵中国政局,善后借款开了先例,这在前清是没有的。而且,善后借款条件严酷。继海关之后,列强又控制了中国的主要税收之一的盐税,中国政府提用盐税抵还外债后的余额都必须经过银行团的核准。列强通过对盐税的管理,通过对善后借款用途的稽核,通过对审计院的干预,也就监督着中国的财政;通过监督和控制中国财政,列强就可以摆布中国的政局,使北洋统治者成为其得心应手的工具。

善后借款又是一次高利的盘剥,是列强强迫中国人民接受的恶债。这次借款期限特别长,达四十七年,为从来所未有,年息五厘,累计须付息达四千二百八十九万三千五百九十七英镑。善后借款折扣大,中国政府实收八四,仅得二千一百万英镑,利息总额即达实收额的二倍,而按实收额计算,实际利率高达年息 5.95%。根据合同的规定,善后借款的主要部分用来抵还外债和准备赔偿外人在辛亥革命中的损失之用。计归还庚子赔款二百八十七万英镑,不久到期外债约一百三十九万余英镑,预备赔偿外人因革命所受损失二百万英镑,共计约一千零七十八万英镑,占实收额的一半还多。转手之间,银行团在外国金融市场上募集的款项,仍然落入了列强的腰包之中。而袁世凯政府能用于行政的经费,只能供六个月之需,转瞬即尽,实际上,列强不过是向袁世凯提供了一次战争经费而已。

---

① Международные отношения в эпоху империализма,Серия П(1903—1913),т. 20,ч. 1,No. 355.

三 反对善后借款的风潮

自 1912 年五六月间革命党人反对垫款章程以后，政局多变。在调和妥协的气氛中，革命党人对大借款不再持抵制的态度，但自宋案发生以来，南北决裂在即，革命党人对借款问题再次警惕起来。《民立报》于 1913 年 4 月 19 日载文反对大借款，指出："须知政府杀人之钱，买收议员之钱，皆得于此取求，而异日仍以吾民之膏血抵偿之也。"但大借款谈判屡次中辍，进展情况异常秘密，外界难知底蕴。大约 24 日前后，黄兴在上海得到善后借款即将成立的密报，急电北京国民党总部，"请本党诸公力行设法反对"①。4 月 25 日，刚刚当选参议院正、副议长的张继、王正廷（国民党籍）获得消息后，急忙与国民党本部同人商讨对策。随后，张、王即以议长资格去见袁世凯，打算陈述反对违法借款的意见。但袁托故不见，张、王只好留书而去。4 月 26 日，黄兴发表通电，企图阻止大借款的签署。他指出，政府行将签署的二千五百万英镑借款，没有经过国会承认，而政府企图等国会开始议事，再行提交追认，是违背《临时约法》关于借款必由参议院议决的规定的。他强烈指出："临时政府将遂告终，国势未安，百政莫举，掌财政者全无计划足以昭示国人，骤须巨款，用途安在？ 此小之表示政府之不诚，大之人民得坐政府以破坏约法、蹂躏国会之罪。今宋案证据已经发表，词连政府，人心骇惶，倘违法借款之事同时发生，则人心瓦解，大局动摇，乃意计中事。"他表示"深望政府俯从民意，非得人民代表之画诺，一文不敢苟取"②。同时，孙中山、胡汉民分别到上海、香港汇丰银行，要求电阻银行团签字。孙中山对汇丰银行上海代表声明，"如果借款不经国会批准而签订，则扬子江以南各省及陕西与山西将起而对抗北方，并以武力抗议袁世凯这样的专断

---

① 《国民党反对借款之种种》，《亚细亚日报》，1913 年 4 月 30 日。
② 《民立报》，1913 年 4 月 27 日。

行为"①。孙中山并通电各国银行团,表示反对违法的善后借款。

在北京,4月26日晨,袁世凯复书张继、王正廷,表示"国家需款孔急,不能再事迁延"②,并派梁士诒前往解释。梁向张继等声明,借款协议前参议院已经通过,并撒谎说,借约已经签字。梁走后,国民党人才获悉当晚才是正式签字之期。于是,王正廷去向各国银行交涉,希望劝阻银行团签字,但遭到各银行的冷遇。一部分国民党议员跑到汇丰银行守候,企图作最后的努力,来阻止大借款的签字。袁世凯政府人员躲过国民党议员,秘密进入汇丰,延至27日凌晨2点30分签字完毕后,又偷偷地从汇丰银行的后门溜走了。

善后借款成立后,张继、王正廷当即以参议院正、副议长的名义通电全国,谴责袁世凯政府违法借款的行径。他们指出:"政府如此专横,前之参议院既屡被摧残,今之国会又遭其蹂躏,不有国会,何言共和?继等惟有抵死力争,誓不承认。"③在国会里,国民党占优势的参议院,情绪激昂,由汤漪领衔就五国借款一案提出质问书。参议院于4月28日公决,要求国务总理暨外交总长、财政总长于29日午后1时来院出席,答复质问。但至时政府人员没有出席,只是送交了咨文。政府咨文声称借款条件曾于上年12月27日交由临时参议院特开秘密会议,业经表决通过。因此,袁世凯政府只是将借款合同全文咨请查照备案,不仅拒绝交付国会讨论表决,而且也不是请求国会追认。参议院接到咨文后,十分气愤,当即议决:"对于政府所定中国政府善后借款合同,认为未经临时参议院议决,违法签字,当然无效。"④

当善后借款风潮掀起时,国会众议院正为议长选举问题所纠缠,故迟至5月3日才开始讨论大借款案。5月5日,代理总理段祺瑞应众

①　《德国外交文件有关中国交涉史料选译》第3卷,第378页。
②　邹鲁:《余之癸丑》,《澄庐文集》第3卷,第196页。
③　《民立报》,1913年5月1日。
④　《违法丧权之大借款》,《民立报》,1913年5月5日。

院要求，出席答复质问。在国民党议员据理诘责之下，段无言对答。他想含糊了事，向议员们表示："政府对于此项借款案手续实欠妥协，而其不得已之苦衷，尚乞诸君曲为原谅。"①共和党议员李国珍也起来为政府辩解，他认为借款已签押，万无取消之理。李的辩词激起了国民党议员的愤慨，两党议员群起舌战，段祺瑞遂乘机溜出了议院。国民党议员要求议长进行表决，谷钟秀提出动议："对于借款并不反对，惟政府违法签约借款，咨谓查照备案，本院决不承认。"②当时，正在筹备中的共和、民主、统一三党合并的进步党，在议会中已经联合对付国民党，偏袒袁世凯。但民主党籍议长汤化龙对袁世凯的违法专断行为也相当不满，他不顾党内的异议，将谷钟秀的动议交付表决，结果，以二百二十九人赞成，多数通过了谷的动议（是日出席人数为三百七十六人）。

众议院散会以后，进步党议员对汤化龙群起责难，汤难以招架，遂借口祖母丧请假回鄂，避开了议院的纷争。5月7日，共和党籍的副议长陈国祥主持众议院会议，进步党议员借口5日动议带有弹劾政府性质，因此需要三读通过，以便借此翻案。国民党议员当然坚决反对，双方发生争执，相持不下。议长借口休息，示意本党议员退席，使众议院因不足法定人数而无法开议。尔后，国民党议员要求议长将5日表决咨达政府，但议长借口咨文要向议院报告，而议院人数不足，无法报告，以此来延宕出咨。国民党议员气愤万分，谷钟秀登上讲台大骂"亡国议长"，有个议员扳下议席上的墨盒向陈国祥掷去，议场秩序大乱，几乎酿成武斗。陈乘机一走了之，众议院会议一哄而散。

5月8日，袁世凯政府向两院发出咨文，以列强逼债相威胁，要求两院承认大借款。咨文说："设再迁延，（列强）势必横加干涉，实行监督财政，致陷民国有破产之虞。……值兹财政艰窘，国际债权催逼更甚，

---

① 《5月5日众议院记事》，《民立报》，1913年5月10日。
② 《5月5日众议院记事》，《民立报》，1913年5月10日。

借款一日不成,国本一日不定。此次合同签字,在势无可取消。"①袁世凯完全无视国会表决,态度十分强硬。进步党议员因担心国会再次否决大借款,遂以不出席会议,使议会不足法定人数而无法开议的策略,来对付国民党。于是,善后借款案在国会搁浅,国会的正常活动也无法进行。

与此同时,革命党人的舆论界,纷纷口诛笔伐,谴责袁世凯违法借款。黄兴和湘、粤、赣、皖四都督、省改会联合会、各省议会也纷纷连电抗争。借款案与宋案一起,成为激荡南北风潮的两大事件。

当时,黄兴和国民党四都督的抗争,是以实力为背景的,因而在当时的斗争中起着关键性的作用。正在磨刀擦枪、积极备战的李烈钧在反对大借款的通电中,更暗示了战斗的决心:"宁为共和之鬼,不为专制之奴。"②黄兴在接获国务院和财政总长为大借款辩护的通电后,进一步指出:"国会初成,民意待白,政府乃悍然不顾,借口于经年之废案,在临时政府告终之期,当局挥金僇辱人民之际,暮夜之间,骤加人民以二万万五千万元负担。事前不与国会筹商,事后复避国会质问,聚为秘谋,出乃规避,玩国民于股掌,视议会如寇仇,国政至此,体统安在?……倘以此激动民心,酿成巨变,责将谁负?"③5月5日,湘、粤、赣、皖四都督更联名发表通电,以联盟的力量,严词反对大借款。通电指出:"不意以号称民国,期限既终之政府,乃有悍然不经院议私借巨款之事。且举债至二千五百万镑之重,其条件内容概未宣布,竟先许外人为审计局总理、借款局总理、盐务顾问、长芦盐务总监各要职(按:与事实有所出入,系当时传闻——引者)。财权先亡,国本随之,陷民国为埃及之续,以前清专暴所未敢出者,竟见诸民国之政府。海内外烈士前仆后继,躬冒万死,缔兹民国,而政府甘以断送于借款之下,凡有血气,孰不

---

① 《政府公报》,1913 年 5 月 9 日。
② 《民权报》,1913 年 5 月 2 日。
③ 《民立报》,1913 年 5 月 2 日。

发指眦裂！况宋案证据宣布，词连政府，有以巨金资助凶手之语，全国汹汹，方虞震动。今复不经院议违法借款，人心一失，窃恐虽有大力，无以善其后。应请大总统立罢前议。"①四督辞气严重，已经近乎决裂了。

孙中山在善后借款成立后，再次与汇丰银行交涉，要求停止向袁世凯交款，同时又发出通电，向欧美各国政府和人民呼吁："（袁世凯）一旦巨款到手，势必促成悲惨之战争……奉恳各国政府人民设法禁阻银行团，俾不得以巨款借给北京政府。"②然而，列强不顾中国人民的强烈反对，蓄意支持袁世凯，五国银行团发布大借款之辩明书声称："中国党争甚形激烈，其能镇定之者，厥惟袁总统，五国银行团之借款，实出于赞助之态度。"③并自 5 月 12 日起，向袁世凯交付垫款。是日，北洋第六师师长李纯即大举挥师入鄂，对江西进行武装监视。

对于革命党人的抨击，袁世凯政府方面一再发布通电进行辩解。它一方面死死咬定大借款已经前参议院通过，"观在签字之合同，悉与上年通过之条件相同"④，拒绝交付国会表决；一方面声称，"顾问稍增数员，由我自行黜陟，与主权无涉"⑤，矢口否认它与列强的秘密交易和列强对中国财政的实际监督。周学熙更无理地对黄兴反唇相讥："黄先生为手创民国元勋，一言为天下重，学熙奉职无状，敢不引咎自责，惟有肉袒面缚，敬候斧钺而已。"⑥5 月初，周学熙即提出辞呈，袁世凯未予准辞，仅允其病假，至 5 月 16 日由梁士诒代理财政部部务，以此来缓冲革命党人的抨击。北洋各省都督则纷纷支持政府立场，他们甚至攻击革命党人是"无理取闹"，"奸人惟恐世不乱"⑦。一贯以调人自居的副

①　《民立报》，1913 年 5 月 8 日。
②　《中华民报》，1913 年 5 月 23 日。
③　《五国银行团之辩明书》，《时报》，1913 年 5 月 11 日。
④　《财政部鱼电》，《中国政府善后借款合同案据汇编》。
⑤　《财政部鱼电》，《中国政府善后借款合同案据汇编》。
⑥　《财政部勘电》，《中国政府善后借款合同案据汇编》。
⑦　《豫督张镇芳东电》，《中国政府善后借款合同案据汇编》。

总统黎元洪,也通电反对取消大借款。他认为:"纵政府止渴饮鸩,铸兹大错,亦惟本共衷之念,筹救济之方,内定人心,外全国体。若遽尔飞檄四布,全案推翻,其危言义愤固属可钦,然债务不清,兵祸相继,能保外人不实行瓜分乎?"①"国民惟有监督用途,力求补救。"②实际上他是为虎作伥。进步党自甘充当袁世凯的马前卒,声称对于大借款,"本党自当以维持大局之苦衷。为正当公平之对待",指责国民党"反对借款,纯系一种手段,别有用心,马迹蛛丝,当为国人所共见"③。袁世凯重兵在握,前有进步党摇旗呐喊,后有列强撑腰打气,他胆壮气粗,在四督通电之后,亲自出马,对四督下令严加申斥:"该督等当国基将定之秋,不于国际债权求根本之解决,坐待破产,徒为叫嚣,若惟恐国之不亡,亡之不速者,其何以对既死之烈士,更何以对起义之军人耶?"袁世凯蓄意分化四督联盟,软硬兼施,他说:"谭延闿素明大义,谅非本心,胡汉民僻处南疆,或有误会。至柏文蔚、李烈钧身处近省,岂于此事始末懵无所知?似此张皇宣告,荧惑人心,国事更将何赖!"他训斥四督说:"都督为现役军官,有绝对服从之义务,万国通义,讵尚未闻? ……似此上无道揆,下无法守,人心一失,大命随之。"④他企图用一个命令来封堵四都督的嘴。

在袁世凯的压力下,孙中山的革命动员遭到挫折,党内的妥协倾向抬头,大借款问题被局限于国会之内。黄兴在答复黎元洪青电时表示:"兴对于宋案,纯主法律解决,借债要求交国会通过,终始如一。"⑤然而,国会内的斗争,却十分沉闷。当时,银行团在合同签署后发现,中国政府另有秘密奥国借款,认为有损银行团的垄断权,因此没有按协议如期向中国交付垫款。于是,奥国借款得以披露。奥国借款共有两笔,第

---

① 《黎副总统政书》卷20,第3页。
② 《黎副总统政书》卷20,第15页。
③ 《进步党通电》,《中国政府善后借款合同案据汇编》。
④ 《政府公报》,1913年5月10日。
⑤ 《民立报》,1913年5月14日。

一笔债额一百二十万英镑,第二笔债额二百万英镑,于 1913 年 4 月 10 日签字。奥款异常秘密,国会和舆论界事先毫无所闻。消息传出,群情哗然,政府违法借款的事实已无可掩饰。于是,参议员汤漪再就奥国借款问题向政府提出质问书,要求"咨请政府将奥国借款确实内容明白答复"①。在众议院,国民党则就大借款问题对政府提起弹劾,此案由邹鲁起草,国民党众议员连署。然而,这些合法斗争是非常软弱无力的,由于进步党的抵制,它甚至难以在议会中提起讨论,不能不被搁置一边。由于议会工作无法正常进行,国民党不能不与进步党进行幕后交易,以期达成妥协。当时,"进步党以借款既成事实,姑不反对,惟监督其用途,并主张改造内阁,使事实上负借款失措之责;国民党则以使政府将借约依法交议,即一字不改,亦可做到。现争交议,并非反对借款,不过反对不依法交议而已。至改造内阁之主张,可以赞成,并援助进步党出面组织,而汤君化龙更所属意"②。然而,进步党人仍然十分担心,他们生怕大借款案一旦交议,在国民党人占绝对优势的参议院仍然会遭否决,因而没有同意。5 月 30 日,由黎元洪领衔,会同除国民党四都督外所有其余十七省都督(当时共二十二行省)和热河都统熊希龄致电国会,危言耸听,以国家面临的种种危机为词,要挟国会放弃同袁世凯的斗争,"念时局之艰危,加借款以承认"③。面对着袁世凯和进步党的压力,国民党国会议员会发布宣言书,近乎哀求地表示:"为今之计,惟有政府迅将合同提交议院,本党亦无不力予维持,俾底于成。"④然而,这点小小的顾全面子的要求,袁世凯都未予理睬。

半死不活的国会,一直延宕到 6 月 25 日,众议院才就奥国借款开秘密会议,向梁士诒提起质问。政府特派员陈威(财政部公债司司长)

---

①　《民立报》,1913 年 5 月 16 日。

②　《澄庐文集》第 3 集,第 202 页。

③　《黎副总统政书》卷 20,第 30 页。

④　《民立报》,1913 年 6 月 7、8 日。

当众撒谎说，奥国借款系六厘公债作抵，可以不交院议。议员们当场查阅合同原文，谎言立即拆穿。于是，国民党和进步党共同协商弹劾内阁的问题。但当时的内阁形同虚设，大权完全集中到了总统府，所谓的弹劾案，不过是自欺欺人的把戏罢了。记者黄远庸感慨地说："总理、总长早同退院打包之僧，左右不过是一去，尤无畏于弹劾。盖今日吾国政界，法律政治失其权威；凡百有位，丧绝廉耻与责任，此根本无可救药处也。"①不久，二次革命爆发，国会对大借款案也就不了了之。

_____

① 《远生遗著》卷3，第157—158页。

第四章　二次革命及其相关的斗争

第一节　国会召开和袁世凯武力
统一政策的实施

一　袁政府加紧战争准备

1913 年 7 月爆发的二次革命,总的说来是以孙中山为首的南方国民党人发动的;但从爆发前夕的准备情况来看,实际上是袁世凯有意挑起的,因为他早就作了武力统一的准备。

经过辛亥革命,北洋各军战斗与非战斗减员十分严重。袁世凯出任临时大总统后,立即"密札善后办法九条"①,着手整补各军。但由于遭到南方的抗议,除雷震春新招八营外,其他各军基本处于停顿,至 1912 年 6 月间,缺额状况仍十分严重。据当时有关记载,二镇只存六千,三镇四千,四镇三千②。然而,袁世凯懂得没有军队便没有他的一切,因此,他一面"敷衍元勋",一面仍"尽全力为秘密军事上之准备"③。

1912 年 8 月,袁世凯密令"各军统制,一律招足十成,不准缺少一名"④。同时,他继续用封建宗法关系,加强对军队的控制。总统府军事参议处传谕各镇初级以上军官说:"北方各军官源于小站,故袁总统

---

① 《杨善德致段祺瑞函》,中国第二历史档案馆藏北洋政府陆军部档案。
② 《远生遗著》卷 2,第 35 页。
③ 吴鼎昌:《赣宁战祸之原因》,《民国经世文编・内政五》。
④ 《袁总统之军事秘密》,《民国新闻》,1912 年 8 月 19 日。

为北军之父母,今我北方军订互约三事,从者签名,不从者用武力对付。
一、袁总统为北方各军之父母,无论何人,有与袁总统反对者必出死力
与之抵抗;二、大总统有统辖海陆军全权,凡我军人,只知有总统,不知
其他;三、凡我军人当绝对的服从总统命令。"①因而北洋各军就一直在
秘密备战。1912年底,李纯的参议李廷玉为出席中央军事会议,曾为
李纯草拟"简练劲兵,迅筹军实九策"②,得到袁世凯和段祺瑞的认可。
尽管中央财政拮据,但袁世凯仍在充实军备。据海关统计,天津一口输
入的军火,1912年为二百七十二万两,1913年为四百九十万两。而
1913年宋案发生前的瑞记第三次借款三十万英镑和陆军部捷成借款
二十八万八千余元,更全部用于订购军火。

与此同时,袁世凯还针对南方作了相应的军事部署。他把第六师
(镇改称师)部署在信阳,以师长李纯任豫南镇守使。他支持溃退兖州
的张勋所部江防军,同意张于1912年四五月间扩编至一万多人,改称
武卫前军,约二十三营,超过一师编制,并不顾南方的强烈抗议,拒绝裁
撤张勋所部。他让辛亥时招募的武卫军左翼倪嗣冲部屯兵颍州,兵力
扩至十营,于1913年初改编为武卫右军。这三支部队,成为袁世凯监
视南方的第一线部队。他又任雷震春为护军使,驻兵郑州;任刘询为直
隶混成旅旅长,将建制扩充完备,驻廊坊。更为重要的是,袁世凯于
1912年四五月间即着手将武卫右军右翼二十五营扩编为拱卫军,共五
路三十营,任段芝贵为总司令,分驻北京、彰德两地。拱卫军的组建,既
加强了袁世凯对军队的控制,又使北洋军有了一支战略总预备队性质
的军队。除上述各部外,袁世凯直接指挥的北洋各军,第一师(师长何
宗莲)驻张家口,第二师(师长王占元)、第三师(师长曹锟)、第四师(师
长杨善德)驻在京畿、直隶一线,护卫京师,前清禁卫军仍由冯国璋统
率驻于北京,第五师(师长靳云鹏)驻山东,第二十师(师长潘矩楹,后

---

① 《袁总统之军事秘密》,《民国新闻》,1912年8月19日。
② 李廷玉:《平赣日记·序》。

为卢永祥)驻奉天新民,中央第二混成旅(旅长吴庆桐)驻奉天旺官屯。毅军(军统姜桂题)主力驻热河,一部由赵倜统带驻豫西,另一部交直隶提督马金叙统带。而地方上,河南有一师一旅,山东兖州尚有田中玉部巡防营等等。以上总兵力,大致相当于十五个建制师,整补后的总兵力当超过十五万人,而整体部署相当严密。

1913年3月间,河南都督张镇芳致函段祺瑞,建议用兵。他说:"窃谓刻下大局虽在外患,尤在内忧。上海欢迎国会团闻已解散,而意存破坏,可虑者甚多:如迁都也,宪法也,用人之同意也,省长之民选也,政党之内阁也,地方之分权也,假公济私,争名夺利,但知运动,不顾危亡。开会前途,可以逆料,非武力解决,恐不能息此风潮。"①段复函表示:"至于党派竞争,不顾大局,非武力震慑不可,自当密为筹备。"②北洋派在宋案发生以前,就已磨刀霍霍了。

随着南方反袁情绪的高涨,袁世凯也加强了战争准备,并由此引起了一场意外的内部冲突。4月初,参谋部借口蒙事不靖,电令张勋暗中准备,驻济南北洋第五师师长靳云鹏也奉命令下动员令,实际上是要他们做好对南方用兵的准备。但参谋部电令不明确,张、靳两部互不摸底。张勋是个顽固的复辟派,企图据有山东,拥宣统复辟。他于4月11日发饷时,宣布备战令,截留津浦车辆,准备向南移动。时靳云鹏的第五师也正向韩庄集中,看到张勋行动异常,即拆毁铁轨,截留车辆,对张戒备。江苏第三师得到警报,根据苏督命令,立即作了战斗准备,并希望与北洋第五师协调行动。参谋部看到自相冲突,只好电明解释误会,靳且亲至兖州与张会晤。于是,一幕喜剧性的冲突暂告结束,各方复归原位。

但是,袁世凯并没有从此停止备战活动,而且继续加紧募兵添械。4月中旬,陆军部密令上海制造局督理陈榥赶运一批枪弹交扬州徐宝

---

① 中国第二历史档案馆藏北洋政府陆军部档案。
② 中国第二历史档案馆藏北洋政府陆军部档案。

山,用徐以牵制革命党人,不久又令陈解步枪子弹六十万颗到京。但程德全害怕给南方革命党人火上浇油,命令截留缓发。北京当局遂令德州北洋制造局解运给徐。善后大借款合同签订后,袁世凯得到了帝国主义的支持,顿时觉得胆壮气粗,开始明目张胆地对南方用兵了。

1913年4月30日,袁世凯在中南海海晏堂召开秘密军事会议,除部署军事外,决定采取措施制裁反袁报纸。翌日,袁命陆军总长段祺瑞代理总理,让因宋案受到舆论攻击的赵秉钧称病请假,从而加强了军事控制,增强了战争气氛。5月3日,袁世凯以西文报纸报道的革命党人备战消息为由,公然发布除暴安良令,矛头直指孙中山、黄兴。命令威胁说:"总统向称公仆……但使众望允孚,即能被选,何用藉端发难,苦我生灵。倘如西报所言,奸人乘此煽诱,酿成暴动,则是扰乱和平,破坏民国,甘冒天下之不韪。本大总统一日在任,即有捍卫疆土、保护人民之责,惟有除暴安良,执法不贷。"[1]

5月6日,总统府召开第二次秘密军事会议,决定了作战总方略,其中规定:"有攻击南方敌军任务之北军,第一期对于湘、赣、皖、苏作战,利用京汉、津浦两路线集中,以鄂省为主要策源地,并以海军策应沿岸,兼妨害敌军之集中。"[2]李纯即于5月12日命令步兵第十一混成旅旅长马继增亲率二十一团开往田家镇,分兵武穴,监视九江及安徽方面,命令二十二团团长张敬尧开往兴国,并亲率师部进驻蕲春。继六师之后,北洋第二师也于5月底自保定南下,进驻湖北孝感,为六师后援,并弹压湖北地面。

与此同时,由于驻上海一带的海军舰队倾向革命,海军总长刘冠雄悄悄派人运动海军拥袁。5月中旬,海军部把这些舰队调赴烟台集中检阅。当时,孙中山主张阻止海军北上,但黄兴、陈其美以为无碍,未予阻拦。结果,海军为袁世凯所收买,改变了政治立场。至此,袁世凯已

---

① 《政府公报》,1913年5月4日。

② 《中华民报》,1913年6月5日。

经摆好了决战的阵势。

二　国会的召开和进步党的组建

袁世凯虽一心想以武力消灭南方的国民党人，对国会与政党政治本无兴趣，但为笼络人心和保证他的武力统一计划的顺利进行，他暂时采取了克制与容忍的态度，并极力支持梁启超并合共和、民主、统一三党为进步党，以争取政治同盟军。

1913年4月8日，中华民国第一届国会开幕典礼遵袁世凯3月19日通告，在北京新落成的众议院议场举行。这天风和日暖，街市遍悬国旗，自上午9时起，议员们身着特制礼服陆续齐集会场。其中有参议员一百七十九人，众议员五百零三人，国务总理及各部总长皆列席，其他内外观礼代表千余人。11时，筹备国会事务局委员顾鳌宣布典礼开始，拱卫军鸣礼炮一百零八响以志敬。接着由筹备国会事务局委员长施愚报告国会召集经过，并公推议员中年事最高的云南参议员杨琼为临时主席。杨就席后，首先委托筹备参议院事务处筹备事务员林长民代行宣读开会词，继请袁世凯特派代表总统府秘书长梁士诒登台致贺。梁代袁致词说："我中华民国第一次国会正式成立，此实四千余年历史上莫大之光荣，四万万人亿万年之幸福。世凯亦国民一分子，当与诸君子同深庆幸"，并高呼"中华民国万岁，民国国会万岁"①！袁世凯对国会的虚伪态度，更增加了北京国民党议员以合法斗争解决"宋案"的幻想，致使"二次革命"爆发时，大部分国民党议员仍稳坐国会主张"法律解决"，只有少数议员毅然南下讨袁。

随着国会的开幕，国民、共和、民主、统一四大政党以国民党为一方，共和、民主、统一三党为另一方，为选举参众两院议长、副议长展开了激烈的竞争。22日，经多次预备会的争吵，四党商定24日同时举行

---

① 《政府公报》，1913年4月11日。

两院第一次正式会,讨论议事细则、旁听规则及正副议长互选规则等案。25 日,参议院首先举行议长选举会,并援临时参议院先例,采用有记名投票法分别互选。结果国民党议员张继、王正廷当选为正、副议长。次日,众议院在共和等三党议员的坚持下,改采无记名投票法选举议长,民主党汤化龙获二百七十二票,超过国民党吴景濂六票,但因未过投票总额半数,依选举规则,应由二人决选解决。经 28 日、30 日两次决选,汤化龙最后战胜对手,当选为议长。副议长续于 5 月 1 日选出,共和党陈国祥当选。

国会的成立,在中国历史上是第一次。由于近代中国的历史环境和当时特殊的政治格局,它作为资产阶级国会,其成员却大多是"'原清政府的官吏'(包括参加新政权的旧官吏)和'士绅'出身的,与封建经济、政治、文化联系密切的议员",而真正的资产阶级议员反而为数甚少①。但是,它与临时参议院一样,毕竟是资产阶级共和国的象征,是作为君主专制制度的对立物而出现的,代表着十九世纪中后期以来无数先进的中国人和革命先烈们的理想和愿望,具有不可抹杀的历史进步意义。

国会开幕大大加速了进步党的成立。进步党由共和、民主、统一三党合并而成,实际领袖是梁启超。三党合并的计划虽是梁一二月以前提出的,但其构想却早在上年初便形成了,并为实现这一构想作了长期努力。当时,由于同盟会革命主张的胜利,多年来一直为君主立宪而奔走呼号的立宪派人士普遍陷入"若丧家之狗,无所归宿,言之气结"的窘境。为了继续对抗同盟会,他们以为唯一的出路是与袁世凯结成同盟。为此,1912 年 3 月 24 日,梁启超向袁提出:共和国体下,"善为政者,必暗中为舆论之主,而表面自居舆论之仆,夫是以能有成",并建议他联合旧立宪派和革命派中分化出来的分子,组织一个所谓"健全之大党",以

---

① 　张亦工:《第一届国会的建立及阶级结构》,《历史研究》1984 年第 6 期。

与同盟会为"公正之党争",使"彼自归于劣败"①。袁世凯为了自己的政治目的,欣然接受了梁的献策。他复函梁说:"所策皆至确不易,中心藏之,何日忘之。"②并托张謇为梁归国问题向南方革命党人代作"疏通"③,以期他能及早回国将此计划付诸实行。

这年10月8日,梁启超应袁世凯电召由日本回到天津。其时,同盟会已联合统一共和党等组织改组为国民党,成了党势澎湃、莫能禁御的第一大党。共和、民主两党为抵制它的影响,虽正在谋求合并,但成效并不显著。因此,梁启超回国后的第一个行动是积极推动两党合并成功。梁的活动得到了袁世凯的大力支持,他答应为新党提供活动经费二十万元④。在梁启超的积极活动下,两党很快达成合并协议,共同议决新党举黎元洪为总理,梁启超为协理,张謇、伍廷芳、那彦图退居干事,准备于一月之内成立发表。为消国民党之忌,梁又通过舆论工具故意放风说合并"难成"⑤。

但是,这次眼见"必成"的合并,事实上并未成功。主要原因有二:其一与当时形势有关。随着侵犯中国主权的《俄蒙协约》的披露,自11月上旬起,举国上下都在抗议袁政府对俄妥协投降。在此形势下,共和、民主两党对公开合并附袁不能不有所顾忌。于是,他们反不受梁启超约束,联合发表通电,宣布政府十大罪状,以争取主动。其二则涉及两党权力加减问题。当时,举国正准备国会大选,共和、民主两党皆欲借此造成自己的优势,以作合并时向对方索价的筹码。特别是民主党,更有它自己的如意算盘。它预计各省大选结果,当选者必定前清咨议局议员居多,而前清咨议局议员又因历史关系大多将参加民主党。这样,它就有希望在国会中取得多数议席,不仅战胜国民党,且令共和党

---

① 《梁启超年谱长编》,第617页。
② 《梁启超年谱长编》,第620页。
③ 《梁启超年谱长编》,第619页。
④ 《梁启超年谱长编》,第658页。
⑤ 《梁启超年谱长编》,第658页。

也黯然失色。正因如此，所以两党皆对合并渐形消极，甚至有根本"反对合并者"①。梁启超无可如何，一气之下于1913年2月24日加入了共和党。

然而，截至2月24日的大选结果，不仅民主党仅得约三十席，即获得二百四十余席的共和党也同样不能独占国会多数，而国民党反处于二百六七十席的领先地位。事实证明除非共和、民主、统一三党合而为一，将难与国民党对垒。此外，国民党大选获胜，使袁世凯对"健全之大党"的需要也更为迫切了。他意识到不赶紧组织一为己所用的大党，就不能有效控制国会。为此，他要求政见本属相同的共和、民主、统一三党以国事为重，速求合并成功，以扩大影响力。这是3月中旬梁启超组党活动出人意外地获得"大进步"，由谋求共和、民主两党合并发展到三党合并达成"定议"的主要原因。三党合并后的新党拟举袁世凯为总理，黎元洪、梁启超分任协理，梁决定于3月19日入京，然后正式发表。

但就在这时又发生了宋教仁被刺事件，全国舆论集矢袁世凯，梁启超也备受责难。三党部分党员为避免国民党之忌，又多不欲举袁世凯为总理。三党内部对合并后的组织形式与干部配置仍纷争不已，共和党主张总理制，由黎元洪任总理，梁启超任协理，汤化龙和孙武分任政务部长和党务部长，而民主党为提高汤化龙地位起见则仍主理事制，由黎任理事长，梁、汤、孙并列为理事。这样就使刚有"定议"的三党合并计划重又搁浅。袁世凯为减轻国民党对三党合并的压力，一面宣布他暂不入党，一面通知梁启超"暂缓入京"。梁启超虽不满于"民主党诸人所为"，愤愤不平地对他的女儿说："民主鬼吾恨之刺骨"②，并欲公开宣布"不复与闻党事"③，以要挟民主党人。但面对国人的反袁情绪，也不得不改采"半消极半积极"的态度，准备辞去"协理"之职，别设进退裕如

①　《梁启超致梁思顺函》(1913年2月17日)，中华书局藏抄件。
②　《梁启超年谱长编》，第668页。
③　《梁启超年谱长编》，第669页。

的"参事长"以自任。

但是,当时不断发展变化的政治形势决定了这种搁浅也是不会长久的。随着由宋案而起的反袁事态的扩大,袁世凯对三党"相倚之心"也更加急切①。兼以正式国会即将开幕,由于"形式之分立"和"步伐不能如军队之整齐"②,三党在议院的多数并未形成。所以三党合并的步伐反较前加快了。4月2日,梁启超为"合党事"在袁世凯所派马队、宪兵、探访队的严密保护下赶往北京。经与各方反复磋商,决议于16日举行三党党员联谊会。届时,梁启超、孙武、汤化龙、王赓等要人皆到会演说,一致强调为取得议院多数,三党务必彼此容忍与牺牲"各方面之小意见小问题",速求"合并成功"。梁启超指出:"三党在院内尚不能多数,此种现象极为可忧。"他呼吁:"为三党计,为敌党计,皆宜三党合并,使中国保有二大党对峙之政象渐入于轨道。"③经此次大会后,三党意见渐趋统一,于25日正式签订合组进步党的协议书。5月3日,三党本部联电各党交通处,报告各党本部审时度势,已决议合并,一旦筹备完成,即开成立大会,希各支分部先行接洽合并。15日,三党议员职员举行特别会,讨论党章及成立大会有关事宜。28日,选出新党本部职员。29日,举行三党全体在京党员大会,宣布进步党正式成立。

进步党选举黎元洪为理事长,梁启超、张謇、伍廷芳、孙武、那彦图、汤化龙、王赓、蒲殿俊、王印川等九人为理事。另由理事长、理事共同推举各地重要党员阿穆尔灵圭、张绍曾、冯国璋、周自齐、熊希龄、阎锡山、胡景伊、尹昌衡、蔡锷、朱瑞、唐继尧、陆荣廷、张镇芳、杨增新、张凤翙、程德全、陈国祥、徐勤、庄蕴宽、汪大燮、陈昭常、齐耀琳、陈炯明等人为名誉理事。其本部下设政务、党务二部,分别由林长民、丁世峄任部长。该党遵循梁启超制定、袁世凯批准的组织原则,以"旧立宪党"和"旧革

① 《梁启超致梁思顺函》(1913年4月5日),中华书局藏抄件。
② 《迎宾馆三党之恳亲大会》,《时报》,1913年4月22日。
③ 《迎宾馆三党之恳亲大会》,《时报》,1913年4月22日。

命党"中的变节分子为中坚,同时也不拒绝"善趋风气随声附和者"入党①。它的支分部遍布全国各省区,大多数相应由共和、民主、统一三党支分部改组而成,也有少数是本部特派员在各省区地方当局支持下建立的。鉴于国会大选时华侨"全败"的教训,它还专门派出特派员前往南洋群岛各华侨集中地发展组织,以争取海外华侨政治、经济上的支持。以上事实表明,进步党是在袁世凯直接操纵下成立的,它的成立标志着袁世凯与进步党人联盟关系的正式确立。

进步党没有辜负袁世凯的期望。它成立后,即宣布其党纲是:1. 取国家主义,建设强善政府;2. 尊人民公意,拥护法赋自由;3. 应世界大势,增进平和实利。这个党纲虽也笼统提出了反映资产阶级利益和要求的"法赋自由"、"平和实利"等纲领,但最根本的是第一条。这第一条究竟是什么意思,参照一下进步党的其他声明和主张就清楚了。进步党曾反复声明:它"以国家之生存发达为目的"②,其"唯一之希望在国家不致糜烂,大局不致忧乱"③。它以"稳健派"、"建设派"自居,凡事主张"从和平改革入手",断然摒弃任何"推翻现状"之举④。它攻击资产阶级革命派为"暴烈派",实行"暴民专制",抱怨袁世凯对革命派"含糊敷衍"⑤,镇压不力。由此可见,进步党所要建设的"强善政府"就是一个抵御"暴民专制"的政府,这在当时的历史条件下,不过是袁世凯政府的代名词而已。

正因如此,所以进步党极力为袁世凯一手制造的宋教仁血案辩护,声言"宋案确与政府无关"⑥,并捏称"系同盟会人自屠"⑦,"真主使者,

---

① 《梁启超年谱长编》,第 618 页。

② 《进步党之宣言》,《时报》,1913 年 5 月 15 日。

③ 《迎宾馆三党之恳亲大会》,《时报》,1913 年 4 月 22 日。

④ 《迎宾馆三党之恳亲大会》,《时报》,1913 年 4 月 22 日。

⑤ 《梁启超致梁思顺函》(1913 年 5 月 2 日),中华书局藏抄件。

⑥ 《梁启超致梁思顺函》(1913 年 5 月 2 日),中华书局藏抄件。

⑦ 《梁启超致梁思顺函》(1913 年 3 月 26 日),中华书局藏抄件。

陈其美也"①。直到 6 月 15 日,宋案真相已大白于天下,它仍一面主张
"法律解决",一面散布赵秉钧是否"有罪",尚待"证明"。至于袁世凯违
法签订的"善后借款合同",因袁已允诺以部分回扣"作该党费用"②,自
然更为它所竭诚拥护。4 月 26 日,参议院正副议长张继、王正廷发表
反对违法借款通电后,参议院的进步党人即于 5 月 3 日向张、王提出质
问,并由丁世峄等八十七人发表通电,声明张、王 26 日通电"业由张、
王二君当院声明纯系个人私电,与参议院无涉"③。接着,为了"证明"袁
世凯并未"违法",汤化龙等四十八人又以前参议院议员身份通电全国,
说"此项条约,事实上确为前参议院业经通过之件"④。当参、众两院的
国民党议员提议将善后借款咨请查照备案的咨文咨还袁政府时,进步
党议员们一面大造舆论,鼓吹"政府为不违法"⑤,攻击国民党"反对借
款即是破坏民国"⑥;一面又以暗中退席、制造不足法定人数的手段,阻
挠国会表决通过。据坚决反袁的《中华民报》揭露:除此之外,进步议
员还相约以下列办法阻止国会表决此案:1. 如遇国民党议员发言,"即
大起喧哗,必使其不得发言而止";2. 要求袁政府"概不发给"国民党议
员"本月之津贴","使其穷困无聊,必为三党所用而后已";3. 如暗中退
席和上述二法均无济于事,"即以激烈手段对付"⑦。5 月 13 日,它甚
至顾不得进步党尚未正式宣布成立,即迫不及待地以进步党名义发表
通电,公开申明善后借款"在实质上本无可议","我党在两院势难坐视,
不能不据理力争"⑧。

---

①　《梁启超年谱长编》,第 665 页。

②　《进步党袒护原因》,《中华民报》,1913 年 5 月 10 日。

③　《丁世峄等八十七人通电》(1913 年 5 月 3 日),《宪法新闻》第 5 册,1913 年 5
月。

④　《前参议员对于借款之通电》,《宪法新闻》第 6 册,1913 年 5 月。

⑤　《进步党议员辩言》,《宪法新闻》第 7 册,1913 年 5 月。

⑥　《众议员胡汝麟等有电》,《近代史资料》1963 年第 2 期。

⑦　《进步党秘件》,《中华民报》,1913 年 5 月 15 日。

⑧　《进步党对于借款之通电》,《时报》,1913 年 5 月 13 日。

此外,进步党虽口口声声说它深惧"戎马生郊,地方糜烂",但对袁世凯的武力统一政策却从无异词。对于北洋军的备战活动。它早有所闻,5月2日,梁启超就在给他女儿的一封信中说过"此次战祸必不能免",并表示过完全支持袁世凯发动一场消灭南方国民党军事力量的战争。为此,战争爆发前,它多次在国会提出质问书,责问袁政府对李烈钧、柏文蔚等所谓"违抗中央、破坏民国"的种种举动,"畏首畏尾,日事敷衍",强烈要求袁世凯"执行约法,不可稍缓须臾,以致养痈贻患"①。战争爆发后,它指控李烈钧宣布江西独立是"叛反国家:应从速扑灭"②,并接连两次召开特别会,"讨论维持国家之计划"。会上,梁启超反复强调"当此国家多事之秋,本部必须有以自见,始不负以国利民福为前提之本意,本党党务望逐日拨冗至本部互相讨论,共筹良策,以各尽一分子之义务"③,并决议:1.由汪荣宝起草《咨请政府征伐叛徒建议案》,即日提交众议院议决;2.同意由熊希龄代替赵秉钧组阁,以巩固中央政府;3.取消程德全、陈炯明进步党名誉理事资格。与此同时,它还两次发表通电,一面极力为袁世凯开脱罪责,一面号召国人明辨所谓"是非",叫嚷"有效逆者,当共殛之"④。至其参、众两院议员即在国会再三要求袁世凯采取坚决有力的"戡乱"措施,并屡次提出诸如《请惩罚破坏国宪扶助乱党之韩玉辰案》、《请拿捕张继案》之类的提案,以打击国民党。关于进步党此时的所作所为及其作用,该党名誉理事、广东支部长徐勤事后曾供认:进步党"当时通电各省,日用电费至八万余元。并各言论机关,随处发挥拥护政府,群疑乃释"。又说:"平乱之功,固由起起者之奋勇有以致之,而鼓吹舆论,团结人心,以为武力之后盾者,非他人实吾党也。"⑤以上事实说明,袁世凯在争取同盟军方面获

①　《进步党人关于赣皖都督之质问书》,《宪法新闻》第7册,1913年5月。
②　《进步党对于政局最近之主张》,《时报》,1913年7月24日。
③　《进步党之特别会议》,《时报》,1913年7月29日。
④　《进步党反对独立通电》,《时报》,1913年7月23日。
⑤　《进步党粤支部徐君演词》,《时事新报》,1914年1月14日。

得了极大的成功。

三　袁世凯的政治阴谋活动

为了实现武力统一计划,袁世凯还玩弄了其他一系列政治阴谋,主要有:

(一)笼络资产阶级。袁世凯是辛亥革命的目击者,他亲眼看到了资产阶级在参加武装起义、组织政团、奔走呼号废除君主政体,要求实行民主共和制度和通过各种途径从财政上支持革命战争等方面所做出的贡献,自知这是革命所以成功的重要原因。因此,他从准备发动内战的第一天起,就十分注意体察资产阶级的心理变化及其种种要求,对他们极尽拉拢之能事。

辛亥革命以后,资产阶级从维护自身利益出发,普遍要求维护秩序,安定人心,保障和平。1912 年 5 月 1 日,上海出口皮毛杂货公会、商界共和团皮商公会为通告同业而发的一则公启十分典型地说明了这种情况。该公启说:"生命财产,人人自有保护之权。……故光复之初,吾商界输财助饷,不遗余力,无非欲保全治安,维持大局。近因政党中人横争意见,总统未经选定,宪法未经提出,彼亦一是非,此亦一是非,而外间妄加揣测,遂有南北剖分之谣。……刻下金融机关,十分停滞,推原其故,实由于造言生事者危词耸听,构成一风声鹤唳、草木皆兵之象,使人人皆有戒心。就市面情形而论,金钱不活动,货物无往来,谁实使之然哉? 皆此造言生事者阶之厉也。此而不急求维持之法,对待之方,生命财产,从何保守? 用是拟开临时会议,其开会宗旨,无非图社会之安宁,免邪说之煽惑。至如何办法,或电政府、议院及各都督,伏恳同业诸君于本月三号齐集事务所,公同研究,各抒谠论。"[①]其为保守自身生命财产而渴望社会安宁的倾向,表达

---

① 《商界急谋自保》,《申报》,1913 年 5 月 2 日。

得何等露骨而突出！资产者们为此提出的"对待之方"，不外要求政府维持秩序。5月7日，上海总商会致电袁世凯等说："近日纷纷争议宋案也，借款也，选举总统也。……若有破坏而无建设，乱靡有定，胡所底止。叠据各业团体交相诟责，殊难缄默。务祈大总统、国务院、参众两院、各省都督民政长以保卫商民，维持秩序为宗旨，无使我商业喘息余生，再罹惨祸，坐致大局沦胥，贻革命丰功之玷。"①与此同时，北京、汉口、苏州等总分商会、蜀商公益会、旅沪全浙工业团、洋货九业公会、旅沪客帮商务联合会、香港各银行团以及各业公会公所等也纷纷向袁世凯发出了同样内容的电报。

　　袁世凯对当时绝大多数资产者的心理变化是清楚的，因此，当他看到上海4月29日路透电称有人在沪运动第二次革命，谆劝商家助捐筹饷时，便极力把自己打扮成商民利益的代表者与维护者，发布命令说："本大总统一日在任，即有捍卫疆土，保护人民之责，惟有除暴安良，执法不贷。为此令行各省都督民政长转令各地方长官遇有不逞之徒潜谋内乱，敛财聚众，确有实据者，立予逮捕严究。"②接阅上海等地总分商会电报后，他连忙表示"愿商旅不惊、廛市不变，安居乐业为十年生聚之谋"，并再次装出关心其命运的样子，命各省都督民政长官"督饬军警竭力保护，如有匪徒藉端扰乱，损害商人，惟该都督民政长是问。本大总统誓将牺牲一切，以捍卫我无罪之良民也"③。为了进一步取得资产阶级的好感和信任，他还故作姿态，自我责备说："自前年九月以迄今兹，人民之颠连困苦，损失于无形者不知凡几……骎骎焉成为暴民专制，此皆由本大总统无德无能，未克尽职，旁皇夙夜，悲愤无穷，所愿与我无罪之良民洒一掬同情之泪者也。"并解释他所以"懔佳兵不祥之戒，作横逆不校之观，任彼豗突叫嚣者内省良知，自崖而返，非懦也，为救民计，为

① 《总商会电请维持秩序》，《申报》，1913年5月8日。
② 《命令》，《申报》，1913年5月7日。
③ 《命令》，《申报》，1913年5月16日。

救国计,当祈天永命,不当张脉偾兴也"①。针对资产阶级发展实业的要求,7月13日,他又发布"提倡实业"文告,侈谈"营业自由,载在国宪,尤应尊重"②。其实,对袁世凯来说,资产阶级的利益是无关紧要的,其真正目的在于把资产阶级引上反对以孙中山为首的国民党讨袁派的邪路,其针对商民心理而发的一道命令便说明了这个问题。他在命令中说:如果全国军人(实际上指的是讨袁派军人)都能服从他的命令,不"逾越范围",不干涉"非分之事","提倡改革之先觉"(暗指孙中山等革命领袖)又能"爱惜名誉,诰诚同侪,毋使依附之徒托名暴动,倾覆邦家",他"必当与我全国人民开诚见心,刷新政治,造世界和平之福,永民国无疆之庥"③。意思是说,你不是请我维持社会安宁吗? 当然可以,但须先与我共同对付讨袁派的"暴动",固我"邦家"。其用心之苦,由此可见一斑。

在袁世凯的哄骗、唆使下,资产阶级除了频电袁世凯,表示"效忠政府,服从命令"④,"反对此次扰乱"⑤,"通电全国各省埠商会及海外华侨团体,请勿助破坏"⑥,广发传单劝谕"商人务宜各持定见,安居乐业、切勿为流言所惑,互相惊扰"⑦外,很快就由主要请求袁世凯维护秩序转向直接反对国民党讨袁派了。江西商务总会总理曾秉钧致函李烈钧,要求他"即出布告,禁止谣言,维持市面"⑧。全国商会联合会总事务所和各省商会联合会纷纷致电参众两院,要求国民党议员"勿持党

---

① 《命令》,《申报》,1913年6月24日。
② 《袁大总统书牍汇编》卷2,第45、43页。
③ 《命令》,《申报》,1913年6月24日。
④ 陈旭麓等主编:《辛亥革命前后——盛宣怀档案资料选辑之一》,上海人民出版社1979年版,第300页。
⑤ 陈旭麓等主编:《辛亥革命前后——盛宣怀档案资料选辑之一》,上海人民出版社1979年版,第293页。
⑥ 《鄂议员与商民意见之冲突》,《申报》,1913年5月19日。
⑦ 《粤人之时局观》,《申报》,1913年5月29日。
⑧ 《赣督维持市面大会》,《申报》,1913年5月9日。

见,勿尚意气,以国事为前提,以道德为正鹄,速定良善宪法,选举正式总统,俾安民志,而巩邦基"①。其中全国商会联合会总事务所还气势汹汹致函孙中山、黄兴、陈其美三人说:"拟请诸公通电各省表明素志,其有谋为不轨者,一体严拿尽法惩治。并恳电致北京贵党本部,以国家为前提,一致进行。庶几诸公爱国之心乃大白于天下,彼造谣生事之匪徒,自知计穷力竭,不复敢公然倡乱。"②而湖南商界则莫不主张"以不助捐不开市相抵制"③。以上事实表明袁世凯的廉价许诺,的确加剧了资产阶级的右倾,使他们大部分站到袁世凯反革命一边了。这正是"二次革命"失败的重要原因。三年后《民国日报》曾总结说:"癸丑义师之挫,即一般商民姑息苟且之所致。"④

(二)分裂国民党。袁世凯为什么要分裂国民党,原因很简单,无非是因为它拥有多数议席,是国会第一大党,对他的专制统治构成威胁。他分裂国民党的办法主要有二,一是吸收使入进步党,二是"别设小团以容纳之",由进步党领袖梁启超及总统府的梁士诒、军政执法处长陆建章等代为经营。据邹鲁回忆,他当选众议员到达北京不久,就有原北伐军参谋刘某和淮军司令陈某(陈幹)来同他拉关系。一天,他们郑重其事地对他说:"总统很想借重先生,拟拨四十万元随先生组织新党。这事总统命军政执法处陆处长建章办理,陆处长叫我来致意先生的。"邹鲁严词拒绝之后,陆建章又亲自请他吃饭,说:"我有事请刘、陈两位转达先生,这是总统的意思,千万请先生答应。"⑤邹鲁虽然拒绝组织新党,而一些政治上的不坚定分子和变节分子却纷纷脱离国民党,另组小政团。大体说来,首开另组小政团纪录的是国民党重要人物孙毓筠,接着司徒颖、刘揆一、景耀月等也纷起效法,不到五个月时间,便先后从国

---

①　《公电》,《申报》,1913 年 5 月 16 日。

②　《商界对于时局之主张》,《申报》,1913 年 6 月 5 日。

③　《湖南独立声中之各界态度》,《申报》,1913 年 6 月 22 日。

④　《民国日报》,1916 年 6 月 15 日。

⑤　《回顾录》第 1 册,第 54—55 页。

民党分裂出七八个小政团。它们是：

1. 国事维持会　由孙毓筠、王芝祥、林述庆、杨曾蔚、温寿泉等人发起，1913年2月17日宣告成立。它宣布"其宗旨在维持时局，巩固国家，以至诚大公之心，为排难解纷之举"①。凡议会与政府有意见隔阂，各省与中央有误会抵触，甲党与乙党有激生恶感，它都将设法疏通，委曲解释，居间调停。关于它的性质与作用。袁乃宽在致张镇芳的一封密信中曾明白透露："孙少侯（毓筠）兄在政界有年，虽系国民党重要人物，而党见并不深，深悉时势之危险，非袁大总统不能担任，创办国事维持会，欲联合各党及各省都督力争宪法□□四端：一、加入解散权（总统解散议会）；二、消去通过权（国务员概不通过）；三、先选大总统；四、大总统有发紧要命令权。"又说："以上各事皆系设维持会之表面，其实则欲销薄宋（指宋教仁）之势力。其势力既薄，必不至捣乱。"②可见，当时的日本《新支那报》说它"虽藉国民党人所组织，而事实上多赞助中央者"，"与统一党首领王赓颇接洽，应可视为统一党之右游击也。……国民党员之人数渐减，此实与有力焉"③。这个说法并不是毫无根据的。该会建有不少地方支部，影响恶劣而广泛。

2. 潜社　由司徒颖、陈垣、梁仲则等十多人发起，约成立于1913年4月中旬，以司徒颖、黄霄九为领袖。司徒颖等虽系国民党员，但自另组潜社后，"一切行动不与该党相关。嗣正式加入公民党，即一律登报脱离关系"④。

3. 相友会　由陆内阁时期曾公开宣布脱离同盟会的工商总长刘揆一发起，1913年5月8日正式成立，推举刘为会长，陈黻宸为副会长，主要骨干有辛汉、张国溶、黄赞元、汪秉忠、王黻祎等。其宣布的宗

---

① 国事维持会致黎元洪及各省都督等电（1913年2月下旬），《申报》，1913年2月24日。

② 《张镇芳存札》，未刊稿，中国社会科学院近代史研究所藏原件。

③ 《日人之政党竞争记》，《申报》，1913年4月26日。

④ 《内务部警政司第二科函》，中国第二历史档案馆藏原件。

旨是"实行调和党见,俾各融洽,共支此危局"①,但实际上采取的却是不与国民党合作的态度。其总务部主任干事辛汉就曾公开声明脱离国民党,会计部主任干事黄赞元也自我供认:"六月,相友会在议院设议员休息室,自是与国民党完全脱离关系。"②

4. 超然议员社　由夏同龢为首的秦、晋、鄂、浙、赣、吉、滇、黔等省部分议员发起,1913 年 5 月 18 日宣告成立。该社不置社长,全体社员俱为事务员,所推职员皆以一月为限,届期递推轮换。首期总务科主任为张汉、王鸿宾,文牍科主任为夏同龢、李增,交际科主任为黄懋鑫、汪哕鸾、俞炜、范樵。它标榜"以不偏不倚之精神调和党见,维持国是为宗旨"③,但实际上是倒向袁世凯一边的。其参众两院议员为反对江西李烈钧宣布独立所发的通电就是证明。该通电说:"赣军倒行逆施,首〈先〉倡乱,假讨袁之名,行叛国之实","望各军统帅剿抚并用,公私团体,扫除荧惑,使奸邪无自而逞,俾叛徒早日肃清。"④

5. 癸丑同志会　由陈家鼎发起,1913 年 6 月 15 日宣告正式成立,选举刘公为正会长,张我华、王湘为副会长,胡祖舜、陈家蕭、胡鄂公、马小进、高旭等分别为总务、政务、交际、文事、评议各部正长。据当时记者黄远庸说,该会纯因陈家鼎"与吴景濂争议长不合而起"⑤。它宣布的宗旨是"力矫两党(指国民党、进步党)之弊,而以主张正义,发挥真实民意为指归。虽不敢直命为第三党,而天道后起者胜,一旦时势到来,夫亦未遑多让"⑥。对于当时政局之争。它认为"本无所谓南北问题,自奸人从中播弄,南疑北帝制复生,北疑南割据独立,大局岌岌,势将破裂。……此类非常举动,有逾宪政常轨之外,无论孰胜孰败,皆足破坏

①　《相友会之发起》,《申报》,1913 年 5 月 9 日。
②　《黄赞元致熊希龄函》,中国第二历史档案馆藏原件。
③　《超然议员社成立》,《申报》,1913 年 5 月 26 日。
④　《超然议员之超然谈》,《时报》,1913 年 8 月 5 日。
⑤　远生:《政界之大混沌(二)》,《时报》,1913 年 5 月 4 日。
⑥　《癸丑同志会宣言书》,中国第二历史档案馆藏原件。

民国本体,宁不若恪守政争范围,以维持共和为维持国家统一之道"①。其用语和腔调与当时的进步党几乎没有什么不一样,这表明它在政治上对袁世凯同样有利而无害。

6. 政友会　原为景耀月所发起,初举景为会长,于右任、彭占元为副长,以巩固共和国体、发展国民经济、力谋教育普及、完成国内交通、增厚边防军备、经营拓殖事业、维持国际平和为会纲。后又与孙毓筠所发起的另一小政团民宪党实行合并,仍名政友会,于 1913 年 6 月 19 日举行正式成立大会,选举景耀月、孙毓筠为理事(后增选袁乃宽、程克二名理事)。其宗旨为"巩固共和,发展国力,实行世界的国家主义"②。该会成员以国民党籍居多,其余属进步党籍,占五分之二。其活动经费主要来源于袁世凯,据说所给达五十万元之多③。这是它政治上脱离国民党转向袁世凯的根本原因。

7. 集益社　这是一个完全由广东人组织的具有浓厚地方色彩的小政团,以朱兆莘为首领,有社员二十余人。后除朱外,其余全部并入梁士诒所组织的袁世凯御用组织公民党。

此外,湖南众议员郭人漳组织的大公无我俱乐部(又称大公俱乐部、自由俱乐部)也是一个公开宣布脱离国民党,主张"稳健"的小政团。

以上事实说明:在袁世凯的分化瓦解、威胁利诱下,国民党早在与袁世凯决战之前,便已四分五裂,丧失了战斗力,这对袁世凯推行武力统一政策自然是十分有利的。

(三)施放和平烟幕。袁世凯明明在加紧扩军备战,但表面上却大念和平经,以欺骗人民和麻痹国民党讨袁派。1913 年 6 月 22 日,他发布裁兵节饷令,命参谋、陆军两部会商财政部,"妥筹限制兵额,分配军区,核实简练,以足维持地方治安为度",并规定行政经费应由

---

①　《癸丑同志会宣言书》,中国第二历史档案馆藏原件。

②　《政友会规约》,中国第二历史档案馆藏原件。

③　谢彬:《民国政党史》,1928 年版,第 55 页。

"各部各省权衡缓急，大加裁减，制定预算，依法颁行，务使漏卮尽塞，丝毫无滥"①，好像他从无发动战争的打算。为了消除国人对他"复生帝制"的疑虑，他还一再公开表示将信守诺言，效忠共和。5月底，他对入京探听情况的章炳麟说："吾以清运既去，不得已处此坐，常惧不称，亦安敢行帝制，人之诬我，乃至于是。"②与此同时，他又特地接见上海《大陆报》记者弥勒，极力把自己打扮成"共和英雄"与"和平天使"。

弥勒问："主张何种政体？"

袁："自以共和政体为主张！盖共和既已告成，而又欲适用他种政体，其愚孰甚！"

弥勒："近有人评论总统并不实心赞成共和，拟复君主制，有是事乎？"

袁："予知此种谣传自不能免，然既为公仆，岂能逃诽谤乎！此种问题当留之以待后人之解决。余既为民国办事，必当尽余之能力，以求民国之成功！倘有破坏之危险，决非自余而生，必由于一般暴徒以破坏国家为主义者也。"

弥勒："有人谓总统欲仿效拿破仑，信乎？"

袁（笑）："余欲为华盛顿，非拿破仑也。华盛顿为历史中最有名人物，建造自由国，余何故欲为拿破仑而不为华盛顿乎！"

弥勒："现在中国最要之事为何？"

袁："对内对外均以和平。此为最要之事。"③

事实证明，袁世凯的欺骗宣传的确收到相当效果，不但全国商民大多信以为真，即如满腹经纶的章炳麟也确信"帝王思想是其所无，终身

---

①　《命令》，《申报》，1913 年 6 月 24 日。

②　《太炎先生自定年谱》，《近代史资料》1957 年第 1 期。

③　《时报》，1913 年 5 月 29 日。

总统之念是其所有"①。

（四）拉拢黎元洪。由于黎元洪捞有武昌首义的虚名，在湖北又拥有相当实力，且武汉地处要冲，是北洋军进攻南方国民党人的前进基地，因此，袁世凯从准备发动战争的第一天起就把争取黎元洪视为至关紧要的问题。5月初，他特意拨给湖北"军饷"一百万元，实际上即是对黎的一种收买。不久，黎元洪果然来电效忠，表示"元洪唯知服从中央……所有长江上下游，元洪誓死撑持，决不瞻顾"。黎的电报使袁世凯大受鼓舞，他立刻回电嘉勉，并且表示："世凯苟有欺天下之心，利一姓之见，罪在不赦。"②此后，黎元洪接连发出通电，开始以"劝告"国民党讨袁派为名，行攻击之实；后来则和袁世凯异口同声地骂讨袁派是"奸人"，"假政党之名义，图利己之私衷，以破坏为宗旨，以运动军队为至计"；并传谕"各军队如遇有运动之人，无论官兵出首报告，或拿获首领，或探悉秘密机关，俾先事预防得保治安，则按照后开各条给赏，以昭激劝。计开赏格：一、如有乱党运动兵士，由该兵士拿获确实证据，报告长官者，赏洋一百元；二、运动官长，由该官长查获确据，报告长官者，提升官阶一级；三、有查确乱党机关报告长官，因而拿获匪首者，赏洋一万元；四、有查确分机关报告长官，因而拿获要犯者，赏洋五千元；五、有查确各机关地点报告长官，因而破案者，赏洋一千元"③。黎元洪的这些表态和措施把他的反动立场公然暴露于光天化日之下。

以上事实表明，袁世凯为推行武力统一政策，早就做了军事、政治、舆论等方面的充分准备，内战是不可避免的。

---

① 《章太炎政论选集》，第 661 页。
② 《爱国报》，1913 年 5 月 15 日。
③ 《黎督查拿运动军队者》，《申报》，1913 年 5 月 14 日。

第二节　孙中山发动二次革命

一　二次革命的酝酿

革命党的主要领导人,在民国元年一直抱着与袁世凯合作建国的思想,缺乏备战应变的准备。自宋案发生后,形势急转直下。1913年3月25日,孙中山访问日本后回到了上海,当天晚上,他立即与陈其美、居正、戴季陶等会集黄兴寓所,商讨解决宋案的策略。然而,革命党人在反袁策略上发生了严重的分歧。黄兴认为,"民国已经成立,法律非无效力",主张按法律程序推倒袁世凯。戴季陶一贯主张二次革命,竭力反对黄的意见。黄兴仍认为"南方武力不足恃,苟或发难,必致大局糜烂"①。他主张"以其制人之道,还制其人之身"②,即"欲以暗杀袁世凯,省事免牺牲"③。孙中山一向认为暗杀不足取,对法律解决也不以为然。他指出:"总统指使暗杀,则断非法律所能解决,所能解决者只有武力。"④他分析了当时的形势,强烈主张:"袁氏手握大权,发号施令,遣兵调将,行动极称自由。在我惟有出其不意,攻其不备,迅雷不及掩耳,先发始足制人。"他并强调说:"宋案证据既已确凿,人心激昂,民气愤张,正可及时利用。否则时机一纵即逝,后悔终嗟无及。"⑤在血的教训面前,孙中山决心重新走上武装革命的道路。

然而,孙中山要领导革命党人转入革命战争的轨道,诚非易事。在宋案之前,李烈钧等人虽有备战应变的思想,并且时断时续地有建立都督联盟的活动,但当时国民党内妥协空气浓郁,总希望通过和平的、合

---

① 《孙中山全集》第3卷,第165页。
② 《黄兴集》,第357页。
③ 田桐:《革命闲话》,《玄玄遗著》,1937年版,第190页。
④ 《孙中山全集》第8卷,第433页。
⑤ 《孙中山全集》第6卷,第218页。

法的手段取得政权。国会选举后,宁调元曾致电胡汉民,呼吁说:"总统历行暴民政治,意思即是法律,喜怒即为赏罚,好恶即为贤不肖,致先烈头血未寒,而共和已归破坏。我东南最初起义各省,亟宜联为一气,协筹对付。"①但胡汉民却不能不通电申斥:"此种妄人妄语,粤人决不承认。"②然而,反对派报纸却一再乘机夸大其词,纷纷宣传国民党都督准备反抗中央的消息,并有赣、闽、粤、皖、湘组成五都督团的流言。四川共和党报纸甚至登载消息说,国民党"密议拥戴孙、黄发难,以苏、浙、皖、赣土地抵借日款,购备枪械,割据东南"③。尽管如此,革命党人仍然相忍为国。宋案发生以后,面对着时局的激烈震荡,多数人一时难以适应策略的大转变。

当时,孙、黄争论不决,遂分电粤、湘两省征求意见。胡汉民和谭延闿因战备不足,都复电不赞成马上起兵。胡汉民反袁比较坚决,曾和护军使陈炯明联名通电,强硬表示:"粤省兵力雄厚,械亦精利,军心固结,谁为祸首,破坏共和,当共弃之。"④但军权在陈的手里,而陈对起兵讨袁表示冷淡。谭延闿则态度相当暧昧,只是因湖南革命党人力量颇强,他不能不附和革命党人的政治主张。赣督李烈钧刚刚取得民政长事件的胜利,宋案后强烈主战,通电表示:"如果有神奸巨蠹,必欲推倒共和,即为国人之公敌,赣虽地瘠兵单,愿以昔日推倒专制之精神,再随各省之后而调护之。"⑤他并积极与各省联络,建立了赣、皖、粤、湘、闽等省的联盟。他甚至遣使至鄂游说,企图争取黎元洪,但"黎公不为所动"⑥。

---

① 《亚细亚日报》,1913 年 2 月 25 日。
② 《亚细亚日报》,1913 年 3 月 10 日。
③ 《国民党本部通电》,《民立报》,1913 年 2 月 23 日。
④ 《亚细亚日报》,1913 年 4 月 19 日。
⑤ 《亚细亚日报》,1913 年 4 月 19 日。
⑥ 《黎本唐致段祺瑞函》(1913 年 4 月 16 日),中国第二历史档案馆藏北洋政府陆军部档案。

1913年4月中下旬革命党人在上海召开了第一次秘密军事会议，皖督柏文蔚、赣督李烈钧及湘、粤等省代表周震鳞、覃鎏钦等参加了会议。虽然李、柏两督主战，柏文蔚且表示"愿首先在皖发难"①，但当时孙、黄之间仍争论不决，而革命党的统兵将领普遍认为，"我方兵力不能敌袁，与其速战失败，莫若练军观变，袁尚不敢过于轻视"②。军事会议的结果，据周震鳞回忆说："当时中山先生主张立即兴师讨袁……克强先生则认为袁世凯帝制自为的逆迹尚未昭著，南方的革命军又甫经裁汰，必须加以整备才能作战，因而主张稍缓用兵，以观其变。各省领兵同志多同意黄的意见。中山先生格于众议，只好从缓发动。因此，第一次讨袁会议的结果，仅议定进行全面布置的准备工作。"③

"宋案"证据公布后，革命党人对袁世凯的义愤，达到了高潮，违法大借款案的签字，更是火上浇油。4月27日，《民权报》刊布徐谦《布告国民》一文，历数袁世凯政府十四大罪，并向国民呼吁："嗟乎，国民！惟能死者乃能生存，惟能战者乃能得平和，惟能除暴者乃能保全其国家。民国根本，共和基础，已为万恶无道之民贼破坏以尽，吾民国再不能姑息养奸，借口于维持现状，顾全大局矣！"这几乎是一篇讨袁檄文了。孙中山主张乘民气高涨之机，"速兴问罪之师"④。皖、赣两督在沪上军事会议后，积极备战。临淮关一旅和安庆省城的军队，正以剿匪为名，向皖北前线开进。李烈钧在九江上游瑞昌县属临江的码头镇屯扎重兵，部署炮兵阵地，以控制长江。码头与湖北武穴隔江对峙，江面狭窄，形势险要。一批激烈派分子张尧卿、韩恢、何海鸣、王宪章、尹仲材等于4月27日组织了铁血监视团，并举何为团长，表示袁世凯如拥兵自卫，

---

① 柏文蔚：《安徽二次革命始末记》，《民初政争与二次革命》下册，第667页。

② 耿毅：《癸丑讨袁回忆录》，《辛亥革命回忆录》（一），第548页。

③ 周震鳞：《关于黄兴、华兴会和辛亥革命后的孙黄关系》，《辛亥革命回忆录》（一），第338页。

④ 《孙中山全集》第6卷，第218页。

"同人等一致进行,誓以铁血相见"①。浙籍革命党人吕东升、王逸(金发)、丁匡公等致电浙督朱瑞,要求浙江与中央断绝关系,宣告独立;张尧卿、刘天猛等湘籍党人也要求谭延闿"迅率湖湘子弟,首先独立,讨贼问罪,为各省倡"②。他们还成立中国军界联合会,企图招募闲散军人和游民,准备起兵。

然而,当袁世凯调兵遣将,积极备战的时候,革命党人起兵讨袁的计划,却再次受到挫折。稳健派由于怯战,依然把倒袁的希望寄托在法律解决上。当"宋案"证据公布之后,稳健派的主要喉舌《民立报》却于4月27日、28日、29日连续刊载徐血儿的《综论大暗杀案》,他不顾笼罩着中国大地的战争乌云,仍在从容论道:"记者对于本案之主张,即袁、赵自行解职,组织特别法庭,以受法律之裁判是也。……国民苟以是主张到底,民意可以御甲兵,独夫何畏焉!苟法律而尚不能完全解决,则以政治解决可矣!……国会当依据约法,提出弹劾案,使袁、赵解职,由国民组织特别法庭,为公正之审判,以为此案最后之解决也。"即便是对于袁世凯为了战争而签订的大借款,他们也认为可以和平地打消:"有国会在,有法律在,有各省都督之力争在,袁氏终当屈服于此数者而取消之。"③拥有兵权的革命党人则依然迟疑不决。据陈其美说,孙中山"电令广东独立,而广东不听;欲躬亲赴粤主持其事,吾人又力尼之,亦不之听;不得已令美先以上海独立,吾人又以上海弹丸地,难与之抗,更不听之。当此之时,海军尚来接洽,自愿宣告独立,中山先生力赞其成,吾人以坚持海陆军同时并起之说,不欲为海军先发之计。"④当时,胡汉民曾召集旅长以上军官会议,讨论兴师北上。虎门要塞司令饶景华公然昌言反对,扬言:"倘有径行出师,反抗中央,自召灭亡者,过虎门时,当以

---

① 《铁血监视团成立通告》,《民立报》,1913年4月30日。
② 《民权报》,1913年5月3日。
③ 《孙中山全集》第6卷,第218页。
④ 《孙中山全集》第6卷,第219页。

巨炮对待。"①由于诸将消极抵制出兵，胡汉民竟无可奈何，遂罢出师之议。柏文蔚虽曾有皖、赣先行发难的建议，但顾虑到皖、赣军力薄弱，态势突出，处境危险而未能实现。由于革命党人迟疑动摇，闽督孙道仁退出了与赣、皖、粤、湘四督的联盟。1913 年 5 月初在上海召开的革命党人的第二次军事会议，竟一筹莫展，武力讨袁的计划就这样被搁置了。

二　南北调和活动的失败

大体说来，革命党中稳健派的观点，比较典型地反映了民族资产阶级的情绪。《民立报》上曾载文说："前次大革命之后，元气凋丧，民力疲极，并力恢复，犹虞不及，庸能再受莫大之损失乎？且社会心理，莫不翘首企踵以渴望太平之隆盛，一闻变起，心惊胆裂，寝食为之不宁，较诸前次革命时，闻兵变而色然以喜者，盖大相悬绝者矣。夫人民之厌乱既如此，则尚有谁敢为戎首，轻心发难乎？发难之后，谁肯附从之乎？此我国之无二次革命之余地可知。"②所以，他们只有把希望寄托在法律解决上。而当武力倒袁的主张受挫，法律倒袁的希望也十分渺茫，袁世凯气势汹汹地进逼的时候，一部分人主张调和、呼吁和平的声浪又高涨起来。因此，5 月的政治形势错综复杂，人心起伏跌宕。

首先起来担任调停的是老革命党人谭人凤，他在上海和王芝祥一起，在中间派人士中奔走，联络一些在前清与袁世凯齐名而又反对袁世凯的督抚，如岑春煊、李经羲等人，出面主持公道。5 月 4 日，由岑春煊领衔发表致袁世凯及各界通电，这通由谭人凤起草的电报，一方面要求将洪述祖引渡归案，赵秉钧出庭受质，大借款交国会研究，另一方面呼吁和平解决。一贯以调人自居，正在积极助袁备战的黎元洪，也于 5 月

---

①　《官其彬致段祺瑞函》(1913 年 7 月 1 日)，中国第二历史档案馆藏北洋政府陆军部档案。

②　朱宗良：《二次革命声中之冷眼观》，《民立报》，1913 年 6 月 1 日。

9日致电黄兴和湘、粤、皖、赣四督,竭力为袁世凯担保说:"项城为识时之英雄,决不逆潮流而犯名义。"他敦劝黄兴与四督:"我辈惟有各守秩序,静候法庭、议院之解决,以免举国纷扰。如其尚有疑猜之黑幕,不难联合各都督全力担保,永守共和之责任。"并以长者的口吻告诫他们说:"此事和平办理,则国基巩固,国用充盈,威信远行,友邦公认,诸公手造民国,永垂无上荣誉。否则,内部崩裂,强敌剖分,民国不存,诸公前此勋名,亦将安在?"①他用保守既得利益的思想,来侵蚀革命党人的战斗意志。

于是,对决战缺乏信心的黄兴于5月13日向黎元洪表示:"兴对于宋案,纯主法律解决,借债要求交国会通过,始终如一,实与吾公所见相符,文电具在,可以复按。"②柏文蔚、胡汉民也先后派人入京疏通。仅李烈钧未肯屈服,但也不能不表示听从法庭和国会的解决。革命党人在袁世凯的军事压力和中间派系的劝诱之下,就这样走上了幻想调和的道路,以求保存实力。

但是,袁世凯丝毫没有放松对革命党人的压力。5月13日,由变节的国民党籍陕西都督张凤翙、山西都督阎锡山领衔,与袁系都督冯国璋(直)、张锡銮(奉)、周自齐(鲁)、张镇芳(豫)及甘肃护理都督张炳华联名发表通电,点名攻击"黄兴、李烈钧、胡汉民等不惜名誉,不爱国家,谗说朋兴,甘为戎首",并咄咄逼人地威胁说:"倘有不逞之徒,敢以谣言发难端,以奸谋破大局者,则当戮力同心,布告天下,愿与国民共弃之。"③15日,袁世凯悍然取消黄兴陆军上将的资格,且企图罢免反袁最坚决的赣督李烈钧。

江苏都督程德全担心爆发战争,急电呼吁和平,要求各方停止纷争,并向双方自作保人说:"政府固无谋叛之心,民党亦无造反之意,二

---

① 《黎副总统政书》卷20,第15—16页。
② 《黎副总统政书》卷20,第18页。
③ 《时报》,1913年5月19日。

者若有其一,德全愿受斧锧,以谢天下。"①浙督朱瑞也起来伪充调人,他致电黎元洪及苏、滇、川、闽诸督,请黎元洪联合各省,"一方电请大总统励行职权,确立威信,一方致电皖、赣、粤、湘四省,晓以大义,共遵轨道"②。朱瑞捧袁的做法太露骨,不像调人。程德全等不赞成,迟至6月10日才由浙、滇、川三督联名发表。

　　鉴于袁世凯的严重压力,谭人凤为避免革命势力遭到摧残,加紧了调停活动。在他的策动下,沪上调人,分成二路,一路赴鄂争取黎元洪,由岑春煊、李经羲、章士钊三人前往,一路应袁世凯三次电邀,由谭人凤、王芝祥二人入京与袁晤谈。

　　5月17日,岑春煊等自沪启程,前往武昌。他们在调停的名义下对黎暗中进行了策反活动。当他们到达时,章炳麟已经先期至鄂。章于1912年底曾被袁任命为东三省筹边使,宋教仁被刺,使他认清了袁世凯的真面目,不久就弃官南下,重新与孙中山、黄兴合作反袁。这时,他从上海来到武昌,策动他所最推重的黎元洪出来竞选总统。适黎召北军南下,章与湖北诸将一起劝黎不要引狼入室,但黎不听,第一师师长黎本唐因此辞职,后由石星川继任。当时,岑、李、两章四人轮番劝黎"毋辞大选"③。两章言词恳切,"处处劝黎公以国家人民为重,慎勿惑于袁氏之才略能定大局之言,并谓非公出任总统,则南北分裂,兵连祸结无已"④。他们对这个徒拥虚名的黎元洪竟寄予莫大的希望。然而,黎在宋教仁死后,"惧及己,益懔懔"⑤,他抱定"非袁则乱"⑥的信念,不听任何劝说。而且,他还把来客的说辞报告给袁世凯,并示意来客"隔墙有耳",敦促他们尽快离鄂。至此,革命党人策动黎元洪反袁的计划,

---

①　《民立报》,1913年5月20日。
②　江苏都督府秘书处密电密件室抄存件。
③　《太炎先生自订年谱》,《近代史资料》1957年第1期。
④　《时报》,1912年5月31日。
⑤　《太炎先生自订年谱》,《近代史资料》1957年第1期。
⑥　《时报》,1912年5月31日。

就完全失败了。

18日，谭人凤、王芝祥自沪进京，但同样毫无所获。袁世凯态度十分强硬，对王芝祥说："并非南北有意见，乃地方不服中央，中央当然惩治，无调停之可言。"①谭人凤见袁时，袁更"痛诋克强种种违法行为，切齿咬牙，大有欲得而甘心之意"②。袁用一派官话来对付谭人凤，他说："人谓我违法，我丝毫不违法。宋案候法庭裁决，借款听国会解决。国会议决要如何便如何，我何违法之有？宋案证据有黄克强盖印，黄克强既非行政官，又非司法官，何能盖印，即此已违法，尚责我乎？"③谭委婉地向袁陈述了"南北宜融和，不宜决裂"的意见，袁就把北军南下的责任往黎元洪身上一推说："兵为黎宋卿所请求，中央并无用武之意。"④谭见话不投机，即离京往鄂。临行前，向袁辞行，"仍以撤兵、毋易赣督为请"。袁世凯稍稍改变了态度，和颜悦色地说："赣督去留，我亦尚无成见。但须劝彼等以国家为前提，勿蓄意谋乱方好。"⑤谭抱着一线和平的希望到武昌去见黎元洪，黎告诉他："赣省大小军官与各机关人员，多已来鄂接洽，李烈钧已成独夫矣！"⑥他们早已准备对赣动手了。

当时，袁世凯已经做好了军事和政治准备，不愿再同革命党人讲什么调和。5月21日，他对梁士诒、段芝贵、曾彝进等说："现在看透孙、黄除捣乱外无本领，左又是捣乱，右又是捣乱。我受四万万人民付托之重，不能以四万万人之财产生命听人捣乱，自信政治军事经验、外交信用不下于人，若彼等能力能代我，我亦未尝不愿，然今日诚未敢多让。彼等若敢另行组织政府，我即敢举兵征伐之。"其语词狂妄蛮横，不留余地，前所未有。秘书长梁士诒觉得话说得太绝，嘱曾彝进"以个人资格

①　《时报》，1913年5月23日。

②　谭人凤：《石叟牌词叙录》，《近代史资料》1956年第3期。

③　《燕市燃犀录》，《民立报》，1913年6月2日。

④　谭人凤：《石叟牌词叙录》，《近代史资料》1956年第3期。

⑤　谭人凤：《石叟牌词叙录》，《近代史资料》1956年第3期。

⑥　谭人凤：《石叟牌词叙录》，《近代史资料》1956年第3期。

往告国民党人"。袁不以为然,对曾说:"就说是袁慰亭说的,我当负责任。"①

　袁世凯的首要目标是江西,北洋第六师于5月中旬部署在兴国、蕲春、田家镇一线,前锋进驻武穴,并拟进占小池口战略要地,与江西码头驻军隔江对峙,虎视眈眈,随时准备动武。袁世凯又通过黎元洪向李烈钧施加压力,谋求通过政治手段迫李下野。黎屡次托人要李"洁身引退,举贤自代"②,李烈钧断然表示拒绝。黎又密电驻守九江的欧阳武,请其退军撤防,并暗示可荐欧阳代李出任赣督。时赣军将领在袁世凯派人策反下纷纷动摇,第二师师长刘世钧,江西沿江炮台上三台总台官陈廷训先后向袁系私通款曲,袁世凯又通过赣籍议员买通众议员欧阳成,由欧阳成向其弟欧阳武策反。欧阳武遂密电李烈钧要求和平解决,撤退前沿防兵。李烈钧在内外压力下,鉴于革命党人士气消沉,不得不表示退让,于6月3日电告黎元洪:"现已将炮营调离码头,该处步队并令陆续调配。"③黎也令北军自武穴前沿撤至田家镇,形势稍有和缓。同时,李烈钧也派彭程万赴鄂陈述政见,黎元洪向李提出了调和的最后方案:"(一)请公声明服从中央;(二)欢迎赵民政长实行军民分治;(三)九江镇守使由中央简员接任。"④并且限十天内答复。这种要李烈钧改变政治态度并卡住李的咽喉的调和办法,李烈钧当然不能接受,他不待十天,就由省议会出面,拒绝了黎元洪的最后通牒。于是,时局到了转折的关头。

　正当江西局势紧张之时,上海发生了进攻制造局事件。这次事件是由参加辛亥革命的一些会党领袖发动的,其中有江苏都督府顾问、共进会副会长、铁血监视团发起人张尧卿,广东绿林改进团领袖

---

①　《专电》,《时报》,1913年5月24日。

②　《黎副总统政书》卷21,第7页。

③　《时报》,1913年6月10日。

④　《黎副总统政书》卷21,第7页。

柳人环,上海工党成员、铁血监视团成员韩恢等人,他们又去联络上海籍的工党领袖徐企文,利用徐熟悉上海情形的有利条件,出头组织。在策动起事的过程中,他们以黄兴、陈其美的名义来组织队伍,联络的对象主要是退伍军人、无业游民和驻守上海制造局的下级官兵。对于他们的某些活动,早在5月初就有人向袁世凯报告,并由袁转告江苏都督程德全,5月22日,袁又电嘱程拿办张尧卿。23日,黄兴、陈其美得悉张、柳等以他们的名义策动起事后,一方面阻止制造局军官参与其事,一方面派黄郛赴宁直接向程德全报告,并知会制造局督理陈榥戒备。黄兴、陈其美为了与袁世凯调和,轻率地抛弃了这批可以利用的激烈分子。

程德全、陈榥等得到情报后,作了周密的布置,并派间谍打入起事者内部进行侦察。5月28日晚,陈其美得悉张尧卿等准备动手的消息后,即用电话通知陈榥。5月29日凌晨1时,徐企文率领一百多人,打着"中华民国国民军"的旗帜进攻制造局,当即遭到有准备的阻击,徐企文被诱捕,起事者一哄而散。

徐企文起事失败后,陈其美于5月31日偕《民强报》记者赴制造局,他在谈话中暗示,此次事变系北京当局勾结匪徒破坏,以便派兵来沪。他想用这种笨拙的办法来阻止北军南下。袁世凯当然不会就此罢手,他一方面向程德全施加压力,要程同意由中央调兵入卫制造局,一方面将徐企文押赴北京审讯,企图指实为黄兴、陈其美发动。但徐企文倒是很有骨气,他始终没有捏词诬栽,借此报复,后于1913年9月8日被处死刑。

柳人环于进攻制造局之役失败后,带了十多人跑到江西,企图依傍反袁最坚决的李烈钧。6月3日,柳抵达南昌,径至都督府求见,但遭到李的断然拒绝。李致电程德全,询问是否予以拘捕。程复电说:"张光曦(尧卿)、柳人环假克强名在外招摇,克强迭有函电来请拿办。近来臆度造谣者多,必将张、柳拿获,以表白克强之心迹,以见执事之力维大局。"①5 日,李竟派军警逮捕柳人环、文仲达、卢汉生等十三人(除上述三人外,其余不久释放),并拟解赴江苏交程德全审理。时任李秘书职的何海鸣向李烈钧力争,要求释放,但李不听。何见自相残杀,十分伤心,被迫离赣赴沪。后来,李下野后,柳人环被解赴北京,与徐企文同日处死。

黄兴、陈其美、李烈钧等人,所以要牺牲这批激烈派分子,无非是想缓和袁世凯的压力,以便保存革命党人的地盘和实力。然而,革命党人保存实力的想法即使暂时能够实现,也无非是把急剧的阵痛变成慢性的折磨罢了,他们又有什么办法抵抗袁世凯的政治瓦解手段呢,他们一度寄予希望的通过法庭和国会来倒袁的斗争,在南北调和声中,已经陷入了奄奄一息的地步。

宋案的法律解决,由于组织特别法庭的斗争失败,只得按常规的法律程序,仍归县一级的小小的上海地方审、检厅办理。由于上海厅的级别低,袁世凯方面就可以在法律程序上设置种种障碍。5 月 5 日,上海地方检察厅长陈英开始预审应桂馨和嫌疑犯朱荫棻。6 日,上海地检厅秉公执法,居然按司法程序向北京地检厅发出传票,请京厅传解宋案嫌疑犯赵秉钧、程经世(内务部秘书)到沪候质。同时,沪检厅鉴于洪述祖迟迟不能引渡,不得不推迟将宋案移交审判厅开审,遂要求外交部向青岛德国当局交涉,从速将洪引渡归案。然而,这个洪述祖在德国当局的庇护下,5 月 3 日还从青岛发出通电,为自己和北京政府开脱罪责。他声称:"述祖宗旨,不过欲暴宋劣迹,毁宋名誉,使国民共弃之,以破其党派专制之鬼蜮而已。……不得不假托中央名义,以期达此目的。"②与此同时,京检厅在沪检厅的催促下也居然向赵秉钧、程经世发出传票。但赵秉钧根本无视司法独立的尊严,他在致京检厅的复函中,除继续一口抵赖自己的罪责外,公然拒绝到案对质。他声明:"现在秉钧旧

---

① 江苏都督府秘书处密电密件室抄存件。
② 《时报》,1913 年 5 月 9 日。

疾复发,曾在北京法国医院调治,当有诊断书可证,已于4月30日呈明总统请假十五日在案,自未便赴沪。"①就是那个小小的程经世,也因背后有靠山而拒绝出庭。据说,袁世凯曾叫人转告赵:"智庵(赵秉钧)放心住医院就是了。"②

　　由于宋案要犯迟迟不能到庭,宋案的审判一拖再拖。5月30日,上海厅不得不在宋案要犯缺席的情况下开庭审判。但开庭后,原告代诉人高溯、金泯澜律师因宋案要犯赵、程、洪尚未到案,请求缓期开庭公判,他们强烈要求上海厅发出提票,强行拘传赵、程、洪到案。而被告律师杨景斌也反对开庭审判,他宣称,现任本庭法官未奉大总统、司法总长任命,不符合《临时约法》的规定,没有开庭的资格。由于原告、被告双方律师抗告,上海地审厅未经审案,即不得不宣布退庭。

　　在此期间,与汪精卫一起谋刺过前清摄政王的革命党人黄复生、参议员谢持、宋教仁秘书周予觉携带炸药和黄兴给的三千元由沪赴京,企图暗杀袁世凯。但周予觉在袁世凯侦探的追踪下叛变自首,由他的妹妹周予儆出面,编造伪供,谎称黄兴组织"血光团",令其携款四万元赴京实行暗杀。北京当局对所谓"血光团"暗杀案作了大肆渲染,作为对宋案的抵制措施。谢持也于5月17日在北京住处被捕。但谢为议员,搜检他的住宅又未获证据,经国会抗议,不得不予以释放,谢随即逃离北京。袁世凯当然不会就此罢手,5月29日,他下令改组北京地方审、检两厅,加强了对司法机关的控制。新组建的京检厅当即向上海发出传票,传居住租界的黄兴到案对质。黄兴于6月11日毅然赴租界会审公廨,表示愿意赴京对质,只因京厅证据不足,租界当局才未令黄兴到案。

　　黄兴的做法,当然无助于宋案的法律解决。宋案早已陷入了"公判

---

① 《时报》,1913年5月27日。
② 《北京电报》,《民立报》,1913年5月21日。

不成,律师抗告,法庭冰搁,政府抵制,不但事实不进行,连新闻都没有"①的冷落局面,所谓法律解决,完全成了空谈。

至于国民党在国会内的斗争,由于袁世凯的分化收买政策和进步党的抵制,同样没有任何成效。后来,邹鲁回顾这一段国会斗争的经验教训时说:"我向来抱着法律万能的观念,所以对于宋案,主张由司法解决,对于大借款案,主张由国会解决。到了现在,事实与理想完全相反,才晓得法律还没有到有效的地步。"②

正当革命党人士气消沉,宋案法庭无能为力,国会瘫痪,谭人凤调和失败之时,汪精卫、蔡元培于6月2日从欧洲回到上海,并立即和赵凤昌取得联系,准备通过张謇去与袁世凯谈判,为南北调和进行最后的努力。6月5日,赵凤昌在致陈陶遗的电报中说:"经武(胡瑛)来商,精卫与切要处(似指孙中山、黄兴)研究大局,已一致和平,对于前途,亦力趋稳定。惟望中央勿遽信伪谣,勿骤有更动,俾汪更易进行。"③汪、蔡与张、赵拟定的调停的基本条件是:国民党方面,顾全大局,选举袁世凯为正式大总统,宋案让赵秉钧出庭对质的主张自然消灭,罪名到洪述祖为止,同时"孙、黄自行声明","对于正式选举及其他要政为正当之宣告"④;袁世凯方面,除请袁"诰诫各省都督不得轻于发言,军人不得干预政治,且为四都督解释反抗中央之谣传,并申明不于临时期内有所撤换"⑤外,并请袁制止渲染嫁祸国民党的徐企文案,停止票传黄兴;等等。这些条件对袁世凯非常有利。

磋商正在进行之际,汪精卫因等待回音,在沪无所事事,遂于6月10日赴粤,"谋党见之一致"⑥,由蔡、胡继续与赵凤昌保持联系。而前

---

①　东方:《宋案竟无消息耶》,《民立报》,1913年6月8日。

②　邹鲁:《回顾录》第1册,第59页。

③　《辛亥革命在上海史料选辑》,第1096页。

④　《辛亥革命在上海史料选辑》,第1103页。

⑤　《辛亥革命在上海史料选辑》,第1101页。

⑥　《辛亥革命在上海史料选辑》,第1100页。

一天,即6月9日,袁世凯已下令罢免江西都督李烈钧,形势为之一变。不过,谈判继续进行,张謇于12日将调停条件电告袁世凯。14日,袁世凯又免去胡汉民的广东都督职务。16日,袁复电张謇,就调停问题表示意见说:"调人络绎,名曰维持,而暴烈进行,仍不住手。无非甘心鄙人,破坏民国,即不为一身计,宁不为一国计?为公为私,退无余地,惟有行吾心之所安而已。傥伟人果肯真心息兵,我又何求不得;如佯谋下台,实则猛进,人非至愚,谁肯受此?"①袁世凯并没有放弃政治瓦解革命党人的手段,不过他对调停显然表示疑虑。经赵凤昌与蔡元培、胡瑛两次会谈,蔡、胡表示:"此间仍宗前议,不以赣、粤改辙,孙黄必当表示,以安定人心,惟待汪回沪商定表示之法耳。"②但实际上,孙中山在袁罢免赣督后,正积极运动起兵。这时他因女儿病危,已由沪赴澳、港,不在上海与议,而汪精卫也滞留广东不回。前述条件实际上不为革命党人所接受,调和早已到了尽头。赣、粤两督的罢免,也破坏了调和的最后一点基础,战争的风云即将来临。汪、蔡的调和活动,倒是起了一点掩护革命发动的作用,所以战争爆发后,张謇写信给赵凤昌,愤愤地说:"吾两人为人利用,信用失矣!"③

三　李烈钧和湖口起义

　　1913年6月9日,袁世凯在做好了政治、军事准备以后,指责李烈钧"不称厥职","不孚众望"④,悍然下令罢免李的江西都督职务,任命黎元洪兼领江西都督,任命欧阳武为江西护军使,贺国昌为护理民政长,陈廷训为江西要塞司令官。欧阳和陈都是李烈钧的重要部将,袁世

① 《辛亥革命在上海史料选辑》,第1108页。
② 《辛亥革命在上海史料选辑》,第1104页。
③ 《辛亥革命在上海史料选辑》,第1108页。
④ 《政府公报》,1913年6月10日。

凯利用他们来稳住江西,作为控制江西的过渡,企图用政治手段来瓦解革命党人。

李烈钧(1882—1946),原名烈训,字协和,别号侠黄,江西武宁县人,1902年入江西武备学堂学习,1904年被选送日本学习陆军,1907年经张继等人介绍加入同盟会。1908年回国后,先后在赣、滇任职。武昌起义后,他回到九江被推为江西都督府总参谋长。后率舰队西上援鄂,任苏、皖、粤、鄂、赣五省联军总司令。李烈钧出任江西都督后,坚持革命立场,与袁世凯进行了坚决的斗争,被誉为民党急先锋。李烈钧被罢免,就成了二次革命的导火线。

袁世凯对革命党人地方实权的剥夺,迫使革命党人不得不作出最后的抉择:是隐忍待时呢,还是背水一战?尽管局势已经十分明朗,革命党人在做出最后抉择时仍然经历了一段痛苦的摇摆过程。

当时,孙中山义愤填膺,竭力主战。他派南下参加讨袁的参议院议长张继及马君武、邵元冲、白逾桓四人到赣,动员李烈钧声罪讨袁。但这时李烈钧鉴于他的同盟反袁的主张久久得不到响应,因而顾虑重重,打起了退堂鼓。法律解决的思潮,磨损了李烈钧的战斗意志。

还在免职令下达以前,李烈钧在和邓汉祥的一次谈话中就对形势作了悲观的估计。据邓的回忆说:“我到江西见到李烈钧后,就问他反袁的结果会如何?李说:‘一定打仗!’我问:‘打仗胜负如何?’李说:‘国民党一定失败……’”[1]免职令下后,李烈钧召集部下开会,商讨对策。赣中将领纷纷主战,但第二师师长刘世均表示坚决反对。当时正在江西的赵正平献议,“不如先行电询湘、皖、闽、粤诸省,再行决定”。赵去电后,“不一日而复电都来。湘谭(延闿)主张我从众,皖柏(文蔚)主张不如大家撒手,粤胡(汉民)且言我不久到沪,可在沪相见,闽孙(道仁)也含糊。这样一来,李氏就决定下野,自己且准备些款项,拟带一群英

---

①　邓汉祥:《我赴江西了解李烈钧反袁动向的经过》,《辛亥革命回忆录》(八),第585页。

俊青年,分赴东西洋留学"①。6 月 15 日,李烈钧卸职离开南昌前往上海。他在路过湖口时,九江一线的军官们也向他建议即时讨袁,但李烈钧说:"外面局势实在弄不清楚,到上海后再和孙、黄诸要人商议,并询各省意见,再行发动。"并说:"如现时不发动,我定电知你们,大家到外国观察一时,将来总有事做。"②当李经安庆与柏文蔚会商,然后于 6 月 19 日到达上海时,孙中山已离沪赴澳门。李草率卸职离赣,遭到沪上党人的责难,尽管他还在犹豫,已不得不放弃出洋的打算。

　　就在李烈钧离开南昌的当天,欧阳武即致电黎元洪,表示拥护中央。他说:"武誓矢血诚,拥护中央,保卫地方,鞠躬尽瘁,至死靡他"③,旋即就任江西护军使,并根据黎元洪的要求,代理江西都督。6 月 18日,欧阳武从九江启程赴南昌,路经湖口时,撤换了反袁比较坚决的水巡总监蔡锐霆,19 日到达南昌,翌日即接管都督印信,履行职权。第二师师长刘世均旋由南昌调赴九江。欧阳上任后,立即着手破坏李烈钧的备战体制,下令"取消军政司,裁撤总务厅,停止征兵,解散兵站"④,并将前沿部队撤回江西腹地。这是李烈钧轻易离开江西所造成的恶果。与此同时,为稳定江西局势,黎元洪表示"可担任鄂军不入赣境一步"⑤。

　　在李烈钧离赣的前一天,即 6 月 14 日,袁世凯又以调任的方式,撤去胡汉民的广东都督职务,任命陈贻范(原上海通商交涉使,参与发布宋案证据)、胡汉民为西藏宣抚使,任命陈炯明为广东都督,陈昭常(原吉林都督)为广东民政长。胡汉民于 16 日通电接受新任。

---

①　赵正平:《仁斋文选》,第 522 页,刊印《仁斋文选》筹备会 1945 年版。
②　耿毅:《癸丑讨袁回忆录》,《辛亥革命回忆录》(一),第 551 页。
③　《黎元洪致袁世凯铣电》,中国第二历史档案馆藏北洋政府陆军部档案。
④　《欧阳武狱中呈段祺瑞文》,中国第二历史档案馆藏北洋政府陆军部档案。
⑤　《黎副总统政书》卷 22,第 7 页。

当时，革命党中枢曾两次电请陈炯明出师"抵抗命令"①。但陈炯明召集诸将开会讨论出师时，遭到粤中将校的反对。汪精卫这时正从上海赶到广州，他对胡汉民、陈炯明之间的矛盾进行了调解，商定了胡、陈接退的办法。三人又联名密电黄兴，明白表示一致讨袁，请黄专力主持长江军事。胡、陈在联名致邹鲁的电报中也表示："这次更接，不特于大局无碍，而且有益。"②

不过，当时的广东局势还是很微妙的。革命党人指望陈炯明的权力欲望得到满足以后能起兵讨袁，而广东高级军官们则希望拥陈上台后一起倾向袁世凯。双方都希望陈炯明早日接任都督。陈处此局面，觉得"接也难，不接也难"③。他既害怕起兵失败，又害怕为袁利用，下不了最后的决心，迟迟不肯接任。他在6月16日曾向袁世凯提出了很高的要价："（一）中央政府须即汇款二千万元，以为收回地方纸币之用；（二）不得任命政府私人为粤省护军使及民政长，从中牵制一切；（三）如政府为一时权宜计，暂以炯明充粤督，则不如速去。"④如此高价，袁世凯当然难以接受。

6月20日，孙中山抵达香港、澳门，22日，胡汉民偕汪精卫乘宝璧兵轮离粤赴港。孙中山遂约见陈炯明。陈为避嫌疑，以巡视为名，乘军舰与孙会面。孙中山终于"征得陈炯明对四省独立，广东同时宣布的同意"⑤。7月4日，陈接都督任，着手调集军队，准备独立。

赣、粤两督的罢免，使革命党内武力讨袁的舆论逐渐占据了主要地位。黄兴为大势所逼，开始着手规划倒袁的实际部署。他把行动的方

---

① 《官其彬致段祺瑞函》，中国第二历史档案馆藏北洋政府陆军部档案。按：函称发电者为"某党之最有力者"，当指孙中山或黄兴。
② 邹鲁：《回顾录》第1册，第67页。
③ 钟德贻：《粤省辛亥革命回忆录》，《近代史资料》1957年第1期。
④ 《民权报》，1913年6月24日。
⑤ 张酽村：《辛亥革命前后同盟会领导人物的政治分歧及其分裂》，《广东辛亥革命史料》，第365页。

向,首先定在湖北。

湖北革命党人自辛亥革命后,备受袁、黎的压迫和摧残,他们一批一批地觉醒起来,相继走上反抗袁、黎压迫,举行武装暴动的道路。但是,由于他们觉悟有迟早,被黎元洪逐次各个击破,革命军队也被黎遣散殆尽,而北军已经重兵入鄂,革命党人不再像辛亥年那样有力量了。然而,他们在策动黎元洪中立失败之后,还想抄袭辛亥年的老文章,希望在湖北首先发动,扫除湘、赣出师的障碍。湖北著名革命党人詹大悲、王宪章、季雨霖、王华国、熊炳坤等在黄兴支持下,纷纷回鄂运动,前军务司长蔡济民也密谋内应。黄兴又续派宁调元、熊樾山前往联络,敦促起义。

正当湖北革命党人广泛联络,准备起兵之际,先前发动上海制造局之役的柳人环、文仲达、卢汉生在李烈钧离赣后被解赴湖北,并于6月23日乘京汉火车转解北京。途中,文仲达变节招供:“机关在上海麦根路三十二号〈B〉。其派来湖北运动军队,并行暗杀之人为刘敦榘,年二十三岁,湖南人,机关在汉口《民国日报》馆。”①黎的探访人员中途回鄂作了紧急报告。24日,黎元洪饬令军警会同法租界巡捕查封《民国日报》馆,搜获文电布告多件,逮捕曾毅等四名报馆编辑。

负责起义全局的詹大悲,看到机关被破,心急如火,命令起义部队于25日夜于南湖集合暴动。但是,由于各处机关陆续被破坏,联络指挥人员被捕,没有发动就流产了。翌日,宁调元、熊樾山因疏于防范,在汉口德租界日本人所开富贵馆被黎的军警会同德租界巡捕逮捕②。是日晚,詹大悲再次鲁莽发动,到处派人纵火,但依然一事无成。仅驻扎天门、潜江一带的原季雨霖旧部章裕昆一营于25日夜如期响应,举行

---

①　《黎元洪致袁世凯段祺瑞敬电》,中国第二历史档案馆藏北洋政府陆军部档案。

②　宁调元、熊樾山被捕后,刘揆一等营救不果,二次革命失败后,于9月25日被杀。

起义,旋亦因孤立无援而溃散了。事后,黎元洪大肆搜捕、屠杀。詹大悲等在武汉立脚不住,在日本人掩护下,乘日轮岳阳丸逃往下游。经这次失败,湖北革命党人被摧残殆尽。

6月底,孙中山由香港回到上海。这时候,各省的空气依然相当沉闷。李烈钧滞留沪上,陈炯明迟迟未上任,革命党的一些带兵将领还在希望保存实力。尤其是南京第八师,作为革命党人的精锐部队,师旅长们借口中下级军官不能一致,依然不赞成出兵讨袁。孙中山对于党内这种涣散的状况非常气愤,他在上海召集军事会议,力促陈其美在上海独立,章梓在南京倡义,又派朱卓文前往南京运动第八师的营连长赞成起兵。但是,谁也不敢先发。于是,孙中山、黄兴又宴请李烈钧,动员江西起兵发难。席间,李"意气自豪,谓各省如能响应,赣事尚可为。中山极力怂恿,并以南京情形告之,李遂告奋勇"①。当时,恰巧江西第一旅旅长林虎派团长李思广到上海寻找李烈钧探听消息。李思广向李以及在上海的革命党人汇报了江西军队士气旺盛、斗志高昂的情况,李烈钧终于下了首先发难的决心。他令李思广赶速回报:"皖、宁、湘、粤均倚戈待命,若吾赣发难,一星期间各省即可响应,并出援军。"②并密电赣中将领速作起兵准备。

当革命党人为发动二次革命奔忙之际,袁世凯也在积极抢占先机。7月2日,江西要塞司令官陈廷训向袁世凯密报:"九江、湖口为长江要冲,匪党往来如织,防不胜防。近闻煽惑上下六台,克期举事,台官中竟有为其所动者。"③这个叛将竟要求袁世凯商请黎元洪派遣军队和军舰前往九江镇慑。4日,黎元洪违背信约,电告袁世凯"拟援缨冠往救之义,迅饬李总司令(指李纯)酌派军队驰往赴援"④,支持北军强行入赣。

①　谭人凤:《石叟牌词叙录》,《近代史资料》1956年第3期。
②　《林虎回忆录》,中国第二历史档案馆藏原国民党国史馆材料。
③　《赣案续记》,《近代史资料》1962年第1期。
④　《黎元洪致袁世凯支电》,中国第二历史档案馆藏北洋政府陆军部档案。

5日,参、陆两部向李纯转达袁世凯命令:"严行戒备,一闻有警,立即驰援。"并告李已电黎派兵,"并饬徐司令亲率各舰先驶至浔驻守,以防意外"①。事实上,李纯未待袁的命令到达,已根据黎的指令,于5日派遣十二旅吴鸿昌的二十三团附机关枪一连先行赴浔,6日又亲率第十一混成旅继进,并于8日抵达九江,轻易占领了入赣的战略要地。

当北洋军队前锋到达九江地区后,林虎于6日向南昌屡电告急,并宣布"本团现已实行防御"②。他扣留了由德安开往九江的火车,将前哨布防到沙河一线。是日,欧阳武感到为人愚弄,遂致电国务院抗议派兵入赣,并向袁世凯电请辞职,并要求袁致电黎元洪"速将军队调回"③。由于欧阳武连电黎元洪担保江西局势平静,要求履行北军不入赣境的诺言,黎曾一度电令李纯撤兵。但李纯不听,并亲率一团进驻九江城内,前锋更于10日推进到沙河一线,离林虎所部仅数里之地。南北两军虎视眈眈,战事一触即发。

在北军进兵江西的同时,袁世凯借口徐企文案,一再向程德全交涉,坚持派兵南下进驻上海制造局。7月6日,北洋第四师臧致平团伪装成海军警卫队(共三营,约一千三百余人),由海军中将郑汝成率领,乘招商局新昌、安平两轮抵沪,入据制造局军械重地。当北军未登陆前,陈其美建议邀击于海上,孙中山表示赞成,但黄兴认为不妥,因而没有拦截,让北军安然上岸,在南方腹地插进了一把尖利的匕首。

尽管决战即将来临,革命党人依然没有统一的作战计划,没有统一的指挥,步调十分凌乱。本来,赣、皖结成了反袁的联盟,但这时柏文蔚认为大势已去,意志非常消沉。6月30日,袁世凯任命柏文蔚为陕甘筹边使,解除了他的安徽都督职务,同时任命孙多森为安徽民政长兼署

①　《赣案续记》,中国第二历史档案馆藏本。
②　《民立报》,1913年7月15日。
③　《民立报》,1913年7月15日。

安徽都督。柏拒绝了新任,但表示"文蔚交卸,即日归省(省亲)"①。安
徽革命党人要求即时举义,柏没有同意,也没有到上海参加军事会议。
上海革命党人指派龚振鹏回安徽策动反袁。7月6日,孙多森到安庆
上任,安徽革命党人管鹏、陈紫枫运动胡万泰部排长彭尚述企图暗杀
孙,但被胡捕获。当时,李烈钧正从上海经南京返赣准备起义,但他没
有去联络柏文蔚合作反袁。8日孙多森在胡万泰的保护下安然接任。
柏文蔚竟在临战之际,于7月10日乘建威兵轮由安庆赴南京,"闭门谢
客,藉以休息"②。

　7月8日,即李纯到达九江的那天,李烈钧也悄然抵达湖口③,部
署起兵事宜。然而,他在湖口无法掌握他的基干部队。他的有战斗力
的老部队,即一师二旅三团当时被分割部署在九江(二个营)、南昌两
地,而且被敌牵制,无法运动,因而他只能以九、十两团为基干力量。九
团为戈克安旧部,十团由湖口炮台兵改组而成,战斗力可想而知。李又
调集辎重、工程两营,以湖口为基地,设立讨袁军司令部。9日晚,李烈
钧电告欧阳武及江西各机关,"鄙人免官赴沪养疴,忽闻北军入赣,愤不
欲生,现已回赣效力。"④欧阳竟严词答复李烈钧:"此间皆不主战,请君
速速返沪。否则,武即会同北军夹攻湖口。"⑤并派代表三人赴湖口劝
李烈钧离境。李对代表说:"烈钧亦知南雷(欧阳武字南雷)素主和平,
但烈钧已到此,决无返沪之理。请为南雷言,好则回头见,否则来生见
可也。"⑥李烈钧以生死的抉择示意欧阳不得阻挠起义。

---

①　《柏文蔚致段祺瑞等东电》,中国第二历史档案馆藏北洋政府陆军部档案。

②　柏文蔚:《五十年经历》,《近代史资料》1979年第3期。

③　李烈钧抵湖口的日期众说纷纭,李自述为12日,林虎回忆为11日,欧阳武
狱中口供为9日。当以陈廷训向李纯的报告为准,即7月8日。(《近代史资料》1962
年第1期)

④　《时报》,1913年7月12日。

⑤　《欧阳武狱中呈段祺瑞文》,中国第二历史档案馆藏北洋政府陆军部档案。

⑥　《欧阳武狱中呈段祺瑞文》,中国第二历史档案馆藏北洋政府陆军部档案。

　　11 日,李纯得到陈廷训的当面紧急报告,得悉李烈钧已经占领湖口。十一混成旅旅长马继增也急报林虎正向九江开进,要求通过北军防地。于是,李纯向京、鄂急电请援,袁世凯遂命黎元洪调拨海陆各军迅速赴浔增援,令欧阳武"严束所部,勿受乱徒指挥"①。欧阳武在南昌得悉李烈钧已执意起兵讨袁,企图调集两团兵力进攻湖口。但这时他已经指挥不动军队了,他的部下原是李烈钧旧部,支持革命。江西革命党骨干分子俞应麓(在上年李烈钧病假期间曾代理过都督职权)控制了南昌的局面,国民党掌握的省议会,更一向主张激进。于是,欧阳于 11 日晚上召集民政长、各司司长、都督府顾问、各报馆主笔、各公团各党派领袖开会,宣布自己已无调遣军队的能力,表示从此辞职,但因大家要他维持南昌秩序,才勉强留下下来。

　　同日,李烈钧对军事作了部署,密电委任林虎为讨袁军左翼司令,指挥一、二、七团攻击沙河、十里铺一线北军,任命方声涛为右翼司令,指挥三、九、十团攻击九江城南金鸡坡炮台北军,任命何子奇为湖口守备司令。当日晚,林虎向所部下达了攻击令。12 日拂晓,林虎所部前卫司令唐天鹏向沙河北军侧翼发起猛攻,林军另一支向十里铺前进,企图包抄敌军。酝酿已久、几度濒于流产的二次革命战争终于打响了。

　　在湖口,李烈钧令要塞鸣炮,宣布独立,并发布讨袁檄文、对外通电及对党团公启,还向各属及人民通电宣布约法三章:"一、誓诛民贼袁世凯;二、巩固共和政体;三、保障中外人民生命财产。"②讨袁檄文慷慨激昂,谴责袁世凯"乘时窃柄,帝制自为……近复盛暑兴师,蹂躏赣省,以兵威劫天下,视吾民若寇仇,实属有负国民之委托",号召"我国民宜亟起自卫,与天下共击之"③。7 月 13 日,江西省议会开会,推举李烈钧为讨袁军总司令,欧阳武为都督,贺国昌为省长,俞应麓为兵站总监。

---

① 《赣案续记》,《近代史资料》1962 年第 1 期。
② 《李烈钧自传》,第 24 页。
③ 《李烈钧自传》,第 28 页。

唯欧阳武称病不出。这样,江西首先举起了讨伐袁世凯的大旗。

四　各地响应

当江西着手准备起义的时候,南方各省革命党人也在纷纷准备响应。

江苏是革命党人核心力量所在地区,上海为其指挥中枢所在地。但是,由于南下袁军的牵制和内部不统一,对于究竟先在南京还是上海发难的问题,革命党人还一度踌躇难定。南京第八师高级将领还缺乏革命的决心,南京其他革命党将领章梓、洪承点、冷遹认为"苏省军队的命脉,完全在上海高昌庙的制造局,所有枪炮子弹的补充都在局中,现在袁氏已先发制人,派臧致平率兵一团南下,驻扎在局,如果上海确实没有办法,苏省军队实在危险。"他们要赵正平回沪复命,请黄兴、陈其美先行宣布上海独立,然后"南京即行通电响应"[1]。陈其美原以为"以海陆两军驱逐制造局北军,其事易易"[2],但事实上海军已经变卦,不再支持革命。他先责成黄郛运动其驻制造局的旧部六十一团发动,但该团一营已被调往龙华,全团被北军分割监视,不敢先发;继又企图调宁波顾乃斌旅来沪发动,但因尚未宣布独立,师出无名,顾旅不便行动。而袁世凯也已获得情报,命令海军予以拦截。陈其美智穷力竭,只好再请南京首先发动。

当时,孙中山正不顾一切地运动起兵。朱卓文受命在南京"运动第八师的几个营、连长,叫他们杀了师长、旅长后宣布独立"[3]。这些中下级军官,情绪激昂,跃跃欲试,他们表示:"我们不能等高级官长了,只有

---

①　《仁斋文选》,第523页。

②　《黄膺白先生故旧感忆录》,台北文星书店1962年版,第83页。

③　李书城:《辛亥前后黄克强先生的革命活动》,《辛亥革命回忆录》(一),第207—208页。

先动了。"①7月13日,八师旅长王孝缜、黄恺元获悉上述情况后,惊慌失措,仓卒赴沪向黄兴报告了军队内的危机。他们在下层的压力下,不得不放弃保存实力的打算,表示愿意起兵讨袁。不过,王、黄两人提出了条件:请黄兴赴南京作讨袁军总司令,他们一致服从,但认为孙中山千万不要在此混乱时期赴南京,"须俟南京独立稳固后,再请孙先生去组织政府"②。为了防止孙中山的激越措施,避免第八师的自相残杀,黄兴也不得不改变了对起兵的消极态度。当时,义愤填膺的孙中山正准备前往南京,"亲统六师"③,"冒险一发,以求一死所"④。他先至黄兴寓所相谈,黄以孙"不善戎伍,措置稍乖,遗祸匪浅"⑤为词,劝孙勿往,表示自己愿代孙前往指挥。孙中山勉强同意了黄兴的意见。

这时,关于革命党人活动情况,已由南京讲武堂副堂长蒲鉴向北京告密,7月13日,北京又转告程德全,程遂复电请派北兵驻宁,但北军尚未行动。7月14日夜,黄兴轻车简从,由沪抵宁,至八师师长陈之骥宅邸,当晚召开军事会议,部署讨袁独立和作战计划。翌晨,章梓派人切断了都督府内的电话线,八师士兵开入都督府,江苏都督程德全从睡梦中惊醒。旋黄兴率南京高级将领入府会见程,说明讨袁大义,请程协助。多病的程德全为突然事变所震惊,一时嗫嚅难言,不肯贸然同意。八师长陈之骥等若干高级将领竟纷纷跪泣哀求。程遂虚与委蛇,附和独立讨袁,即请随黄来宁的章士钊起草讨袁通电,以程德全、应德闳、黄兴三人的名义,宣布江苏独立,并以程德全的名义委任黄兴为江苏讨袁军总司令。

革命党人以如此屈辱的态度,去争取一个同盟者,表明他们所处的

---

① 《仁斋文选》,第525页。

② 李书城:《辛亥前后黄克强先生的革命活动》,《辛亥革命回忆录》(一),第207—208页。

③ 《孙中山全集》第3卷,第166页。

④ 《孙中山全集》第3卷,第88页。

⑤ 《孙中山全集》第3卷,第166页。

地位是何等的虚弱。他们这样做,当然只会招致同盟者的蔑视和叛离。程德全很快就让陈陶遗来向黄兴疏通,要求离开南京。当时,柏文蔚被黄兴从家中请出任事,他向黄兴建议:"最好快刀斩乱麻,处程于死,俾免后患。或为人道主义,即行拘禁。否则必坏大事。"①黄兴不听,纵虎归山。7月16日夜,程德全、应德闳分别离宁赴沪。程到上海后,马上通电声明:"本月15日,驻宁第八师等各军官要求宣布独立,德全苦支两日,旧病剧发,刻难撑拄,本日来沪调治"②,借此卸脱了南京独立的责任。更严重的是,程、应旋即秘密地与袁世凯联络,以便伺机扼杀革命。

在南京独立的当天,第一师师长章梓派兵捕杀了倾向袁世凯的南京要塞司令吴绍璘、讲武堂副堂长蒲鉴、要塞掩护团教练官程凤章,并逮捕了讲武堂堂长朱志先(后为柏文蔚保释)、都督府参议官陈懋修(后在小营被杀)。

在军事方面,南京独立之后,黄兴调任章梓为都督府参谋长(章本是文人,不会打仗),由洪承点接任第一师师长,任马锦春为要塞司令(未上任),并坚请柏文蔚出任安徽讨袁军总司令,赴蚌埠部署军事。第八师和第一师各编组成一混成支队,分别由八师骑兵团长刘建藩和第一师第一旅长周应时率领,开赴前线,支援第三师,洪承点则负责节制一、八两师,赴前线指挥。

南京是革命党人的军事重心所在,南京通过曲折的道路,终于实现了讨袁独立,于是,二次革命就在各地逐步发动起来。

安徽介于江西和江苏之间,长江大动脉贯穿三省,对于革命党人来说,安徽进则是前进基地,退则是重要屏障。它既可藩卫南京,又可支援江西。但是,由于柏文蔚离开安庆,赣、皖军事联盟事实上已经解体,安徽的革命发动脱出了原来的轨道,造成了分头发动的涣散局面。在

---

①　柏文蔚:《安徽二次革命始末记》,《民初政争与二次革命》下册,第671页。
②　《时报》,1913年7月18日。

寿州一线,是原淮上军屯田的地方,张汇韬、郑芳荪早在 6 月底就在蚌埠召集旧部军官前往寿州,"声称将募十营"①。龚振鹏则从芜湖带了少量军队前往庐州(合肥)运动其旧部起兵。但其旧部在营长夏永伦策动下表示反对,龚仓皇出走,安徽第二旅代旅长李乾玉(驻庐州)也被迫逃亡。龚只好独自前往寿州活动,并于 7 月 13 日进占正阳关。龚本人则于 7 月 19 日辗转回到芜湖。革命党人范鸿仙原是淮上军的领导人,7 月 15 日从上海到达芜湖,当日夜,他即策动驻芜湖的安徽第二旅第三团第一营营长程芝萱宣布芜湖独立,适龚振鹏也自正阳关来电嘱响应,遂以第二旅旅长龚振鹏的名义宣布独立讨袁。同时,宣城驻有张永正一团,张即与芜湖汇合一起。接着,临淮关和寿州淮上军队均发布讨袁檄文。在安庆,袁世凯任命的代理都督孙多森没有实力,曾请调南京第八师一部驻皖,未成。胡万泰手下也兵力不足,因安庆之兵大都为柏文蔚调赴淮上,而革命党人在安庆尚有较强的实力。于是,胡万泰和孙多森串通起来,于 7 月 17 日也宣布安庆独立,胡万泰自称都督,演出了一幕假独立的丑剧。不过在表面上,安徽除倪嗣冲控制的地区外,都实现了讨袁独立。

上海是南京的后勤保障,但南京独立之后,上海并没有立即宣布讨袁,从而引起了南京方面的责难。有位师长责问在宁、沪间联络的赵正平说:"你说南京独立了,上海没有问题,为什么上海到今天还没有宣布?"②上海方面苦于力量不足,正在尽力集结兵力。7 月 17 日,钮永建在松江临时组织起来的军队(约一团兵力,其中一营是新兵,称松军)和当地沈葆义的水师开抵龙华;同时陈其美组织了一支由军校学生组成的奋勇军,由其直接掌握,从松军那里获得了一些武器。这样,陈其美才宣布成立上海讨袁军,由黄兴委任陈为上海讨袁军总司令,以黄郛

---

① 《参谋部陆军部致倪嗣冲转大总统令》(1913 年 7 月 1 日),中国第二历史档案馆藏北洋政府陆军部档案。

② 《仁斋文选》,第 527 页。

为参谋长,在南市设立司令部。然而,上海独立之后,仍然没有对据守制造局的北军采取军事行动,从而使南京讨袁军缺乏一个安全的后方。

当时,沪上商界十分害怕战争。7月17日,由上海南市商会发起,与商团公会、救火联合会、教育会等四团体组织上海保卫团,公推李平书为团长,声称以"一面维持内部治安,一面弭止战祸,务使我上海地方不遭兵火为目的"①。买办资产阶级控制的上海总商会更貌似公正地致函南北两军说:"上海系中国商场,既非战地,制造局系民国公共之产,无南北争持之必要。无论何方面先启衅端,是与人民为敌,人民即视为乱党。"②这实际上是向革命党人施加压力。帝国主义列强也公然出面干涉,在上海地区增加了军队,在租界构筑了工事。根据上海租界当局的要求,北京公使团电饬驻沪领事团向南北两军蛮横地宣称:"(一)无论南北,如欲在沪开战者,须离租界三十英里;(二)须各存金镑一千万镑,预备偿还各项损失。否则即以违背万国公法论,实行干涉。"③企图迫使革命党人放下武器。这一切,导致力量微弱的上海讨袁军迟迟不敢用兵,而希望通过谈判,使制造局北军和平退让。上海保卫团也出面致书孙中山、黄兴、陈其美和郑汝成,向双方进行调停。李平书要求北军"和平退让制造局"④。7月20日,李又特邀郑汝成、臧致平与陈其美在高昌庙自来水厂内举行秘密会谈。李再次提出了一个调停办法,建议"以制造局作为中立,应将该局军火一并封存,以待南北大局定夺之后,再行办理"⑤。郑、臧断然拒绝了李的方案,声称:"我等系奉袁氏之命来此保护该局军械,断难违命。如果来前攻劫,我等只有抵御之法。"⑥谈判毫无效果。

---

①　《民立报》,1913年7月18日。

②　《民立报》,1913年7月22日。

③　《时报》,1913年7月23日。

④　《郑汝成致袁世凯巧电》,《政府公报》,1913年8月24日。

⑤　《讨袁声中之上海》,《民立报》,1913年7月22日。

⑥　《讨袁声中之上海》,《民立报》,1913年7月22日。

广东是革命党人的根本之地,由于长期经营,革命党人的实力从表面上看来也比较强,且远离袁系势力。江西首义,本指望湘、粤的支援,因此,独立后即一日数电敦促广东响应。陈炯明本欲即时响应,但部下各师旅长依旧反对,遂派二人前往上海观察形势。延至 7 月 18 日,陈炯明突然召开军事会议,强行宣布独立,两个团长表示支持。虎门要塞司令饶景华"以不宜过急宣布独立为请"④,遭到陈的严斥,各军官在表面上不敢表示违抗。陈炯明遂亲至省议会正式宣布独立,通电讨袁。当时,陈曾致电驻梧州的龙济光、云南都督蔡锷等邀约一起反袁,并派人动员陆荣廷起兵。但龙济光一心投靠袁世凯,滇、黔、川、桂也正在合作对付革命党人。蔡锷复电陈炯明说:"现在以保土安民、维持秩序、力主镇静为第一义,并恳致电赣中释嫌罢兵,无以国家为孤注。"⑤广东处境十分孤立。陈炯明宣布独立之后,即以第一师、第二师和独立旅各编组成一支队,出师援赣。但是,各师旅长互相推诿,"故行延缓"⑥,迟迟不肯出发,致使江西前线苦战无援。

福建都督孙道仁比较胆小怕事。福建各方面的力量都比较薄弱,在全国的影响比较小。湖口起义之后,福建十四师师长许崇智和由部分国民党人组成的讨袁同盟会积极筹划起义,并与上海方面取得联系。他们向都督孙道仁施加压力,要求宣布独立。孙一向态度动摇暧昧,这时鉴于身边没有一支可靠的军队,又担心粤、赣军队向福建进攻,不得不于 7 月 20 日宣布"与袁氏断绝关系,自修政治,力策进行",并声称"俟大局粗定,仍归统一"⑦。孙不称独立,仅称断绝关系,为自己留了一条后路。同时,孙又借口保守疆土,拒绝了许崇智等出师讨袁的要求。由于孙的掣肘,许竟无能为力。

④　《李民欣呈段祺瑞文》,中国第二历史档案馆藏北洋政府陆军部档案。
⑤　《蔡松坡集》,第 720 页。
⑥　《钟鼎基致段祺瑞函》,中国第二历史档案馆藏北洋政府陆军部档案。
⑦　《孙道仁通告》,中国第二历史档案馆藏北洋政府邮政档案。

　　湖南都督谭延闿虽然在革命党人的包围下参加了四省联盟，但他本是一个为人圆滑的立宪派人士。湖口起义后，他发布通电说："伏望大总统开诚布公，与民休息；副总统、各省都督排难解纷，各抒谠论，以维大局。勿使浔阳一隅，首为全国糜烂起点。"[1]当时，谭人凤、蒋翊武等湖南籍革命党人纷纷回湘活动。谭人凤、周震鳞、陈强、唐蟒等人日夕向谭延闿进言，要求宣布反袁独立。谭穷于应付，偷偷派人到鄂向黎元洪私通款曲说："已准备药水，如湘称独立，即服毒自尽，以谢天下。"[2]黎元洪担心湖南没有谭延闿就更难以抑制革命党人的活动，因此他劝谭"徒死无益，不如暂为一时权宜之计，阳为附和，徐图敉平"[3]，向他传授了自己对付革命党人的秘计。于是，谭延闿尽量敷衍革命党人，竭力推迟宣布讨袁的时间。

　　对于湖南革命党人来说，他们也面临着军力不足的为难局面。当时，程潜刚刚编成了三个步兵团和一个炮兵团，不足一师兵力。尤其严重的是，湖南军队缺乏武器弹药。长沙的军火集中在荷花池军装局，袁世凯在湖南的走卒向瑞琮、唐乾一等在7月7日放了一把火，把荷花池的军火烧个精光，使湖南军队几乎瘫痪。革命党人不得不向粤、赣要求支援军火，从而延缓了他们的军事行动。直至7月25日，谭延闿才被迫宣布与袁世凯脱离关系，并部署讨袁军事，一方面出师湘、鄂边境，一方面组织援赣。

　　四川交通不便，消息闭塞。四川第五师师长熊克武迟至8月4日才在重庆宣布独立。当时，四川都督胡景伊为共和党籍，投靠袁世凯。川督原为国民党籍的尹昌衡，因尹平叛西征，远在川西理塘，川督遂由胡景伊代理。袁世凯蓄意扶植胡景伊，1913年6月13日遂正式任命胡为四川都督，尹为川边经略使，解除了尹的川督职务。四川革命党人

---

① 《黎副总统政书》卷24，第3页。
② 《黎大总统政书》卷26，第3页。按：《黎副总统政书》将此电删去，留下空白。
③ 《黎大总统政书》卷26，第3页。按：《黎副总统政书》将此电删去，留下空白。

为了反胡，派吕超等赴雅安谒尹，密邀尹昌衡返省复政讨袁。尹虽于7月3日回到成都，胡景伊被迫避居昭觉寺，但尹不敢复政反袁，并曾通电谴责赣、宁独立。在袁的严令催促下，尹于7月底离省重返川西。于是，胡景伊便放手镇压革命党人，并企图编遣由革命党人组成的驻重庆的第五师。第五师是辛亥革命时在上海由川籍军校学生组建的蜀军演变而来，革命性较强。熊克武面临胡景伊的压迫，在起兵反袁还是提出辞职以求保存五师实力之间，一度犹豫不定。但重庆革命党人和五师旅团干部群情忿怒，要求起兵，熊克武这才最后下了起兵的决心。重庆独立前夕，革命党人就东下讨袁还是西上讨胡的问题发生争执，最后达成了西上讨胡的决定。这样，重庆独立就成了局限于四川一隅的内争。

重庆是二次革命最后宣布独立的重要地区，当时二次革命败局已定。此外，在一些省区，也有一些小规模的反袁起义，如：浙江宁波顾乃斌曾一度宣布独立，旋即取消，没有发生战争；马逢伯则奉陈其美之命在嵊县起兵。刘铁在湖北沙洋起兵。1913年9月间，刘古香、刘震寰在柳州宣布独立，等等。这些起义都旋起旋灭，没有发展成一支较大的势力。

当各地的反袁斗争逐步发动起来之后，革命党人理应建立起政治中枢和最高的军事指挥机构，犹如辛亥革命中那样。但是，革命发动前的犹豫、观望和内部纷争，使他们无暇去仔细考虑革命发动后的政治、军事设施问题，只好走一步算一步。

国会是民国法定的立法机构，它是民国的一面旗帜。如果国会撤消对袁世凯的支持，无疑是在政治上对袁世凯的一个沉重打击。国民党在国会两院占有一定优势，武装斗争发动起来后，理应把国会这面政治旗帜抓在自己手里。为此，在上海的参议院议长张继于南京宣布独立后发布宣言，严厉谴责袁世凯对议会的蹂躏，号召"全体议员迁出北京，择地开议，以纠元凶而伸国法"[1]。南方国民党系报纸也纷纷呼吁

---

[1]　《民立报》，1913年7月17日。

国会南迁。但是,这些政治眼光极为短浅的议员们,除少数人南下奔赴各地参加革命外,多数议员(包括国民党议员中的多数人)依然端坐议场,静观事变。他们对国会议员的区区政治权利留恋不舍,听凭袁世凯翻云覆雨来操纵他们的命运。

既然国会议员不能南下建立一个与袁世凯对抗的国会,讨袁军方面也就缺少一个能够代表各省的议事机构,于是,在上海的省议会联合会就来担当起这样的角色。省议会联合会是4月间在天津成立的,由广东发起,各省议会派出代表联合组成,其目的是争取省议会参加总统选举的权利。省议会联合会在天津的活动,遭到地方当局的压迫,不久即迁往上海。袁世凯曾电令程德全予以解散,但没有成功。这时,它就起来发挥自己的政治作用。7月16日,省议会联合会致电袁世凯,提出忠告说:"公自悔过,宜下令罪己,以谢天下。吾民胥爱平和,决不忍公陷绝境,苟可救国于不亡,不惜委曲求全,隐忍迁就。不然,人心已去,大势所趋,虽有大力,莫之能回,诚不忍见公之沉迷不返,追随查尔斯、路易辈于断头台下也。"①18日,又发布《布告友邦书》,郑重表示:"对于友邦从前国际上之条约当然继续履行,勿有差忒,各友邦居留人之生命财产,完全担任保护,勿使损失。"但是,它警告说:"袁氏不得以尺寸领土、丝毫权利割让列邦,列邦亦不得以金钱暨战品贷与袁氏政府。本会为全国省议会之代表,自中华民国7月18日宣言起,请友邦注意,诚实履行。苟其甘冒不韪,贷与金钱或输战品,是与袁氏个人交易之行为,与中华民国无涉,吾民决不承认。"②省议会联合会的这些政治活动,表明它试图担当起二次革命的政治中枢的作用。不过,它并不是在各省讨袁过程中汇集起来的,因而它的地位相当虚弱。

在建立统一的军事指挥机构方面,革命党人只作了一些软弱无力

---

① 《民立报》,1913年7月17日。
② 《民立报》,1913年7月18日。

而又没有成效的努力。在筹划二次革命的过程中,革命党人几乎找不到同盟军。他们勉强找到了一个早已失去实力的岑春煊。岑在前清与袁世凯齐名而又不和,革命党人希望利用岑、袁矛盾,借助于岑在前清时遗留下来的影响(广西的陆荣廷、龙济光本是岑的部将),来扩大自己的力量。于是,他们决定推岑出山主持军事,而岑本人却主张以清宗室为大总统。章炳麟责问岑说:"君欲复辟耶?"岑才作罢,遂"教克强奉程都督为主,勿令走,有亟则己来助之"①。所以,南京独立后,南京方面即推举岑春煊为大元帅。7 月 19 日,省议会联合会也通电举岑"开府江宁,主持中枢"②。22 日,省议会联合会更正式开会选举,一致通过拥岑为讨袁军大元帅,节制各省都督、讨袁军总司令。可是,岑春煊一直滞留上海,没有勇气到南京去"开府"。

二次革命在政治上竟然如此软弱,以致他们不敢立即打出孙中山这样一面比较激进的革命民主主义的旗帜,而宁愿把一面比辛亥革命中的黎元洪更灰暗的旗子作为自己的掩护。这也说明,二次革命的政治立场,不仅没有在辛亥革命的基础上更前进一步,反而后退了。他们不敢以自己革命的坚定立场,依靠群众的支持,去争取右翼同盟者,反而以尽量模糊自己政治面貌的办法,去求得他们的同情。

孙中山本人在政治上也未能有所建树。他迟至 7 月 22 日上海开战前夕才发表宣言,向国民呼吁:"愿全体国民一致主张,令袁氏辞职,以息战祸,庶可以挽国危而慰民望。"③同时致电袁世凯进"最后之忠告"④,劝袁辞职。此后,由于战事的失利,孙中山再也没有提出进一步的主张。这场缺乏英勇气概的革命,连一个革命的中央政权机构都未能建立起来。

---

① 《太炎先生自定年谱》,《近代史资料》1957 年第 1 期。
② 《民立报》,1913 年 7 月 20 日。
③ 《孙中山全集》第 3 卷,第 66 页。
④ 《孙中山全集》第 3 卷,第 69 页。

第三节　北军南下和讨袁军的失败

一　浔湖之战与南昌失守

当二次革命在各地发动起来的时候,袁世凯的军队已经越出自己的势力范围,插入了南方腹地。多数地方部队即使不听袁指挥,也能对他保持善意。尽管形势对他有利,但他在策略上仍然相当谨慎。他的军队在战略展开上,处于攻势,但这种攻势主要是利用革命党人因动摇而暴露出来的空隙,实施战略箝制。而在战役上,在各个战场上,袁世凯则采取了后发制人的军事策略,相当严格地控制着自己的部队,强调"衅非我开",不让各部队主动出击,以赢得战场上和政治上的主动权。

在江西战场上,李纯仅拥有一师兵力,悬军深入,态势突出。他以一混成旅兵力部署在九江城内至沙河一线,另以一混成旅兵力部署在长江两岸集结待命。7月12日8时,林虎以一团兵力猛烈攻击沙河北军(二十三团)的左翼,首先打响了战斗。北军在兵力上虽居于劣势,但进行了顽强抵抗。于是,林虎续增步兵、机关枪共一团兵力向北军右翼发起猛攻,另分兵一支进击十里铺要道,企图抄袭敌军后路。适北军一支也由十里铺出发,抄袭赣军,遂于中途发生遭遇战。当时,李纯全师尚未集中,立足不稳,面临赣军左右两翼威胁,又要防备九江城内赣军的袭击,加以湖泊众多,地形不熟,处境十分危险。他一面赶紧集中全师兵力,一面频繁急电呼援。是日,激战竟日,讨袁军伤毙敌军一百二十多名,初战获胜,占领沙河,迫敌退守瓜子岭。

可惜,李烈钧未能协调左、右两翼的行动。当左翼苦战之时,右翼方声涛尚未进入攻击阵地。九江赣军本有五营之众,但一则受到北军监视,一则军心不一,未能及时响应。讨袁军失去了集中优势兵力歼灭态势孤立的北洋第六师的良好战机。

7月12日下午,北军二十二团团长张敬尧率部进驻金鸡坡—马宿岭一线，协同叛将陈廷训（拥有一营兵力）布置防务。入夜，六师后续部队全部开赴九江战区，增强了十里铺一线的兵力。13日，两军复激战竟日，不分胜负。是日夜，李纯获得李烈钧将于当晚夜袭金鸡坡炮台的情报，急忙从右翼前线抽调兵力增援张敬尧。方声涛把队伍开赴前沿之后，听到沙河方向炮声停顿，以为战机不利，命令部队退回原地，放弃了进攻计划，又一次丧失了协同作战的时机，并且一进一退之间，也挫伤了士气。

当时，驻在九江的赣军第三团团长伍毓瑞与六团团长李定魁及第二师师长刘世均曾协谋内应，歼灭城内两营北军。但刘本动摇不定，而李部原驻萍乡，为刘槐森旧部，刘已投袁，策李叛变。因此，李定魁未按预定计划行动，致使内应受挫。伍毓瑞在自己的政治面目暴露后，对部队行动机宜作了部署，随即独自逃离九江前往湖口。三团驻九江城外的第三营由营长万勋率领辗转撤至姑塘参战。至此，讨袁军失去了有利时机，陷入了被动局面。

李纯看到林虎攻击顿挫，讨袁军左右两翼不能协调行动，遂制定了反击的计划，以摆脱被动的局面。他向袁世凯报告说："（六师）前方后路，在在堪虞，加以沙湖弥漫，背水列阵，尤为可虑。纯以一师兵力，当此危情险状，势不得不以全力先行压倒林军，俾免为彼等诱攻牵制，堕其计中。以一部暂时固守浔城附近金鸡坡炮台至马宿岭一带，以待增加兵力。"[①]14日拂晓，李纯集中三个团的兵力向沙河镇—苗家湾一线发起进攻，林虎率部顽强抵抗，驻南昌的第二旅一部也赴前线增援。激战至下午3时，林虎左翼不支，纷纷向蓝桥方向撤退，营长李穆被俘。右翼退守沙河附近高地，被北军十二旅旅长吴金彪部包围。至16日，李纯因第二师援军迟迟不至，江西右翼军进攻金鸡坡炮台，同时，又有驻浔赣军将袭击十里铺的警报，不得不收紧中央突出部的兵力，林虎右翼得以突围。这时，林虎指挥的原驻德安的李定魁团第

---

① 《时报》，1913年7月26日。

一营营长郭懋修策动叛变,林虎虽及时发觉,立予平定,以前营长郭懋仁复任营长,但军心已被动摇。左翼军一蹶不振,再也无力主动出击了。

林虎失利之后,右翼军司令方声涛率第九团、机关枪两连、新编独立营于7月16日7时向金鸡坡炮台发起进攻,在八里坡一线激战,张敬尧指挥本团第三营、二十一团第一营、二十四团第一营竭力抵御,势几不支。李纯自十里铺一线急行抽调二十二团第一、二两营增援,向讨袁军左侧抄袭。战至下午6点,讨袁军失利,被迫退却。在撤退途中,营长龚星胜叛变。第九团为戈克安旧部,多河北、山东人,战争爆发后,戈克安、陈廷训均派人前往策反。龚受陈廷训的唆使,枪杀了勇敢善战的团长周璧阶,率九团一、三两营及炮队、机关枪队投敌。右翼军遭此挫折,也丧失了进攻的能力。

江西讨袁军自开战之日起,只经过了五天时间,左右两翼的进攻先后遭到挫败,失去了战争的主动权。政治上的动摇,造成了军事指挥的紊乱和军心不稳,是讨袁军失利的主要原因。

7月17日,北洋第二师鲍贵卿旅二千人抵达九江。二师全师及原驻奉天(辽宁)的第二混成旅第四团(欠一营)随后陆续开抵江西战场。袁世凯于7月16日任命段芝贵为第一军军长、江西宣抚使,节制赣、鄂北洋各军。7月20日,段芝贵率拱卫军八营抵达九江。海军次长汤芗铭也从北京经汉口前来指挥海军舰队。李烈钧鉴于战斗失利,遂将司令部移驻吴城,部署节节抵抗,以待湘、粤援师。但湘、粤北援之师迟迟不发,江西战场上的力量对比发生了逆转。

李纯在击败了江西讨袁军之后,自恃功高,对段芝贵前来指挥江西军事十分不快。二师四旅旅长鲍贵卿担心将帅不和,前功尽弃,曾电陈袁世凯,认为李师辛苦两载(包括镇压武昌起义),获此战果,不宜遽更主将,请速定名分,或者让段、李两人各领一军。段到达九江后三次晤李，李纯竟称病不见。李纯士卒甚至公然扬言："段再登岸，即以武力对之。"①段对李的傲慢大为震怒，密电袁世凯："李某如此专横，非明正典刑，则军务不堪设想。"②为此，袁世凯曾命令解散李纯的司令部，并严词训李，李不得不向段芝贵表示道歉，才重新协调了彼此的行动。江西讨袁军兵败之余，未能利用敌人之间的矛盾，是十分可惜的。

　　段芝贵掌握军事指挥权后，即着手规划以后的作战方略。据林虎回忆说："段芝贵到九江询问李纯的作战方略，李说江西部队最顽强者唯有林虎部，击破这部，其余各部可迎刃而解。段说攻强不如摧弱，摧弱成功速而影响大。"③段遂以李纯为左司令，王占元为右司令，除以李纯率一部驻守十里铺一线，与林虎相持外，其余各部会同海军舰队进攻湖口。7月23日晚开始，北军兵分三路，向湖口一线展开军事行动。北军右翼支队，由军总预备队第二师第三旅旅长王金镜指挥，进攻姑塘。赣军姑塘一线由伍毓瑞率第三团第三营、由南昌开来的第一营三连及独立营驻守。翌日，两军在狭市激战一昼夜，北军稍有进展，迫近姑塘。北军中路由旅长马继增、团长张敬尧指挥，进取灰山、湖口西炮台（在鄱阳湖与长江汇合处西岸）。24日侵晓，北军攻击前进，在新港遭到赣军顽强抵抗。下午4时，讨袁军撤出新港。24日夜，张敬尧派出步兵二连，分别乘黑夜潜近灰山、回峰矶设伏。25日晨3时，北军发起攻击，激战至下午3点才予以完全占领，湖口西炮台台官刘镜福投降。北军左翼由第二师第四旅旅长鲍贵卿率领，于24日晚乘船出发，从江面直攻湖口。海军次长汤芗铭率江利（座舰）、楚同、湖鹗、江亨四舰掩护陆军登陆。凌晨3点，北军乘黑偷渡，被赣军发觉，当即发炮猛攻。北军凫水登陆，激战至中午，讨袁军放弃湖口，由水路向吴城方向撤退。26日，鲍旅分兵支援右翼，占领姑塘，伍毓瑞率部沿湖岸向吴城

①　李廷玉：《平赣要事记》，第1页，财政部印刷局1915年版。
②　李廷玉：《平赣要事记》，第1页，财政部印刷局1915年版。
③　林虎：《江西讨袁回忆》，《辛亥革命回忆录》（八），第600页。

转移。

当湖口激战之际，九江刘世均命令所部开赴湖口助讨袁军作战。李定魁部不听命令，刘仅率第三团郑鸣澍一营撤离九江，开赴江北。27日刘部反攻湖口，为海军击败，还走小池口，遭到李定魁部的拦截，郑营全部溃散。湖口失守之后，江西讨袁军的士气几乎崩溃了。敌军因战后休整，暂未进取。

当时，江西讨袁军左翼仍扼守瑞昌、蓝桥一线，右翼军退守南康（星子）、吴城。7月30日，北军分兵三路，发动全线进攻。北洋陆军第二混成旅（吴庆桐独立旅）进攻瑞昌，于8月1日占领，赣军第二、第七团溃散。李纯率部自正面进攻林虎，讨袁军向蓝桥、黄老门、德安、建昌（即永修）边战边撤，黄老门一役，曾予北军严重杀伤，敌主力一连，仅剩八人。8月10日，李纯占领建昌，林虎退守二里半（潦水南岸）。北洋左翼马继增旅于8月1日占领南康。8日，北军化装成难民模样，乘民船数艘，要求进入吴城。守军受其蒙骗，没有戒备，北军驶近望夫亭即一跃登岸，发枪攻击。讨袁军惊惶失措，士无斗志，方声涛严令抵抗，已无能为力，被迫撤出吴城、灌口。

北军自占领建昌、吴城之后，李纯、马继增均屯兵不进，养敌自重，要求袁世凯、段芝贵派精兵赴援。他们明知北洋精锐已调拨一空，故意借机要挟。段芝贵看到骄兵悍将不听命令，企图撤换前敌将领。李纯的参议李廷玉居间疏通，北军将领之间才重新协调，向南昌发起总攻。

讨袁军自吴城失守之后，欧阳武眼见李烈钧将回南昌，遂于9日只身逃走，赴青山自称止戈和尚。鉴于南昌不稳，李烈钧于8月11日率部回防，宪兵司令廖伯琅企图叛变，闭城不纳。李部越城而上，打开城门，迎李入城，廖即逃走。李烈钧在南昌重新整编了部队，任伍毓瑞为南昌卫戍司令，向乐化、樵舍一线布置防务。这时候，整个讨袁战线已经瓦解，渴望已久的湘、粤援军已经无望。湘督谭延闿电劝李烈钧说：

"微服过宋,古有名训。"①请李赴湘后出走。

8月14日,李纯令张敬尧渡河进攻二里半。翌日,林虎向奉新撤退,随后又向湘、赣边境转移。同时,马继增旅进占樵舍,南昌门户洞开。16日,李烈钧率一部分军队先期撤出南昌,前往湖南。8月18日,张敬尧未经激战占领南昌。赣军余部向浙、闽方向撤退,并于途中解散。这时候,北军久战疲劳,减员严重,伤病累累,一路上又肆意抢掠,占领南昌后已军无斗志,也就没有追击的能力了。

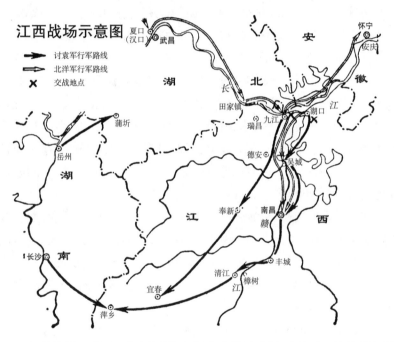

李烈钧撤至萍乡,湘军援赣之师由唐蟒率领与李会合,掩护赣军撤退。李于途中与林虎会见,商讨了部队善后事宜,即率少数亲随人员于9月2日到达长沙,与谭延闿会见。时谭已取消独立,李烈钧通过日本人的掩护,乘船潜往上海转赴日本,流亡海外。林虎所部则由谭延闿电

① 《李烈钧自传》,第26页。

请袁世凯由湘省收缴枪械,按退伍办法出资遣散,林也辗转前往日本。江西讨袁军宣告失败。

南昌失守后,驻赣州江西第四旅旅长蔡森即归附北军,并截获讨袁军残部黄煊、廖伯琅(廖系反复无常)。黄、廖解赴南昌后为李纯所杀。欧阳武于9月初向北军交出印信自首,被解赴北京,由军事法庭判处徒刑八年,但袁世凯旋即予以特赦。

二　徐州之战与上海制造局之役

在江苏战场上,战斗爆发前,北洋第五师在韩庄前线仅驻有两营兵力,由旅长方玉普率领(方升任旅长后尚未接任,实际上只是担任团长职务),五师其他部队散处各地,尚未集中。张勋屯兵兖州,跃跃欲试,但并未南移。连袁世凯也认为江苏第三师师长冷遹"向顾大局",命令"五师严守准备,未可轻进"①,尚无主动南侵之意。在讨袁军方面,同样也无起兵准备。这与江西战场上早已两军对峙的情况不同。所以,冷遹到南京参加军事会议,讨论起兵讨袁时就指出:"我的军队尚散在四乡剿匪,南京一宣布讨袁,山东边境的北军势必进攻,我若把不住第一线,怎么对得起各位?"②

冷遹于南京宣布独立之前回到徐州,仓促地收拢部队,于7月15日占领利国驿。16日晨,冷遹未待全师集中,也未待一、八两师北上,即以孤军率先投入进攻,企图一举占领韩庄。方玉普率部抵抗,坚守待援。江苏第三师攻击竟日,未能得手。17日晨,冷遹加强了前线的兵力,继续发动猛攻。正酣战间,张勋武卫前军统领张文生率部来援,田中玉部巡防营随后也到达韩庄前线。江苏第三师遭北军夹击,被迫退守利国驿。

---

① 《袁世凯复周自齐、靳云鹏电》,中国第二历史档案馆藏原件。

② 《仁斋文选》,第525页。

张勋自辛亥年败退兖州以来,时时妄想复仇。这时,张部成了江苏战场上北军的主攻部队。对于这个封建余孽,黄兴竟企图利用他的忠君思想,策动其反袁,希望他"率一旅之众,直捣济南"①,这实在是一个在政治上无益的举动,当然不可能改变张勋仇视革命的顽固立场。

7月18日,北军转入反攻。袁世凯调兵遣将,支援前线。是日,北洋第五师十九团由团长潘鸿钧率领,步行二百里赶到韩庄,炮五团团长郑士琦也自济南率步兵一营、炮队一连赶到前线,将利国驿车站轰毁。北军兵力加强,讨袁军后援未到,被迫撤出利国驿,扼守二郎山口。19日,富有战斗力的讨袁军主力第八师由刘建藩率领抵达前线,向敌军左翼实施反攻,激战一昼夜,包围敌军一部。北洋第五师将两营后备队全部投入战斗,才突围后撤。是日上午,讨袁军江苏第一师一支队开赴前线,声势大振,再度向敌反攻,迫使北军撤退到利国驿附近。讨袁军前锋一度追过运河。

但是,讨袁军兵力不足,未能扩大战果。22日,北洋第四师何丰林旅开抵前线,北军实力加强。张勋所部马队绕道台儿庄进击徐州东路,威胁讨袁军侧背。讨袁军在徐州北的柳泉—茅村之间与敌激战,态势不利。这时,江苏第三师张宗昌部马队在北军策动下竟率先后退,扰乱了讨袁军的阵线。讨袁军全线溃退,放弃徐州,直奔蚌埠。

北军于7月24日未遇抵抗,占领徐州。讨袁军尽管建制完好无损,但高级将领们斗志消沉,无意部署节节抵抗。一、八两师奉命撤回南京。第三师则军心涣散,冷遹脱离部队回到南京,旅长伍崇仁等退守浦口,向北军接洽投降。只因北军进兵迟缓,才使战事处于间歇状态。

当讨袁军在徐州北鏖战之际,上海讨袁军因幻想和平接管制造局,因而迟迟没有开战。这样就使北军于抵沪之后,赢得了半个多月的准备时间。临战之前,郑汝成放弃了龙华分局以收紧兵力,集中力量坚守总局。他又迫使原驻局内的六十一团、三十七团撤往局外,防止发生内

---

① 《民立报》,1913年7月21日。

应事变。北军日夜兴工,加强防御工事,决心坚守待援。

对于上海战局来说,更为严重的是,海军倒向了北军一边。海军自烟台回沪以后,态度就有所变化,但在上海开战前,依然"人心甚活"①。当7月16日吴淞要塞司令姜国梁宣布独立时,海军总司令李鼎新曾派舰队会同步队一营往攻吴淞,"乃兵舰多不赞成,愿守中立"②。于是,袁世凯政府又派人持京、沪外国银行汇款一百四十万两运动海军官佐。应瑞舰长毛仲方、楚有舰长魏子浩因不赞成参战,被迫辞职。7月18日,飞鹰舰奉命上驶九江,企图驶进吴淞口时,遭到吴淞炮台的攻击,军舰受伤。这样,海军与讨袁军就对立起来。上海开战之后,海军总司令李鼎新指挥舰队协助郑汝成攻击讨袁军,从而使讨袁军遭到意外袭击。

陈其美鉴于沪上各军力量不足,不得不向南京请援。南京方面看到上海行动不力,影响大局,只好从镇江赵念伯的三十二旅拨出一团支援上海,于7月19日到达;又把南京的福字营调回上海,于22日到达。福字营为刘福彪统带,辛亥革命时由上海游民分子组成,1912年间由程德全将该军调赴南京,有炮一营,步二营,但实力不足。刘部到沪后,陈其美将福字营改编为特别敢死队。至此,上海讨袁军的兵力部署大体完成。

23日凌晨2点55分,战幕揭开,上海讨袁军向北军驻守的制造局发动进攻。六十一团、三十七团攻击制造局西栅,福字营助攻,松军、镇军攻击望道桥制造局正门。北军死战,海军发巨炮压制讨袁军火力,沪军炮兵营被摧毁,讨袁军的进攻遭到挫折。北军凭借既设阵地,发挥训练有素的技战术优势和火力优势,成功地以微小的代价击退了讨袁军的进攻。讨袁军由于军官缺乏战术素养,士兵缺乏战斗训练,队形密

---

① 《郑汝成致袁世凯电》(1913年7月18日),中国第二历史档案馆藏北洋政府陆军部档案。

② 《郑汝成致袁世凯电》(1913年7月18日),中国第二历史档案馆藏北洋政府陆军部档案。

集,射击不准,攻击乏力,自清晨3时一直战斗到上午11时,攻击无效,伤亡累累,不得不暂时停止进攻。

上海战事爆发后,列强明显地支持袁世凯。租界当局于当日悍然议决将黄兴、孙中山、陈其美、岑春煊、李平书、沈缦云、王一亭、杨信之八人逐出租界。列强外交人员通过各种途径,向袁世凯政府透露讨袁军的军事秘密。

23日夜,讨袁军因白天攻击不利,发起夜战,但依然未能奏效。郑汝成看到讨袁军攻击受挫,士气不振,顿时猖狂起来。他函致南市商团威胁说,如果陈其美不取消司令部,他就要进攻南市。陈其美为避免南市商场遭到战火破坏,遂将司令部迁往闸北南海会馆。

24日晚,讨袁军依然出师不利。红十字会会长沈仲礼、英国医生柯司在驻沪领事团支持下,向讨袁军运动停战,但谈判没有结果。25日晚,双方续有战斗。翌日,驻沪领事团与工部局西董会议,再次干涉中国内争,竟出通告宣布:"或在本界,或于本界以北毗连各乡,不准作为行军根据及阴谋计策中点之用。两方面之中国兵弁,无论何方,均须迁出本界北乡之外,以免战事波及本界,而保卫各国守分商民之安宁。且军事领袖与有连带者,无论何党,或文或武,亦应由本界及本界北乡立即迁出,如违定行提究。"①显然,这是租界当局打击讨袁军的严重步骤。27日晨,租界工部局借口闸北中国商人请求保护生命财产,派遣总巡捕卜罗斯率马队三十余人侵入中国地界,开往闸北南海会馆和湖州会馆,驱逐讨袁军。蒋介石所率原六十一团一部约二百零七名讨袁军为英军缴械。于是,闸北一度为英、美军队控制。

28日晚,讨袁军对制造局北军象征性地发起最后一次进攻,很快就脱离了战线。这一天,海军总长刘冠雄率领舰队护送北洋第四师李厚基旅南下,三天后陆续抵达制造局。讨袁军遂由龙华向七宝一线退却,制造局解围。7月31日,浙江都督朱瑞派遣浙军开赴上海支援北

---

① 《民立报》,1913年7月27日。

军。松军被迫辗转撤往吴淞一带。进攻制造局之役至此完全失败,上海讨袁军被迫偏守江湾—吴淞一隅。

还在上海讨袁军进攻制造局刚刚受挫的时候,一度蛰居的程德全又重新活跃起来。他看到讨袁军到处失利,败局已定,遂于7月25日发表通电,声明南京独立的一切文电,是"假用德全名义号召"①。他又与应德闳联名通电声称:"17日抵沪后,即密召苏属旧部水陆军警,筹商恢复。"②并宣布在苏州行署办事,从而在政治上给南京独立以沉重的打击。驻苏州江苏第二师师长章驾时于南京独立后即弃职赴沪,旅长朱熙代理师长职务,这时接受程德全指挥。翌日,镇江也接受程德全命令宣布取消独立,沪宁铁路当局也奉北京交通部的命令停止通车,宁、沪的联系被截断了,二次革命的中枢南京陷入了腹背受敌的严重局面。

黄兴坐镇南京,面临着军事形势恶化,一筹莫展。程德全于7月26日致电黄兴,要黄"取消讨袁名义,投戈释甲,痛自引咎,以谢天下"③。28日,南京军界接到了程德全取消独立的密电,南京卫队营长张鹏鸯更接到程德全捉拿黄兴的电令。张把程的电令报告了黄兴。黄兴看到败局已定,悲愤万分,企图自杀,经部下一再规劝,遂于是夜乘日轮静冈丸离宁,一走了之。他本拟赴沪,因无法上岸,遂随轮前往日本。临行之际,他嘱陈之骥维持南京秩序,免遭乱兵蹂躏。黄兴走后,讨袁军重要将领章梓、洪承点、冷遹也相继离去。于是,南京陷入了"三军无主"的局面。

黄兴出走的同一天,没有上任的讨袁军大元帅岑春煊也在上海发表声明:"自问对于南北两方面,无非以维持和平为惟一宗旨,不料两方决裂,竟以兵事属之。鄙人业已迭次坚辞,未肯承认矣,试观上海一隅,

---

① 《时报》,1913年7月26日。

② 《时报》,1913年7月26日。

③ 锋镝余生:《南北恶感新文牍》卷3,1913年版。

战端甫开,伏尸遍地,目不忍睹,耳不忍闻。如果各省纷纷效尤,内乱不已,酿成瓜分,吾辈何可自为祸首乎?现在谣言繁多,若不去沪,无以自明心迹。"①岑随后即离沪赴粤。

7月29日,即黄兴出走的翌日,代理江苏民政长蔡寅、第八师师长陈之骥、代江苏第一师师长(原第一旅旅长)周应时等当即宣布取消独立,并立即发电与袁世凯联系,要求程德全、应德闳回到南京处理善后事宜。南京独立运动黯然瓦解。8月2日,孙中山看到宁、沪失利,不得不离沪赴粤,希望在广东坚持讨袁。于是,二次革命的核心地区失去了精神支柱,整个二次革命战线很快就全线瓦解了。

三　讨袁阵线的崩溃

湖口起义之后,袁世凯在政治上仍小心翼翼,避免树敌过多,并紧紧抓住"民国"的招牌,以争取中间派。7月15日,袁除下令褫夺李烈钧军职,命令欧阳武、李纯设法拿办外,没有涉及其他人,以姑示宽大。17日,袁世凯以斥责欧阳武通电(此电系江西革命党人用欧阳名义发表)的形式,从政治上声明了自己的立场。他声称:"共和民国以人民为主体,而人民代表以国会为机关。政治不善,国会有监督之责;政府不良,国会有弹劾之例。大总统由国会选举,与君主时代子孙帝王万世之业迥不相同。今国会早开,人民代表咸集都下,宪法未定,约法尚存。非经国会,无自发生监督之权,更无擅自立法之理。岂少数人所能自由起灭,亦岂能由少数人权利之争,掩尽天下人民代表之耳目?"他谴责欧阳"捏词污蔑,称兵犯顺,视政府如仇敌,视国会若土苴,推翻共和,破坏民国,全国公敌,万世罪人"。但他对欧阳本人留有余地,认为"难保非金壬挟持,假借名义"②。这篇冠冕堂皇的辩词,虽然颠倒黑白,信口雌

---

① 锋镝余生:《南北恶感新文牍》卷4。
② 《政府公报》,1913年7月19日。

黄，但他既然紧紧抓住了"共和"、"国会"的旗帜，又后发制人，不涉及其他人，甚至故意不涉及正在指挥革命的领袖人物，这样就对中间派具有迷惑力，并对革命党人具有牵制和分化的作用。

赣、宁战事全面展开之后，袁世凯迟至7月21日才正式发布"平叛"通令，宣布"用兵定乱，为行使约法上之统治权，民国政府当然有此责任"①，同时宣布在北京和战地戒严。翌日，又命令褫夺黄兴、陈其美、柏文蔚荣典军职。孙中山发布讨袁的宣言和通电之后，即7月23日，袁世凯仅命令销去孙中山筹办全国铁路全权，避免采取更严峻的措施。虽然，这时袁世凯已同革命党人全面决裂，但他在策略上仍保持着弹性，以争取中间派的支持。

在整个二次革命过程中，各地的独立运动，几乎无一不是在犹豫、迟疑、观望、动摇之中勉强进行的，到处都呈现着冷冷清清的局面。革命党人既没有发动群众，也没有镇压在内部猖狂活动的敌人。一批不可靠的同盟者，掌握着独立运动中的军权和政权，革命党人缺乏忠诚可靠的力量。当南京独立取消之后，各地的反独立分子就嚣张起来，从内部瓦解着讨袁阵线。北洋军队尚未南下，各地的独立就纷纷取消了。

福建在独立各省中是最缺少生气的一个省。都督孙道仁虽佯附革命，实际上他在旅长孙宝镕支持下，密谋调集旧部来扼杀革命。福建讨袁军总司令许崇智主要依靠新兵的支持，力量不足。他看到孙无意革命，企图把孙推倒。但孙有旧部支持，许不敢贸然发动。当宁、沪失利的消息传来，许崇智看到形势不利，即于7月31日离开福州，逃往香港。8月1日，孙道仁密电在京的前福建十四师师长杜持，说明闽中反袁的真相，并要杜向袁世凯政府"秘密陈明"："闽省情形，须广东势衰，赣省肃清，闽省即可取消脱离字样。"②孙道仁一直小心翼翼地控制着福建局面，他虽早已与袁世凯密电往还，但直至大局明朗，才于8月13

---

① 《政府公报》，1913年7月22日。
② 中国第二历史档案馆藏北洋政府陆军部档案。

日正式通电各界,陈明"苦衷",宣布取消脱离袁政府。

广东都督陈炯明自宣布独立之后,一直督促部队出师北伐。但师旅长们阳奉阴违,北伐之师始终未出羊城一步,陈炯明不得不强令8月1日出师,但这时龙济光已经率部自梧州进逼广州。7月30日,驻肇庆警卫军管带李耀汉叛变,投降龙氏。要隘失守,陈炯明不得不先行对付龙济光,命第三旅旅长叶举前往三水一线布防。广东援赣之师被迫停止出发。

龙氏进逼,叶举外调,那些驻在广州密谋叛变的军官们就大肆活动起来。当时,广东反对派人物如黄士龙、李准等都或明或暗地派出暗探进行策反活动。正当广州局势紧张之际,岑春煊自沪偕李根源到达广州。他们立即着手争取钟鼎基、苏慎初、张我权,希望他们积极反袁,但没有成效。岑又派人拿了自己的亲笔函件去劝龙济光反袁,但龙不念旧恩,对来人十分冷淡。李根源为了挽救危局,就同自京回粤的邹鲁一起去见陈炯明,提出"杀携贰之将领一二人,军心自振"[①]。陈害怕发生兵变,不敢采取果断行动,仅逮捕密谋叛乱的第一师参谋陈钟英等三人。结果,打草惊蛇,钟鼎基、张我权闻讯于8月3日逃往香港。

这时,孙中山正在赴粤途中,他派张继、马君武先行抵粤联系。陈炯明鉴于军心不稳,只好请张、马前往香港劝阻孙中山。孙中山于8月3日到达福州马尾,得悉广州局势不稳,二次革命的败局已无可挽回,只得偕胡汉民改道台湾,流亡日本。

8月4日午后1时,冯德辉受黄士龙唆使,赴燕塘策动炮兵团和辎重营叛变,自称粤军界临时总司令,炮击都督府。陈炯明匆匆忙忙枪杀了陈钟英等三人,然后逃往香港。广州商会等团体推举苏慎初为代理都督,宣布取消独立,维持地方秩序。翌日,独立第五旅又逼迫苏慎初下野,拥张我权为都督。黄士龙也返广州活动,企图捞上一把。但袁世凯早已于8月3日任命龙济光为广东都督,自然不承认广东方面的拥

---

① 李根源:《雪生年录》卷2,曲石精庐1934年版,第6页。

立。龙部济军继续向广州前进。

8月10日晚,原驻三水陆军第二团一部返省,驻扎观音山原来的营房。11日,龙部济军抵达广州,蛮横地逼迫陆军迁出观音山,引起了陆军的愤怒,与济军发生冲突。随后,济军陆续到达,到处逼迫陆军让营,一些革命党人也策动陆军士兵杀掉官长后抵抗济军。济、陆两军在广州城内断断续续激战三日,陆军的反抗并无组织,遂全部溃散。龙济光全面控制了广州,那些拥袁的陆军军官们也被迫离开了广州,一无所得。后来,邹鲁曾企图重新举事,被龙察觉,广州警察局长陈景华等被杀。广东的讨袁独立运动完全失败。

湖南都督谭延闿在宣布独立之后,心怀鬼胎,居心叵测。他和黎元洪密商之后,以讨袁为名,将省城拥护革命的军队由第一军司令程子楷、副司令赵恒惕率领,调赴岳州;又以蒋翊武为鄂豫招讨使驻岳州,部署对湖北军事;并派唐蟒率新兵援赣。但援赣军行动迟缓,湘军抵达萍乡时,李烈钧已经退出南昌了。谭将革命党人率领的军队调走之后,乘省城空虚,以亲信余道南为省防守备队司令,又以自己的亲信童锡梁等为新募五营管带,从而控制了省城长沙。谭延闿布置完毕以后,即于8月11日密电袁世凯表示输诚:"湘事措置无方,咎在延闿一人,惟维持操纵,实具苦衷。现情安谧,终当始终保持,不敢上烦芪忧。"①8月13日,谭延闿公开出示布告,宣布取消独立:"现在闽、粤、宁、皖,已均各取消独立,大势所趋,皆以保境息民为主。湘省既不能以独立为支柱,又何可以全省为牺牲? 于事无裨,于心不忍。本都督已一面发布命令,即行罢兵;一面电达中央,静待处分。"②在取消独立时,有人主张"应杀一、二有名人物谢中央,借为取消话柄"③。但谭延闿是个圆滑的官僚,他并不打算与革命党人完全断绝瓜葛,以为自己的政治生命留有后路。

---

① 中国第二历史档案馆藏北洋政府陆军部档案。

② 中国第二历史档案馆藏北洋政府邮政档案。

③ 谭人凤:《石叟牌词叙录》,《近代史资料》1956年第3期。

因此,他不仅眼开眼闭地让湘、赣革命党人逃脱袁世凯的追捕,还亲自接待了李烈钧。他在一封电报中说:"湖南宣布独立,水到渠成,延闿不任其咎;湖南取消独立,瓜熟蒂落,延闿不居其功。"①这两句滑头话,典型地反映了他的政治品格。这种适应中国社会复杂形势的两面手法,为谭日后在政界的浮沉打下了基础。

当时,湖南一批激进的革命党人对谭延闿取消独立十分不满,于9月9日再次发动独立,进攻都督府。谭延闿事先获得谍报,作了戒备,"遇犯即杀"②,残酷地镇压了暴动,暴动的领导人刘崧衡等遇害。谭延闿对人说:"我平日何尝欲杀人,越不杀人越不得结束,故我不得不杀人,以稳定局势。"③革命党人的尸骨,最终成了他赢得袁世凯宽恕的垫脚石。

安徽各地宣布独立之后,柏文蔚奉黄兴之命赴蚌埠成立安徽讨袁军总司令部,皖北各部赴正阳关集中,淮上屯田部队则由张汇滔率领扼守凤台—寿州一线。倪嗣冲获得寿州独立的消息后,即率八营兵力开抵颍上,进逼正阳关,在鲁口与皖军隔河对峙,遭到皖军的袭击。因当时河水盛涨,进兵困难,双方没有发生重大战斗。7月20日,豫督张镇芳遣旅长王钰锦率一支队自周口出发,增援倪嗣冲。

在安庆、芜湖方面,芜湖革命党人对孙多森、胡万泰的"独立"十分怀疑。张永正部遂以援赣为名,沿江上溯,于7月19日进攻大通,与胡万泰部发生战斗,其目的是与胡争夺大通盐厘的财政收入。胡部不敌,退回安庆,胡、孙相偕乘船逃往上海。但船到南京后,胡万泰却留了下来,跑到柏文蔚身边进行投机。胡的父亲胡殿甲为淮军宿将,与段祺瑞系世交,而与柏文蔚同乡,关系也不错。所以,柏对胡表示信任。孙、胡离皖后,柏文蔚的亲信、宪兵司令祁耿寰自称都督。7月23日,商团推

---

①　《邹永成回忆录》,《近代史资料》1956年第3期。
②　《湖南近变之真相》,《亚细亚日报》,1913年9月24日。
③　《湖南近变之真相》,《亚细亚日报》,1913年9月24日。

举刘国栋为都督,出兵驱逐了祁耿寰。于是,安徽革命党人要求柏文蔚回镇安庆。时徐州战事失利,黄兴为了稳定上游局势,也促柏速回安庆。7月27日,柏文蔚率部回皖,胡万泰随行,刘国栋闻风潜逃。柏回皖后,其部下曾向他陈述胡万泰不可靠,但柏不听,命胡率第一线部队至太湖方向作战,并部署淮上各军分三路迎击倪嗣冲。

倪嗣冲在得到豫军的支援后,以豫军虎视正阳关,自己亲率主力向凤台转移。7月31日起,倪部向凤台外围阵地发起进攻。淮上讨袁军主力在凤台城外布防。8月2日凌晨,倪部向讨袁军发动猛攻。讨袁军竭力抵御,支持至下午2时,被迫退守凤台;下午4时,又放弃凤台渡淮溃退。3日夜,倪军渡淮,讨袁军继续溃退。正在南下的冯国璋,分兵一团,协同攻击寿州。5日,寿州失守,张汇滔率部退向庐州,被驻军夏永伦部包围,张仅率少数人突围逃亡。6日,豫军占领正阳关,淮上讨袁军全部失败。

当淮上失败的消息传出,胡万泰在军中得悉后,立即率部回师安庆,蠢蠢欲动。这时,柏文蔚已接到黄兴密电说:"大势已去,无能为力,弟已他往,望兄相机引退,留此身以待后用。"① 葛应龙、端木璜生等也以函电向柏报告南京混乱情况,事为胡万泰所探悉。胡即于8月6日面见柏文蔚,讽柏离皖出走。柏文蔚见胡不怀好意,尽量与之敷衍。7日凌晨1时,胡万泰、顾琢塘在城外与反对革命的皖军第一师第一团团长柴宝山部署叛变。8月7日8时,以柴部为主力,自城外发动进攻,获内应入城,围攻都督府。柏文蔚率卫队抵抗,叛军遭到城西狮子山炮兵的袭击,被迫转移兵力,先行占领狮子山。柏文蔚乘机向南突围,经大通退往芜湖,与龚振鹏会合。

胡万泰于叛变的当天,即通电取消独立。翌日,鲍贵卿率部由九江乘军舰开抵安庆,由胡万泰迎入城内。至此,安徽仅芜湖尚在讨袁军掌握之中。

---

① 柏文蔚:《五十年经历》,《近代史资料》1979年第3期。

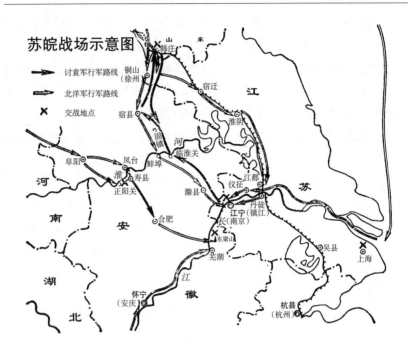

当安庆失陷之时,长江门户吴淞尚掌握在讨袁军手中。吴淞原由姜国梁率广军驻守,段祺瑞派到上海的前第九师师长郑为成及蔡春华等人对广军进行了策反活动,广军动摇,偷走炮闩,图谋叛变,姜国梁出走。陈其美派白逾桓、居正率镇军平叛,扼守炮台。7月26日,海军进攻吴淞,白、居指挥台兵反击,联鲸舰受伤投降。刘冠雄抵达吴淞口后,一再指挥海军进攻,屡攻不克。时刘福彪部由南市撤守江湾,经程德全的勾诱,阴谋叛变。7月31日,程命令刘福彪倒戈,反攻吴淞炮台,策应海军。命令为居正截获。8月6日,居正率部主动进攻,将刘部击溃。但是,本来就十分微薄的炮台兵力,就更加衰弱了。适钮永建率部到达吴淞,遂推钮为总司令,镇压了通敌的水上警察,协同守御吴淞。当时,北军因不能通过租界行军,行动迟缓,故于8月11日才进抵江湾,江苏第二师也进抵浏河,吴淞被围。11日夜,钮永建夜袭北军,小有斩获,但因兵力薄弱,无法扩大战果。12日早,沪、淞信息断绝,居部

各军官逃走一空，军心动摇。是日，红十字会医生柯司奔波于海军与炮台之间，与双方协商和平解决。是夜，讨袁军和平让出吴淞炮台，退往嘉定、罗店之间。翌日，吴淞炮台由海军占领。长江门户洞开，北军源源入口。讨袁军残部退至太仓后遣散，但队伍尚未散尽。北军赶到，立即对手无寸铁的遣散官兵大肆搜杀。至此，上海讨袁军完全失败。

四　南京保卫战和重庆失守

正当整个讨袁战线崩溃之际，南京于 8 月 11 日再次宣布独立，重新举起了讨袁的大旗。

在此之前，袁世凯任冯国璋为第二军军长、江淮宣抚使，于 7 月 24 日率部自天津南下。袁命其沿铁路进兵，速取临淮；同时命张勋取道清江、扬州，由水路进取镇江，与冯会攻南京。可是，由于铁路遭南撤讨袁军破坏以及镇、扬两军发生内讧等原因，他们的进军速度大受影响。迟至 8 月 11 日，冯国璋前锋施从滨一部才抵达浦口，张勋前锋更于 12 日才到达南京郊外的龙潭。尽管袁世凯一再催促他们进兵南京，但也无法阻止南京的再次独立了。

南京自取消独立之后，军政各界一再电请程德全、应德闳返宁收拾残局。但程已无意从政，仅派杜淮川至宁出任第一师师长。杜威望不足，难以控制局面。当时，中上级军官都已丧失斗志，只待北军前来接洽。但第八师、第一师等部的下级军官及士兵群众，对取消独立表示强烈不满。袁命将南下，曾一再指令北军"凡遇有自称取消独立之军队，必勒令缴械，给资遣散，诛其渠魁"①。南京军队听说后更加愤怒，遂纷纷集会，决心誓死抵抗。

激进的革命党人何海鸣、韩恢，在各地讨袁独立运动掀起后曾赴苏北活动，因无成效，回到镇江，获悉黄兴出走，星夜赴宁图谋补救。时詹

---

① 《冯国璋收电簿》，《近代史资料》1962 年第 1 期。

大悲、戴季陶也到南京活动,但双方缺少联系。韩恢与第一师士兵有广泛的联系,即从运动该师着手。8月8日中午,何海鸣率百余人占领都督府,宣布"卷土重来,恢复独立"①,自任江苏讨袁军临时总司令,推陈之骥为江苏都督。何派代表往迎陈履任,陈初不应,旋派他的参谋首斌与何接洽。至晚,首斌又偕参谋长袁华选将何劫往八师司令部,由陈之骥宣布再次取消独立。

鉴于军情不稳,陈之骥经英国领事的联系,偕宪兵司令茅乃封于8月10日渡江至其岳父冯国璋军营,商谈和平解决方法。是夜,第八师二十九团下级军官和士兵群众首先起义,击毙企图阻止起义的代理团长李浚,不久又与第一师官兵联合起来,拥入第八师司令部,将何海鸣迎至小营二十九团团部,并宣布解散第八师司令部,以断绝陈之骥的归路。八师高级军官纷纷逃跑,旅长王孝缜躲到船上电告陈之骥部队哗变,陈仓促赶回。11日下午,何海鸣宣布第三次独立。陈之骥回宁,见大势已去,便在日本领事馆参赞护送下乘日本军舰转往上海,后赴日流亡。

戴季陶于何海鸣第一次宣布独立时,又从上海赶到南京,旋因独立失败,本想重回上海,适再次独立成功。二十九团派人把他接到团部,希望得到上海方面的支援。戴对何海鸣说:"予须回沪一次力筹之,此间事须以知兵之人为司令,钮永建可承其乏,尔可退让贤路也。"②但沪上名将均知难而退,并未一至南京,而从上海来的经济支援也十分有限。

8月13日,张勋到达龙潭。他以为可以"趁其内乱,速行进取"③,一面要求冯国璋自大胜关、三汊河渡江配合,一面令所属部队火速进攻,企图一举占领南京锁钥天保城。14日拂晓,张勋所部武卫前军不

---

① 《时报》,1913年8月11日。

② 何海鸣:《金陵纪战》,《寸心》第6期,1917年6月。

③ 《冯国璋收电簿》,《近代史资料》1962年第1期。

待冯部协同作战，即偕江苏第四师（师长徐宝珍，徐宝山之弟）突袭紫金山。由于驻守部队叛变，张勋不战而克。旋为城守部队发觉，富贵山炮台当即发炮反击，第八师等部亦发起反攻，至中午夺回天保城，随即在天保城架炮，轰击紫金山。下午6时，张、徐两军不支，弃山而走。是役，据北军战后报告，徐军被击毙团、营、连长各一名，排长以下五十五名，旅长方更生重伤；张军被击毙管带（营长）一名，伤管带二名，死伤士兵无算。张勋第一天进攻即遭惨败，锐气顿挫。惜讨袁军有战斗力的部队不多，且无深通军事的将校指挥，未能自雨花台出奇兵抄袭张勋后路，围歼敌军。同日，投降北军的张宗昌第三师一部偷渡长江，潜入下关，被守军歼灭大半，残部退入南京东北要地幕府山。16日，冯国璋曾命令渡江，但未能成功，仅第三师一部占领老虎山。同日，张勋佯攻雨花台，突袭天保城，虽曾一度占领，但由于讨袁军主力第八师二十九团的反攻，旋即丢失。翌日，讨袁军乘胜收复紫金山。

在南京城内，新任第一师师长徐涛、第八师师长李可钧、卫戍团团长吴浩联络南京地方维持会，勾结北军图谋献城叛变，取消独立。16日下午，何海鸣卫队被卫戍团击散，何一度躲入金陵医院。第八师二十九团、第一师第三团等部士兵得知消息后，十分愤怒，是日深夜，第八师士兵围攻师部，镇压了李可钧和徐涛，但攻击卫戍团时失利。翌日，吴浩仍出布告，取消独立。一、八两师士兵遂联合击溃卫戍团，吴浩逃走。取消独立的阴谋再一次为革命士兵所粉碎。

此后，张尧卿乘变乱自任为江苏都督，何海鸣兼第八师师长，韩恢任第一师师长。但是，这一新的领导集团也缺乏威望。何海鸣是个浮躁文人，不懂军事，不为军人所信赖。连韩恢也说："余等之举何海鸣为总司令，不过儿戏而已。何为文人，彼岂知兵哉？"[1]张尧卿则因谋镇江独立未成，转入南京，在军中并无基础。实际上，南京重新独立始终没有一个坚强的领导集团。南京的战斗，是以在天保城一线的第八师第

----

① 《马林演说》，《时报》，1913年9月21日。

二十九团和在雨花台一线的第一师第三团为主的士兵群众依靠高度的革命精神自觉进行的。"军队举动,悉由兵士自为"①。每当临敌,士兵们无须军官督促,欢欣鼓舞,勇往直前,几乎人自为战。他们一不谋官,二不为财,除第一师部分士兵纪律不良外,主力第八师始终保持着自觉的纪律,使战时的南京保持着良好的治安。

19日,张勋再次对南京发起猛烈攻击,重占天保城,并先后三次向太平门、洪武门一线发动进攻,一度攻入太平门,但遭城内讨袁军的堵截,被迫退回。20日晨,第八师二十九团、三十二团及炸弹队等部向天保城发起反攻,再次予以收复,但翌日下午,终因寡不敌众,复为张勋所占。这时,退至芜湖的安徽讨袁军总司令柏文蔚,应南京方面的邀请,于8月19日率卫队一营及宪兵共约一千多人到达南京,给血战中的南京军民以很大的鼓舞。柏文蔚当即被推举为江苏都督兼第八师师长,领导南京的讨袁战争。21日晚,在柏文蔚指挥下,讨袁军向天保城发动反攻,但未能攻下,终使南京城失去了屏障。天保城的争夺战凡五得五失,讨袁军给予张勋所部以严重的杀伤,表现了高度的英雄气概。

当张勋和讨袁军血战的时候,冯国璋一直在隔江观火。22日,冯国璋看到张勋已确实占领天保城,才命令第二师和第五师于翌晨分别向神策门、太平门发起攻击。但是,冯又指示:"本军首天攻击,早迟必定成功,无须太为着急。"②显然,他是要让张勋去火中取栗。24日,袁世凯担心南京久攻不下,他处再起,训令海军总长刘冠雄"会合海陆各军迅速荡平,切勿延缓,致牵动大局。陆军大队尚未渡江,望刘使(时刘任南洋巡阅使)速设法护渡"③。是日,雷震春(时任第七师师长)率部由上海开抵镇江登陆,海军进驻南京下游卸甲甸,准备掩护冯军渡江。

正当北军围攻之际,南京城内领导集团又起纠纷。第一师师长韩

---

① 雪山:《围城杂记》,《时报》,1913年9月23日。

② 《第二军参谋处通报》,中国第二历史档案馆藏北洋政府陆军部档案。

③ 《冯国璋收电簿》,《近代史资料》1962年第1期。

恢因不受该师官兵欢迎,转任第三军军长(新募之兵,徒有虚名),而张尧卿则对柏文蔚占去都督一职表示不满。柏文蔚见何海鸣不得人望,内部矛盾重重,强敌压境,前途无望,留书何海鸣,欲带第八师出走。八师官兵坚决反对,柏的卫队多数也不愿随行。结果,柏文蔚于 8 月 25日仅率少数人出水西门离开南京,中途为北军击散,仅与祁耿寰化装工人,逃往上海,转赴日本亡命。于是,何海鸣又兼任江苏都督、第八师师长等职,全权指挥。何海鸣在南京的坚持,毕竟起了协调和维系军心的作用。

25 日夜,海军海琛、应瑞、楚有三舰暗渡上游,直抵大胜关,不仅截断了南京与芜湖的联系,且利用舰队炮火助陆军攻城,并协助北洋第四师等部自上游渡江。26 日,北军全力攻城。张勋马队突入朝阳门,张宗昌第三师一部攻入神策门。张勋狂喜,电京告捷。但是,张勋马队一入城即遭到预设坑道的阻拦,被守军全部歼灭。张宗昌部也遭到城墙两侧火力封锁,被迫退出城外。仅第五师按兵不动,未遭损失。此次失败后,冯国璋严饬南岸各部约会海军,联合张军协同进攻,再也不敢轻率冒进了。28 日晨,第八师二十九团约一百多人,出敌不意,由仪凤门出击,占领宝塔桥,直冲至幕府山下江岸处,距第三师司令部仅四五百米。敌死力抵抗,伤亡达四十余名,司令部被迫后撤。

恰在这时,上游又传来芜湖失守的不利消息。8 月 26 日,汤芗铭率长江上游水师攻克芜湖上游要地荻港。翌日,芜湖下游要地东梁山亦为庐州夏永伦部袭占。28 日,倪嗣冲部统领王治国、安徽第一旅旅长顾琢塘会合海军进攻芜湖,龚振鹏弃城出走。至此,南京完全陷于孤立。

29 日,北军完成了对南京城的全面包围。张勋、徐宝山部攻朝阳门,第三师攻神策门,第五师攻太平门,雷震春第七师及杨善德第四师一部协攻雨花台,四师另一部扼守通向芜湖及秣陵关的要道,海军控制江面,南京的形势顿时险恶起来。于是,南京商界通过英国医生马林向何海鸣交涉,表示愿意出钱请讨袁军和平让城。何海鸣拿了商会的钱,向部队发了一次饷。但第八师士兵群众坚决反对和平让城,决心死战到底。作了让城准备的各部,也只得各回原防。30日,何海鸣召开军事会议,准备以攻为守。他计划以第一师出雨花台,攻击紫金山;新编第五师出朝阳门,接应合攻;第八师出太平门,突击天保城;新编第六师出仪凤门,攻幕府山。可是第一师迟迟没有行动,既打乱了出击计划,也打乱了守城部署。

31日晨,北军发起了总攻击,讨袁军各部均为攻城敌军压制。9月1日晨,讨袁军卫队团长叛变,张勋所部乘机猛攻,用地雷轰开太平门、朝阳门间城垣,蜂拥而入。中午,敌第三师攻入神策门,第五师攻入太平门,徐宝山部也由通济门拥入。何海鸣、韩恢率讨袁军在钟鼓楼、内桥、鸽子桥一线进行巷战,终因敌我力量悬殊,一部由清凉山撤出城外,一部退守雨花台。下关及狮子山炮台也相继失守。9月2日晨,何海鸣率卫队及第一师第三团、第八师二十九团残部,在雨花台进行了最后一战,伤亡殆尽,队伍溃散。何海鸣与少数亲随躲于草丛中,后潜至武定桥下乘小船逃走。

北军入城之后,已经无意扫清残敌,他们按照事先大掠三日的许诺,各部划分地盘,肆意进行抢劫。冯国璋部一把火把繁华的下关烧为灰烬,穿蓝大褂、拖长辫子的张勋所部士兵,更是到处烧杀淫掠,无恶不作。南京"被劫一空,虽家具什物,亦搬运全尽。各等人民皆体无完衣,家无一餐之粮"①。在中国近代史上,雄伟壮丽的南京城,又一次遭到了浩劫!

南京保卫战尽管失败了,南京革命英雄们的光辉业绩,在国内外正义人士中留下了不可磨灭的印象。英国医生马林后来在上海向人们热烈赞扬说:"第八师兵士实为今此革命之特色(第八师中尤以第二十九团为最优),足以当英雄之名而无愧,故彼等之声誉,当永留于中国之历史。"②士兵群众顽强奋战的革命精神,同资产阶级革命领导人软弱、消

---

① 《特约路透电》,《时报》,1913年9月9日。

② 《民权报》,1913年9月22日。

沉的精神状态,形成了鲜明的对比。南京保卫战为二次革命谱下了最光荣的一章。

南京的陷落,是二次革命最后失败的标志。但从全国来说,作为二次革命尾声的四川战线却还在激战。

早在重庆宣布独立以前,四川讨袁军就以龙光为第一支队长,进驻永川,准备进攻泸州。独立宣布后,即分兵两支,一支由吕超率领,向隆昌进攻;主力自王坪向立石站、寒坡场进击。讨袁军又以余际唐率部进攻合江一线,配合进攻泸州。对重庆北面,则以防御为主。

成都方面,胡景伊部将、四川第一师师长周骏驻守泸州。胡于重庆宣布独立后,令王陵基将所部模范团及四川第二、三师编组为一支队,由北路进攻重庆;令四川第四师师长刘存厚编组一支队沿江东下。8月12日,袁世凯命令鄂督黎元洪、陕督张凤翙、滇督蔡锷、黔督唐继尧"酌拨劲旅,会合兜剿"①。四都督遵令拨队援川。

战斗开始后,两军在隆昌、立石站—寒坡场相持不下,互有进退,讨袁军难以进展。8月14日,川军周骏所部左纵队即第一师第一团的营长梁渡、贺重熙、吴行光在隆昌前线击毙团长吴成礼,响应讨袁。28日,梁渡率部配合吕超夜袭泸州,直逼龙透关。周骏率部死守,岌岌可危。血战两昼夜,讨袁军屡攻不克。9月7日,讨袁军又四面攻泸。周骏在五峰顶督战,两军在泸州前方数里之草店子、半壁关、黄角村一带鏖战一日,讨袁军伤亡严重,攻势顿挫。

这时,川军第四师于9月8日进占资中,9月10日攻克内江。北路王陵基支队一路攻占南充、定远,于9月10日占领渝北门户合川。南路援川黔军由旅长黄毓成率领占领綦江,兵逼重庆。滇军由刘云峰率一旅之众入川,进至宜宾。陕军由张钫率一师之众兵临夔州。于是,余际唐、吕超率部还救重庆。但熊克武已于9月11日离渝出走。12日,黔军占领重庆。讨袁军残部陆续溃散。四川讨袁军失败,整个二次

---

① 《政府公报》,1913年8月13日。

革命战争完全沉寂。

五　二次革命的历史意义

二次革命是一场保卫辛亥革命成果的战斗。

辛亥革命是以清帝退位、南北达成妥协而宣告结束的。袁世凯虽然窃取了临时大总统的职位，北洋派掌握了民国中央政府的实权，但袁世凯就任时，既作了"发扬共和之精神，涤荡专制之瑕秽，谨守宪法"①的誓言，《临时约法》又确定了民国的议会民主制度，而且同盟会—国民党作为合法的政治组织，拥有政党议会活动的民主权利，革命党人在地方上更拥有一定的政治和军事实力。因此，袁世凯的权力受到很大限制。一年多来，袁世凯违背誓言，破坏共和，摧残革命党人，阴谋帝制自为，终于迫使革命党人起兵讨袁，发动了二次革命。这是一场保卫民主共和制度的战斗，正像李烈钧在《江西讨袁军公启》中所说："袁氏帝制自为，务期破坏共和，与全国为公敌……烈钧等目击颠危，诚不忍诸先烈铁血所创之共和民国，断送于独夫民贼之手。是以率父老子弟，投袂奋起。"②

二次革命虽然很快就遭到失败，但它仍然是对袁世凯独裁统治的一次冲击。这场战争，暴露了北洋军队的腐败无能，尤其是南京一战，群龙无首的革命士兵，顽强抗击了北洋海陆各军的四面围攻，予敌以严重杀伤，击破了袁世凯长于治军的虚誉。而北洋军队所到之处，奸淫掳掠，无恶不作，南京城破后的大抢劫，更使世人震惊。资产阶级对于袁世凯建立稳定秩序的希望感到幻灭。上海《时报》评论责问道："春秋之义，严在诛心，彼居高位而执大权者，将何以谢吾民而

①　北京《临时公报》，1912年3月11日。
②　《民初政争与二次革命》下册，第484页。

对天下欤?"①

　　二次革命继承了辛亥革命武装斗争的光荣传统。中国的革命必须走武装斗争的道路,这是中国革命的客观规律。尽管在二次革命发动期,革命党人一度表现得犹豫和动摇,但由于孙中山的坚持,避免了不战而走的屈辱结局。战斗虽然遭到失败,重要的是,战斗的传统得到坚持,革命的火种得到保存。这对今后革命的复苏和发展有着重要的意义,否则革命将走上更加迂回曲折的道路。

　　二次革命也证明了单纯通过议会斗争的途径以取得政权的道路,是行不通的。民国的《临时约法》虽然规定了议会民主的政治制度,但是,因为没有一支民主化的军队的支持,同盟会—国民党希望通过议会竞选的胜利出掌政权的企图,不能不遭到失败。军队是国家政权的命脉,谁掌握了军权,谁才能取得政权。资产阶级革命党人,由于没有创建一支真正革命的、民主化的军队,他们所赢得的共和制度,不过是空中楼阁,很快就被袁世凯用刺刀摧毁。

　　二次革命的失败是辛亥革命的归宿,辛亥革命所取得的成果,丧失殆尽。一年多来,革命党人一再忍辱退让,希望通过调和妥协的道路,维持一个所谓共和的局面。而当袁世凯蓄意挑起战争的时候,他们依然在徘徊观望。当他们不得不举兵应战的时候,他们仍然不敢到人民中去寻找力量,终于使自己孤立无援,并且弥漫着失败主义的情绪,最后几乎未经顽强的血战,即兵败如山倒。孙中山后来感慨地说:"第二次革命,我党乃无一死于战事者。"②二次革命的失败,充分暴露了资产阶级领导革命的软弱性。

---

①　阿严:《乱定痛言》,《时报》,1913 年 9 月 7 日。
②　《孙中山全集》第 3 卷,第 132 页。

第四节　白朗起义及失败

一　从"拉杆"起事到纵横于豫皖鄂边区

二次革命爆发前后,袁政府直接控制下的北方各省也不是平静的。群众自发的武装反抗,此起彼伏,时有发生,而且由于受到南方各省反对袁世凯斗争的鼓舞,有越来越活跃的趋势。其中规模较大、影响深远的一次农民反抗斗争,就是发源于河南省的白朗起义。

白朗(1873—1914),河南宝丰县人,以其身材高瘦,腿长行快,故因其名偕音而绰号"白狼",官方也诬称其为"狼匪"。农民出身的白朗,青年时代曾投巡防营当兵,枪法颇精,"虽目不识丁,而胆略颇壮"①,后因"犯律潜逃"回乡。民国初年,河南农村连年荒旱,加上河南都督张镇芳自1912年3月上任后,横征暴敛,专务朘削,物价暴涨,民不聊生。人祸天灾,交相煎迫,因而社会上饥民流离失所,乞丐成群,"铤而走险者日众",出现了"丐与盗满河南"的现象②。豫西一带民情向称强悍,穷人求生不得,便纠众打家劫舍,俗称"拉杆",为首的称"杆首"或"架杆"。据当时官方探报所载:1912年5月间,仅宝丰、鲁山、汝州一带著名的杆首就有二十四人,其中:杜起宾,宝丰县西乡四十里韩庄人,带七十五人,快枪七十五杆;牛天祥与杜起宾同村庄,带五十八人,快枪十八杆;李风朝(一名红毛),郏县龙虎店人,带二十余人,快枪十四杆;白狼,宝丰县西二十四里大刘庄人,带七十余人,快枪三十六杆;邰永生(即秦小红),鲁山连洼人,带一百余人,快枪十四杆;崔乾(即崔张记),汝州新庄人,带二十余人,快枪十一杆。另外还有宋老年、郭玉德等十八人,皆系

---

① 杜春和编:《白朗起义》,中国社会科学出版社1980年版,第320页。

② 佚名:《白狼猖獗记》,《时事汇报》月刊第3、5、8号,1914年2月、4月,1915年1月。

杆首①。

白朗从巡防营回到家乡之后，便"拉杆"起事成为啸集山林的绿林头目。据记载，他"性豪爽，善驭人，疏财仗义，以是能得众，先奔走于汝、鲁、宝之间，结识豪侠，渐成规模。但以武器缺乏，未能大举，乃将宝丰县长的儿子劫去勒赎，索价新式五响钢快枪十支。械到手后即有很快的发展"②。白朗以舞阳县母猪峡一带为基地，四处活动。大约于民国元年又以"打富济贫"为旗号，鼓励穷人造反。被裁士兵、游民、饥民等，闻风归附。各地著名杆首如李鸿宾、宋老年、丁万松、宋一眼、王心传等各率所部，与之合并，愿听指挥。到1913年春，各杆头在白朗领导下所带的人马共约二三千人，所着服装，错杂不一，时聚时散，飘忽无定，聚则成军，散则为农工商贩。由于"贫苦之家甘为窝主，乞丐游民愿作彼探"③，白朗军消息灵通，神出鬼没，各县多次派兵围剿，都未能把他们镇压下去。相反，白朗却不时给各地方官吏和豪绅地主团练以打击。这时，白朗主要从事经济性的斗争，政治目标并不明确。

1913年五六月间，袁世凯把驻在信阳的第六师调入湖北境内，仅留河南陆军第三旅王毓秀部在平汉路沿线设防，豫西南一带空虚。这时河南国民党人熊嗣鬻为了武装讨袁，与白朗联络。白朗一面委派熊赴南方联系反袁力量，一面借"二次革命"之说，号召群众乘机展开活动。高鑫、宋一眼等各杆数百人袭扰叶县、襄城等地，白朗亲率各杆一千余人南下，意图攻取唐县、泌阳。当时盛传，白朗宣言，"如能占领唐、泌等处，即当与高鑫、宋一眼合股通南方，以图大举"④。由于有唐县守军作内应，5月31日夜，白朗一举攻占该县，夺获大炮六门、机关枪两挺及许多枪械子弹，声势大振。白朗占领唐县后，恐官军追来，当天弃

①　《白朗起义》，第3页。

②　乔叙五:《记白狼事》，《近代史资料》1956年第3期。

③　《白朗起义》，第277、278页。

④　《大公报》，1913年8月21日。

城北上，连克数村镇，复经南召直攻鲁山。当时，河南护军使雷震春带兵刚到达豫西南，便急令右翼帮统王茂元率两营援救鲁山。王军至鲁山时，白朗军已改变计划，于6月15日突然攻取了禹县，守城官军弃械而逃，白朗缴获枪支三百，财物无算，捆载大车二百辆，凯旋回归鲁山一带。"自此白朗声振豫西，各地绿林附合者骤达二千人"①。

二次革命爆发后，黄兴曾写信给白朗，要求他进攻湖北，配合讨袁军作战，因所派信使在开封被捕杀，信未能送到。同时，黄兴还委派河南国民党人杨体锐为河南讨袁军豫西民军司令，赴洛阳策动镇嵩军反正和联络白朗。杨体锐亲往白朗军中游说，"白感动，愿听约束"②。但不久，杨被张镇芳捕杀③，国民党人与白朗的联系中断。1913年七八月间，不仅南方反袁军曾多次与白朗军联系，白朗也曾派人赴南方探听消息，但是，由于反动当局的破坏，双方始终没有建立起直接联系。当白朗威震豫西时，他以"抚汉讨袁司令大都督"的名义发布了一个六言告示，首先揭示"满业倒了运气"，接着怒斥袁世凯"假作民国扬名"，末了则说："现在中州真主，荡荡如同天神。"这个告示大致反映出1913年夏季白朗的政治水平，即对旧封建政权恨之入骨，而又跳不出称帝称王的藩篱。

白朗军从禹城撤回鲁山地区后，雷震春率军由许昌进驻宝丰，调集王毓秀和防军十余营，分头把守各县镇和山口要地，对白朗军进行围剿，白朗军一度受挫，不得不避入深山中。正当雷震春做"一鼓荡平"的美梦时，白朗翻山越岭，突然出现在数百里外的卢氏县境，7月1日攻占淅川县属的西坪镇，次日又夺取鄂豫陕三省交界的重镇荆紫关，并攻克淅川县城。邓州、内乡、镇平等地震动，纷纷向张镇芳告急。7月14日，白朗军进入湖北均县贾家寨以东地方，与鄂豫陕三省联军激战不

---

① 《白朗起义》，第321页。

② 《河南杨先烈体锐殉难事略》(抄本)。

③ 杨体锐字子英，河南孟津人，1913年8月17日被惨杀，时年仅二十一岁。

利,又折回豫省,17 日围攻镇平县,逼近南阳。8 月,在百泉山击败南阳镇守使周符麟所辖官军,转入唐县、泌阳、桐柏一带山区。白朗军稍事休整后,于 9 月下旬南下夺取湖北枣阳,占据县城十一天,至 10 月 6 日始弃城北上,经唐县、裕州等地返回鲁山和宝丰地区。当时雷震春率领的军队已离开宝丰,白朗乘虚于 11 月 12 日用云梯爬城办法攻占宝丰县城。由于新任河南护军使赵倜率马步四营来攻,白朗当日撤出县城,避入鲁山西北山区,建寨据守。

　　二次革命失败后,白朗军成为国内规模最大一支武装反袁力量,更加引起袁政府重视。袁政府一面严令张镇芳限期肃清,一面增兵河南。进入豫西的总兵力达三万人,具体部署是:毅军统领商德全率兵驻扎郏县、宝丰和临汝三县,张锡元师驻扎舞阳和泌阳,王毓秀旅驻方城、鲁山、南召和伊川四县,南阳镇守使田作霖分兵把守南阳附近六县,镇嵩军统领刘镇华部警戒嵩县至卢氏县一线,北洋第二师一部守卫京汉铁路沿线。此外,赵倜亲带马队赴各地巡逻,督饬诸军认真剿办。张镇芳以为万无一失,致电袁世凯表示,1913 年 12 月一个月内即将白朗军全部消灭。袁世凯命令张镇芳、赵倜等人,"非获白朗,不准请奖"[1]。

　　面对北洋军压境的局面,白朗没有固守鲁山一带的根据地,而采取避实击虚的办法,迅速跳出包围圈,攻击敌军防守薄弱的地方。12 月下旬,他率二千人(其中不少青年人),一半有快枪,一半持大刀,急速南下。至泌阳附近后,他又东进,于 1914 年 1 月初在确山和新安店之间越过京汉铁路,于 1 月 11 日、15 日、16 日接连攻克光山、光州(今潢川)和商城等三座县城。随后又继续向东挺进,入安徽境内,于 24 日一举攻克六安城,2 月 6 日又攻克霍山。白朗军连得数县,击溃了地方武装,缴获了大批枪械子弹,战斗力显著增强;由于各地会党、游民纷纷归附,队伍也显著扩大,马队步队共计约四千人。这些胜利的取得,除这一带敌军防御力量薄弱外,与白朗的战略战术有密切关系。白朗善于

---

　　① 《白朗起义》,第 77 页。

在运动中作战，一日夜间能走二三百里。其战术多用设伏诱敌之计。官军跟踪追击时，他们常常一边退却，一边将银元或财物等弃掷于地，贪财的官军拾取钱财后，他们便回首猛扑，往往取胜，以缴获军火，补充自己。他们攻城也有一套办法，先派遣侦探侦察城内虚实，如城内空虚，便派人装扮成小贩、卖艺人或乞丐等混入城内潜伏下来，又策动会党和守军士兵作内应。一旦布置妥当，主力队伍便长途奔袭，突然兵临城下，里应外合，使守军猝不及防，不战而溃。

前此，袁政府仅仅把白朗视为一个严重的地方问题，责成张镇芳负责剿办。豫东和皖北的城池不断被攻占，才使袁政府大为震惊。袁世凯于 1 月 20 日严厉申斥张镇芳和赵倜"督率不力"，将他们撤职留任。2 月 11 日，任命田文烈为河南民政长兼会办河南军务，13 日撤去张镇芳的河南都督，改由陆军总长段祺瑞兼任。这些人事变动表明，袁政府已把白朗起义视为牵动全国政局的问题，并决心动用北洋军主力了。段祺瑞亲赴信阳，召开豫鄂皖三省剿办会议，制定了所谓"不在急击使散，要在合围聚歼"的计划，企图将白朗歼灭于霍山、六安、霍丘之间。为此，他调集了二万多军队，除赵倜所率领的毅军八营外，有王占元的北洋陆军第二师一旅，皖军十营，拱卫军一团，王汝贤和陈文运两个混成旅等。这次合围白朗的主力是北洋正规军。北洋军刚刚扑灭了"二次革命"，将骄兵悍，段祺瑞代表各将领致电袁世凯说："扫清匪氛，指日可待。"安徽都督倪嗣冲鉴于六安之变，将弃城逃跑的知县枪毙，并通令皖北各县一体戒严，倘有再失城池，定将按军法严惩，决不宽贷。

在北洋各军四面包围、步步进逼之下，白朗军在叶家集和金家集一带活动的范围愈来愈小，多次突围，均受到堵截。2 月 21 日、23 日，李鸿宾和白朗各带二三千人与北洋军王占元师两次激战于鄷家集南面一带高地，都未能达到突围的目的。白朗的处境日益不利，遂决定化整为零，把队伍分为几路，同时采取声东击西的战术，派一路偷袭光州。当敌军抽调兵力援救光州时，白朗军分路逃出包围圈，日夜兼程西进，2 月末于一夜之中在信阳以南二十里的双河越过京汉铁路。当时，设在信阳的豫南围剿司令部正张灯置酒,大宴将士,至天明始发觉。但事后他们却向袁政府报告说:"白狼进犯铁路,我军迎头痛击,贼军大败,伏尸遍地,仅悍酋数人步行,敝衣杂入避难人民中逃去。"这是腐败的官军谎报军情以邀功的惯技。

白朗军越过京汉铁路后,分兵两路,一路攻湖北应山和安陆,颇有南下进窥武汉之势。另一路经随县等地西进,3月7日一举攻占鄂西重镇老河口,歼灭驻军一营,缴获火炮两门,炮弹九十余发,枪弹二十余万发。老河口是汉水上游的货物集散地,当时号称湖北第三商埠,殷商富户不少。有外商英美烟草公司、美孚洋行和亚细亚煤油公司的分支机构,也有教堂、教会医院和英、美、意等国传教士多人。白朗军每到一地都打劫豪富,筹饷械,在商业繁盛的老河口自不例外,外商投资的企业也在劫难逃。根据记载,该镇"所有精华,悉被搜刮,商民损失约数十万"①。但是,白朗在老河口对于外国传教士和教堂,如攻克枣阳、六安等县城时一样,并没有把他们作为打击目标。因此,老河口教堂虽稍有损失,但"人口尚安"②。白朗对待教会的态度,可能是由于受到资产阶级革命党人的影响。在老河口,挪威医生费兰因拒绝为白朗军士兵做手术而被枪杀。这件事似属个别人的行动,并不能反映白朗的政策。

白朗取得的胜利,使袁世凯政府和帝国主义列强驻华公使都十分吃惊。

各国驻华公使接连集会,并照会袁政府外交部说,政府虽派兵剿办"白狼",至今未能扑灭,"外人之财产损失颇巨,即各国之商务间接受其影响亦非浅显。如再不能即日剿平,拟电请本国政府各派兵若干帮同剿办,以期早日肃清"③。袁政府的反应,由袁世凯致段祺瑞等人的几件急密电可见一斑:

---

① 《中原狼祸记》,《大公报》,1914年6月14日。

② 《白朗起义》,第237页。

③ 《大公报》,1914年3月8日。

3月11日，"万急华密"电："白狼潢池小丑，乘隙蠢动。近日发兵二万人，奔驰两阅月，卒未殄灭。各国视之，大损威信，极为军界耻辱。老河口又生残杀外人重案，若不迅速扑灭，恐起交涉，牵动大局。……近日匪之内容，毫无所闻，是侦探太不得力，望注意。"

3月21日，"华密"电："白匪久未平，各国报纸谓政府力弱不足以保治安，乱党又从中鼓吹，殊损威信。因而近日中国债票跌至百分之十二三，续借款愈难办，关系全局甚重，望努力设法督饬速平为要！"

3月23日，"拱密"电："以部长久在外，各国注意白狼更重，且久未平，尤损声威，可商田民政长妥为布置，仍宜早回京……。"①

白朗起义异军突起，在1914年春发展到顶点，成为国内一些大报纸的每日要闻之一，为全国各阶层、各派别（包括中华革命党人）所注目。袁政府心劳日拙，动用北洋军数万，而不能控制白朗军在广大地区策马长驱的局面。

二　进军陕甘和回豫失败

在老河口，白朗将分散活动的各路首领召集起来，开了一次重要的会议，讨论战略问题。一些头目认为流动作战不是长期办法，应建立根据地，如梁山泊一样，作为归宿。但主要头目大都反对此说，而极力主张流动作战以集资粮，扩充队伍。白朗采纳了后一说。鉴于袁政府不断向河南增兵，中原地区不易立足，所以决定避实击虚，伺机入陕。同时，白朗改编了队伍，称"公民讨贼军"，又称"扶汉军"，自为"中原扶汉军大都督"，以李鸿宾为参谋长，正式组织起统率机构。又将近万人的队伍分编为前、中、后三军，以王生岐为前军总司令，韩世昌为中军总司令，白瞎子为后军总司令。军之下又分"队"，各"队"都有自己的"队旗"。

---

① 《白朗起义》，第133、145、149页。

就在这次会议前后,有一些资产阶级革命党人来到白朗军中。如王生岐原是陕军第一师的团长,参加过辛亥革命,于1913年8月在凤翔响应二次革命,失败后率领队伍进入豫陕边,当年10月加入白朗军。在《中华革命党委派人员别号、住址及委派回国者姓名登记簿》中,将"白朗部分重要人物"独列一项,与该党各省支部并列,内写白狼、宋老年、李鸿宾、孙玉章等二十余人的姓名。由此可见,海外中华革命党人对白朗是十分重视的。有记载说,孙中山有致白朗函,还积极向白朗军中派遣人员,如徐昂及沈姓参谋等人①。此外,二次革命失败后,河南国民党人和进步青年因不堪张镇芳的迫害,有不少人投入白朗军中。他们不会不给这支农民起义队伍以积极的影响。

老河口会议不久,白朗发布的告示中完全肯定了辛亥革命的功绩,斥责袁世凯窃国卖国。告示说:"方幸君权推倒,民权伸张,神明华胄自是可以自由于法律范围而不为专制淫威所荼毒。孰料袁世凯狼子野心,以意思为法律,仍欲帝制自为,摈除贤士,宠任爪牙,以刀锯刺客待有功,以官爵金钱励无耻,库伦割弃而不顾,西藏叛乱而不恤,宗社党隐伏滋蔓而不思防制铲除,惟日以植党营私,排除异己,离弃兄弟,变更法制,涂饰耳目为事。摧残吾民,盖较满洲尤甚。海内分崩,民不聊生,献媚者乃称为华盛顿,即持论者亦反目为拿破仑,实则吕政、新莽不如其横酷也。朗用是痛心疾首,奋起陇亩,纠合豪杰,为民请命。故号称扶汉。"②这是一篇激动人心的讨袁宣言,可与李烈钧在江西湖口发表的讨袁檄文前后辉映;与1913年白朗发布的告示相比,政治水平也有了显著的提高。这篇告示可能出自军中的资产阶级革命党人的手笔。白朗及其周围的重要谋士和猛将的实践活动,尚未达到资产阶级民主革命的政治水平,他们仍然沿着中国传统农民战争的老路行进。因此,从总体来说,这次起义不是一次在资产阶级革命派领导下的农民革命运

① 《记白朗事》,《近代史资料》1956年第3期。
② 《白狼猖獗记》,《时事汇报》第8号,1915年1月。

动,而是深受时代和资产阶级革命派反袁影响的一次旧式农民战争。

白朗在老河口停留三天,便麾军北上,3月14日再次攻克入陕西门户荆紫关,由此进入陕西境内。3月下旬到4月初,接连攻克商南、武关、龙驹寨(今丹凤)、商县、孝义(今柞水)等地。陕西都督张凤翙开始认为白朗实力有限,不足措意,事前没有任何防御计划。及至白朗进占商县,张凤翙始率兵一旅出防蓝田。他刚到蓝田,就得到白朗攻孝义的消息。孝义一失,西安危险。于是张踉跄回省,坐守危城,不出城门一步,日日向袁政府告急,并乞求邻省协剿。袁世凯急忙任命陆建章为"西路剿匪督办",赵倜为会办,分别率领北洋第七师和毅军由潼关进驻西安。赵倜所率毅军马步五千,号称北洋精锐,负责尾随白朗军主力。同时,川军第三师师长彭光烈率全师出驻汉中一带。陇东镇守使张行志率陇军五千防守凤翔和邠县各要隘。王汝贤、陈文运和张敬尧各部则分别驻南阳、淅川、潼关三地。陕军沿渭河两岸,节节驻扎。各军分进合击,取三面包剿之势,"重兵劲旅,云集一隅",袁世凯企图一举消灭白朗。白朗进入陕西后,曾贴出布告,宣称将"跃武咸宁,观兵长安,克城之日,但申沛公三章之约,不举项王三月之火"。但越过秦岭后,他并没有攻击西安,而乘渭南一带空虚,由子午镇附近疾驰西进,席卷鄠县、盩厔(今周至)、武功、乾县,"势如破竹,无当之者"[1]。至醴泉县附近与陕军陈树藩旅激战两日,损失近千人,为入陕以来首次恶战。白朗回师袭取永寿和邠县,在邠县又与陈树藩军血战,损失颇大。据说白朗曾痛心地说:"吾率数千之众,纵横皖鄂豫三省两年之久,从未损好兄弟如此之多!"[2]白朗军虽然受到损失,但陕甘一带哥老会纷纷归附,队伍很快得到补充。他们又接连攻克凤翔、千阳、陇县,破固关,击溃甘军统领崔正午所部千人,直下张家川,进入甘肃省境内。甘肃都督张广建急忙调集军队防堵,赵倜的毅军也跟踪而至。白朗军行动迅速,5月3日攻破

---

① 《续修醴泉县志稿·兵事》卷11。
② 《白朗起义》,第383页。

伏羌(今甘谷),然后直趋重镇秦州(今天水)。秦州总兵马国仁被击毙。白朗于4日攻占秦州,然后取道徽县南下,企图由此入川,因有川军堵截,便改走成县,转趋阶州(今武都)、文县,企图由碧口入川。因又受到川军阻击,遂西向,于5月21日占岷县,25日破洮州。岷洮地区回汉藏民杂居,由于白朗不能正确地处理民族关系,遇到了回民的激烈抵抗,兵源、弹药和粮饷都难以补充,军纪开始松弛,抢掠烧杀之事日益增多。

白朗军占领城镇,一般"只劫官家及绅富财物"①,以洋元现银为主,铜钱纸币弃置不顾,并严禁烧民房,严禁奸淫妇女。如果闻风降服,箪食壶浆给以欢迎,则往往秋毫无犯。如白朗至武功县时,官吏潜逃,商民杀牛宰猪羊以迎。白朗停留一夜,"临行馈以现银数千两"。又如白朗至通渭时,城内无兵无械,县令无奈,只得请绅民出城欢迎。白朗大喜说:"吾所以西来,谋大事耳。事之成败,天也,决不涂炭生灵。"遂约束所部居城外,仅带亲信百余人进城,住在高等小学校,并问县令:"沿途无煤可购,何燃料之缺也?"县令答道:"南乡罗家峡有煤矿,特无资本开耳。"又问"城周围多少里?"等等。饭后,白朗至教室,看了学生的课本,对其亲随说:"此城小如斗,民贫可怜,不图学生尚堪造就。"遂捐银二千两交县令收存,以作买书之用②。但是,如果城镇抗拒,激怒白朗,则"必大掠,继之以火"。白朗攻占洮州后,据文献记载,"城中所有房屋大半已付一炬,葬身火窟者不计其数。人民以争欲出城,互相践踏而死者不可计数,各城门积尸高至数尺。城外商店被焚者亦夥,然死者则较城内多至数倍"③。

攻取洮州后,白朗原想经狄道突袭兰州腹地,因敌军云集,各口有防,一时无计可施,遂在洮州县署召开军事会议。白朗、宋老年、李鸿宾

---

①　《白朗起义》,第362页。

②　《白朗起义》,第343页。

③　《白朗起义》,第387页。

等十八大首领居中，众谋士坐左右，小头目在四周及门外。白朗说："我辈今日势成骑虎，进退两途，取决会议。"白瞎子高声叫道："请大哥黄袍加身，事成则为明洪武，不成亦可为太平天国。"许多头目鼓掌赞成。但谋士中无一人响应，白朗亦不以为然。有人建议取道松潘攻成都，各首领多反对，而主张回河南。白朗军各级头目大都是河南人，长期苦战，不得休息，思乡心切。于是，白朗决定带队回河南家乡。5月末，白朗亲带前队三千多人由洮州出发，经漳县、宁远趋秦州，后队由李鸿宾、孙玉璋、尹老婆等率领相继出发。白朗军在漳县、宁远等地遭敌军截击，伤亡惨重，但终于突破敌军对岷洮地区的包围圈，6月4日再占秦州。接着，经过几场激烈战斗，白朗军突破了北洋军在宝鸡附近的防线，进入陕西。北洋各军互相怨尤，"毅军诋甘军窳败不能战，甘将诋毅军不能遵围剿之约"，致使白朗逸围而走。"毅军咎陆建章部下安守省垣，畏葸坐视，不出堵截。陆部下则嗤毅军徒事尾追，奔驰千里，不获一战，自疲兵力"。袁世凯闻讯震怒，于6月16日致电陆建章，饬令将失职人员从严参办。陆建章本为袁政府特派人员，有督帅各军的重任，但他到西安后深居简出，惟不时向袁世凯上密呈，说张凤翙声名狼藉，"民心既已不顺，兵心又皆不服，中央再不派人员接替，猝有缓急，关中非复中央所有"。袁信其言，便以"纵寇殃民"为口实，把张凤翙免职，召入北京，派陆建章接任陕西都督。陆将白朗所经过的商县、邠县、乾县、武功等二十余县的县知事撤职，多以北洋派官僚代替。他并以整军为名，大量裁减陕军，而把北洋第七师编为第十五、十六两个混成旅，以贾德耀、冯玉祥为旅长。从此，陕西省完全纳入北洋系统。

　　白朗军冲破宝鸡防线，一日夜行一百七八十里，风驰电掣般东进，经郿县（今眉县），盩厔、鄠县入子午谷。他们长期流动作战，给养不足，队伍疲惫不堪，在由子午谷越秦岭经商雒回河南途中，又遭镇嵩军刘镇华部、张锡元部、张敬尧部和赵倜毅军的前后夹击，损失惨重，及至回到鲁山、宝丰一带，虽仍有数千人，但枪械弹药缺乏，战斗力大大削弱，无力与官军公开对抗，只得分散为数股。孙玉璋领一杆人由西坪赴邓县一带,尹老婆及李鸿宾之弟等也各带一杆人经邓县进入桐柏地区,宋老年带有一千多人往鲁山娘娘山,白朗自领五六百人在平顶山一带活动,宋一眼率五六百人一度攻取西华县城,并派人在郾城等地收买民间军火,接济白朗。8月初,白朗率领数百人在鲁山县石庄一带与敌军搏战,不幸负伤,数日后死去。宋老年等各杆也先后失败,部众瓦解星散。

白朗起义历时两年多,先后转战豫鄂皖陕甘五省,征程数千里,攻破县城四十余座和许多关隘,所到之处"劫富济贫",打击了地方封建势力,冲击了袁世凯的统治。他们虽然接受了资产阶级革命派反袁的口号,但仍然没有明确的政治纲领,以致重蹈中国古代农民战争中流寇主义的覆辙,最终不能幸免于失败的命运。

白朗死后,袁世凯严令北洋军"搜除余孽,务绝根株"。赵倜奉命"清乡严洗",在西华、鲁山、宝丰、禹城各县分区驻扎重兵,大肆屠戮,纳起义农民于血海之中。9月,袁世凯发布褒功令,以赵倜为德武将军,督理河南军务;张敬尧所部第二混成旅编为第七师,张升任师长。

从1913年7月起,大约一年时间,袁世凯北洋军南征北战,击败了资产阶级革命派,扑灭了农民起义军,消灭了国内一切企图推翻他们的有影响的武装力量,实现了"统一"。从此,北洋军阀集团的气焰更为嚣张了。

第五章　民国初年的社会经济和财政状况

第一节　工商业经济的发展

一　民族资本主义企业的发展

辛亥革命推翻了清朝的统治。在南京临时政府存在的三个多月里，颁布了许多有利于振兴实业的法令、布告。这就为中国民族资本主义的发展扫除了一些障碍，使中国民族资产阶级受到了鼓舞。他们认为创办实业的时运到了，于是纷纷组织各种实业团体，竞相提倡实业，挽回利权。一时全国各地出现了几十个团体。1912年在上海成立了中华民国工业建设会、商学会、中华实业团、民生团、经济协会。此外，还有西北实业协会，安徽实业协会，苏州实业协会，镇江实业协会，黑龙江省实业总会。海外华侨在上海也组织了同仁民生实业会，外洋华侨会员达二十余万人①。他们认为"破坏告成，建设伊始"，应致力于国民经济建设事业。

鉴于中国市场上洋货充斥、国货稀少的情况，他们又组织了中华国货维持会，提倡国货，挽回利权；为了扭转不务实业的社会风气，鼓励人们投资实业的兴趣，还发行了《经济杂志》、《中国实业杂志》、《实业杂志》等刊物。工商部于1912年11月在北京召开了全国临时工商会议，

---

① 汪敬虞：《中国近代工业史资料》第2辑下册，第867页。

各省到会的实业家一百多人，开中国"工商界数千年来未有之盛举"①。代表们在会上纷纷提出了发展实业的各种计划和提案，并要求政府制定保护工商业的法律，修改税则等。著名的民族资本家荣德生提出：要扩充纺织工业，设立母机厂，制造轮船、火车、农、矿、军械各项母机②，并提出资送留学生出国深造，学成回来当技师等提案，得到与会代表的支持。这次会议反映了中国民族资产阶级发展实业的强烈愿望。1914年3月，全国商会联合会于上海召开了第一次大会。出席这次会议的有二十二个省代表一百八十余人，各地代表提出的议案多达28项，122条款，内容涉及商会法、税则、公司、矿务、盐业、贸易等各方面。当时人们称赞此次会议"俨然一地方议会"③，是中国资产阶级第一次"合群大会"。

北洋政府农商部成立后，曾电令各省都督调查实业发展情况，并要求各省设立实业司，专管实业调查和发展实业计划④。农商总长张謇在前清即提出了著名的"棉铁主义"的主张，认为发展棉铁两种工业有利于减少中国对外贸易逆差。他指出："国人但知赔款为大漏卮，不知进出口货价相抵，每年输出，以棉货一项论已二万一千余万两，铁亦八千余万两，暗中剥削较赔款尤甚，若不能设法，即不亡国，也要穷死。"⑤他又指出：中国的经济力量薄弱，发展工业也必须要有重点。若没有重点，则力量分散。"无的则备多而力分，无的则地广而势涣，无的则趋不一，无的则智不集，犹非计也。的何在？在棉铁。"⑥为了实现"棉铁主

---

① 《全国工商会议开幕记事》，《神州日报》，1912年11月20日。
② 上海社会科学院经济研究所编：《荣家企业史料》上册，上海人民出版社1980年版，第29页。
③ 《神州日报》，1914年3月30日。
④ 中国第二历史档案馆藏北洋政府农商部档案。
⑤ 张謇：《辛亥五月十七日召见拟对》，《张季子九录·政闻录》第3卷，第37页。
⑥ 张謇：《对于救国储金之感言》，《张季子九录·政闻录》第3卷，第31、32页。

义",他主张有计划有步骤地分三个时期进行,即:(一)法律时期,(二)技术时期,(三)经济时期;认为法律时期很重要,没有法律就不能保护工商业者正当的权益,企业就不能发达。他指出:法律的作用"以积极言,则有诱掖指导之功,以消极言,则有纠正制裁之力"。过去经营企业之所以失败,"推原其故,则由创立之始,以至于业务进行,在在皆伏有致败之衅,则无法律之导之故也"①。所以在他就任农商总长后第一个计划就是立法。在他任内,北洋政府制定了一系列有关奖励实业发展的法律和条例,据北洋政府农商部参事厅所编纂的《农商法规》统计,1912年—1916年间所公布的有关发展实业的条例、章程、细则、法规等共有八十六项之多。内容包括了矿政、农林、工商、渔业等各方面,无论从内容数量和质量上看,都是清政府时代不可比拟的。其中重要的条例有:1912年12月公布的《暂行工艺品奖励章程》,1914年1月公布的《公司条例》和《公司保息条例》,1914年3月的《矿业条例》和《矿业条例施行细则》,5月公布的《审查矿商资格》,7月公布的《商人通例》,9月公布的《商会法》,1914年7月公布的《商业注册规则》及《商业注册规则施行细则》,1914年4月制定的《植棉制糖牧羊奖励条例》,1915年7月公布的《农商奖章规则》等。这些条例、细则,虽尚未完备,有些规定由于种种原因未能认真执行,但毕竟解除了清政府统治时期束缚资本主义发展的若干障碍,为资本主义进一步发展开了绿灯。上述法令、章程内容繁杂,兹就有关实业发展的几个条例加以综合剖析。

(一)改官办商会为商人自己的"合群组织"。

清朝末年设立的商会,形同官署,类似政府属下的机关。商会总理和协理都由政府委派。商务总会、分会、分所等多层次组成,弊害很多,往往成为束缚商人行动的枷锁。商人注册要由商会转呈,商人间的纠纷由商会仲裁,商人不得直接与官厅联系,有关商事的联系必须经过商会。1914年公布的《商会法》规定商会为法人,是一个独立组织,是商

---

① 张謇:《实业政见宣言书》,《张季子九录·政闻录》第7卷,第1页。

人自己的"合群组织"。商会及各商会事务所从职员到会长和副会长，皆由商会会员选举产生。《商会法》还规定："会员皆有选举权及被选权"，"选举用记名投票法由选举人自行之"，"会董由会员投票选举"，"会长、副会长由会董投票互选"。"会长、副会长、会董、特别会董均以二年为一任期"，"再被选者得连任，但以一次为限"。《商会法》并规定，商会的任务是：

一、筹议工商业改良事项。

二、关于工商业法规之制定、修改、废止及与工商业有利害关系事项，得陈述其意见于中央行政长官或地方行政长官。

三、关于工商业事项答复中央行政长官或地方行政长官之调查或咨询。

四、调查工商业之状况及统计。

五、受工商业者之委托，调查工商业事项或证明其商品之产地及价格。

六、因赛会得征集工商物品。

七、因关系人之请求，调处工商业者之争议。

八、关于市面恐慌等事有维持及请求地方行政长官维持之责任。

九、得设立商品陈列所、工商学校或其他关于工商之公共事业，但须经农商部核准①。

可见商会所承担的任务，涉及工商业者有关利害的各个方面，包括：反映商人的切身利益和要求；有权参预政府制定、修改、废止工商业有关的法令的权利；有独立处理工商业事务的权利。商会成为"联商情，开商智，以扩商权"的"合群组织"②。因此《商会法》一公布，各地即纷纷成立商会。商会增加得很快，据农商部统计，1912 年（公布《商会法》之前）共有商会七百九十四所，入会之商店会员共十九万六千六百

---

① 北洋政府农商部参事厅编：《农商法规·工商》，1925 年版，第 66 页。
② 《余姚商务分会简章》，《商业杂志》第 2 年第 1 号。

三十六人。《商会法》公布之后,1915 年商会就增加到一千二百十一所,会员增加到二十三万八千五百三十五人①。

（二）在商业注册方面,解除了呈请开办企业设厂注册的若干限制。

清末,政府虽已放松了对开办企业注册的一些限制,并曾颁布了某些奖励章程,但获得便利的主要是那些与清政府有密切关系的大官僚、地主和大商人。他们开设的厂矿除呈准注册"由官厅保护外",往往还能取得专利。而一般商人呈请注册,不仅不能受到优惠的待遇,而且还要受到官府的刁难。"或督抚留难,或州县留难,或某局某委员留难,有衙门需索,有局员需索","或谓其资本不足,或谓其人品不正,或谓其章程不妥,或谓其于地方情形不合,甚或谓夺小民之利,夺官家之利",等等②。在呈请注册手续方面,清政府规定:商人不得直接呈请注册,须由商会转呈。"凡公司设立之处业经举行商会者,须先将注册之呈,由商会总董用图记呈寄到部,以凭核办。"③

辛亥革命后,商人呈请注册开办厂矿,只要"资本充实,无有纠葛",符合注册条例章程,就可以直接向地方官厅呈注④,不必经过商会转呈。《商人通例》中规定:"应注册之事项,由该商人各就其营业所所在地该管官厅呈报注册。"⑤该管官厅系指地方法院,若地方法院未成立的地方,由县知事接收注册。这就方便了商人开办企业。如井陉商民创办正丰煤矿公司,曾向清政府请领矿照,乞未获准,直到民国元年始得采照⑥。南京临时政府成立后,由于申请开办企业的较多,以至实业部也忙起来了,"接收各埠公司呈请保护、注册、立案、给示等事,纷

①　农商部总务厅统计科编纂:《第四次农商统计表》,1917 年 12 月刊行,第 490 页。

②　《中国近代工业史资料》第 2 辑下册,第 1126 页。

③　《大清新编法典》附录,第 121 页。

④　《农商法规·矿政》,第 70 页。

⑤　《农商法规·工商》,第 42 页。

⑥　《中国近代工业史资料》第 2 辑下册,第 782 页。

至沓来"①。

（三）取消清政府对开采矿产方面的若干限制，鼓励商人和吸收外资开矿、探矿。

清朝末年颁布的《大清矿务章程》，比较重视地主的利益，忽视探矿采矿者的利益。该章程中第十款规定："所得矿利，除开支一切费用外，净有余利，业主应得十成之二五，国家酌提十成之二五，矿商应得十成之五"，矿商净利的一半都归了政府和地主。开矿还必得政府和地主的同意，否则就不能开矿。这就为官吏的勒索和迷信风水等奸猾之徒的敲诈开了方便之门，使商民裹足不前。

1914年政府颁布的《矿业条例》则轻地主之权，对商人呈请采矿、开矿者予以优先权。政府宣布：地下矿产皆为国有，除地面盖屋用地应偿地价外，地主不得任意需索，地价也须照时价出售，不得任意抬高。为了鼓励商人开矿，还减轻了矿产税。旧《矿务章程》中规定矿产税抽百分之十；新《矿业条例》规定：按出产地平均市价抽千分之十到千分之十五②。

开矿区域也比以前扩大，清末规定最大的矿区不得逾九百六十亩，这时规定煤矿区可达十方里，别种矿产区为五方里，如因特别情形，农商总长"认为必要时得增减之"③。这就使采矿者能扩大经营范围，促进了矿业的开发。例如：山西为中国重要煤矿产区，自《矿业条例》颁布后，设专管官署，开矿为利益所在，商民纷纷呈请注册立案。

为了吸引外资，鼓励中外合资兴办矿业，《矿业条例》第四条规定："凡与中华民国有约之外国人民，得与中华民国人民合股取得矿业权，但须遵守本条例及其他关系诸法律。""外国人民所占股份，不得逾全股

---

① 《大总统咨参议院提议实业部呈送商业注册章程文》，《临时政府公报》，第29号。
② 《农商法规·矿政》，第14页。
③ 《农商法规·矿政》，第6页。

份十分之五"(前清矿律外股只准十分之四)。外国人民只要领有该国外交官或领事官之证明书,即可与中国人民合资经营矿业。这就简化了外人投资的手续。《矿业条例》第四十七条又规定:"矿业权者得依一定条件,以矿业权抵押借款。"这些都是有利于中外合作投资的条款。《矿业条例》公布之后,受到中外人士的欢迎,领取矿照的人不断增加。

(四)开办企业时封建性的专利垄断权逐步被取消。

专利权在欧美各国系给予某些生产技术发明创造者,以资鼓励。清政府则视其为开办企业的垄断权,排斥其他企业的发展。1912年底北京政府颁布了《暂行工艺品奖励章程》等条例,把专利权明确限于工艺品发明者和改良者,取消了建厂专办之权。该章程规定:"凡关于工艺上之物品及方法,首先发明及改良者得呈请专利,其年限定为三年、五年两种。""在专利年限以内,如有他人私自仿造妨害专利权时,享有专利权者得呈请禁止。"[1]如1912年渔商陈文翔设立渔业公司呈请准予立案专利,实业部批准该公司注册立案,惟所请专利一节,认为"贩卖自由乃商业上应有之权利","捕鱼一业,非发明新制等可比,碍难照准"[2],予以驳回。又如1915年周学熙等人创立华新纺织公司,申请在山东、河南两省专利三十年,一时舆论哗然,未几此项三十年专利之权即被取消[3]。封建性的专利权被取消有利于打破垄断,使工商业能够自由竞争,促进企业的发展,这对发展生产、活跃经济,是一个进步措施。

(五)奖励商办企业,办有成绩者可以得到政府奖赏。

中国封建社会历来把从事商业活动的人列在士、农、工、商四民等级的最后一级,社会上轻视商人的传统观念根深蒂固。清朝末年,虽然

---

① 《农商法规·工商》第1、2页。

② 《实业部批鱼商陈文翔请设立渔业公司准予立案专利呈》,《临时政府公报》第40号。

③ 《神州日报》,1915年12月8日。

也颁布了一些奖励商人的办法,但获得赏赐的只是些经营工商企业的官僚、地主和大商人,一般商人是享受不到奖赏的。1915年,农商部颁布了奖励商人经营企业的奖章规则,规定凡创办实业较有成效者,只要符合下列各项条件,都能得到政府不同等级的奖章:

一、建设工厂制造重要商品者,其资本金在五万元以上,营业继续满三年以上。

二、经营直接输出贸易者,其每年货价总额在十万元以上,营业继续满三年以上。

三、承垦大宗荒地依限或提前竣垦者,其竣垦亩数在三千亩以上。

四、发明或改良各种便利实用之工艺品者,视其种类有一二特色以上。

五、开采大宗矿产纯用本国资本者,其每年矿产税额在二千元以上。

六、从事公海渔业者,其汽船吨数在五十吨以上,帆船吨数在三十吨以上,营业继续满三年以上。

七、捐款或募款设立商品、农产、水产等陈列所,农事、林艺、畜牧等试验场、实业补习学校及其他与此相类之事业者,捐款在一千元以上,募款在五千元以上,事业继续满一年以上。

八、办理商会或农会固有之职务,确有裨益于农工商各界者,其经办满三年以上①。

奖励的范围包括农工商、矿产、农林、贸易、垦荒、交通运输、水产等各个方面。奖励的对象主要是中小商人,目的是鼓励人们创办新企业和增加新产品,把对内发展工商业、农业和对外贸易结合起来。这个奖章规则的公布,对改变社会风气,一扫数千年来贱商的陋习,起了一些积极的作用。

(六)政府设立各种示范场所,引导人民创办实业。

---

① 《农商法规·总务》,第10页。

　　清朝末期,除了商部在京师设立了一个商品陈列所,袁世凯在天津创立了工艺总局,两江总督端方在南京临时搞了一个南洋劝业会之外,没有其他什么常设机关。1915年农商部在北京成立了劝业委员会,并设立了劝业场和附属商品陈列所、工业试验所,不久又成立了中央农事试验场、气候观察所、农林传习所,并在直隶正定、江苏南通、湖北武昌创办了棉业试验场。此外,还在北京天坛设立了第一林业试验场(1912年)、第二林业试验场(1915),在东北哈尔滨设立了东三省林务局,在沈阳成立了奉天林务局(1915),在北京西山、东北哈尔滨、安徽凤阳等地开办了种畜试验场。为了统一全国的度量衡制度,成立了权度检定所(1915)和权度制造所。所有这些会、局、场、所都制订了详细的章程①。这些机关的建立对提倡实业,交流商情,研究新产品,起了一定的示范作用,有利于经济的发展。

　　为了保护和促进棉、铁、丝、茶等工业的发展,政府于1914年1月又公布了《公司条例》和《公司保息条例》,并拟拨款二千万元作为发展这些工业的基金。《公司保息条例》规定,保息公司种类分甲乙两种。甲种为棉织业、毛织业、制铁业,乙种为制丝业、制茶业、制糖业。所列"甲种公司,得按实收资本金额之六厘,乙种公司得按实收资本金额之五厘,呈请保息"。"呈请保息者以本国人民依本国法律新成立之公司为限。""凡新成立之公司,自开机制造之日起,继续三年为保息期间。"②这些规定能够保证新成立的企业公司在开办初期也有利可图,这对资产阶级开办新企业具有一定的吸引力,对促进工商业的发展起了一些推动作用,使资产阶级发起工厂企业得到了很大的动力,几乎每天都有新公司注册。据农商部统计:1912年公司数为九百九十七家,1913年为九百九十二家,1914年《公司条例》和《公司保息条例》公布之

---

① 《第四次农商统计表》,第787—810页。
② 《农商法规·工商》,第135页。

后增为一千一百家,1915年为一千零九十三家①。

由以上六点可见,民国初年所制定的各种经济法令、法规、章程,在不少方面确是消除了清政府对发展工商业的若干障碍,促进了工商业的发展。

以辛亥革命前1903年—1908年为例,新工业公司在旧商部注册的为二百六十五家②,平均每年注册的企业为约四十四家。而1912—1921年间在北洋政府农工商部注册的企业则为七百九十四家,平均每年注册的约八十家,比辛亥革命前增加一倍③。

从投资额来看,辛亥革命前1895年—1911年间厂矿投资总额为一亿一千一百三十一元④,而1912年—1918年六年之中投资总额就达一亿四千二百八十六万五千一百三十四元,比甲午战争后到辛亥革命十六年之间的投资总和还多三千多万元⑤。

从注册公司数来看,1912年—1914年为九十九家,1914年—1918年为三百七十七家,四年之间增加了近三倍。其中增长最快的是棉、丝、纺织染公司,从1912年—1914年间的十个增加到1914年—1918年的五十个,增加了四倍,资本额也从三百二十一万五千元增加到二千五百二十三万一千一百二十元,增加了近七倍。面粉工业同期也由九个公司增加到三十二个公司,资本由六十五万四千二百五十元增加到三百八十八万六千三百六十元,增加了近五倍。此外,增长得较快的是火柴工业,从十六个公司增加为二十四个公司,资本由六十三万零二百元增加到三百四十三万八千五百元,增加了四倍多⑥。这一统计说明

---

① 此项数字系据《第四次农商统计表》第535页表中计算。
② 《中国近代工业史资料》第2辑下册,科学出版社1957年版,第730页。
③ 《五四爱国运动档案资料》,中国社会科学出版社1980年版,据第6页表数字计算出。
④ 据《中国近代工业史资料》第2辑下册第649页表计算。
⑤ 据《五四爱国运动档案资料》第7—11页表计算。
⑥ 据《五四爱国运动档案资料》第7页表计算。

了辛亥革命后确曾出现了一个设厂高潮。

商业公司投资的发展也很快。据农商部统计:全国资本在十万元以上的公司,民国三年(1914)有一百六十九家,民国四年(1915)发展到二百零六家,到民国五年(1916)发展为二百二十家①。工业发展速度也很迅速。1920年本国资本的主要工业和1912年相比,棉纺和面粉工业年平均增长率分别为17.4%和22.8%,矿业年平均增长率为9%,其中机械采煤为13.4%,而机械采铁矿达25.7%②。

再从具体的工业部门来看,有些部门的发展也是较快的。以纺织业为例,辛亥革命前洋纱洋布充斥于中国市场,每年进口大量的棉纱棉布,致使中国纺织工业不能发展。辛亥革命后特别是第一次世界大战期间,由于各帝国主义忙于战争,减少对中国的棉货输出,中国棉纺工业得以突飞猛进地向前发展。1910年中国共有纺织工厂二十九家,其中除外商经营的七家,二十二家为华商经营,纱锭为五十二万四千零九枚;1912年华商经营的工厂增为二十四家,纱锭为五十八万零三百四十一枚;1916年华厂增为三十家,纱锭增为七十二万一千一百零五枚,自1912到1916年的四年之间工厂增加六家,纱锭增加了十四万多枚③。

中国著名的民族资本家荣宗敬、荣德生兄弟所经营的纺织、面粉工业,在辛亥革命后发展很快。荣氏投资于纺织业,始于1909年在无锡创立的振新纱厂,起初资本只有三十万元,是一个只有纱机一万二千锭的小厂,经营七八年成效不大,至1914年增加纱锭一万八千枚。1916年荣氏从振新分出,独自创立了申新纺织公司,额定资本为三十万元,纱锭为一万二千九百六十锭,获得很大利润,1918年盈利22万元,盈

---

① 《八年来之社会状况》,《东方杂志》第16卷第12号,第182页。
② 《近代中国资产阶级研究》,复旦大学出版社1983年版,第139、140页。
③ 《东方杂志》第16卷第4号第76页表中数字。

利率达 74.2％①。随后申新又增建了一个厂（申二），后来在此基础上发展成九个厂，荣氏也成为中国有名的"棉纱大王"。

天津的民族工业，在民国初年的发展也较快，1912 年—1914 年新开办的工厂就有七家，大都为面粉、榨油、火柴等轻工业。1915 年王郅隆等开办了规模较大的裕元纺织公司；周学熙等人开始创立华新纺织公司，资本达一千万元，后来发展到四个厂。号称民族资本机器制造业和铸铁业集中地的天津三条石地区，这时也正由工场手工业逐步向使用动力生产的工厂过渡②。

天津民族工业大规模发展是在 1916 年以后。1916 年—1922 年，天津新建了六个纱厂，资本总额达到一千八百九十万元，纱锭总数达到二十二万三千枚。"天津在这个时期增加资本，占全国增加资本的30％强。"③这些新设的工厂，在此期间都获得了巨大的利润。如裕元纱厂 1918 年完工时资本仅为二百万元，以后四年内便盈利六百余万元。又如华新纱厂 1918 年开工一年后即获利一百五十万元④。

武汉的纺织工业在这个时期也得以恢复和发展。清末的武汉纺织工厂主要是张之洞创办的纱、布、丝、麻四局，辛亥革命前夕，经营大多无利，时常关厂停工。1913 年以徐荣廷为首的资本家租办了官办的纱、布、丝、麻四局，组成了楚兴公司。这个公司经过整顿，从此大有起色，布匹销售供不应求，除了支付 1913 年—1914 年的租金外，每年净利都在 15％以上⑤。1918 年，楚兴公司又在武昌开办了裕华纱厂，以后逐步形成资本雄厚的裕大华集团。

民国初年，全国面粉工业也得到较快的发展，全国机制面粉厂数目

①　《荣家企业史料》上册第 58 页表中数字，上海人民出版社 1980 年版。

②　徐景星：《天津近代工业的早期概况》，《天津文史资料选辑》第 1 辑，第144—148 页。

③　蔡孝箴：《天津经济中心的形成》，《天津社会科学》1982 年第 2 期，第 5 页。

④　严中平：《中国棉业之发展》，商务印书馆 1944 年版，第 155 页。

⑤　《中国近代工业史资料》第 2 辑上册，第 591 页。

1903 年—1908 年为十二家,到 1919 年已经发展到六十二家,1920
年—1921 年更发展到一百二十三家①,中国的面粉也由过去每年入超
一变而为出超。面粉入口不断减少,1912 年为三百二十万担,1913 年
为二百五十万担,1914 年为二百十九万担,1915 年迅速降低为十五万
担;而面粉出口则不断增加,1914 年时还不足七万担,1915 年上升为二
十万担,到 1918 年达二百万担,1920 年更猛增为四百万担②。由于第
一次世界大战的影响,欧洲各国粮食生产减少,迫切需要面粉,中国所
产面粉运销英、法、土耳其、日本、东南亚等地,从而促使中国面粉工业
得以迅猛地向前发展。以无锡荣家为例,1902 年荣家在无锡创办了保兴
面粉厂(茂新前身),只有石磨四套,日出面粉不过三百包,由于外粉倾
销,颇多亏折。辛亥革命后形势好转,营业大有起色。1912 年茂新获利
十二万八千两,转亏为盈,除付还各欠外,尚余数万③。荣家依此扩大生
产,于 1912 年—1914 年创建了福新一、二、三厂④。到 1916 年,荣家茂
新、福新系统发展到六个厂,粉磨增加到一百零一台,比创办时增长二十
四倍多。1921 年茂新发展为四个厂,福新系统增加到九个厂,日生产面
粉七万六千袋,其生产能力占全国民族资本粉厂的三分之一左右⑤。

　　当时上海是面粉工业最发达的地区。1918 年前,上海面粉厂除福
新系统福二、三、四、六厂外,新成立的还有七家⑥。其他如天津、济南、
汉口以及东北哈尔滨等地面粉工业也相当发达。

　　缫丝工业也有进展。上海不仅是中国的棉纺织业的中心,也是缫
丝工业的中心。江浙地区盛产蚕茧,为上海缫丝工业提供了丰富的原
料。辛亥革命前丝业萧条,工厂停工停产的居多。1911 年上海拥有丝

---

①　《荣家企业史料》上册,第 67 页表中数字。

②　《荣家企业史料》上册,第 39 页。

③　《荣家企业史料》上册,第 31 页。

④　《荣家企业史料》上册,第 35—37、106、107 页。

⑤　《荣家企业史料》上册,第 35—37、106、107 页。

⑥　《荣家企业史料》上册,第 40 页。

厂四十八家,丝车一万三千七百三十八台。1914年增为五十六家,丝车一万四千四百二十四台。1917年猛增为七十家,丝车一万八千三百八十六台①,比1911年增加了二十二家和四千多台丝车。随着生产能力的增加,蚕丝出口也逐渐增加。1911年出口各种蚕丝为七千四百五十多万两,1913年增为八千三百十五万两,其中机器缫丝出口由三千六百多万两增加到四千六百名万两,增加了近一千万两②。

卷烟工业发展也颇为迅速。上海卷烟厂由1910年的一家烟厂发展到1916年的七家③。侨商简照南、简玉阶兄弟所创办的南洋兄弟烟草公司,这时得到进一步的发展。该公司于1906年成立于香港,最初资本不过十万元,而且由于外资竞争,处境危险,辛亥革命后资本发展到一百万元,1918年增资到五百万元,并在上海,广州、北京等地开设了分厂,规模逐渐扩大,盈利也增长很快。1920年—1921年盈余达四百多万元④,从而能与外国资本经营的英美烟草公司相匹敌。

榨油工业也有较快的发展。中国新式榨油工业,东北以大连、营口为中心,华北以青岛为中心。东北出产黄豆,以生产豆油为主;山东出产花生,青岛是花生油生产的中心;江浙产棉籽,上海多产棉籽油;汉口为桐油集散地。辛亥革命后特别是欧战期间,油料为各国所需,我国旧式油坊不能满足需要,新式油坊应运而生。东北大连1913年有新式榨油工厂五十二家,1919年增加到八十二家(其中大多数为华商所开办的工厂)⑤。油料输出也逐年增加,以豆油为例,1913年输出为四十九

---

① 严中平等:《中国近代经济史统计资料选辑》,科学出版社1955年版,第162—163页。

② 黄炎培等:《中国商战失败史》,第88—89页表中数字。

③ 严中平等:《中国近代经济史统计资料选辑》,科学出版社1955年版,第163页。

④ 《南洋兄弟烟草公司史料·序》,第1—2页。

⑤ 杨大金:《现代中国实业志》上册,长沙商务印书馆1940年版,第680页。

万一千担,1916年增加到一百五十六万五千担,四年之间增加了二倍多①。

民国初年,火柴工业的发展也较快。据统计,1905年—1913年我国的火柴厂开设了52家,1914年—1923年增加到113家②,十年时间就增加了61家,比1913年前增加了一倍多。由于国产火柴的增长,部分满足了人民的需要,进口的火柴不断减少。据统计:1913年火柴进口为五十六万八千九百六十三箱,1914年就降为四十七万六千七百十五箱,1915年降为四十一万九千四百六十八箱,1916年更降为四十一万二千四百十四箱。若以1913年进口指数为100,到1916年进口火柴指数降为72.5%③。当时经营火柴的工厂,"无不获利倍蓰。即如北洋一厂,开办时资本不过二万元,到1917年—1918年间竟获利十万余元"。被人们称为"中国的火柴大王"的刘鸿生,于1920年创办了鸿生火柴公司,最初资本不过十万元,后来发展为规模巨大的大中华火柴公司,所产火柴行销长江流域和两广、闽浙地区。

此外,在造纸、针织、制糖、制烛、食品罐头等工业方面,这个时期都有不同程度的发展。

中国的煤铁开采和铁路、航运等部门,一向是控制在帝国主义国家手中的。官僚资本为了巩固其统治,也办了一些军火工业、煤矿和铁工厂。民族资本在重工业方面的投资是很微弱的。辛亥革命后特别是欧战期间,帝国主义暂时放松了对中国的侵略,中国民族资本乘隙在重工业方面得以发展。

采煤工业。中国的采煤工业大部分控制在帝国主义手中,民族资本投资采煤工业的很少。辛亥革命后政府公布的《矿业条例》鼓励人们

---

① 《记中国植物油料输出之进步》,《东方杂志》第15卷第2号,第182页。

② 青岛市工商行政管理局史料组编:《中国民族火柴工业》,中华书局1963年版,第7、20页。

③ 上海社会科学院经济研究所编:《刘鸿生企业史料》上册,上海人民出版社1981年版,第75页。

从事采矿业,因而采煤工业得到了一定的发展。据统计:1912 年向农商部领取的矿照为二十一件,1913 年为三十二件,1914 年为五十八件,1915 年猛增为一百五十三件,其中以领取煤、铁、金、银矿照的居多。例如领取采煤的矿照,1912 年为十四件,矿区面积为五千一百四十五亩;1913 年为十九件,八千三百九十七亩;1914 年《矿业条例》公布后,就上升为二十七件,二十五万三千五百四十二亩;1915 年更增为五十六件,二十四万一千八百十四亩①。四年之间领取的矿照增加了三倍,矿区面积增加近五十倍;如果把各地方开办的小煤窑计算在内,数字就更多了。全国煤的总产量也有所增加。1912 年机械采煤量只有五百一十六万吨,1919 年增为一千二百八十多万吨,1920 年更增加到一千四百十三万多吨。用土法开采的小煤窑为数也不少,这期间每年都有增加,产量约在四百万吨左右。九年之间,机械采煤量(包括帝国主义投资各矿在内),总共增加了近二倍。若剔除外矿产量,则从 1913 年的五十四万多吨上升为 1916 年的七十五万多吨,1920 年则猛升为三百二十八万吨②,增加了五倍多。例如,纯为民族资本创办的山西保晋煤矿公司,产量就增加很快:1912 年产量为二万一千多吨,1916 年上升为七万一千多吨,1920 年猛增到二十二万五千多吨,比 1912 年增长九倍多,企业也由亏损一变而为盈利。该矿在 1916 年以前年年亏损,1916 年盈利达四十三万元,占资本总额的 15%,1919 年盈利也有十一万九千余元③。随着煤产量的增长,进口煤逐渐减少,出口煤不断增加。据统计:1914 年进口煤炭价值为八百七十万海关两,出口煤炭价值为九百二十六万海关两。出入口相较,出口额已经超过了进口额,煤炭业的发展"猛进无绥"④。

---

① 《第四次农商统计表》,第 812、813 页。
② 据《中国近代经济史统计资料选辑》第 123—124 页表中数字算出。
③ 自《中国煤矿》第 200 页表中摘出。
④ 《中国商战失败史》,第 36、161 页。

　　钢铁工业。1911年全国钢铁总产量为十二万一千多吨,1916年发展为四十一万四千吨(其中铁为三十六万九千吨),增加近二倍半。钢铁入口量也在减少,1911年入口为二十一万九千吨,1915年降为十二万五千吨,降低了约43%,1917年更降为十二万三千吨①。随着钢铁产量的增加,国内铁矿需求相应增加,铁砂产量也随之增长,出产的铁砂除满足国内需要外,还有出口。如1912年铁砂的产量(机械开采)为二十二万一千多吨,净出口为二十万另四千多吨;1916年上升为六十二万九千多吨,净出口为二十五万二千吨,产量增加近二倍②。从铁矿开采手段来看,也有显著进步,机械开采和冶炼的比重都有所提高。1912年机械开采的铁矿只占30.6%,机械冶炼生铁只占4.5%。1916年机械开采的铁矿上升为55.6%,机械冶炼生铁上升为53.8%③。

　　这时期由华商经营的制铁工厂也有增加。除原有的汉冶萍公司大冶铁矿厂外,还有上海新成立的和兴钢铁厂、大冶的济华铁矿公司(1917)、汉口的扬子公司以及后来的石景山炼铁厂等。汉冶萍公司在此期间产量迅速上升:以汉阳产铁量为例,1912年为七千九百八十九吨,1913年为七万九千五百十三吨,1914年为十二万八千五百五十五吨,1915年为十三万五千七百八十一吨,四年之中增加产量近十六倍④。该公司由于产量上升而扭转了历年来的亏损,增加了盈利。辛亥革命前几乎每年要亏损一百五十万到二百八十多万元,到1914年仅亏十万元,1916年至1919年,每年都有盈余。1918年盈利多达三百七十七万九千元⑤,该公司并进行了扩建,在大冶附近新建两座高炉,在汉阳铁厂添建化铁炉及炼钢炉。1918年产量增为十三万九千余吨,

---

　　①　自《中国近代经济史统计资料选辑》第141页表中摘出。

　　②　《中国近代经济史统计资料选辑》,第104、139页表中数字。

　　③　《中国近代经济史统计资料选辑》,第104、139页表中数字。

　　④　自《第四次农商统计表》第825页摘出数字。

　　⑤　农商部地质调查所:《第二次矿业纪要》,1926年版,第126—127页,第131、133页。

1919年增为十六万六千余吨。和兴公司创于1917年,最初资本仅八万元,在欧战期间,获利甚巨,改组增资至一百万元,添置炼钢炉二座,专以炼钢为主①。

锑、钨等有色金属业。锑、钨为军事战略物资,欧战期间价格猛涨,我国出口猛增,获利倍蓰。1912年纯锑产量为一万五千吨,1917年增至三万三千吨。钨在1915年始发现,1916年产量就达二千吨,1918年猛增至一万余吨。钨主要输往美国和日本②。它主要产于湖南,产量占全国产量的90%。湖南的锑砂和纯锑在欧战期间为各参战国所争购,纯锑一吨价值由一百四十六元上涨至一千元。据统计:1914年锑砂出口十五万六千九百七十九石,总值二十五万五千多两,1916年纯锑总值为四百六十三万四千七百二十五两,生锑总值为四百六十七万多两,1917年生锑出口为三十二万多石③。湖南用机械开采锑矿的华昌公司,在此期间利润收益猛增,因此于1915年扩充商股至九十六万两,1916年冬又加入商股二百另四万两,总资本达到三百万两。该公司除在长沙设立冶炼厂外,另于益阳、安化、新化等县设立采矿场及生锑制炼厂,并在上海和美国纽约设有分售处,直接对外贸易。由于锑价猛涨,该公司1916年的纯利竟达到一百二十七万两④。

水泥业。辛亥革命前,中国所有水泥一半来自欧洲。欧战期间,欧洲水泥来源断绝,因此国内水泥工业得以发展。除原有唐山启新洋灰公司、湖北大冶水泥公司、广州的广东士敏土厂三家水泥厂外,又新设了上海龙华的上海水泥公司,南京龙潭的中国水泥公司与无锡的太湖水泥公司、河南的六河沟水泥厂四家水泥厂。这期间,水泥生产异常有利,每桶水泥由市价五元涨到十元。

---

① 农商部地质调查所:《第二次矿业纪要》,1926年版,第126—127页,第131、133页。

② 农商部地质调查所:《第二次矿业纪要》,1926年版,第144、166页。

③ 《湖南省志》第1卷,湖南人民出版社1979年版,第344、345页。

④ 《湖南省志》第1卷,湖南人民出版社1979年版,第344、345页。

交通运输业。1912年—1916年,北洋政府为兴建铁路的对外借款共为二亿二千六百七十七万余元①。这些借款大多数为北洋政府挪作军事、行政费用,真正用来修路的经费很少。民国后并没有修筑大的铁路干线,只是零星地修筑了干线中所未完成的地段和一些支线。1912年—1913年间修筑了二百五十六英里②,1914年—1920年间修筑了八百零四英里③,九年间总共修筑铁路不过一千零六十英里。

这期间民营铁路虽有发展,但成绩也不大。除苏、浙、湘等省各有已成铁路一二百里外,其他各省商办铁路还处于修筑土方或购买材料阶段。民国成立后,孙中山力倡"开放路权",借外资兴办铁路,实行铁路国有政策,并制定了要筹集六十万万元,建筑十万英里铁路的宏伟计划。孙中山的计划,由于二次革命的失败,未能实施。

商办铁路不但集资困难,而且营业亏损。在孙中山国有铁路计划的影响下,商办铁路纷纷要求让归国有,于是北洋政府用了六千多万的期票,于1913年—1914年间先后收回了湘、苏、豫、川、鄂、浙、晋各省的商办铁路。

轮船航运事业。旧中国的航业大都控制在帝国主义所办的轮船公司手中。十九世纪九十年代以后,上海、汕头、广州、杭州等几个大的通商口岸,陆续出现了一些民营的轮船公司。1910年,中国共有轮船八百八十五只,总吨位为八万八千八百八十八吨。1912年为八百九十七只,总吨位为九万五千四百四十七吨。1914年第一次世界大战爆发后,中国商船增加较快,1914年为一千一百四十七只,吨位上升为九万六千六百四十九吨。到1916年,猛增到一千三百四十三只,吨位上升为十万零二千七百五十七吨。1919年轮船数达到一千四百一十只,总吨位上升为十五万二千五百八十五吨,与1910年相比,轮船增加五百

① 宓汝成:《帝国主义与中国铁路》,上海人民出版社1980年版,第663页。
② 张嘉璈:《中国铁道建设》,商务印书馆1946年版,第18、27页。
③ 《中国铁道建设》,第18、27页。

二十五只,吨位增加六万三千六百九十七吨①。这期间我国船数虽然增长较快,但增加的大多数为小轮船,而且以 4 吨以下的居多数,4 吨以上的较大轮船增长得很少。所以中国的轮船只能在沿海和内河航行,航行外海的很少。这说明中国的航运事业虽有发展,但仍很落后,中国内河航运和外海运输仍然操纵在帝国主义国家轮船公司手中。以长江为例,中国运输的船只和运输的吨位各只占 26%,而英国船只占38%,总吨位占 40%,日本次之,船只占 31%,总吨位占 31%②。

此外,公路、邮电等事业也有所发展。

总之,中国民族工业无论从设厂数目和投资规模以及发展速度方面,都比革命前大有进步。

但是,中国民族资本主义是在半封建半殖民地社会条件下产生和发展的,辛亥革命既没有改变这一社会条件,因而它的发展在许多方面仍受到帝国主义和封建主义的压迫和限制,因此中国资本主义生产方式始终未能成为中国社会生产的主要形式。截止到二十世纪二十年代初,中国近代工业生产能力还是十分微弱的。中国工业总产值只占工农业总产值的 4.87%,而近代工业在工业生产总值中所占不到20%③。

随着资本主义生产的发展,中国民族资本主义的一些弱点就暴露得更加明显。

(一)中国民族工业发展不平衡。正如上面提到的,这时期民族工业的发展,主要是轻工业,特别是纺织工业和面粉工业发展迅速,重工业的发展则很缓慢。这一方面是因为轻工业投资少,见效快,资金周转灵活,能够迅速获得利润。另一方面主要是因为中国是个半殖民地半

---

①　《中国近代史经济统计资料选辑》,第 227 页。

②　《中国航运界之大势》,《东方杂志》第 15 卷第 3 号,第 170 页。

③　复旦大学历史系编:《近代中国资产阶级研究》,复旦大学出版社 1983 年版,第 141 页。

封建的国家,帝国主义不能允许它发展重工业;即使有了一些重工业,也大都还是掌握在帝国主义手中。虽然有人提倡发展重工业,但在当时历史条件下是不可能实现的。

在工业结构上也不平衡。例如我国的钢铁工业体系和棉纺织工业体系就不完整。钢铁工业方面,铁砂大量出口,炼钢冶铁设备完全依赖从国外进口。棉纺织工业方面,一面是棉花大量出口,一面棉布却大量进口。国内大都是棉纱厂,织布厂很少,纺与织不配套,印染能力更少于织布能力。纺织机械自己不能制造,完全依靠进口。这种畸形现象,是中国工业发展不能独立所造成的。

在地区配置上也不平衡。新式工业大多集中在沿海和通商口岸等城市,内地的新式工业却很少。据统计,1919 年注册的工厂共有四百七十一家,其中江苏就有一百五十五家,直隶五十七家,浙江四十二家,广东三十三家,山东三十一家①。这几省总共就有三百一十八家,占注册工厂数的 67%。中国最发达的棉纺工业也大都集中江苏、上海、汉口等地。如 1918 年全国纺锭的 80.32% 集中在江苏和上海,仅上海一地就占 61.82%,而在广大内地如西康、新疆,甚至云、贵、川和陕西,一枚锭子都没有②。这在我国工业地区配置上是一种极不合理的现象。

(二)中小企业发展快是这个时期的显著特点。辛亥革命后发展起来的民族工业,大多为中小资本和手工工场。由于资金薄弱,因而企业规模狭小,机器设备粗陋不全,生产工艺落后,大多还没有脱离手工工场性质,使用动力生产的也就很少。据统计,1916 年全国动力机器总数为二千零三十台,电力总数十一万一千八百五十一瓩,尚不及当时美国匹茨堡一个城的动力③。即使有些工厂购置了动力设备,但由于设

---

① 杨铨:《五十年来之中国工业》,申报馆 1923 年版,第 8 页。
② 方显廷:《中国之棉纺织业》,商务印书馆 1934 年版,第 16 页表中数字。
③ 杨铨:《五十年来之中国工业》,申报馆 1923 年版,第 7 页。

备不全,电力昂贵而搁置不用。因此工人劳动条件差,强度大,人身安全得不到保障。由于资金短缺,有些企业就不得不向帝国主义银行借款,借款的条件苛刻,利息又高,一经举债,企业往往就受人控制而陷入无力自拔甚至被吞并的地步。

(三)技术人员缺乏,企业管理落后。中国民族资本主义工厂由于技术人员缺乏,往往要用高薪聘请外人为工程师。工厂的业主大多出身于官僚、地主和商人,他们对现代科学知识不甚了解或一知半解,他们所关心的只是利润而不知改进技术以提高生产。以棉纺织厂为例。1916年—1922年以前建立的32家纺织厂,商人投资的占多数①。商人投资工业,他们着眼点是从流通领域中获取利润,而不知道如何组织精工生产、改良和更新生产设备,而且不提或少提公积金和折旧费,以至机器陈旧,不能使用新技术。工厂的产量和质量都不能提高,在市场上也就缺乏竞争力。最后的结果往往不是停工闭业就是被人吞并。

中国工厂有一种奇特的管理制度即官利制度。这种制度不论企业盈亏,股东们必得官利,其数目总要在八厘以上,股东们既可以坐享官利,就不关心企业的经营情况。例如,南通大生纱厂初创时为了招徕投资,规定凡股东一经入股,便按年利八厘起息。虽然在光绪二十一至二十五年(1895—1899)工厂筹建期间资金困难,几至于不能成厂,但一万七千余两的官利还是不能拖欠的②。这种官利制度就是在辛亥革命后也没有取消,如1912年荣宗敬扩充茂新面粉厂时,"招足股银二十万两,分派两千股,每股银一百两,常年官利一分,每年以正月月半后派分官利余利,凭折支付"③。这种官利制度,股东形同高利贷者,借钱生息,不问盈亏。这就势必增加工厂产品成本,也限制了资金的积累。这也是妨碍中国工业发展的原因之一。

---

① 《中国棉业之发展》,第158页。
② 张謇:《承办通州纱厂节略》,《张季子九录·实业录》第1卷,第17页。
③ 《荣家企业史料》上册,第29页。

二　官僚资本企业的发展和交通系

与民族资本主义企业发展的同时，官僚资本主义企业也有所发展。原来清政府在甲午战争前后所办的军事工业，现在都转到了北洋政府手中。如江南制造局、金陵机器局、福州船政局、天津机器局、湖北枪炮厂、山东机器局、新疆机器厂、成都机器局、江西子弹厂、山西制造局、广州机器局、湖南机器厂等十几个军火工厂，这时都入于军阀之手。1904年袁世凯在德州创办的规模巨大的北洋机器新局所属的十二个厂，在辛亥革命后都一概成为北洋军阀制造军火的重要工厂。此外，袁世凯于 1915 年筹办了规模较大的河南巩县兵工厂，并在湖南新设了湖南兵工厂。官僚资本除继续经营各种军火工业之外，还陆续办了一些民用工业，主要是一些煤、铁矿和纺织、造纸、皮革等工业。银行也是他们投资的主要场所。据统计，从 1896 年至 1913 年为止，全国资本在一万元以上的新式工矿企业共设立了五百四十九个，资本总额为一亿二千零二十九万七千元。其中官办、官商合办、官督商办的有八十六个厂矿，资本额为二千九百四十七万六千元，约为新式厂矿资本总额的四分之一。在四十二家煤矿中，属于官办、官商合办、官督商办的有十七家，资本额约占资本总额的一半①。辛亥革命后一些民用工业也同军火工业一样转到了北洋军阀手中，成为北洋军阀统治下的官僚资本的重要组成部分。据 1912 年统计，在中国煤矿生产中，除了帝国主义势力外，官僚资本在投资中占有重要的地位。1912 年，全国机械采煤量为四十一万六千五百多吨(不包括帝国主义在中国的采煤量)，官僚资本用官办、官商合办等手段控制了煤的机械开采量的 82.2％。1916 年控制了开采量的 79.3％，直到 1919 年以前，官僚资本控制的煤开采量都在 70％

---

① 据《中国近代工业史资料》第 2 辑下册第 859—919 页表中数字算出。

以上①。

在职官僚凭借其政治特权办了许多企业，并且获得了巨大的利润。如北洋官僚徐世昌、黎元洪、朱启钤等以私人的名义，经营山东中兴煤矿。他们凭借着政治上的特权，在运费和税率上比其他煤矿取得许多"优待"，从而攫取了巨额利润。据统计，1914年，中兴煤矿账面盈利与资本的比例为9.1％，1918年就上升为46.4％，1920年达到69.2％的高额利润②。其他大官僚控制的正丰、长城、宝华、烈山、贾汪等煤矿，在此期间也获得了巨大利润。

袁世凯、周学熙等人在清末就创办了北洋机器局、滦州煤矿，以后还控制了井陉煤矿，又开办了启新洋灰公司、北京自来水厂等企业。启新洋灰公司所产水泥垄断了市场。中央机关、华北的铁路和其他城市的各项公用工程所需水泥，都由该公司包售。该公司于1907年由唐山细绵土厂改成，资本不过一百万元。辛亥革命后，1912年旧股升值，资本额达到六百万元，六年之间资本增加五倍，利润也由1907年的四万五千多元增加到1914年的四十五万多元，七年之间增加九倍③。为了进一步垄断市场，启新于1912年利用强权，吞并了湖北水泥厂。

北洋军阀官僚投资的主要场所，主要集中在他们统治中心的京津地区。1914年到1925年间，天津新建工厂有二十六家，其中北洋军阀投资的就有十一家，占新建二十六家工厂的42.3％。这十一家工厂的资本总额达一千五百七十二万元，占二十六家资金总额二千九百二十一万元的53.8％。1915年开始创办的裕元纱厂，实际上是安福系军阀官僚为主体创办的，该厂董事会成员有段祺瑞、倪嗣冲、徐树铮、曹汝霖、周自齐、朱启钤、冯国璋、张勋等人，该厂全部股本二百万元，而倪嗣

---

① 《中国近代经济史统计资料选辑》，第154页。
② 《中国近代经济史统计资料选辑》，第155页。
③ 《天津近代工业的早期概况》，《天津文史资料选辑》第1辑，第149、152、161页。

冲一人就有股本一百十万元①。

曹锟用克扣军饷、滥报军费、贪污受贿、敲诈勒索等手段搜刮来的大量财富,除了开当铺、买地产外,还投资于新式工业。1919年曹锟等创办了恒源纱厂,资金四百万元,曹氏家族股份就占了八十二万元,占总资本额的五分之一强②。曹氏家族还开办了直东轮船公司、罐头公司,还投资井陉煤矿、遵化兴隆铁矿等。此外,他们在保定中国交通银行分行都有约六百余万的巨额存款。曹锟家族积累的财产价值约有六千万元③。

曾任江西督军的李纯,把搜刮来的民脂民膏,除在天津大量购房地产外,也投资于新式企业。北京电车公司、天津裕大纱厂、龙烟铁矿和天津一个大皮革公司等企业中,都有他的股票;大陆银行、北洋保商银行、山东省工商银行、中国实业银行等,也都有几万至几十万元的股票④。

此外,还有许多官僚军阀在这个时期投资新式工矿企业和银行。1912年—1916年一些主要军阀投资的工商企业共有三十七家⑤。其中在天津的有八家,在北京的有八家,在京津附近的有五家。

――――――――――

① 《天津早期民族近代工业发展简况及黄金时期来源的特点》,天津市政协未刊稿。

② 《天津文史资料选辑》,第1辑,第105页。

③ 北京《晨报》,1924年12月12日。

④ 窦守铺、苏雨眉:《李纯一生的聚敛》,《天津文史资料选辑》第1辑,第120页。

⑤ 这三十七家企业是:开滦煤矿公司、中国银行、中华捷运公司、北洋淑兴渔业公司、华安合群保寿公司、康年保寿公司、中华书局、高线铁路公司、中原煤矿公司、长兴煤矿公司、烈山普益煤矿公司、嘉兴通利电话无限公司、久大精盐公司、中日实业公司、金星人寿保险公司、殖边银行、新华储蓄银行、双利锑矿公司、裕通公司、鹤岗煤矿公司、淮上第一火柴公司、裕元纺织公司、大振熔罐公司、金星水火保险公司、盐业银行、通惠实业公司、裕华兴业公司、华宁矿业公司、炽昌硝碱公司、保阳火柴公司、广勤纺织公司、汉口第一纺织公司、华新纺织公司、松江林业公司、裕津制革公司、天津商业保市银行、中孚银行。

京津地区是北洋军阀统治的中心,所以他们的经济活动也集中在这一地区。要统计军阀的财产和投资企业股份的确切数字,是很困难的,因为他们搜刮来的财富,除了供其挥霍外,还大量购买土地和房地产,或存入外国银行,企业投资只是他们的一部分。为了逃避人们的视线,他们在投资和存入银行款项时往往不用本人的姓名,而是用别名和妻子儿女或亲信的名义。或者用某某堂的名义购买股份。因此,他们在各种企业和银行中的投资就很难确切统计。据不完全统计,一些主要军阀的投资数字,也是大得惊人的。如徐世昌就有一千万元,靳云鹏二千万元,梁士诒三千万元,徐树铮八百万元,倪嗣冲二千五百万元,曹锟五千万元,王占元三千万元①。

军阀官僚不仅投资于工商企业,也积极投资于银行、银号等金融业,主要投资场所也是京津地区。设在北京的中国、交通、新华储蓄、劝业、边业、盐业、殖边等银行中,都有许多军阀官僚私人投资。王克敏、李士伟、周学熙、熊希龄等人都是中国银行的大股东。交通银行是梁士诒等交通系官僚掌握的银行。盐业银行、中孚银行、殖边银行、新华储蓄银行的主要股东,也大多是些军阀官僚。王克敏为中国银行总裁、殖边银行董事、天津保商银行董事,当时新成立的银行几乎都有他的股票。新华储蓄银行的大股东为梁士诒、周自齐、叶恭绰、朱启钤等交通系的人物。盐业银行大股东为袁乃宽、张镇芳、梁士诒、李士伟、周学熙等人。

军阀官僚们不仅投资于新式银行事业,还创办了不少银号。冯国璋开办的华通银号,是以吸收自己势力范围的"银钱收支及军队饷糈为业务"②,实际上是冯家的银库。江西督军李纯开设的义兴银号,吸收当时两广军阀陆荣廷、山东督军张怀芝的存款,以及田中玉、蔡成勋、何

①　来新夏等:《略论北洋军阀史研究中的几个问题》,《学术月刊》1982年第4期。

②　《北京炉房、钱铺及银号琐谈》,《文史资料选辑》第44辑,第266页。

丰林等督军、师长的存款，仅天津分号吸收的定期存款就达八百万元，在天津银号中"无出其右"①。此外还有张敬尧开办的祥盛银号、海军总长刘冠雄的信富银号、王怀庆的华茂银号、王占元的日亨银号、田中玉的永豫银号等。差不多一些重要军阀都有自己开设的银号。这些银号的资本一般为几万元到几十万元。大银号对金融的影响很大，军阀的存款往往能左右银号的业务。例如蔡成勋从天津益兴银号一次提出30万元，致使天津的三家银号同时倒闭②。

由于军阀官僚竞相投资银行、银号，致使金融业发展很快。据统计：1896年—1911年间设立的银行为十七家，1912年—1916年间就有三十家，比前期增加了76％。1912年银行资本总额为三千六百二十五万四千九百十九元，1916年为三千七百八十万零六百九十元，比1912年增长4％。1917年—1923年银行增加更快，达到一百三十一家。1920年的银行资本总额达到五千一百九十八万七千零七元，比1912年增加了43％。

据1925年的调查，全国华商银行数为一百四十一家，开设在北京及直隶的银行就有三十七家，占总数26％以上③。

军阀官僚除经营银行、银号之外，还开办信托公司、保险公司、贸易公司等。

军阀官僚踊跃投资于金融事业，这同当时政府的财政政策有关。北洋政府连年发动反革命战争，财政窘困，除借外债和对内增加税收以资应急外，主要方法就是在国内大量发行公债以补其不足。发行公债都有很高的利息和折扣，而公债的发行大都是通过银行代理和抵押承销的。公债折扣最低的为八五折，加上利息，平均为三分左右。这样高的利息自然就吸引了军阀官僚把掠夺来的大量财富向银行投资。军阀

---

① 《北京炉房、钱铺及银号琐谈》，《文史资料选辑》第44辑，第266页。

② 《晨报》，1925年10月30日。

③ 千家驹：《旧中国公债史资料·代序》，第14页。

官僚凭借政治特权开设的银行,就可以捷足先登,抢先购公债,从而获得更多的利润。据统计,袁世凯政府于1912年—1916年发行公债,实发行额为二亿零九百五十三万元①,不难想象,他们从中得到的"利润"该有多么巨大!

在这个时期,官僚资本中还出现了一个实力雄厚的、以梁士诒为首的交通系集团。这个集团的主要成员有叶恭绰、周自齐、朱启钤等人。他们掌握着铁路交通大权,控制着交通银行,垄断了铁路借款,势力膨胀到能左右政局的地步。

交通系首领是梁士诒。他赖以操纵财政的大本营,主要是交通银行。交通银行成立于前清末年(1907),差不多与前清度支部所设立的大清银行(中国银行的前身)同时成立。该行成立时,是由邮传部拨资四百万两,集商本二百万两组成,最初由邮传部左丞李经迈为总理。宣统三年(1911)加募商本四百万两,股票还未售完,辛亥革命爆发,遂中止发售。李经迈因所开善源金店亏欠倒闭,欠交通银行数百万元而去职。有人乘机侵入,召集京、津股东会,陆宗舆被选为会长,不久又任总理。陆曾提议发行纸票以救济市面。民国成立后,北方银根异常吃紧,该行股票每百两落至二十两。梁士诒乘机大量收买股票,更借总统府秘书长资格,推倒陆宗舆而取得总理。梁夺取了交通银行的控制权之后,将各种交通机关的收入共约千万元寄存该行,又把屡次所借修筑铁路的款项也存入该行,均无利息。交通银行因此有了大量存款,信用日增,凭此大发纸币。

梁士诒为了能持久地把持交通银行,指使周自齐、朱启钤两人提出《交通银行则例》,呈请袁世凯于1913年4月批准公布。

交通银行成立时本来是官股大于商股,梁为牢固地控制交通银行,就设法增加商股。他利用已批准的《交通银行则例》第三条,"交通银行股本总额为库平银一千万两,计分十万股,每股库平足银一百两"的规

①　千家驹:《旧中国公债史资料·代序》,第367页表中计算得出。

定,除前邮传部为辅助交通事业所附入的四万股外,其余六万股由人民承购;如欲"增减资本,须经股东会总会议决,呈报财政部交通部核准"①。这样,交通银行就由官商合办的银行一变而为商办的股份公司,国家不能任意变动股本了。

为了继续保持交通银行代理国库的权利,总揽交通上收入及其他债款收入存入该行的特权,《则例》第七条规定:"交通银行掌管特别会计之国库金。"第八条规定:"交通银行得受政府之委托,分理金库。"第九条规定:"交通银行受政府之委托,专理国外款项及承办其他事件。"此三条保证了交通银行有寄存国家收入的权利。

《则例》第十三条又规定:"交通银行受政府之特许,发行兑换券。其办法照财政部所定之银行兑换券则例进行。"但发行的式样、数目、日期得呈请财政部核定。这样,交通银行又取得了纸币发行权。

为了取得人事任用权,《则例》第十四条规定:"交通银行设董事五人以上、十一人以下,由股东会就二百股以上之股东选出,呈报财政部及交通部存案。任期四年,期满得再选再任。"第十五条规定:"交通银行设总理一人,协理一人,帮理一人。总理由股东总会就四百股以上,协理就三百股以上之股东选出,呈报交通部转咨财政部存案。任期五年,期满得再选再任。帮理以路政局局长充任,由交通部委派。"有此两条,用人之权,政府便不能直接过问。

梁士诒凭此《则例》取得了交通银行正式总理,从此牢牢地控制了交通银行。

交通银行的股东大多数为铁路、电局的要人,开股东会时"非与各路局、电局有连之股东不得入场,质言之,直谓交通系之集会可也"②。

交通银行的存款,主要的也是铁路存款。梁士诒、叶恭绰等把持路政,各路局长大多为梁、叶亲信。他们串通一气,隐匿盈余不报。每年

①　《交通银行则例》,中国第二历史档案馆藏原件。
②　《神州日报》,1915 年 6 月 1 日。

未报之盈余约千余万元，"均以私人名义存入交通银行，以便居股东地位而操银行之大权，并持银行为交通系之大本营而挟持政府"①。

此外，梁、叶等人把持铁路，利用特权，开办运输公司。如津浦路的汇通公司，京汉路的广兴长转运公司，垄断了铁路运输，每年获利千余万元②。

他们还把掠夺来的财富，投资于工商企业，开办煤矿和纺织公司。前面提到的朱启钤，就是中兴煤矿的大股东兼总理。叶恭绰为裕元纺织公司赞成人、京师华商电灯公司名誉董事，又是交通银行、新华储蓄银行董事。梁士诒也是中兴煤矿大股东，盐业银行、新华储蓄银行董事和发起人。周自齐为新华储蓄银行董事、中华懋业银行总裁和裕元、裕大纺织公司发起人。

梁、叶等结成私党，把持要政，左右政局。梁士诒在"交通部布置多年，上下各级重要人员无不由其一手提拔，凡重要事件无论梁氏在部与否，无不禀命而行"③。梁士诒、叶恭绰等内以朱启钤、周自齐、张岱彬、任凤苞、施慎之等为其羽翼；外以五路局长赵庆华（津浦路局长）、关赓麟（京汉路局长）、关冕钧（京绥路局长）、李福全（正大路局长）、钟文耀（沪宁路局长）等为其爪牙，形成了一个颇有影响的派系。

梁士诒等既掌握交通银行和路政，又通过铁路借款和各国银行往来密切，深得帝国主义信任。从1912年到1916年，袁政府通过交通系借款二亿三千二百多万元。交通系依仗帝国主义势力影响政府财政用人大权。如1914年5月，袁世凯本想委张镇芳担任财政总长，交通系凭借英人的势力出面干涉，英国声明财政一席断不可委张镇芳，因而迫使袁仍任周自齐为财政总长④。北洋政府历届内阁的交通、财政总长，

①　《神州日报》，1915年6月25日。
②　《神州日报》，1915年7月2日。
③　《神州日报》，1915年6月25日。
④　《神州日报》，1915年8月24日。

多半为交通系占据。

综上所述，这个时期官僚资本有所发展。其投资的特点是：以现任官僚私人投资工矿企业和开办金融银行事业为主，主要集中在京、津地区。它的发展远不如民族资本主义发展快，更不能控制全国经济命脉。

官僚资本之所以在这时发展缓慢和分散的原因，主要是由于当时政治形势的影响。官僚资本是直接依靠国家政权力量取得发展的，而新建立起来的袁世凯政权还不巩固，政治局势动荡不定，战争迭起。因此，军阀官僚把夺取来的大量财富，大半用以购置土地和房地产，进行封建剥削，或用于商业和金融等投机事业，投资工矿企业的只是很少一部分。

三　外国资本的侵入

在第一次世界大战期间，由于西方帝国主义列强忙于内部战争，某些国家暂时放松了对中国的侵略，这首先表现在中国对外贸易进口货的减少和出口货的增加方面。据统计：1911 年输入中国的商品总值为四亿七千多万海关两，1913 年输入为五亿七千多万海关两，到了 1915 年输入锐减为四亿五千多万海关两，1915 年输入比 1913 年减少了五分之一。与此同时，中国对外输出却在逐年增加：1911 年为三亿七千七百多万海关两，1913 年上升为四亿零三百多万海关两，1916 年更上升为四亿八千一百多万海关两，1916 年输出比 1911 年增加一亿零四百多万海关两，增加近三分之一①。

输入减少的只是欧洲帝国主义国家，美、日对中国的贸易输出则是逐年增加。据统计，大战之前英国商品输入占中国对外贸易的第一位，日本次之，美国第三。欧战爆发后，贸易位置则有很大变动，日本占第一位，美国次之，英国第三。日本乘英、法、俄、德等国忙于欧洲战争的

---

① 《论历年国际贸易情形》，《东方杂志》第 15 卷第 2 号，第 179 页表中数字。

机会,利用它地理上邻近中国的优越地位,加紧其独霸中国的侵略活动。据统计,从1914年至1917年间,日本对华贷款总额达到八千一百多万元,其中以交通、铁路、矿山、工厂等部门贷款最多。

日本势力的扩张还表现在对华贸易方面的激增。1914年日本对华输出货值一亿六千多万元,1917年增加到三亿一千八百三十八万元,1918年更增为三亿五千九百十五万元①。输入增加最快的是棉纺织品。大战期间,日本棉布的输入大为增加,打破了以前英国对中国棉布市场的独霸局面,取得了在中国棉布市场的优势。据统计,1913年中国各通商口岸进口的棉布价值,英国货占33%,日本货占29.6%,其他各国进口货占37.4%。1914年—1916年间,日本上升为36%,英国下降为33.4%,其他为30.6%。到1917年—1919年间,日本则猛增为57.7%,英国则下降为29.5%,其他为12.8%②。与日货输华的同时,日本垄断资本也打进了中国市场,向中国大肆进行资本输出,在华直接投资,开办工厂矿山,特别是注意投资于棉纺织业。日本三菱、三井财阀等所属的纺织会社,在中国开办了许多纺织厂。如受三菱财阀控制的内外棉会社,在中国就设有纱布厂十四所,而在日本本土只有两所工厂③。"欧战期间,日人在山东及津沪等地增设工厂甚多,单是青岛及山东之日人工厂而论,为数已一百三十九家"④。日本财阀不仅在中国投资纱厂,而且也大量掠夺棉花原料。他们对棉花的生产、收购和贩卖,都设有完整的投资系统,势力十分雄厚。如天津是华北棉花的集散地,也是中国输出棉花最多的口岸,而输往日本的棉花为数最多。据1912年调查,每年由河北、山西、陕西、山东、新疆各省运集天津的棉花,约有一百二三十万担。天津、唐山两地纱厂消费约四十万担,申帮

---

①　蔡正雅、陈善林等编:《中日贸易统计》,上海中华书局1933年版。

②　摘自《中国棉业之发展》,第143页表。

③　《中国棉业之发展》,第148页。

④　《五十年来之中国工业》,中华民国九年华商纱厂联合会之中国纱厂一览表。

及欧美商约运二三十万担，其余均以日本为销售市场①。日商在天津设立的以棉花出口为主要业务的商行就有十五六家，势力远在华洋各商之上。

日商在天津操纵棉市，规定市价，"计价剔货，皆随意行之"②。日本资本家成为中国民族工业发展的重大障碍。

日本资本家不但直接投资于纺织等轻工业，同时还通过各种方法，经营和掠夺我国的煤铁资源。除了继续在东北掠夺抚顺、本溪湖、鞍山等地煤铁资源之外，他们还在中国其他各地"以中日合办"或借款等名义进行投资，夺取中国的煤铁资源。例如：1913年，日本通过借款控制了当时中国最大的钢铁煤联合企业汉冶萍公司。日本资本家通过横滨正金银行向汉冶萍公司放款一千五百万元，并规定该公司应允在四十年内售与日本八幡制铁所上等矿石一千五百万吨、生铁八百万吨，并以聘任日本财务顾问和日籍工程师为借款条件，从而控制了汉冶萍公司。欧战期间，铁价暴涨，但由于日方限制，价格不能提高，销售也不能自由扩大。"售给日本生铁约三十万吨，矿石约一百万吨——可炼生铁六十万吨。若照当时生铁每吨最低市价一百六十元计价，便可售银一亿四千余万元。可是事实上卖给日本的每吨生铁价格，只有一百二十元。东京市价每吨高达四百八十日元，约合中国为六百元左右。只此一项，公司损失三千万元，若与铁砂合计，公司损失一亿一千五百五十万元"③。由此可见，日本夺取了公司大部分利益。

美国在第一次世界大战期间参战较晚，乘欧洲列强忙于战争之际，竭力扩大对中国的侵略，与日本进行激烈的竞争。"欧战四年中，我国的对外贸易增额计达一亿一千五百余万元之多……其中有增进者只有

---

① 《中国棉业之发展》，第151页。
② 《中国棉业之发展》，第151页。
③ 全汉昇：《汉冶萍公司史略》，九龙文海出版社1971年版，第194页。

中日、中美之贸易而已。"①据统计,"1914 年中英间贸易额计一亿二千七百万两,中美间贸易额为八千一百余万两;1916 年中英贸易额减为一亿零五百万两,中美间贸易额增为一亿二千五百万两之多。1917 年中美之间贸易增至一亿五千五百万两,比 1914 年增加了 93%"②。至此,美国对华贸易一跃而超过了英国。1918 年中美贸易由于美国限制进口,只达到一亿三千五百两,而中英贸易更减至七千五百万两。"计四年间,中美贸易之超过中英贸易之数,在一万万两以上"③,"为中美通商以来所未有"④。

由此可见,美国对华贸易已超过英国,仅次于日本,而占中国对外贸易的第二位。美国输华货物的钢铁、各种机器、铁路货车及客车、汽车等在不断增加,而棉货、棉花、纸张在不断减少。而我国运销美国的货物大都为原料及食品,包括油类、生丝、羊毛、蛋粉、生皮、草帽辫等。

美国在华势力的增长,还表现在通过借款来取得经济上的特权。据统计,1914 年—1916 年 6 月,美国借款给袁世凯政府共五次,计四千六百万元。1914 年美国政府与袁世凯政府签订协定,美国的美孚石油公司夺取了在中国的陕北延长和承德地区开采石油的权利⑤。1916 年 5 月 17 日,美国托拉斯裕中公司的代表,通过美国驻华公使芮恩施撮合,与袁世凯政府秘密签订《裕中公司承造铁路合同》,让美国垄断资本攫取在湘、桂、晋、甘等七省内造一千五百英里(二千四百公里)铁路的权益。合同载明如果造价"确较省俭",中国政府应准公司再造一千五百英里的铁路⑥。此项协议因袁世凯垮台而未能实行。

---

① 屠汝涑:《欧战四年间中美商务之比较》,《农商公报》第7卷第2期,1920年。
② 屠汝涑:《欧战四年间中美商务之比较》,《农商公报》第7卷第2期,1920年。
③ 屠汝涑:《欧战四年间中美商务之比较》,《农商公报》第7卷第2期,1920年。
④ 屠汝涑:《欧战四年间中美商务之比较》,《农商公报》第7卷第2期,1920年。
⑤ 长野朗著、丁振一译:《中国领土内帝国主义资本战》,上海联合书局1928年版,第158页。
⑥ 《帝国主义与中国铁路》,第246页。

随着列强之间竞争日益剧烈,为了协调侵略步伐,美、日于1917年订立了《蓝辛—石井协定》,美国承认日本在中国的特殊利益,日本也不否认美国对中国的权利。帝国主义为了侵略的利益,是从来不惜牺牲殖民地半殖民地人民利益的。

欧战期间,英国设在中国各通商口岸的大银行如汇丰银行,仍然影响着中国金融事业的发展。怡和洋行等各大商行还在发展,开滦煤矿、英美烟草公司等大矿厂依然获得巨大利润。虽然英国对中国贸易有所下降,但并没有被挤掉。正如《时报》所指出的:"兹查英国近六七年中在华贸易实际,特与日本人所经营者相比,当知英人之生意确能保守,并未被人所挤也。"[①]由此可见,英国仍保有其在中国的势力范围,它依然是袁世凯政府的靠山。

总之,辛亥革命后和第一次世界大战初期,由于革命的影响和政府颁布了一系列有利于实业发展的政策法令,消除了清政府束缚民族资本主义发展的一些障碍,使得"振兴实业,挽回利权"的口号深入人心,激发了人们的爱国热情,积极投资兴办实业,促进了中国民族工业的发展。欧战爆发后,欧洲帝国主义由于忙于战争,暂时放松了对中国的侵略,给中国民族工业发展以良好的时机,中国民族工业的发展进入了一个"黄金时代"。但是日、美两国,特别是日本,却乘机扩大对中国的侵略,中国的民族危机日益严重,中国民族资本主义的发展又遇到了新的障碍。

第二节 农业经济的变化和破产趋势

一 农村生产关系的若干变化

南京临时政府结束后,孙中山虽然继续热心鼓吹民生主义,但应者

---

① 《英日在华贸易统计》,《农商公报》第6卷第5期,1919年。

寥寥。他的"平均地权"的主张，无法付诸实践。宋教仁于南北统一后，首任农林总长，他作为同盟会在京从政集团的灵魂，在其施政纲领中，却回避了土地制度的改革问题，仅仅强调"农业纯为生产事业之一，当以增加其生产力为要着"①，主张开荒、造林、兴修水利。至于国民党纲领，竟完全取消了改革土地制度的政策，把民生主义修正为"采取民生政策，将以施行国家社会主义，保育国民生计，以国家权力，使一国经济之发达均衡而迅速也"②。这样，就把民生主义从原来的根本上解放生产力的土地政策，修改为一般的鼓励民族工业的经济政策。

至于掌握着民国实权的袁世凯，和依附于袁的共和党等政治派别，自然不会提出改革土地制度的政策。农民本身也缺乏有力的行动。在这种情况下，农村的土地关系当然不可能得到改造。张謇于1913年秋出任农商总长后，从为民族工业提供廉价原料出发，特别提倡发展棉花生产。他在就职宣言中说："今日国际贸易，大宗输入品以棉为最……为捍卫图存之计，若推广植棉地纺织厂……尚宜有各种之规划。"③1914年4月11日，政府公布了《植棉制糖牧羊奖励条例》。张謇且在任内于正定、南通、武昌等处成立棉业试验场。但根本体制不变，这些措施难期成效，而且由于财政困难，也并未着力推行。自1912年—1920年间，虽然各地设立的农业试验场达二百五十一处之多，但其成果甚微。"第一是缺乏人才，第二是缺少经费。所以，十余年来对于农民一点效果没有发生。"④

虽然前清的封建土地关系，在民国以来大体上继续维持着，但是，由于政权的更迭以及客观的社会经济的发展，农村的生产关系毕竟还是发生了某些缓慢的变化。

---

① 《宋教仁集》下册，第395页。
② 《宋教仁集》下册，第749—750页。
③ 《实业政见宣言书》，《张季子九录·政闻录》第7卷，第2页。
④ 吴觉农：《中国的农民问题》，《东方杂志》第19卷第16号，1922年8月。

前清的官庄(包括皇室庄田、宗室庄田、旗地)是封建性最强的土地占有制,虽然按照优待条件,仍作为皇室和旗人的产业维持不变,但已呈现瓦解的趋势。民国成立后,佃户抗租,冒认旗产,甚至庄头(庄田管理人员)盗卖皇产的事件,屡屡发生。1912年底,永清县议、参事会要求"取消旗地,暂缓交租"①,激起了抗霸旗租风潮。袁世凯曾屡次下令保护旗产,并不能阻止抗租风潮的发生。而大批的旗地,经旗人变相出卖,陆续转入了汉族地主和农民手中。1931年有人调查,南京地区"今旗地十九已在汉人之手"②。辛亥革命促使封建性最强的土地关系趋于解体。

与此同时,民国政府对鼓励开垦也采取了一些措施。在张謇主持下,1914年7月政府公布了《垦荒暂行条例》,把官有的荒地、海滩、湖荡的沙田丈放给私人。同时,由于政府财政困难,不断变卖官产,各种各样的官有土地,也变卖给了私人。如东北地区在1914年—1915年间,吉、黑两省着手整理官庄,丈放给民间,并解除了庄丁的农奴身份。据1917年—1920年间统计,吉、黑两省的官有土地自43％减为27.9％,而私有土地自50％增加到63.5％③。又如四川土地,"过去三分之一以上集中于庙、寺、祠、会、公家、土司之手……受封建关系的制约,不易自由出卖……但至民国以后,公共田地被官卖、私卖、提卖殆尽,使三分之一的土地完全加入自由买卖之商品化过程"④。

在私有土地关系方面,由于资本主义经济思想的作用,土地买卖更加自由,封建关系的束缚有松弛趋向。1913年,大理院在判决吉林某一案件的判词中说:"吉林习惯,对于本族、本旗、本屯卖地时,有先买之

①　《袁世凯命令》(1913年12月8日),《历史档案》1983年第2期。

②　万国鼎:《南京旗地问题》,第42页。

③　瞿明宙:《日本移民急进中的东北农民问题》,《东方杂志》第32卷第19号,1935年10月。

④　《四川农村经济》,转引自李文治:《中国近代农业史资料》第2辑,生活・读书・新知三联书店1957年版,第70页。

权。此种习惯,不仅限制所有权之处分作用,即于经济之流通,与地方之发达,均不无障碍,为公共之秩序及利益计,断难与以法之效力。"①这样,本族先买权就被打破了。与此相应,大理院判决,除有契约者外,也不再保护赎回制,即卖主向买主赎回土地的权利,这种"死头活尾"制也就被打破了。而佃户的永佃权,也开始崩溃。1913年后的大理院判例,赋予地主以更大的撤回权利。这些措施,虽然对土地制度的冲击十分微小,但毕竟有利于资本主义土地经营的产生,也促进了农村的分化。

同时,在商品经济扩大的趋势中,乡绅地主向工商业方面的投资也逐步增多。县级政权中的纯封建性势力,在辛亥革命中大都遭到打击,一批县咨议局长、商会领袖、开明士绅和留学生掌握了一些地方政权。一批资产阶级上层分子,对县级政权有着很深的影响。如张謇在南通一带,黄炎培在川沙,使共和党人控制了地方政权。这些地方政权支持设立农会、商会,对于提倡实业、改进农业技术等,起了一定的作用。如云南新平县编辑《农学大意》到各区宣讲,江苏川沙县设国货进行会,浙江遂安县设蚕桑学校,福建政和县发展职工教育和农工试验场等等。这样,"在1912年辛亥革命以后,中国各县的大地主都似乎变得更聪明了。在满清政府尚未坍塌以前的若干时,尤其是所谓隆盛之时,乡村中的大地主,无论南北,大概都有一种相同的广置田土的心理……到了民国时代……他们便把剩余的金钱拿到城市里去经营一种他们自己认为最稳的商业……1914年以后,各县的地主在县城里的商会上握重权的例证,已是日渐增多"②。封建的呆滞的资金积累投向工商业,促使农村的阶级构成发生了变化。一方面是地主—资产阶级阶层的扩大;另一方面,没有完全脱离农村的工人队伍,与务工务农相结合的家庭结

---

① 《大理院判例要旨汇览·二年度·民法》,北京北洋政府大理院编辑处,1926年再版,第37页。

② 李奇流:《中国农民生活之吟味》,《汗血月刊》第1卷第5号,1933年8月。

构,也有一定程度的扩大。

在农业经营方面,富农经济也有所发展。例如南通,到1915年,即有十六家经营养鱼业,其中有一家原始资本一千元,养鱼一百二十万尾,用工人七人,除伙食外,月薪三元,1914年获纯利四五千元,1915年预计可获纯利一万元①。在北方,"小资本家具有农业专门知识,从事植棉事业者,年来亦颇有其人。如正定,如河南,均有此等小农场之设立,资本多者十万,少者二万,纯用新法种植棉花"②。

同时,新式的资本主义农场,也有所发展。尤其是第一次世界大战期间民族工业得到发展以后,更刺激起新式农场的扩展。如江苏,"苏南农场的兴建时期,正是第一次世界大战结束,中国民族资产阶级在战争期中已得到适当发展的时期"③。这类农场,主要种植经济作物。如张謇在前清办的通海垦牧公司种植棉花,民国后复开办大有晋等盐垦公司。前清常州道台宋盈,1912年开办的金檀茅麓公司,经营林木。当时,宝山有奶牛和养鸡场,江湾有靛青种植场,松江有养蜂业,无锡有果园,丹徒有蚕桑、园艺,琼崖有树胶业,广西、福建有林场,都采用资本主义的经营方式。在东北和苏北沿海垦荒地区,也出现了一批资本主义性质的农场,有的还采取了机械化生产。例如,1915年在黑龙江呼玛"出现以浙江财阀为背景的三大公司机械化农场,从海参崴万国农具支店购入马柯尔墨克拖拉机五部和其他机械农具"④。

下面是江苏、安徽、浙江、山东、河南、山西、吉林、察哈尔八省区开办的农场的不完全统计资料,从中也可以看出农场发展的大体趋势。

---

① 《南通县农业概况》,《农商公报》第17期,1915年12月。

② 《北方棉业界新发展》,《银行周报》第4卷第19号。

③ 《苏南农场概况》,华东军政委员会土地改革委员会编:《江苏省农村调查》,第341页。

④ 《满洲农业再编成的研究》,转引自《中国近代农业史资料》第2辑,第359页。

江苏等省农垦公司统计[①]

年份	公司数	已缴资本（元）
1912	59	2,859,248
1913	55	2,872,219
1914	60	3,680,293
1915	66	4,453,611
1916	87	5,628,085
1917	91	7,331,152
1918	92	6,477,029
1919	100	12,445,304

在这些垦殖公司中，大官僚、大资产阶级占了很大的势力，如苏北的一批垦殖公司就有张謇、冯国璋、岑春煊、张勋、韩国钧等人的投资。因此，这些公司在经营上仍然表现出很强的封建性，并且在资本主义式的经营失败后，又往往恢复封建的租佃制。尽管如此，资本主义农场毕竟在曲折的道路上发展起来。

当然，农村经济中的资本主义因素，依然十分薄弱。封建的租佃关系仍然是农村经济的主要成分。而且，中国封建社会固有的土地趋向集中，导致农村经济崩溃的规律，仍然在起主导作用。

二　农村商品经济的发展

中国农村自给自足的自然经济，随着列强经济侵略的深入，日趋解体，农村经济日益卷入到世界资本主义市场中去。民国以后，进一步唤起了人们对民族工业的重视，而第一次世界大战又给中国民族工业带来了蓬勃发展的机会，因此，农村的商品经济也随着民族资本的发展而发展。

---

① 《中国近代农业史资料》第2辑，第340页。

棉花的种植,首先获得了较大的发展。民国以后,政治界、实业界对棉纺织业十分重视,曾创"棉布救国论",因此也对棉花的种植和改良相当重视。如云南实业司长华晋三于民国初年曾往日本、上海购美国棉籽和通州棉籽,在云南推广,使云南棉花产量从前清的数十万斤发展到 1915 年的三百余万斤。农商总长张謇更注意棉花生产。欧战以后,民族纺织业发展迅速,而日本也在华大量收购棉花,并在青岛等地大量投资设厂,发展其在华的纺织业,从而更加刺激了棉花的生产。

如江苏,"自五年以来,吾国纺织业勃兴,棉之需要骤增,花价乃日昂,农人遂相率舍稻、豆而专事棉作,以图厚利。查去岁(1918)产棉数,几倍于昔日"①。山东、直隶、河南、陕西、山西诸省,由于华北棉纺业的发展,尤其是日本方面的需求,"棉花的需要既多,人民争趋其利,广种棉花"②。及至 1918 年,全国的棉花产量,据不完全统计,已达四百多万担。

由于缫丝工业的发展和国外需求的扩大,传统的蚕桑事业也有所发展。桑地面积在不断增加,一些新的蚕桑地区也正在开辟。如江苏,"苏属的农民,在前清并没有大规模地饲养家蚕,顶多不上十箔。……民国以后,茧价不跌,反见上涨,农民见这养蚕的利息很不差,养蚕的农民渐多,种桑面积也跟着扩展起来。我们看到江苏常、锡一带,桑树那样多,也都是民国以来种起来的"③。广东的东莞、清远、新会、香山诸地,都是民国后发展起来的新蚕桑基地。而云南,是"自民国初年起,方开始提倡育蚕事业。以后丝茧之产量,增进甚速。当 1919 年由腾越海关输出丝茧计三八四六担,值一七二〇〇三一海关两"④。其间,因欧

---

① 《民国八年棉产调查报告》,《农商公报》第 69 期,1920 年 4 月。

② 杨钟健:《北四省灾区视察记》,《东方杂志》第 17 卷第 19 号,1920 年 10 月。

③ 《农村经济》第 1 卷第 12 期,转引自《中国近代农业史资料》第 2 辑,第 190 页。

④ 叶抱寰:《述云贵二省之经济状况》,《商业月报》第 14 卷第 5 号,1934 年 5 月。

战影响,生丝出口运输困难,蚕业曾一度停滞。但不久,因"意、比等国产丝之区均受战争影响,无丝出售,是以吾国江、浙、皖三省所产之丝茧,自上年(1915)至今,销数比以前增起二倍,业此者大获其利"①。

烟草和大豆、花生、桐油是新起的商品性作物,也得到了迅速的发展,对外输出逐年增加。

1913年,英美烟公司派员调查华北烟草种植状况,并由美国输入良种,在山东潍县试种,获得成功。于是,农民群起改种。而民族卷烟工业的发展,也刺激了烟草的种植。山东、河南、安徽等地的烟草种植逐年扩大,江西、浙江、奉天等地的烟草种植业也发展起来。据《第九次农商统计表》,烟草种植面积,1914年为五百二十八万亩,1915年为五百六十五万亩,至1918年为一千零五十一万亩。

大豆是中国的特产,占世界总产量的百分之八十以上。东北是中国大豆的主要产区,1914年—1918年间,全国大豆年产量约八千六百多万担,而东北大豆占全国产量的36.6%。大豆大量用于对外输出,以对俄对日为主。1917年后,对俄输出萎缩,对日输出仍在发展,且经日本加工后,以大豆制品转输欧洲。

花生和大豆一样,是区域性较强的作物,山东、河北、河南是主要产区,而荒芜的黄河故道是花生的良好种植地。花生自"民国以来,渐为出口土货之大宗物产"②。欧战虽然影响花生出口,但国内市场仍刺激着花生的生产。欧战结束,"及民国九年而后,花生油忽成为国际商品"③。于是出口激增,成为重要的出口物产。

由于美国鼓励人造漆工业的发展,免税进口桐油,中国的桐油在清末即已大量对美国出口。民国后,桐树的种植在四川、贵州、两湖、江西、两广、浙江一带发展。据报道:"民国四年,桐油出口价值,每年均约

---

① 《农商公报》第26期,1916年9月。
② 《农商公报》第65期,1919年12月。
③ 《天津益世报》,1935年8月17日。

五六百万元,及至八、九年,竟达一千万元"①,在植物油出口中,继大豆、花生之后,占第三位。

此外,由于城市经济和国外市场的需要,水果、蔬菜的生产也扩大了。而作为染料的靛青的生产,欧战前已奄奄一息,欧战中由于德国人造靛停止进口而重新恢复了生产。

在粮食生产方面,由于城市经济和农村经济作物的发展,由于粮食加工业特别是面粉工业的发展,商品粮食的生产也扩大了。

首先是小麦生产扩大了。荣宗敬说:"迨粉厂加增,(小麦)求过于供,爰陆续派遣厂员分赴各处劝导种麦,更岁集巨资,补助农事试验场。"②1912 年—1921 年的海关十年报告也说:"虽然没有统计,也找不到可靠的资料,但是,小麦种植确已传到了上海地区,并且随着中国人对面粉和面制品日益发展的需要,对于当地农业可能要日益显现其重要地位。"③当时,东北是重要的商品小麦产区,输往日本和西伯利亚,并且供应东北地区日益扩大的面粉工业。据农商部统计,小麦种植面积由 1914 年的二亿七千多万亩,上升到 1918 年的五亿二千多万亩。

由于经济作物排挤了粮食生产,经济作物区不得不仰给于商品粮。于是,一些地区就成了商品粮的基地。如南通成了棉花作物区之后,粮食仰给于江苏之东台、如皋、常熟、无锡等地。当时,湖南、安徽、江西是大米输出省份,而山西则向邻省供应小麦。但是,由于封建生产关系的束缚和农业技术的落后,粮食的商品生产不能满足需要。结果,缺粮的情况日趋严重。如陕西、河南一带广种棉花的结果,"平时可以以棉易粟,荒时不能一饱,县县如此……粮食遂陷于空虚状态"④。广东在清末时,粮食已经不足,而"晚近蚕业大兴,桑田日辟,禾田日隘,谷米出产

---

① 《中国桐油业》,《农商公报·选载门》第 102 期,1923 年 1 月,第 37 页。
② 《农村衰落之过程及复兴之管见》,《农村复兴委员会会报》第 1 卷第 1 号,1933 年 6 月。
③ 《海关十年报告》(1912—1921 年)第 2 卷,第 24—25 页。
④ 《北四省灾区视察记》,《东方杂志》第 17 卷第 19 号,1920 年 10 月。

转因日少，又加以农人素乏讲求，墨守故法，一岁所获，益远逊于前。故谷食中一大部分，非仰给于镇江、芜湖、广西，则输入于安南、暹罗；设彼有水旱兵燹之状，而此即有粒食告罄之惧"①。结果粮食的进口量日益扩大。1911年米麦杂粮净进口数为一千零二十三万一千担，至1916年增至一千七百八十二万五千担②。

在商品性农作物中，中国传统出口的茶叶，在清末就开始衰落。面对着发展起来的印度、锡兰、日本、爪哇等地茶叶的竞争，受封建关系束缚，不能进行改良的华茶，逐步被排挤出世界市场。欧战爆发后，对欧美出口锐减。而1915年洋茶入口却值五百万元以上，可见我国茶叶衰落的程度。

除农业本身之外，农民的副业生产也有所发展。佃户因为受剥削，种田少，往往依赖副业维持生活。虽然由于工业产品的排挤，手工缫丝和一些地方的土布衰落了，但一些新的副业又兴起了，如山东的草帽辫，无锡、上海一带的花边，经过改良的高阳土布，江浙的织袜，烟草产区的油坊，等等。这些副业物产的出口，虽不免受欧战的影响，但仍是这一时期农家的重要副业。这些副业生产和商品作物发达的少数地区，农民获得了较多的工作机会，以付出更多的劳动为代价，也可以使生活有所改善。

三　农村经济的衰败

农村商品生产的发展，并不意味着农村的繁荣。中国农村商品经济的发展，是列强的经济侵略所促成的，因此，中国农村越是被深入地卷入国际市场，列强对中国农村的控制和剥削也越加深重。而且，列强对中国农村的掠夺，是通过买办资本和商业高利贷资本同中国农村的

---

① 《广东全省农林试验场成绩报告》，《农商公报》第18期，1916年1月。
② 许道夫：《中国近代农业生产及贸易统计资料》，第145—146页。

封建势力相勾结来实现的,这种格局严重地阻抑着民族资本的发展,即使在欧战时期,也只是有所放松而无可避免。由于封建的土地关系在辛亥革命后没有得到改革,农村的生产关系继续恶化。土地兼并、土地集中的趋势在加剧,农村经济由于缺少活力而日趋衰败。

民国成立以后,前清贵族的土地占有制趋于衰落,但民国的新贵们却在贪婪地掠夺土地。例如江苏督军李纯,"先后在天津周围的魏庄子买地二十四顷,价八万元;东局子地六顷,价五万元;芦新河地十八顷,价四万元;军粮城地四十六顷,价五万元。还有大毕庄三顷,李家祠堂西苇地八十亩,以及窑地七十亩,共价六万余元。大城县吕召庄有地一顷三十亩,武清县有地五顷,共价七万余元。一九一八年准备修建浦口商埠时,曾在其附近九袱洲以两万元买地两顷。在新河附近买了有三个熬盐池的盐滩,价三万元;在运河裁弯取直时,出现了很多废河地,经警察厅长杨以德手买到西自西大弯子至单街子北,东自狮子林南一直到水梯子大街两大段废河地,长三里左右,宽约五十米,亩数和买价不详。"①

土地的兼并,在放荒地区显得格外严重。当时,"当放荒之际,有势力(行政官及巨绅)、有关系者(知事,放荒员及其戚友),择地之肥美而交通便利者,若者数百方,若者数十方"②。张作霖在1916年曾强迫开放达尔汉亲王旗辽河南北沃土四千多方(每方四十五晌),"张作霖及其岳母王老太太、鲍贵卿、冯麟阁等分割了千余方"③。那时南北著名的军阀、官僚,无不广占土地。

就是商人在积累资本的同时,也广买土地。甚至华侨商人,也回乡购置地产。东北有一人以经营小铺起家,至1915年时,发展成杂货杂

---

① 《李纯一生的聚敛》,《天津文史资料选辑》第1辑,第119页。

② 《东三省荒务概况》,《农商公报》第14期,1915年9月。

③ 满铁经济调查会:《满洲经济年报》,转引自《中国近代农业史资料》第2辑,第19页。

粮商人,而出租土地已达一千八百一十六点七亩。商人"认为把赚来的钱用于土地投资比较安全"①。在动乱比较厉害的地区,这种情况更甚。如安徽涡阳,"辛亥以前,拥资者醉心商业,视置产为迂图。是年(1911)冬,王士秀屯军县垣,沿门索饷,继以威逼,窖锭发掘靡遗。县人知动产之不足恃也,负郭土田,逐渐腾贵,不十年且倍蓰"②。这样便形成了工商资本转移为封建地产的逆流,从总体看来,商人占有土地的情况很普遍。

此外,列强在华势力也广占土地,尤其是俄、日在东北铁路沿线占有大批土地,而日本更蓄意向东北殖民。1914年南满铁道株式会社主办"除队兵移民",从南满洲铁道守备队的退伍兵中,选定三十四户在"满铁"属地内务农。1915年,日本关东厅预先在辽东半岛的金州附近收买了一批水田,实施"爱川村移民",把土地分给十九户日本移民耕种。虽然上述移民规模很小,成效不大,却是后来日本向东北大举移民的滥觞。1914年间,日本利用奉天谋求向日本借款的机会,要求中日合办农业,以遂其向东北殖民的图谋,因遭到袁世凯政府的拒绝,没有成功。日军占领青岛之后,日本拓殖株式会社也在胶济铁路沿线收买地产。此外,列强在华教会也广置地产,列强在华企业更违背条约,通过买办来购买土地,侵我主权。如江苏南通,"比年盗卖与私垦,不一而足,且有多数为教会购置者"③。又如英美烟公司,于1915年通过买办任伯言在许昌用永安堂名义,替公司半霸占、半收买占去了数百亩土地。日本人在东北通辽县收买土地,也是如此,"一向是用自己所雇用

①　梶原子治:《满洲农地集中分散的研究》,转引自《中国近代农业史资料》第2辑,第304页。

②　黄佩兰等:《涡阳风土记》,转引自《中国近代农业史资料》第2辑,第61页。

③　《农商部咨财政部文》(1914年10月2日),《农商公报》第4期,1914年11月。

的中国人的名义买入，或者利用堂号，向例并不表明资本主为日本人"①。

土地的兼并和集中，使农民失去土地，生计艰难，而北洋政府的横征暴敛，封建剥削的苛重残酷，又导致无数农民趋于破产。

民国时期的征收制度是从前清继承下来的，弊病很多。各地没有确切的田赋征收图册，全凭地方经征人员——粮柜、社书、地保等的操纵。土豪劣绅又向农民转嫁田赋负担，加上经征人员贪污舞弊，敲诈勒索，使普通农民的实际负担，远远超过上交给国库的面额。据《神州日报》1916年9月估计，农民每岁增加的额外附加和额外暗索，达银元一亿三四千万元之多②。此外，农民还要承担公债和纸币贬值的巨大损失。

由于田赋及各种负担增加，地主遂纷纷提高田租率，以致租佃矛盾日趋严重。如浙江嘉兴地区，"嘉兴之田，业户不恤佃，佃户不顾业。束于重赋之下，业以定课之故，租不得轻；佃以完租之故，力不能胜。业则味同嚼蜡，舍田而他图；佃则终岁勤勤，无斗粟之储，遂至于抗租终讼，业、佃两困"③。

由于封建剥削的加重，农民趋于破产，因而地主和农民的阶级对立日益尖锐。民国以来，江苏一些地区的地主纷纷成立田业会，与佃户处于直接对立的地位，使阶级斗争日趋表面化。如苏州地区，"其专司拘押笞扑农民之责者，在前清时有巡检司。民国成立，巡检司裁，诸田主惧无威吓农民之具也，乃结一会，名曰田业公会，并辟一陋室，围以栅栏，名曰押田公所，农民有不如意者则押之，室小而押者众，有时之骈足立，身不得曲，粪秽狼藉，虮虱丛生，毙者时有所闻焉"④。因此，农民的

① 1920年9月11日本驻郑家屯领事池部正次致日本外务大臣内田康哉机密第23号信附件，转引自《中国近代农业史资料》第2辑，第35页。

② 《神州日报》，1916年9月15日。

③ 金蓉镜：《均赋余议》，转引自《中国近代农业史资料》第2辑，第602页。

④ 张祖荫述：《震泽之农民》，《新青年》第4卷第3号，1918年3月。

抗租斗争层出不穷。农村的形势已经是山雨欲来风满楼了。

　　封建主义是帝国主义的附庸。随着列强对华商品输出和资本输出的扩大，帝国主义和封建主义更加紧密地勾结起来，残酷剥削中国人民。列强历年通过赔款、借款，尤其是善后大借款对关盐两税的控制，使北洋财政不能不依靠增加田赋来弥补财政亏空。列强对华的政治贷款，是压在农民身上的一副重担。在民国初年，列强对华商品输出继续扩大，洋货更为深入内地。如云南，"自数年以来，盖趋于滥用洋货之陋习，自光复以来，此风尤有一日千里之势"①。不过，由于欧战的爆发，列强对华输出一时趋于停滞和下降，相应地也就减弱了掠夺中国农产品的能力（参第五章第一节）。

　　但是，由于列强把中国农村卷入了国际市场，欧战的爆发和结束，都使中国的农村经济受到强烈的冲击。如杭州，自欧战爆发，"出口货受损失更甚，洋丝一项日来毫无交易，从前每两售一角，今则即减百分之二十尚无人问津。其余若茶叶、羊毛、骨头、旧絮、破布、杂粮等等，皆因之而停止交易矣"②。一年之后，汉口市场仍然"土货滞销，价值大跌（牛皮、芝麻、油类、布匹各货皆因出口稀少，顿减其值）"③。中国交通运输业不发达，也使中国的出口产品遭到重大损失。朱执信说："自开战以来，上海常积三万吨之货物……则各原产地之货亦无从运出，坐待腐败。此其损失，不仅在息，乃在于本。此非每年数万万之损失乎？"④欧战期间，茶叶、芝麻等农产品，以及草帽辫、花边等副业产品，受到沉重的打击。欧战结束后，欧洲严重缺粮，日本也因乘欧战之际发展工业，导致粮食危机。于是，1919 年—1920 年间，各国从历来缺粮的中国大批收购粮食出口。北洋政府和军阀、奸商，惑于小利，也不顾民食，大

---

①　徐为邦：《国货与洋货》，《云南实业杂志》第 3 卷第 4 号。

②　《申报》，1914 年 8 月 5 日。

③　《申报》，1915 年 12 月 13 日。

④　朱执信：《中国存亡问题》，日本东京会文社 1917 年版，第 22 页。

量运米出口。而恰在 1919 年，江南发生水灾，1920 年春，北五省又遇大旱，造成全国严重缺粮，饥馑遍地。上海米价在夏秋之际，从每石七元暴涨至十六元以上。粮价上涨使囤粮的地主商人获得了收益，而粮农并未受益，缺粮的贫苦农民还不能不陷于挨饿的境地。

虽然欧洲列强卷入战争，削弱了对华的经济侵略，但日本却进一步崛起，利用它在华的特权和雄厚的资金操纵物价，加强了对中国农产品的掠夺。

在 1900 年—1910 年间，东北大连输往日本的大豆及豆制品，占全部输出量(包括本国其他地区)的 43%，而到 1919 年—1920 年间竟增加到 80.9%①。同时，日本对华棉的收购，也因日本本土及在华纺织业的扩展而急剧增加。当时"日本人在夏季，往往深入腹地，直接贷资于农人，每亩自二三元至七八元不等。农人受此定银，所产棉花概须由日人收买，已完全失却自由脱售之权。因其曾受定洋，致受压迫，货主买客，何方得利，不烦言而自见。以故腹地棉业，往往受日人之控制，镠辖日多，人民不堪其状。官吏、绅士、棉商均畏惧之，嗫不敢声"②。这种情况不仅使棉农深受其害，也使中国民族棉纺织业在收购原料上十分困难。

列强通过对华资本输出，直接在原料产地设厂，剥削中国廉价的劳动力和低价掠夺农产品，更加剧了中国农村的衰败。如英美烟公司1902 年在华设厂，1913 年起在湖北光化、老河口和山东潍县、坊子设立美种烟草试验所，向农民推广美种烟草。由于种烟需要较多的资本和集约程度更高的劳动，公司通过买办和当地的士绅结合，向农民发放贷款和烟种，垄断烤烟的收购，并利用买办在非条约口岸收购土地，开设烤烟厂，在当地封建势力的保护下压价剥削农民。如 1919 年，收购商

① 屈维它:《现在的满洲经济》,《前锋》(广州平民书社)第 3 期,1924 年 2 月。
② 穆藕初:《振兴棉业刍议》,《华商纱厂联合会季刊》第 2 卷第 1 期,1920 年 10月。

所定平均价格为 20 元,而农民所得平均价格仅 9 元,只有实际价格的
45％。农民的收入甚至不够偿还生产费用。正是在残酷剥削农民的基
础上,英美烟公司发展成为在华的"烟草王国"。

　　由于政治腐败,兵祸连绵,致使水利失修,天灾频仍。1912 年湘、
赣、闽、粤大水。1913 年,直隶永定河决口,江淮泛滥,赣、豫、皖大旱。
1914 年,粤、桂、湘、赣等省水灾,濮阳黄河决口,川、湘、鄂大旱,苏、皖
两省虫害。是年受灾农田几乎占全国农田的一半左右。1915 年 5 月,
濮阳河工决口,8 月黄河决口,浙、赣、鄂、湘、鲁、粤、辽、黑大水。1916
年 8 月江苏水灾,江北淮河、运河一带大水,灾区达三万四千方里。而
尤以 1920 年陕、豫、冀、鲁、晋五省大旱为最甚,灾民二千万,死亡达五
十万人。

　　由于农村经济的衰败,破产农民日渐增多。各地农民离乡背井,四
出谋生。如福建厦门一带,"人们相信这十年(1912—1921)中,耕地面
积已经缩小了一些,各种作物产量也减少了。这种情况的原因之一,就
是大量身体强壮的劳动者已经放弃了田间工作,流亡到海峡殖民地、爪
哇等地"[1]。在欧战期间,山东省有十五万工人作为劳工移往英国和法
国。河北、山东的农民还大批向东三省移民。1912 年—1920 年期间大
约移民二十九万人。总之,这时从全国来看,农民的处境都已到了山穷
水尽的地步。

第三节　财政和税收

一　财政体制和财政方针

　　唐绍仪内阁成立后,熊希龄出任财政总长。1912 年 4 月 6 日陈锦
涛交卸了部务,南京临时政府财政部宣告结束。熊于 5 月 6 日接收了

---

　　[1]　《海关十年报告》(1912—1921 年)第 2 卷,第 159 页。

北京度支部事务,不久即解散了度支部,另行成立财政部筹备处,以王璟芳为总办,章宗元为帮办,糅合南北新旧部员办事。

　　当时,财政危机十分严重。一方面,由于战争破坏,经济萧条,税收减免,体制紊乱而使收入锐减;另一方面,由于军队膨胀而使支出剧增。尤其是中央财政,几乎没有收入。除了要各地厉行裁兵节饷之外,"惟以输入外债,以救急需"①。尽管财政如此困难,但在革命思潮高涨的形势下,国务总理唐绍仪在规划财政时,仍强烈地希望以振兴实业来促进民族的复兴。他在与银行团接洽借款时,提出了五年内借款六千万英镑以整理财政、振兴实业的计划,准备在偿还外债之外,其余的款项以 80％用于实业,20％用于军政及教育方面。然而这个计划,由于列强提出了监督中国财政的要求而未能实现。面对着列强干涉中国财政的图谋,各派之间在财政方针上出现了严重分歧。孙中山、黄兴主张在国内筹集资金,通过提倡国民捐、发行不兑换纸币来解决财政问题。同盟会由黄兴出面提出的国民捐方案,规定财产在五百元以上累进征收,工薪在十元以上者,捐纳十分之一,以三个月为限,带有强迫性质,并非自愿认捐。同盟会的方案得到国务总理唐绍仪的同情。但是,袁世凯、熊希龄以及共和党、统一党等都不赞成。中国银行正监督吴鼎昌(熊派)认为,强迫国民捐和不兑换纸币是行不通的。他说:"试观现时全国殷富巨室,大都以就近租界为护符,以外国银行为库藏,内地所余不过日用零星之现货,与土地房屋等之不动产而已。若以强迫之力,夺其生活之资,恐中下社会人民势必相率迁入租界,全国骚然,大祸立至矣。"②袁世凯在参议院正副议长进谒时明确表示:"唐总理拟行勒捐及不换纸币,仆不谓然。苟行其说,全国骚然,危亡立见,与仆建设民国、确定共和政体之初心大背。闻前日唐总理亲以此意商诸贵院诸君,故

---

①　唐绍仪在参议院的演说,《政府公报》,1912 年 5 月 16 日。
②　《政府公报》,1912 年 6 月 4 日。

仆今日亦为诸君言之,聊表区区之意耳。"①在袁世凯主持下,熊希龄和后任财政总长周学熙,实行单纯依赖外债的政策,使民国元年、二年间的财政,不能不为列强所牵制和操纵。

1912 年 6 月,为了整理财政,增加中央收入,建立中央集权的财政体系,财政部提出了在各省设立国税司(后改称国税厅)的计划。国税司由财政部直接领导,司长由部委派。财政部打算"从北方入手,先行整理北方税务……渐行推及于南方"②。但一方面,中央集权还是地方分权的问题没有解决,要把地方的财权收归中央,在事实上还做不到。另一方面,国家税和地方税如何划分的问题也在争论之中,没有解决。江苏都督程德全主张"如地税之属于直接者,应归地方收入"③,"各省有此经常之费,可以兴办实业,可以推广学校,可以整顿警察,不数年间,地方行政气象一新,民生既因之发荣,税源亦随之展拓"④。而奉天都督赵尔巽则认为:"中国以农立国,各省地丁钱粮,占全国收入之大部分,一经整理,可以岁增巨款。乃因土质肥瘠不同,税率高低不一,拟全数划归地方,国家失此可靠之税源,势必益形支绌。"⑤财政体制问题意见纷歧,一时难定。

由于当时政争激烈,熊希龄任内,在财政方面并无多大建树。随着唐阁倾倒,熊也于 7 月间辞职。旋由周学熙出任财政总长,于 8 月 19日就任。周学熙曾任直隶工艺总局总办,是袁世凯任直隶总督时期经办新式工业的主要助手。他出任财政总长,能直接贯彻袁世凯的理财方针,在其任内奠定了北洋财政体制的基础。

周学熙一上任,即撤销了熊希龄的财政部筹备处。他按照国务院

---

① 《申报》,1912 年 5 月 14 日。

② 财政委员刘颂虞说明,《参议院第二十一次会议速记录》,《政府公报》,1912年 6 月 25 日。

③ 《程雪楼先生书牍》上卷,第 44 页。

④ 《程雪楼先生书牍》下卷,第 25 页。

⑤ 《中华民国新文牍汇编》第 6 卷,第 39 页。

官制,在部之下设立总务厅,派赵从蕃署理,又设盐务筹备处,任汤寿枏为总办。他选择赵椿年为财政部次长(旋改齐耀珊),改变了熊希龄南北部员兼用的方针,起用前清旧吏,排斥南京部员。周学熙改变了熊希龄原拟设立三司(即会计司、赋税司、财务司)的方案,在财政部中设立五司,即:赋税司、会计司、泉币司、公债司、库藏司。财政部官制经参议院通过后,于1912年11月2日由袁世凯命令公布。

周学熙着重注意的问题是统一财政。为此,他于9月间成立了调查委员会,以王璟芳为会长,并向各省派出财政视察员,考察各省财政状况,与各省都督协商财政事项。当时,财政部要和各省都督商量的主要是两件事:第一是要求各省都督支持财政部向六国银行团借款;第二是要求各省赞成成立国税厅筹备处,以期划分国家税和地方税。1912年12月11日,山西都督阎锡山首先通电表示赞成,各省都督也陆续表示同意。1913年1月10日,袁世凯利用参议院活动停滞的机会,未待参议院通过,即擅自批准了财政部拟定的成立国税厅筹备处章程,由国税厅筹备处"掌监督及执行关于国税事务"①,并陆续任命了各省的国税厅筹备处处长。财政部调查委员会也改为国税厅总筹备处。

国税厅的设立,是加强中央集权的措施。按照前清的财政体系,虽然财权名义上属于中央,但事实上由各地督抚负责征收,然后按一定的数额解送中央,地方拥有财政实权。而民国成立之后,财权完全掌握在地方手里。国税厅的设立,就是要由中央直接经管原由地方征收的国家税,把财权收归中央。在税目的划分上,将十七种重要税目(一、田赋,二、盐课,三、关税,四、常关,五、统捐,六、厘金,七、矿税,八、契税,九、牙税,十、当税,十一、牙捐,十二、当捐,十三、烟税,十四、酒税,十五、茶税,十六、糖税,十七、渔业税)列为国家税。仅将田赋附加税、商税等十九种不重要的税目,列为地方税。

各省都督表面上不反对国税厅的方案,但在实际上消极抵制,对新

----

① 《政府公报》,1913年1月11日。

设的国税厅,拖延不交有关国税案卷,全案交出者寥寥无几。江西都督李烈钧通电主张:"应从元年度出纳闭锁,二年度开始之期,为国家、地方出入一律划清,接收案卷,分报机关,厘订税则,组织金库,同时并举,方能一致办行。"①江苏都督程德全和苏省士绅一再主张地税划归地方税,因而苏省的田赋也迟迟不交。程德全对财政部中央集权的做法十分不满,"以部中事事独立,不顾地方艰难,颇多抑郁"②。财政部不得不放慢步骤,"令(各省筹备处)暂缓接收,先行筹备。所有应办之事,均令会商财政司办理"③。

周学熙在签署善后大借款之后,因受到舆论的抨击,被迫于1913年5月间辞职。5月16日由梁士诒任财政部次长,暂时代理部务。在梁士诒任内,首次运用铁路借款的名义来筹措军费,显示了交通系在财政上的实力。在财政方针上,梁认为"统一主义之实行,尤以财政为唯一之根本"④。而治标之策则为:一、励行裁兵节饷主义,二、励行减政主义,三、增加新税,四、整顿旧税。此外,在梁主持下,财政部编订了民国二年度预算案。

先是,临时政府北迁后,参议院议员认为,"预算者乃人民监督政府最要之点"⑤,"使国民晓然于政府之措置,以坚其信用之心"⑥,所以咨催政府提交预算甚急。同时,按照民主体制,政府设立审计处,任陈锦涛为总办。因陈未到任,由王璟芳署理,于1912年9月28日开始任职,以监督财务行政的执行。当时正值战乱之后,各地簿据不全,预算迟迟不能草定。财政部仅编制了中央1912年8月至12月和1913年上半年收支的临时预算,而审计处也形同虚设。唯善后借款成立后,审

①　《申报》,1913年2月22日。
②　《张一麐致程德全电》,江苏都督府秘书处密电密件室抄存件。
③　《政府公报》,1913年4月5日。按:财政司系各省都督属下财政机构。
④　《代理财政部部务梁次长财政会议演说稿》,《政府公报》,1913年9月6日。
⑤　《参议院第四次会议速记录》,《政府公报》,1912年5月14日。
⑥　《参议院咨大总统文》,《申报》,1912年5月19日。

计处的外国顾问对善后借款的支出,监督颇严。民国成立后,参议院和行政当局大体上倾向于以 7 月 1 日至翌年 6 月 30 日为财政年度。至梁接任财部,民国二年的财政年度即将开始,而国会也已召开。于是,梁于 7 月下旬匆匆将预算案编定,交国会审核。由于政局变化,民二预算旋被撤回,由后任财长熊希龄加以修正。事实上,民二预算既未经国会通过,也没有执行。后来,民国三年度只有概算,并未交立法机关讨论。1915 年 4 月,因"实际分配经费,均以年份计算"①,7 月 1 日开始的财政年度成为累赘,便更改财政年度与历年制相同。1915 年底,袁世凯"欲以办理帝政之经费责国民负担"②,匆匆交参政院通过民五预算,号称"中国预算第一次正式成立"③。实际上,袁世凯的统治摇摇欲坠,所谓预算制度始终徒有虚名。至于审计制度,虽然于 1914 年 6 月 16 日公布了《审计院编制法》,规定审计院直隶大总统,并采事后审计的办法,仅审定国家岁入岁出的决算。但事实上,"内外官署大率不照审计手续,即遵照矣,亦依式填注,类多虚伪之事"④。袁世凯统治时期,始终没有办成决算,审计更无从说起。

　　袁世凯本人从 1913 年底起,就开始直接控制财政事务。他在接见进京的各省都督时,就要他们向中央解款,着手解决财政问题。熊被迫向袁请辞财长职时,袁世凯表示:"中国财政困难,君等皆不愿担任,说不了自今以后,我竟不能不分一部分之精神,照料财政。"⑤熊希龄于 1914 年 2 月辞职后,周自齐署财政总长,而"所有每月行政经费之分配,大率由总统自行决定"⑥。

　　1914 年 2 月间,袁世凯召集财政会议,由各省、各部和财政部代表

---

①　《大总统申令》,《政府公报》,1915 年 4 月 21 日。
②　吴贯因:《中国预算制度雏议·自序》。
③　北洋政府财政部编:《民国财政纪要·关于预算编制事项》,1915 年石印本。
④　贾士毅:《民国财政史》上册第 1 编,第 242 页。
⑤　《熊总理辞职后之财政进行观》,《申报》,1914 年 2 月 18 日。
⑥　《申报》,1914 年 3 月 28 日。

以及袁世凯选派的代表参加,着手全面建立北洋的财政体制。会议讨论了当时的财政状况,确定支出概算方针,削减各省原开预算,财政收支有余的省份承认了中央解款数目。5月26日,袁世凯发布命令:"此次核定三年度各省概算,军政、行政各费业经限定支数,不准逾越范围。"①

记者黄远庸评论说:"自熊内阁以前,可谓吾国财务行政之理想时期。综言之,即照各国成规,用预算设审计,以国税厅独立于各地方长官之外,为中央特派之官,划分国税与地方税,财政权一切集权于中央之办法是也。而以财政支绌,解款不符于预计之故,乃遂群归咎于新制度之不善。其(第一)有联想而起者,即谓欲整理中国财政,必须规复原有税额,欲规复原有税额,则必规复前清原有之制度,及以前清有经验之官员为经理税务机关。盖此皆应同时发生之联想也。"②

1914年5月,袁世凯实行总统独裁制,除财政部外,政事堂下设主计局,职掌筹议财政、稽核预算事项。6月1日,袁世凯又批准了周自齐的呈文,取消国税、地方税名目。先是,各省国税厅筹备处于1913年底相继成立,然而这一体制没有成效。国税厅设立后,"各该行政官多疑赋税等项一经解厅,即为中央之专款,不得自由取支,或委延不交,或既交之后于督促概不出力,任其短绌"③。至此,遂取消了两税的划分,采取了地方解款中央的体制。

但是,与前清不同,袁世凯加强了中央集权。6月11日,袁世凯公布了《财政厅办事权限条例》,规定各省财政厅长由大总统任命,直隶财政部,受财政部指挥,并奉特别命令,"受巡按使之监督,在规定范围内,受巡按使之指挥"④。而巡按使关于财政事务,"一切当受成于本部(财

---

① 《政府公报》,1914年5月27日。
② 《远生遗著》卷4,第22页。
③ 《大总统命令》,《政府公报》,1913年12月24日。
④ 《政府公报》,1914年6月12日。

政部)"①。袁世凯终于完成了财政的统一体制。体制的这一变化,是要地方上尽量腾挪款项,以供中央之需,同时也给地方上较多的支配收支的灵活性。所以,袁世凯对各省说:"现在国家税、地方税业已取消,岂乏腾挪余地,移缓就急,自当力任其难。"并要求各省除认解外,另行"妥筹的款若干,作为筹解"②。

同时,袁世凯谕令"以后对于收税各官之赏罚,必须分明,以重国课"③,并于1914年间制定了一系列考成条例,以厉行奖惩制度,强化赋税的征收,一方面整顿旧税,一方面推行验契、印花税、烟酒牌照税等新税。欧战爆发以后,外债来源断绝,袁世凯任梁士诒为内国公债局总理,靠发行内国公债来弥补财政的不足。袁世凯认为:"在人民一方面,希望减轻负担,本属恒情;即政府亦非不欲轻徭薄赋,与民休息。但若经费不继,无以维持秩序,则人民必将受其痛苦;或信用丧失,牵动外交,益复不可思议,而人民之受痛苦恐将百倍于今日。"④于是,袁世凯政府就用加强国内搜括的办法,使财政紧张的局势得以缓和下来。《申报》评论袁世凯的财政方针说:"以前之计划,所谓蚀国之计划,以国易财,国将为财所尽矣。今日之新计划,所谓蚀民之计划,于民取财,民将为财所尽矣。"⑤

1915年3月5日,袁世凯任周学熙署理财政总长,起用皖系,来压抑势力膨胀的以梁士诒为首的粤系,部署称帝。但周学熙在筹办帝制经费方面,不能满足袁世凯的需要,因而"以筹款维艰四字,受不知大体之申斥"⑥。而梁士诒则积极为袁世凯筹划帝制经费,得以东山再起。然而,超强度的搜括,最终导致了袁世凯政府的财政崩溃。

①　周自齐呈,《政府公报》,1914年6月10日。
②　引自屈映光呈,中国第二历史档案馆藏北洋政府主计局档案。
③　《周氏视事后之民国财政谈》,《申报》,1914年2月19日。
④　《总统致财政会议委员训词》,《申报》,1914年5月14日。
⑤　冷:《财政新谈》,《申报》,1914年5月21日。
⑥　《时报》,1916年5月1日。

二　1912年—1913年间的财政状况

南京临时政府时期，财政就十分拮据，不能不靠借债度日。南北统一后，财政状况并未缓解，库空如洗。新任财政总长熊希龄接任时，"南京库储仅余三万，北京倍之，不及六万"①。按照前清财政体制，中央的主要收入来源于各省的解款。据前清宣统三年所作四年预算，中央岁入为一亿八千九百五十三万余元，而其中中央解款则达一亿七千四百九十万余元，占总收入的百分之九十二强。然而，自武昌起义以后，各省不仅截留了原应解归中央的税款，连在前清时期不敢耽误的"赔款"（庚子赔款）、"洋款"（外债）也截留不解，中央政府几乎没有收入。尽管中央政府一再向各省呼吁解款，但应者寥寥。鉴于外债难借，湖南都督谭延闿首先于1912年5月28日通电表示拨银三十万两接济中央，粤督胡汉民接着表示拟拨百万解京，各省也纷纷担任解款。但事实上，各省财力不支。江苏都督程德全讥评说："无如考其实际，或则移缓就急，或则挖肉补疮，甚且有长于肆应者，一面维持中央，一面增发纸币。"②因此，各省承担的解款多数落空。1912年—1913年间，中央政府从国内征集到的财政收入，为数不多。

根据不完全的资料，1912年—1913年间，中央政府除外债外，收入状况大致如下：

（一）各省解款：从1912年5月到1913年10月，收入二百六十余万元③。（1912年10月以前为一百七十多万两④。）

（二）国民捐：至1913年6月，收入三百零五万余元（其中1912年

---

① 《民立报》，1912年5月27日。

② 《程雪楼先生书牍》卷下，第23页。

③ 熊希龄：《政府大政方针宣言》，1913年单行本，第3页。

④ 《财政部致江苏都督冬电》（1912年10月），江苏都督府秘书处密电密件室抄存件。

为二百五十五万余元)①。

（三）崇文门、张家口、杀虎口、左右两翼等税务收入：这几个由中央直接经征的常关税收，按"宣统四年"预算约为一百七十七万余元，两年收入估计总在三百五六十万元左右。

（四）盐税：除各地截留盐税不计外，长芦、山东、河东、奉天、两淮等地盐税，1912 年 5 月到 1913 年 6 月，解款共四百七十八万余元②。

（五）交通部路航邮电收入：1912 年—1913 年间，交通部代财政部拨款二百五十八万余元③。

（六）其他：如新辟印花税 1913 年间收入五万元，华侨爱国捐几十万元，等等，为数不大。

（七）国内银行垫款：银行借垫，在 1912 年—1913 年间，一般为短期往来性质，但中国银行、交通银行的一些垫款也属有借无还。据孙多森呈，至 1913 年初，财政部已向中行借垫一百多万元④。不过，这一时期，中、交银行的垫款还不算多。

上述各项收入，在一年多的时间内，不过二千万元左右，远远不能满足军政各费的需要。因此，1912 年—1913 年间，中央政府的主要财政收入来源于外债。

1912 年—1913 年间，用于军政费用的外债收入，除南京临时政府结束时期的比国借款一百二十五万英镑和善后借款垫款规元银三百一十万两不计外，主要是 1912 年五六月间善后借款三次垫款共规元银九

---

① 《政府公报》，1913 年 3 月 17 日、8 月 9 日、11 月 29 日。此外，当另有华侨爱国捐没有统计在内。

② 《善后借款告罄后之中央财政》，《申》，1913 年 11 月 16 日。

③ 《交通部开本部欠付各款》，中国第二历史档案馆藏北洋政府财政部档案。按：1912 年路政营业收支盈余一千四百七十三万余元，1913 年盈余一千八百一十八万余元。但交通部为偿还外债，整顿路政，仍然入不敷出。邮电路航四政收支属特别会计，单独核算，这里仅指挪作军政经费部分。

④ 《政府公报》，1913 年 6 月 30 日。

百万两(约合一千一百九十万余元),1912年9月到1913年春的克里斯浦借款五百万英镑(实收约合银元三千八百三十四万余元),以及1913年4月达成的二千五百万英镑的善后借款(其中,1913年12月底以前用于军政各费的数目为六千五百三十一万余元,1914—1915年间为二千四百二十万余元)。三项合计,1912—1913年间军政费支用的外债为一亿一千五百五十五万余元。除上述借款之外,中央政府还四出谋求小借款。财政部于1913年3月1日与德商瑞记洋行达成了三十万英镑借款,4月10日又由瑞记洋行经手与奥国公司达成了两笔分别为一百二十万英镑和二百万英镑的借款。这三笔借款都以购买军火为条件,"所付现款,仅得半数"①。两笔奥国借款,在1913年内,"已交者只一百万(英镑)"②,约合一千万元。而民国元年、二年间,中央各部的零星借款约有二百二十万元③。估计上述几笔外债用于军政开支的部分,约达一千五百万元左右。

善后借款成立后,列强在实业借款方面,放弃了垄断的政策,改为自由竞争。中国政府遂以出卖路权为代价,签订铁路借款合同,挪作军政用费。早在1912年9月签订的陇海铁路借款,第一期债票发放四百万英镑,财政部就挪用五十五万八千余英镑④,约合五百五十八万元。至1913年7月,二次革命爆发,袁世凯急需战争经费,遂于7月22日签订了《同成铁路借款合同》,条件是法比公司承认"至迟在合同签字之第十八日,交付中国政府一百万英镑,如不交此款,合同即行作废,并无效力"⑤。这笔约合一千万元的垫款,全部挪作财政经费。连同前项,总共约一千五百五十八万元。

① 《民国财政史》下册第4编,第46页。
② 《申报》,1913年12月14日。
③ 参见《袁世凯统治时期北洋军阀政府所借外债表》,《中国近代外债史统计资料》。
④ 曾鲲化:《中国铁路史》下册,第496页。
⑤ 《法比公司上中国政府密函》,《中外旧约章汇编》第2册,第915页。

　　总之,1912 年—1913 年间,用于中央军政开支的外债约达一亿五千万元左右,而 1912 年间所耗外债费用不超过三千六百万元,1913 年间所耗外债即达一亿一二千万元之巨。袁世凯政府有这些外债输血,就着手镇压革命。

　　民国中央政府的财政支出,赔款和外债是一笔沉重的负担。本来,在前清时期,关税是国家财政收入的主要来源之一。武昌起义以后,列强把中国的关税控制起来,由税务司存入列强在华银行,以备抵付赔款和历年所欠的外债。但关税收入拨付之后,仍不足以偿清外债。二千五百万英镑的善后借款,其主要用途也是清偿赔款和历欠外债。按照善后借款甲、乙、丙三号附件,清还 1912 年底到期赔款约二百万英镑;清还到期的前清中央政府和各省借款本息,以及 1912 年的银行团历次垫款和比国借款本息共约六百七十八万余英镑(其中银行团垫款和比款本息为三百二十二万八千英镑),共计约合八千七百八十余万元。其余一些无确实担保的外债,因为无力偿还,只好与债权人商量付以国库证券,延期清还。中国政府为了借债还债,蒙受了巨大的财政损失。如克里斯浦借款优先权取消时,中国即被迫赔偿了十五万英镑。而 1912 年—1913 年间,大小借款利息、扣用、汇水、贴费损失竟达六千万元左右①,真是一笔惊人的负担。当然,这些都不得不在借款项下拨付。

　　南北统一时,民国财政的另一沉重负担,是军费支出的膨胀。当时无论南北都扩张了军队。就陆军部直辖军队来说,北洋方面增加了拱卫军、备补军、武卫前军,相当于三个加强师。南京方面,留守府所辖军队,完全之师即达十六师之众,总计兵额达二十余万人。"月需经常费三百六十余万元,即军队额给一项,已占三百零六万余元。"②南北两方

---

①　财政部沁电(1913 年 10 月),《政府公报》,1913 年 11 月 2 日。
②　《黄兴集》,第 216 页。

军饷合计,据财政总长熊希龄声称,每月为七百万两①,约合九百七十余万元,较前清宣统三年所作四年中央军费预算平均每月二百一十六万余元之数膨胀达四倍多。为了裁兵,必须清还欠饷,发给恩饷,又是财政的一大负担。留守府军队迅速裁遣后,一部分划归江苏整理,中央军费才得以大大减轻。据预算,1912年8月—12月四个月,经费每月为三百零九万七千余元②;1913年1月—6月,该项经费每月增至三百八十万六千余元③。而民二预算,中央陆军经费每月达四百八十三万二千余元(其中经常费据12月份支付概算书为三百五十七万六千余元)④。当南方裁军之际,北洋军费却在扩充,收入的外债主要用于军费。仅在《政府公报》公布的垫款、克里斯浦借款、国民捐和大借款所支出的九千二百八十八万余元中(到1913年底),军费即达五千余万元,其中陆军各师费用达四千五百多万元,占支出总数的一半。在1913年7月以前,支付的遣散费一项达四百七十九万余元。同时,地方上也因军费支出庞大,感到财政困难。袁世凯为控制地方计,1912年—1913年间,协助各地方达一千四百万元之多⑤,其中主要也是用于军费,而最主要的是用于江苏地区裁军之用。截至1913年初,中央补助江苏都督程德全的费用即达五百万元,补助第一军军长柏文蔚百万元(第一军有两师驻在江苏境内)⑥,补助扬州第二军徐宝山约百万元,遣散无所属的驻徐州的三十九旅二十五万元⑦。

　　镇压二次革命的战争费用,是又一笔沉重的财政负担。虽然大借

① 《黄兴集》,第219页。按:北方军队指陆军部直辖各师,南方则指留守府所部。

② 据北洋政府财政部编《中华民国二年一月至六月预算总册》所列增加数推算。

③ 《中华民国二年一月至六月预算总册》,此数中新增湖北兵工厂、上海制造局、南京第一军及第一团属官等单位。

④ 《民国财政史》上册第1编,第49页。

⑤ 《政府大政方针宣言》,第3页。

⑥ 《柏文蔚致陆军部青电》,中国第二历史档案馆藏北洋政府陆军部档案。

⑦ 《政府公报》,1912年11月14日。

款规定了具体用途,但由于列强对袁世凯的支持,这笔借款中规定的裁兵费项下被挪作战争的经费,据说达一千九百万元①。至于其他来源的经费,难以查考。

至于行政经费,则十分拮据。除必不可少的支出,诸如举办实业、推广教育、司法行政诸费外,大多落空。据估计,1912 年 3 月—1913 年3 月间,"中央政府每月政费约须五百万元,其中最占多额者为陆军部之经费三百万元……自去年三月至今一个年间,经常支出每月五百万,即六千万元,与临时支出约三千万元余"②。行政经费每月经常费只有二百万元。1913 年春,国会召开,袁世凯为对付革命党人,收买议员,各项政费膨胀。1913 年 5 月,中央军政费用支出一千四百零七万余元,6 月支出一千三百四十九万余元③。因此,财政更困难。中央政府于 7 月间不得不实行减政主义,裁汰冗员,裁并不重要的各司和中央直辖机关,并实行减俸。自 1913 年 8 月份起,薪饷搭放公债票,旋改有利国库券。11 月后军务告竣,停止搭放,改为凡在京立法、司法、行政各机关人员,月俸自二百元以上至三百元者暂减一成,三百至五百者减二成,五百以上者减三成的办法④。熊希龄任总理兼财政总长时,中央政府"每月仅仅开支六百万元"⑤。扣去军费,行政费仍然只有二百多万元。

1912 年—1913 年间的中央财政危机,根源于地方财政危机。辛亥革命当中,独立各省纷纷减免田赋,废除厘金,停征苛捐杂税。由于革命情绪高涨,人民不再如前清时被迫纳税。虽然独立各省因财政困难,不久即恢复赋税的征收,但是新的财政体制的建立相当缓慢,因而各省的财政收入,远远达不到前清的目标。浙江都督朱瑞报告说:"上年光

---

①　《申报》,1913 年 10 月 9 日。

②　《中央政府之罗掘策》,《申报》,1913 年 3 月 11 日。

③　《申报》,1913 年 9 月 20 日。

④　《政府公报》,1913 年 11 月 6 日。

⑤　《减政主义将次实行矣》,《申报》,1913 年 12 月 7 日。

复后至今年三月无丝毫入款,三月以后,赋税稍稍收入……以言开源,则生计凋敝,民气嚣张,向来应纳各税捐尚多观望,遑论加增负担,另辟税源。"①苏督程德全也报告说:"辛亥年忙漕至今尚未扫清,本年忙银则解数尤属寥寥。推原其故,人民疲玩成习者有之,官厅征收不力者亦有之。"②在这种情况下,各省财政体制都十分混乱,税收自然得不到保证。

这时的地方各项支出,特别是军费支出,大大超过前清。粤督胡汉民说:"改革以来,税入虽不逮前时,而行政经费少于前清时代者不止倍万,复无赔款之负担,何以困厄至此,皆因兵额骤加,遂至军需浩大。"③据1912年7月间的统计,各省兵额由清末的陆防四十八万五千五百七十人(不包括旗兵、绿营)扩充到一百零八万七千六百八十人,增加六十万二千一百一十人,月饷由三百六十七万四千七百两,扩大到六百九十四万零五百两又二百四十九万四千元,增加五百四十一万零六百两。④这些数字虽然不免夸大,但军饷远远超过前清新军、绿防各营年饷五千八百四十九万余两(月平均约四百八十七万余两)之数,则是没有疑问的。到1912年底,各省裁军大体就绪,合计全国陆军人数仍达九十五万九千八百零八人,年饷一亿一千二百七十五万余元(相当于八千一百一十八万两),而饷额尚不到定制的三分之二。⑤ 因此,各省财政状况也异常拮据。

---

① 《申报》,1912 年 11 月 22 日。

② 《江苏都督咨送江苏省征收地税暂行章程由》(1912 年 12 月 11 日),《田赋案牍汇编》中册。

③ 《申报》,1912 年 6 月 13 日。

④ 中国第二历史档案馆藏北洋政府陆军部档案,未扣去中央直辖各师。元、两折算有误差,似应为增加七百三十九万二千七百元,合四百九十二万八千四百六十六两。

⑤ 据《民国财政史·国防费》,未扣去中央直辖各师。

三　1914年—1915年间的财政状况

1914年初的财政局面,基本上尚未改观,1913年10月5日签订的中法实业借款一亿法郎,要到1914年2月以后才能发行债票。新历年关,熊希龄靠中法实业银行于1913年12月30日提供的二百万元垫款勉强度过。旧历年关接着降临,原拟的二三百万元垫款,中法银行临时变卦,不肯交付。虽然各省解款有一百十万元,五国银行团通融了短期垫款一百万元,但短缺尚多。而历来作为财政挹注的京奉、京汉两路收入,"交通部声称,将以供给支付借款本利及保险费之用,不肯通融"①。熊希龄内阁由于难度年关而倒台,袁世凯直接经管财政事务。

当时,大借款只剩尾数,是年用于军政开支的部分仅为八百六十万四千零七十五元。虽然达成了几笔外债,可以挪作军政用费,但为数无多。其中,中法实业借款一亿法郎,挪作政费部分为四千二百万法郎(约合一千六百五十三万五千余元)。1月21日签订了钦渝铁路借款条约,财政部获得了三千二百十一万五千五百法郎垫款,实收二千九百五十九万三千法郎(约合一千二百八十六万六千余元)。4月间海军部达成了第三次奥国借款五十万英镑,用以购买军火,实收十九万二千一百三十六英镑(约合二百十一万二千余元)。上述外债收入总计约为四千零十一万七千余元。此外,为了清还以苏路作抵的太仓洋行借款(南京临时政府所借),于2月14日向中英公司借款三十七万五千英镑,以债还债。1913年12月31日,驻英公使刘玉麟与比利时证券银行签订的借款条约,未经财政部批准,允许比行发售民国元年八厘军需公债票,一则损失太大,二则招致银行团的抗议。为了结束这笔债务②,1914年8月7日遂向狄思银行借款四十万英镑。1913年10月间,由

① 《远生遗著》卷4,第11页。
② 此笔借款经过复杂,当时又称贺尔飞借款。

熊希龄和德、英、法三国银行代表开始举行的一千万英镑币制借款的谈判，几经周折，未能达成协议。一直拖到欧战爆发，欧洲金融市场吃紧，谈判不得不宣告终止。中国政府从欧洲市场上获得资金的希望也就破灭了。

由于外债靠不住，袁世凯直接掌管财政后，力图从国内筹措财政费用，"誓不复借外债"①。于是，一方面整顿旧税，推行新税，以期增加收入，一方面实行减政，压缩军政费用。

在增加收入方面，首先将常关税收划归中央，加强了中央的直接收入。自1913年底起，各省举办验契以及印花税、烟酒牌照税，契税增收、烟酒税增收等作为中央专款，直解中央。当时，因刚刚开办，没有具体数目规定，但其中验契收入颇丰。

其次，在财政会议上，核实了各省收支实数，命各省将收支盈余解归中央。袁世凯在批复"财政部呈酌拟各省认解洋赔各款及京饷处分条例，请准施行一案"时，强调说："环视各省秩序大定，财力渐充，所有以前应解京饷、洋赔各款，除向盐关两项拨解之数外，自应如数照解。"②根据民国三年度概算，核定各省解款总数为二千九百七十三万七千零十三元③。

第三，强向交通部筹款。交通部经管的铁路系统，是当时最重要的国家资本主义企业。据叶恭绰说："自项城听某某之言，强迫接济政费"④，于是，责成该部每月筹拨五十万元，"一俟库款稍裕，再由财政部如数筹还"⑤。

① 《大总统申令》，《政府公报》，1915年7月7日。
② 《财政部致内务总长文》（1914年3月30日），中国第二历史档案馆藏北洋政府财政部档案。
③ 《民国财政史》上册第1编，第50页。
④ 叶恭绰：《交通救国论》，某某当指梁士诒。
⑤ 《交通部开本部欠付各款》（1915年），中国第二历史档案馆藏北洋政府财政部档案。

　　第四,筹办内国公债。1914 年 3 月间增设筹办公债所,印刷民国元年六厘公债票,预备发行。但民元六厘公债期限长达三十五年之久,难以发行。故债票仅印刷二千万元,"酌发各处抵付欠款约四百余万元,并按期认付利息外,并未实在发售"①。至欧战爆发,遂于 1914 年 8 月 3 日发布《民国三年内国公债条例》,总额一千六百万元,九四折,六厘息,十二年还清。由于发息还本比较可靠,用途较广,期限较短,而资产阶级也支持袁世凯"维持治安,巩固邦基"②,因而发行顺利,增额甚多。于是至年底又增加发行额八百万元。1914 年 10 月又成立新华储蓄银行,发行有奖储蓄票一千万元。

　　此外,盐税经整顿后,收入不断增加。只有关税一项自欧战后收数下降,影响了财政收入。

　　1914 年上半年,袁世凯政府因为有各地解款、验契和常关收入,及银行团拨还盐税余款,月收渐达七百万元以上,财政情况开始好转。1914 年 1—6 月间,各省收入国税达六千六百零三万七千零四十八元③。1914 年下半年虽因欧战,关税减少,影响到盐税余款的拨还,但袁世凯政府于 1914 年 7 月间,"主计局复核民三预算,以恢复宣三旧额为标准"④,一再通电各省整顿,规复税率,增加收入,节省政费,接济中央,因此各省解款比较踊跃。再加上公债收入足以应付支出的需要,赔洋各款也得以偿清。据《申报》记载,除盐关两税外,7 月—11 月五个月国税收入总计达四千四百六十八万六千五百四十八元⑤。据不完全资料统计,1914 年中央收入列表如下:

------

　　①　《民国财政纪要》。按:元年公债后来曾不断贱售和抵押,至 1915 年 7 月止发售额为一千二百二十九万余元。

　　②　参见周金箴演说,《申报》,1914 年 9 月 3 日。

　　③　《申报》,1914 年 7 月 28 日。

　　④　《贾士毅致吴廷燮函》(1914 年 7 月 30 日),中国第二历史档案馆藏北洋政府主计局档案,见《民国财政史》上册第 1 编。

　　⑤　《申报》,1915 年 1 月 6 日。按:累计数与分计数略有出入。

1914年中央收入各款表 单位:元

款　目	收入数
拨还盐款	31,304,818①
常关税	6,201,661②
各省解款	14,000,000③
验契	17,000,000④
印花税	450,000⑤
烟酒牌照税	400,000⑥
契税增收	2,458,910⑦
交通部拨款	6,000,000⑧
官产收入	5,000,000⑨
民三公债	20,424,321⑩
民元公债	4,000,000
外债	40,117,000
合　计	147,356,710

---

① 丁恩:《改革中国盐务报告书》,盐务署1922年10月刊行。

② 《民国财政纪要》。按:周自齐报告常关收入为六百二十七万二千余元,略有出入。

③ 《民国财政史》上册第1编,第52页。

④ 《政府公报》,1915年3月11日。按:此为解中央数,周自齐报告为一千七百四十余万元。

⑤ 《民国财政纪要》。按:周自齐报告实收三十四万八千余元。

⑥ 《民国财政史》上册第1编,第218页。按:原文为四十余万元。

⑦ 据《民国财政纪要》,契税预算收入一千一百零九万九千七百零八元,实收八百六十三万六千六百九十七十八元,又据《民国财政史》1914年概算契税增收四百九十二万三千零四十元,以此推算实际增收数。

⑧ 按前述要求推算,实际不足此数。

⑨ 《民国财政史》上册第1编,第218页。按:原文为五百万元以上。

⑩ 《政府公报》,1915年8月3日。按:此为1915年6月收齐时的实收净额。

　　袁世凯直接经管财政后,对支出亲自核定和分配,并将北洋军队分布到南方就地筹饷,这使中央军政费用得以减缩下来。1914年3月,袁"批军费定三百万元,政费二百二十万元……是月军费仅支银二百九十九万余元,较原请之数实减五十七万余元;政费仅支银二百九十万余元,较原请之数实减六十五万余元。全年约略推算,可减银一千二百余万元"①。但内外债支出费用巨大,民三概算近一万万元。瑞记借款等到期款项,到年底因无力偿还,不得不签订延期偿付合同。此外,平定白朗暴动的临时支出,也十分可观。据估计,自1914年1月1日到6月15日共支军饷九百余万元,其中,中央四百余万,陕西二百余万,鄂、豫一百余万,甘、川一百余万②。

　　由于欧战和自然灾害的影响,1914至1915年收入没有达到预定的目标。而支出方面,各省军费没有完全核减下来,中央"各部出款,列数过少,迨实支时间有超过原数者"③。总起来看,财政形势大体上稳定了下来。

　　即使如此,财政形势仍然不容乐观。1914年底,财政部就民四(1915)财政进行概算,不敷达五千万元以上。袁世凯令在京谒见的湖北将军段芝贵"回鄂后,赶紧筹款拨解,以济急需"④。国务卿徐世昌等致函各省将军、巡按使,要求各省"凡有可兴之利,可筹之款,不辞劳怨,不拘文法,并进兼营,切实举办"⑤。1915年1月3日,徐等又恐"函到稍迟",复致电各省,指出:"财政部编订四年概算,应支项下,计长期外债共银元一万二千四十七万三千八百余元,短期内外债必须应付之款共一千九百三十三万九千余元,分期应付之款一千六百四十四万余元,

----

① 周自齐报告,《民国财政史》上册第1编,第218页。
② 《专电》,《申报》,1914年6月21日。
③ 《民国财政史》上册第1编,第52页。
④ 《段芝贵密呈》(1915年1月),中国第二历史档案馆藏北洋政府主计局档案。
⑤ 中国第二历史档案馆藏北洋政府主计局档案。

中央概算应支八千三百三十四万九千余元,总共二万三千九百六十万零二千八百余元,核计四年岁入可指抵之款约一万四千七百四十万元。待整顿增加之款,验契、税契、烟酒、牧畜、印花等税及变卖官产约共三千九百万元,总共一万八千六百四十万元。出入相抵,约不敷银五千三百二十万零二千八百余元。来日大难,殊深焦灼",要求各省"将筹办情形电复"①。

各省奉命之后,纷纷提出筹划增加收入的办法,尽力搜括。中央政府则于1915年4月1日公布《四年内国公债条例》,募债二千四百万元,至1915年9月如数募足。

由于财政收入和支出的分配、核算都是按历年制进行的,于是,中央政府离开预算,与各省重新商定中央解款和中央专款的数额。各省共认解款二千一百七十八万元,专款一千八百九十八万九千六百六十四元②。

1915年5月28日,袁世凯批准了《中央解款考成条例》,严加奖惩,因此各省解款比较积极。随着财政形势的好转,袁世凯在1915年7月6日发布的申令中说:"自上年春间,誓不复借外债以供消耗,迭由财政部督饬经征官吏整顿旧税,推行新税,近来颇有起色,外债得以支付,国中秩序亦勉可保持,危亡之忧,庶几获免。人民爱国程度日高,踊跃输将,深堪嘉尚。"③事实上,1915年的收支也确实比较平衡,岁入实收银元一亿三千零六十七万八千一百二十七元,支出银元一亿三千九百零三万六千四百五十四元④。财政赤字不大,可以不依靠外债而获得财政自给了。

袁世凯的财政措施虽然取得了如许成绩,使他沾沾自喜,但实际上

---

① 《政事堂致各省将军巡按使财政厅长电》,中国第二历史档案馆藏北洋政府主计局档案。按:当时称"亿"为"万万",引文照列。
② 《民国财政史》上册第1编,第52—53页。
③ 《政府公报》,1915年7月7日。
④ 《民国财政史》上册第一编,第60—66页。

财政紧张的局面并未根本改善,更说不上充裕。中央和各省的财政方针,只能是勉强维持局面,政费开支只能压缩在近乎无所作为的水平。虽然教育经费未便大事核减,但资产阶级所迫切希望的振兴实业的经费却无从筹措。

而且,袁世凯政府的苛捐杂税,不但增加了人民的负担,还严重地阻碍了商品的流通,引起了资产阶级和其他阶层的强烈不满。各地一再发生争论甚至冲突,如广东反对赌饷,上海反对加赋,广东、湖北、上海等地反对印花税的苛征,以及南北各地频频发生抗捐抗税的风潮。结果,"搜括之效绩,除稍加少额入款外,则为商民对于国家观念增加极高之冷度而已"[1]。袁政府的信用正在迅速堕落。而袁世凯毫无自知之明,其帝制自为的活动,对财政更增加了新的巨大压力。1915 年 12月底,财政部匆匆将民国五年度预算交代行立法院通过,袁世凯即于 1916 年 1 月 1 日予以公布。根据民五预算,中央解款增加到四千二百三十万余元,中央专款达六千四百六十二万余元。这些沉重的负担,促使人民对袁世凯政府愈加不满。

四 税收制度的变革和税收概况

辛亥革命以后,前清税收系统大都遭到破坏,南方各省对前清的苛捐杂税大加减免撤废,后来由于财政困难,才逐渐予以恢复和重建。至二次革命以后,袁世凯倾全力整顿旧税,推行新税,苛捐杂税层出不穷。

一、海关税 海关税包括海关税和距海关五十里内的常关税,均归总税务司经征。税务处作为中国国家机关掌管海关税收,但实权操在外国人掌握的总税务司之手。辛亥以前,总税务司只是按照税则,切实核计应收税钞数目,对于所收税款,均交与各地海关道,税务司没有直接管理之权。武昌起义之后,各地税务司均扣留税款,拒绝向当地革命

---

[1] 《申报》,1915 年 8 月 25 日。

政府交出，各国公使以关税备抵外债和赔款为由，迫使前清政府承认关税由总税务司征收后交在沪各国银行保管的办法，并为此设立了各国驻沪银行委员会，于是，海关税进一步陷入了列强的控制之下。

海关税收在辛亥革命之后，很快就恢复和发展起来，超过了前清的收入，但欧战以后，此项税收大为减少。

由于 1902 年订立的《通商进口税则》十年期满，从 1912 年 8 月开始，北京政府即与列强商议改定税则，希望把税则由值百抽五提高到值百抽一二点五，同时免除内地厘金，既可以增加财政收入，又可以便利商品流通。鉴于十年来商品价格上涨颇多，即使不提高税则，只要从实核定商品价值，确

1912 年—1916 年关税收入如下[①]（单位:关平两）

1912	41,020,922.246
1913	44,668,744.479
1914	41,051,658.349
1915	39,710,384.686
1916	40,672,421.438

实做到值百抽五，也可以大大增加关税收入。然而，由于列强一再拖延，直到欧战爆发，始终没有能达成协议。欧战之后，连谈判都搁置下来。

二、盐税　前清盐法，头绪纷繁，弊病百出。辛亥革命中，"引岸之制"多遭破坏，各地截留税款，甚至动用军队强运，以筹军饷。民国以后，关于盐政改革问题，虽经一再讨论，但因盐政过于繁杂，难以下手，因而议而不决，迄无结果。

鉴于拟议中的善后借款行将成立，而盐税为预定的抵押品，袁世凯于 1913 年 1 月 6 日发布命令，自是年 1 月份起将盐务收入各款专款存储，"无论何事，概不得挪移动用，庶几内巩财政，外昭国信"[②]，实际上准备把盐税拱手交与列强管理。善后借款成立后，按照合同成立了盐务署，以财政总长为督办，财政次长为署长，聘洋员为顾问。下设稽核

---

① 据《关税纪实》编列，海关总税务司公署统计科 1936 年版。
② 《政府公报》，1913 年 1 月 7 日。

总所,以次长兼总办,聘洋员为会办。各地设立分所,设华经理一员,洋协理一员。盐税交由五国银行团存储,遂为列强控制,"名为归诸中央,实已不能活动"①。

盐务署顾问及稽核总所会办丁恩就任后,为确保盐税增收,以备抵还善后借款等外债,主张"将商人运售盐觔之引权一律取消,改行自由贸易之制,以期上益政府,下益人民"②。这个主张是企图采取资本主义的方法来改造封建性极强的盐政,结果遭到盐商的强烈反对。袁世凯也认为"此事不宜采用激烈手段"③。因此,盐务的改革只是逐步采取在产盐地方征收盐税(就场征税)的改革办法,并规定每百斤抽二元五角,这样既可以增加税率,又可使各地高低悬殊的税率逐渐趋于平均。这项改革办法虽在1913年12月24日公布的《盐税条例》中作了规定,但事实上也没有全面实行。丁恩对此在报告书中指出:"夫专卖之制度废除,则盐价必落,而搀和杂质之弊亦可祛除,价廉物美,则用之者必多,销路既广,税收不患不旺……不图竟为保全一班专商之利益起见,而置无数贫困小民于不顾……事与愿违,一切希望均成泡影。"④尽管如此,盐税收入还是大大增加了。

历年五国银行团所收盐税净款表⑤(单位:元)

年份	实收盐款	提还外债	拨还政府
1913	11,471,242 元		
1914	60,409,675 元	21,106,572 元	31,304,818 元
1915	69,277,536 元	34,599,082 元	27,523,066 元
1916	72,440,559 元	24,911,905 元	52,226,185 元

---

① 财政部通电,《政府公报》,1913 年 11 月 2 日。

② 《改革中国盐务报告书》,第 52 页。

③ 《改革中国盐务报告书》,第 68 页。

④ 《改革中国盐务报告书》,第 172 页。

⑤ 《改革中国盐务报告书》。按:元以下数略。上述数仅指解入五国银行团的盐税净款,盐税的实际收入当超过此数。

三、田赋　田赋历来是中国政府的主要税收。前清田赋征收凌乱无章，弊病百出。辛亥以后，对前清旧制有所改革，大体说来有以下几项：

（一）地丁、漕米改征银元。前清币制不统一，各地征银征钱各不相同，辗转折合，官吏从中贪污。漕米等项系征收实物，十分烦琐。辛亥以后，江浙等省首先改折银元。如江苏省议会议决，地丁额银一两改征银元一元五角，漕粮每石征收四元。浙江在辛亥后曾一度将漕粮裁免，后又恢复，但改为抵补金，每米一斗改征银元三角。财政部于1912年12月28日通电各省："凡民间定纳丁课税厘并发放俸饷官款及一切出纳事项，概以银元计算。"①于是各地逐步改征银元。至1916年，只有少数内地省份尚未改征。

（二）征收田赋附加税。前清田赋旧制，正额以外例有平余、火耗、串费、票钱等项名目，纷繁复杂。辛亥后，各省改良征收方法，改为附加税，如江苏地丁额银一两附税三角，漕粮每石附税一元，使田赋的征收趋于简明。

（三）准备清丈。前清田赋鱼鳞册经过历次内乱，散失无存，征收田赋缺乏确凿根据。甚至有的有田无粮，有的有粮无田。"官无可考之粮籍，吏有私藏之秘册"②，隐瞒飞洒，百弊丛生。民国成立，朝野人士都主张实行清丈。但是，由于当时的政治体制不健全，各地都不敢贸然进行，只是用一些比较简单的方法稍作改良，以期增加财政收入。如浙江"先从清厘户粮、整理旧册入手，以为将来清丈之预备"③，只是对现行的实际征收情况进行登记整理，而不丈量田亩。1914年12月，袁世凯政府设立了经界局，"先由京兆区域筹办清丈"④。但经界局缺乏经费，

---

① 北洋财政部编：《田赋案牍汇编》上册，1914年。
② 《民国财政史》上册第2编，第91页。
③ 《田赋案牍汇编》中册。
④ 《政府公报》，1914年12月12日。

而各地阻力重重,且屡起反抗清赋、清丈风潮。1916 年春,经界局虽在涿县、良乡两县试办,但因袁世凯政府摇摇欲坠,害怕发生风潮,遂于1916 年 5 月 24 日下令"将近畿清丈及清查田亩各事宜暂行停止,各省有奉前令举办清丈、清厘田赋者,亦着一律缓办"①。仅江苏宝山县由当地士绅集款,完成了清丈。

　　由于中国工商业不发达,只有田赋是最普遍的税源,袁世凯政府为增加财政收入,一直在想方设法从土地上增加税收。1914 年 11 月间,山东巡按使蔡儒楷向袁世凯条陈加赋,认为:"现在田赋虽未减轻,然按亩计算,少者仅数十文,多亦不过数百文。查各国征收地租,皆取地亩时价及收获所得以为标准,若以吾国税率与现时地价收益相较,则取于民者实属微乎其微,不独视各国为极轻,即按古者什一之税,尚不逮远甚。纵使照现额加倍征收,在人民不难负担,亦非厉民之举。"②但几经筹议,当局担心各地反对,不敢实行。在事实上,各地已用多种方法变相加赋。如江苏自 1914 年起,地丁每两增加省附加税三角。湖北用"划一丁漕折价,以期增加于无形之中"③。湖南则举办随粮特捐,"每正额银一两,带收钞一串文"④。直、鲁两省更以濮阳工款紧要为名,举办亩捐,也就是借水利工程为名来进行搜括。1915 年底袁世凯又通令将亩捐推向各省,并列入民五预算。

　　因当时体制混乱,田赋收入没有统计数。民三预算收入七千九百多万元,民五预算增至九千七百多万元。1915 年 1 月到 6 月,各省报告的田赋收入,总数为三千七百二十九万五千余元,其中缺四川、吉林、奉天、热河、归绥、川边六处的数字。

---

　　① 《政府公报》,1916 年 5 月 25 日。

　　② 《申报》,1914 年 11 月 16 日。

　　③ 《段芝贵密呈》(1915 年 1 月),中国第二历史档案馆藏北洋政府主计局档案。

　　④ 《刘心源、何思澄致财政部电》(1915 年 3 月 12 日),中国第二历史档案馆藏北洋政府财政部档案。

四、厘金　厘金是在商品流通过程中征收的一种苛税,由于层层设卡,厘卡人员敲榨勒索,严重地妨害了商品流通,阻碍着资本主义的发展。前清时就一再酝酿废除厘金,有的地方稍作改革,改为统捐,以减少关卡。辛亥以后,江浙等地曾一度废撤厘卡,但不久浙江改征统捐,江苏苏属改征产销税,湖北则改为过境销场税。由于税率减低,税局归并,厘卡减少,收入锐减,且各省"办法既不一致,收入亦漫无稽考"①。如江苏苏属地区,旧时厘金比额为二百八十九万余元,而 1912 年 5 月 11 日—1913 年 5 月 10 日仅收二百三十三万五千余元,短收约五分之一。浙江厘金在前清宣统三年,预算为四百三十九万七千余元,而民国元年仅收二百三十六万五千余元,民国二年也只收三百十六万四千余元②。

裁厘加税问题,由于列强拖延关税谈判,一直未能达成协议。政府当局担心单方面裁撤厘金后,关税加税谈判将更加困难,而若关税不加,厘金裁撤后财政收入又无从弥补。因此,所谓裁厘问题,仅于 1914 年秋由财政部通饬各省将原有厘金改办产销税,为裁厘之预备。为了增加财政收入,在 1914 年—1915 年间,当局用提高税率及对征收官严加考核的办法,使厘金收入大幅度增加,至 1916 年,核定比较数高达四千七百四十七万余元。

五、常关税　沿江沿海五十里内常关归海关管理,属财政部管辖者分三种:一是内地常关,一是沿江沿海五十里外常关,一是京师、左右翼及各边关。前清旧制,仅京师、左右翼及各边关直隶中央。五十里外常关及内地常关均由各省经征。民国以后,各地截留税款。至 1913 年春,中央政府派出各地海关监督兼管五十里外常关。1913 年底至 1915 年间,又先后将内地各关收归财政部直辖,常关税遂为中央直接收入。

从 1914 年秋开始,各常关调查物价,改定税率,照海关半税之例,

①　《民国财政纪要》。
②　北洋政府财政部编:《厘金案牍汇编》中册。

值百抽二点五,并且革除陋规,严定比较,以增加税收。1913 年常关税收入银五百五十余万元,1914 年为六百二十余万元,1915 年增至七百七十三万余元①。民五预算且定为七百八十万余元。

六、验契和契税　验契并非税收,而是基于政权的更换,新政权承认公民不动产时收取的手续费(当时套用日语称手数料)。袁世凯政府之所以急于推广验契,是因为"民国成立一载有余,而财政困难达于极点,海关备抵赔款,盐税另款存储,若无补救之方,难资挹注之用。各省军队林立,饷糈缺乏,哗溃堪虞"②。1913 年 6 月 3 日,财政部通电各省《划一契纸章程》九条,规定呈验不动产旧契,收纸价一元,注册费一角,不动产价格在三十元以下者只收注册费,令各省筹议举行。

1913 年 8 月至 11 月间,各地先后举行,而以山东推行最猛,收入也最多。泰安县知事冯汝骥、寿光县知事徐德润为此受到嘉奖,山东各县遂雷厉风行。乐安县知事王文域实行告发倍罚的办法,激起群众团聚抗验,王本人被杀。山西盂县群众抗验,则遭地方当局镇压,被杀四十多人。鉴于各地风潮迭起,财政部不得不通电各地慎重办理。

验契收入甚旺,成为 1914 年—1915 年间袁世凯政府弥补财政亏空的重要手段,自开办至 1914 年 12 月止,收入总数达三千二百余万元,1915 年全年复收一千六百余万元,合计达四千八百余万元③。

契税在前清宣统三年规定税率为:卖契收税 9%,典契收税 6%。由于税率过重,人民隐匿不报,税收锐减。1914 年 1 月颁布的《契税条例》,仍规定卖九典六税率,另收契纸费五角。但一则税率过重,二则和验契冲突,事实上不便推行。因此,财政部电令各省体察情形,自定税率。由于税率减轻,虽然仍受验契影响,但收数仍然增加,1914 年 4

① 《民国财政纪要》。
② 北洋政府财政部编:《验契及契税案牍汇编》第 2 页,1914 年。
③ 《民国财政纪要》。按:《民国财政史》民三收入为三千一百八十二万余元,民四为一千六百五十四万余元,稍有出入。

月—9月半年收数超过民二收入六十余万元,民三财政年度(1914年7月—1915年6月)全年收入(川、吉、奉、归绥、川边缺全年数,京兆、察哈尔、热河缺半年数)达八百六十三万六千九百七十八元,距一千一百零九万余元的预算数相差不大①。其中,契税增收部分自1914年起属于中央专款。

七、印花税　印花税系对财物成交所有各种契约簿据可用为凭证者用贴印花票的方法征税。印花税在欧美被认为是良税,前清时即酝酿多年,但未能推行。民国成立后,即拟推广印花税作为大宗财政收入。1912年10月21日,《印花税法》经参议院议决公布,后定于1913年3月1日起自京师开始实行。各地接到印花票后也相继推行。1914年8月又公布《人事证凭贴用印花条例》,对人事证书征税。

《印花税法》公布时,适在京召开工商会议。会议代表胡瑞霖上书要求"先宣布裁厘计划,再行实施印花税,以恤商艰"。他认为"处此国民经济沉滞之际,商民对于固有租费之负担已属勉力,骤添新税,势实难于推行"②。但因厘金难于抵补,当局没有采纳。印花税法初定十元以上起征,贴印花一分,以成交额累进至一元五角止。至1914年底,为推广印花税税额,规定十元以下一律贴用印花一分,旋又定为一元起征。由于征收苛细,加上警察有权检查罚款,引起商界强烈反感。广东等地要求取消一元起征的规定,甚至酝酿罢市。全国商会联合会在上海上书财政、农商两部,强烈指出:"各省商会代表提出,印花税苛细扰民……目前所最不便者,发票须贴印花,甚至乡民入市,担柴尺布,亦遭苛罚,以本厂或本栈之货物,运至本店发卖,沿途经过亦被拘罚。良税成为怨府,言之殊堪痛惜……其弊之所由生,则由授警察以检查之

---

① 《民国财政纪要》。按:《民国财政史》民三收入为三千一百八十二万余元,民四为一千六百五十四万余元,稍有出入。

② 北洋政府财政部编:《印花税案牍汇编》第1辑,第85页。

权。"①但袁世凯政府一意孤行,仍强制推广。

　　然而,印花税的收入并不理想。民二仅收五万余元,民三收入四十五万余元,民四也只达到三百多万元。尚未成为重要税源。

　　八、烟酒税、烟酒牌照税和烟酒公卖　　烟酒税在清末即作为专税设立,但各地各自为政,名目繁多,错综复杂,税率亦不一致。民国后并无多大变革,往往通过强加税率、税种以增加收入。民三预算,除原有税款外,又划出烟酒税增收,作为中央专款。1913 年冬,财政部以烟酒税作为大宗奢侈性消费税,税率尚轻,为弥补财政亏空,筹议加税。但因烟酒税十分复杂,不敢轻易更张,遂设立烟酒特许牌照税。1914 年 1 月 11 日公布《贩卖烟酒牌照税条例》,规定烟酒营业无论整卖零卖,均需领取牌照,每年按经营规模交纳税款。财政部为筹集大宗税款,于 1915 年又仿照外国的税收办法,筹办烟酒公卖,于 5 月间设立烟酒公卖局(后改全国烟酒事务署,独立于财政部),公布《全国烟酒公卖简章》。烟酒公卖采取官督商销的办法,按烟酒价值外加公卖费,其费率轻重则由各地酌定,互不相同,当局预计年收可高达二千余万元。烟酒税、烟酒牌照税则照样征收,但由公卖局统一管理。由于税法复杂繁苛,往往重复征收,小贸小贩甚至被迫停业,引起商界的不满。

　　九、当税和牙税　　当税和牙税为典当和商行的营业税,领取营业凭证(帖)时尚需缴纳帖捐,均系前清旧税。但前清并无普遍推行的营业税。民国后,原议设立特种营业执照税、普通商业牌照税,但均议而未行,只有当税和牙税经整顿推行。鉴于当税和牙税历来各地经征情况互不相同,故政府当局于 1914 年 3 月令各地自定章程,视不同情况,分别等级,交纳税捐,并将前清旧帖改换新帖。据不完全统计,民国三年度当税收入为五十七万余元,牙税收入为一百三十八万余元②。

　　①　《申报》,1916 年 1 月 14 日。

　　②　《民国财政纪要》。

十、其他捐税　　除上述各税外,尚有糖税、矿税、茶税、渔业税、牲畜屠宰税等等,年收入各有几十万、上百万不等。

此外,地方上还有各种名目繁多的苛捐杂税,如木税、渔业税、斗税、包裹税、驴税、牛税、花布税、房税、船税、油税、货捐、火车货捐、车捐、船捐、戏捐、妓捐、花生捐、瓜子捐、猪捐、羊捐、粮米捐、商捐、码头捐,等等。这些苛捐杂税,各地名目不一,花样百出,往往激起社会风潮。如广东的品茗捐、牛皮捐,江西南城县的人丁捐,都曾激起抗捐风潮。福建"创办轿捐、屠兽捐,几酿变故";"龙溪县知事陈家栋,捐例尤酷,民间买牛一只,捐洋一元。此外小猪有捐,大猪有捐,猪肉又有捐,羊也悉是。大概每只猪、羊须上捐三、四次。现在米捐已办,又议粟捐。余如笋丝捐、火柴捐、竹叶捐、道士捐、和尚捐、妓女捐,亦正在筹拟进行"[①]。该县"近两月以来,箔工、竹工,均因捐重罢市歇业"[②]。

更为恶劣的是,袁世凯于 1915 年 4 月 29 日任命蔡乃煌充江苏、江西、广东禁烟特派员,事实上这个禁烟特派员,却是一个卖烟特派员。他先增加鸦片税,使烟禁松弛,9 月底又亲到广东,实行鸦片专卖,由鸦片商每箱报效银四千五百元,预计可筹款二千七百余万元作为帝制运动费,从而使民国以来的禁烟运动功亏一篑。其不择手段,一至于此。

对于袁世凯政府的苛捐杂税,张謇于 1916 年 4 月 20 日愤懑地写信告诉梁士诒说:"惟时闻商民以新税之复杂繁苛,奔走诉其哀怨而已……商之于税,重可忍而烦不可忍;官之于民,信可谅而欺不可谅!"[③]由此可见,资产阶级对于袁世凯政府已经完全失去了希望。

---

① 肃政使夏寿康呈,《政府公报》,1915 年 9 月 14 日。
② 《政府公报》,1915 年 9 月 15 日。
③ 《三水梁燕孙先生年谱》,1916 年 4 月条。

五　金融币制

随着中国资本主义经济的发展,资金流通和货币制度问题,逐渐为社会所重视。南京临时政府期间,中国银行作为中央银行,在结束大清银行的基础上于 2 月 5 日在上海开始营业。南京临时政府还把货币的发行权收归中央,鼓铸民国新币(银元)。

临时政府北迁后,中国银行总行也改设北京,于 1912 年 8 月 1 日开业,1912 年—1913 年初,先后在天津、汉口、山东、河南、长春、营口、山西、扬州、青岛、奉天等地设立分行。至 1916 年,除云南、广西、甘肃、新疆、西藏尚未开设外,其余各行省均已一律设立。1913 年 4 月 15日,参议院通过公布《中国银行则例》,规定中国银行为股份有限公司,股本总额定为银元六千万元,政府先行认垫一半(三十万股),余数由人民认购。1915 年 10 月修正《则例》,招募商股。到 1916 年 3 月止,实际上政府仅拨资本一千万元,商股认购只五百万元,实交仅二百余万元。中国银行享有经理国库、发行国币及兑换券的特权,1914 年 6 月归财政部直辖。尽管中国银行具有国家银行的性质,但当时交通银行资本雄厚,经理轮电路邮四政款项。因此,在交通银行总理梁士诒代理财政部部务期间,于 1913 年 5 月 31 日又委托交通银行代理金库。这样,中、交两行同时经理国库。事实上,交通银行发行的兑换券也已广泛流通。1914 年 3 月,交通部制定《交通银行则例》,于 4 月 7 日公布,规定该行为股份有限公司,股本总额库平足银一千万两,官四商六,掌管特别会计之国库金,分理金库,发行兑换券。在 1912 年—1915 年间,中、交两行既有经理国库之权,又经管外债收支,因而实力充足,发行兑换券(纸币)也十分谨慎,现金准备充分,因而信用坚挺,得以逐步向全国各地推广。袁世凯政府在整理币制时,准备逐步用中行券来代替各地滥发的纸币。

在币制方面,就金本位、银本位、虚金本位问题长期讨论之后,袁世凯政府于 1914 年 2 月 7 日公布了《国币条例》，采用银本位制，以库平纯银六钱四分八厘为一圆，总重七钱二分，银九铜一（后改银八九），规定"国币之铸发权，专属于政府"①，并以施行细则规定，"凡公款出入必须用国币"②。中国社会经济的发展，迫切需要统一币制，需要强有力的金融机关，袁世凯政府的这些措施也反映了社会经济发展的要求。尽管如此，币制统一的过程十分缓慢。银两和银元仍然并用，仅以银元结算。至 1915 年底，袁世凯政府所铸发的银元也仅铸成新币七千一百余万元③。

这一段时间，中央政府由于获得了比较多的外债，紧缩了开支，开辟了财源，中央金融体制虽然还不能统制全国，但没有形成金融危机。然而，地方上银根紧张的局面比较严重，虽然进行了一些整理，但没有根本性的好转。

在辛亥革命过程中，各地官僚富豪为逃避革命军筹饷，把大量资金转移到租界，存入外国银行。据当时调查估计，汉口外行即存有五千余万两。上海、香港、天津等三处合计共有五六万万两，据说有利息者不过三分之一，无息认保险费者达三分之二④。结果，"内地所余，不过日用零星之现货"⑤。如湖南由于汇往上海、汉口的汇票过多，到 1912 年下半年须兑现时，现银极端缺乏，造成钱号纷纷倒闭。由于银根紧张，现货不足，市面上杂乱无章的纸币盛行，甚至"小贸细贩亦发行百文或二百文之钱票行使在外，并无准备金以资拨兑"⑥。湖南当局因财政拮据，1912 年初发行筹饷公债五百万元，仅售出三百五十一万，至 4 月间遂将官钱局改为湖南银行，发行纸币。至 1913 年 5 月，纸币总数以银

---

① 《政府公报》，1914 年 2 月 8 日。
② 《政府公报》，1914 年 2 月 8 日。
③ 《民国财政纪要》。
④ 《申报》，1912 年 6 月 10 日。
⑤ 《吴鼎昌致大总统电》，《政府公报》，1912 年 6 月 4 日。
⑥ 《湘省纸币流毒至此耶》，《申报》，1913 年 6 月 27 日。

元计算,已逾二千万有奇,流通在外者则有一千一二百万,致使通货膨胀,纸币贬值。1913年初,湘币汇上海每银千两需贴水至三百五十两之多,到1913年11月竟腾涨至一千一百余两,超过了面值。湖北于武昌起义后,官钱局停止营业,原官钱局钞票成了不兑换纸币,信用低落。1912年6月间限额兑换后,兑换拥挤不堪,时有死伤。军人强兑,曾酿成1912年10月1日汉口钱业罢市情事。湖北官钱局旧币即近四千万元,民国后新增钞票一千万,"鄂中军队林立,饷糈未至缺乏者,皆得其力"①。1912年11月间,纸币每元值八角四分,到1913年5月间只值七角多。由于银元票泛滥,又无现银兑现,至1913年6月间,又添印官票(铜元票)一千万串,实际上更加剧了通货膨胀。广东于起义之初,"亟发纸币共壹千伍百万元,以济急需"②。1912年间,由于纸币泛滥,造成"粤省经济恐慌,市面钞票汇兑不通"的局面③。广东地方政府遂销毁各版及印成未发行的纸币。因此,在二次革命前,广东纸币仍能以九折流通。二次革命后,龙济光督粤,金融危机急剧发展,币值猛跌。1913年底跌至五八折,1914年5月跌至四折以下。据1913年底广东财政司长报告,计新纸币共发出一千九百万元,前清旧币发出一千三百五十三万一千九百二十一元,合计新旧纸币发行总数三千二百五十三万一千九百二十一元。江西在前清时,曾发九五官票一百九十二万六千四百七十五串,辛亥革命后继续流通,并续发九五官票二百二十二万五千九百四十串,银元钞票一百六十八万九千九百元,铜元票一百四十四万二千七百串,九五百文小票一百三十七万串,官票每串定价五钱五分(以上共计约合银元七百万元)。当时,江西"因于省外各属普设民国分行、汇兑所、代理店,丁漕税务除淮盐局外,非官票一律不收,商民因

　①　《鄂省财政新谈片》,《申报》,1913年4月30日。

　②　《廖仲恺函》(1913年4月4日),中国第二历史档案馆藏北洋政府财政部档案。

　③　《申报》,1912年11月6日。

其利便,亦不复兑现"①。因此,在二次革命前江西币值稳定,银元票甚至升值。但在二次革命后,江西"金融奇窘,纸币而外,几无现银"②,难以出省贸易。不久,江西当局又增发九五官票二百万串,结果,"市间伪币杂出,遂停止兑现"③。纸币贬值,引起市面骚动。东北三省由于处在日、俄的控制之下,金融危机的发展比内地更形严重。据调查全国财政专员王璟芳、李景铭报告:"(东北三省财政)受病根源全在滥发纸币,奉天小银元票将近千万元,吉林官帖一万二千余万吊,约合银元二千万元,江省(黑龙江)官帖亦在千万元以上。一年之间,吉、黑钱票价值跌至一与三之比例,国家收入暗亏三分之二。奉天虽可兑现,而准备不及十成之一,外人辗转盘剥,岌岌可危……银钱比价一日三易,有朝为富户,夕成穷民者,外国银行乘机操纵。"④此外,四川军票泛滥,贵州纸币一元仅值四角,陕西军饷全靠官发纸币,如此等等,不一而足。少数地区,如江苏仅发行一百万元,浙江仅发军用票二百万元,数量不大,并有所控制,因而纸币与实币价大略相等。

据1913年10月间调查,各省官银钱行号纸币发行数目共达一亿四千五百五十七万四千一百六十五元⑤。

滥发纸币,不仅影响到国民生计,也严重影响财政。熊希龄在《政府大政方针宣言》中曾指出:"近则各省滥发纸币,价格低落,市面恐慌,人民咨怨。其直接影响及于财政者,则缘币制紊乱之故,征收复杂,官

---

①　《徐绍熙禀财政部文》(1915年10月),中国第二历史档案馆藏北洋政府财政部档案。按:民国银行为江西省银行。纸币发行数据李烈钧1913年1月14日报告折合银元达一千四百六十九万五千三百二十元,远远超过上述数,而1913年10月间核实统计报部之数与徐文接近,但也有出入。

②　《南昌商务总会致大总统电》(1913年9月3日),中国第二历史档案馆藏北洋政府财政部档案。

③　《徐绍熙禀财政部文》(1915年10月),中国第二历史档案馆藏北洋政府财政部档案。

④　《调查员整顿东三省财政之条议》,《申报》,1914年1月10日。

⑤　《申报》,1913年10月21日、23日。

吏得上下其手;汇价参差,国库损失;缘纸币低落之故,国家一切征收即以其低落之额为损失之额。凡兹弊害,无俟枚举。"于是,计划用中国银行兑换券易收滥钞。1913年11月间,中央政府向各省派出监理官,监督各省官银钱行号,并命令各省"各种纸币,不能再行增发"①。1915年10月,又批准《取缔纸币条例》,禁止新设的商办银钱行号发行纸币,已发纸币则逐步收回②。

由于币制借款没有成立,袁世凯政府没有财力全面去整顿各地的金融,清理并收回各地滥发的纸币,仅于1914年—1915年间对部分省区的币制作了整理。

广东由于纸币价值暴跌,1914年初市面极端恐慌。当局强令商场贸易以纸币为本位,遭到商界的强烈反对。自阴历正月起,商业各行即实行以银毫为本位。社会上商行罢市,工人罢工,巡警逃亡,风潮迭起。当局竟于2月13日左右强行出示宣布:"限三日后均应以纸币为本位,十足通用……拒绝纸币及任意低折者,则是有意破坏大局,与乱党行为无异。"③这种完全无视经济规律的告示,只能到处碰壁。2月19日,当局干涉银业公所,不准纸币开盘,银业便于2月20日罢市,迫使当局取消了禁令。

1914年3月初,调查全国财政专员王璟芳抵粤,与地方当局筹划整理纸币方法。鉴于粤省自行整理纸币没有妥善的办法,王遂于3月25日回京,与中央财政当局会商。28日,王奉袁世凯命令会办广东财政事宜,并于5月初再次抵粤。为了清理广东纸币,财政当局遂向银行团商议借用善后借款整顿盐务项下闲置的英金一百万镑。银行团经丁恩说项,考虑到整顿广东纸币可以增加盐税收入,遂同意拨付,但规定:"财政部应派华洋专门家各一人为委员,前往广州监察管理收回纸币事

---

① 《政府公报》,1913年11月8日。
② 《政府公报》,1915年10月22日。
③ 《粤省财政之大恐慌》,《申报》,1914年2月22日。

宜,其所派之洋员应得五国银行团之同意。"①于是,1914 年 6 月 1 日在广州开设中国银行广州分行,以一百万英镑为准备金,发行新的大元纸币②。7 月 1 日起开始收换,以一月为限,广东纸币每元定价为毫洋五角(依据 1914 年 5 月 15 日前三个月内之平均市价),折为大洋四角五分五。这样,广东省银行发行的纸币全部收回销毁。对于旧币折收,广东总商会曾电中央抗争,指责当局"自失信用"③,遭到当局的严词申斥。

东三省官银钱行号因垫支政费,滥发钞票,造成金融恐慌。1913年底王璟芳将调查三省财政金融状况报告中央后,袁世凯于 1914 年 1月 9 日任命巢凤冈督办东三省官银钱局及广信公司事宜,并充东三省中国总分银行会办,任命潘鸿宾督办东三省中国总分银行事宜,以期统一纸币发行机关,整理纸币。

东北通行小洋,市价小洋十二角合大洋一元。小洋纸币发行过多,准备空虚,信用薄弱,商民持票往兑,不能如数付现,纸币价格日渐低落,小银元价格也为纸币拖落。当时,日、俄两国操纵着东北的金融市场,日本正金银行发行的银本位钞票和南满铁道株式会社发行的金票(老头票)以及俄国的卢布票(羌帖)在市面上流通。他们用纸币收购小洋,尤其是日本老头票系金本位不兑换票,日人以空纸币吸收现货,改铸辅币,获取暴利,扰乱中国金融市场。投机商人也收购小洋熔铸宝银,再以宝银购买小洋,循环图利。尽管东三省官银号限制兑现,日本为了控制东北金融,其驻奉领事唆使日侨向官银号兑现。1914 年 4、5月间,日侨甚至随同日本宪兵到东三省官银号、兴业银行、交通银行强行兑现。1914 年秋,日侨又到东三省官银号"聚众滋闹,甚至横卧柜

---

① 北洋政府财政部编:《整理广东纸币始末记》,1915 年版,第 30 页。
② 广东通行毫洋,新纸币以中央新铸银元为准。
③ 《申报》,1914 年 6 月 14 日。

台,日夜不休"①。因此,东北市场现银越来越少。

同时,由于小洋票信用薄弱,即使是官办的各电报局、齐齐哈尔邮政局等,也蓄意压低小洋票价格。哈尔滨电报局甚至"非羌帖则概不收受"②。京奉铁路除中、交两行大银元票外,也不收小洋票。官营事业不收官发纸币,使小洋票流通范围更形狭窄,价格也更加低落。

中国财政当局为补救东北金融起见,同意潘鸿宾的意见,由中国银行发行小洋汇兑券,"于东三省境内概不兑现,凡汇往上海者照每日行市在上海付给规银,在该行作存款者仍照章生息"③。同时,财政部一方面向黑龙江推设中国银行分行,一方面准备逐渐回收东北地方银行所发纸币,于 1914 年 7 月咨行东北地方当局,"自本月 1 日起,不论军需政费如何窘迫,此项纸币未发者不得续发分毫,已发者逐渐设法收回"④,并严令各行商收回私发纸币。

但是,由于一方面日、俄操纵着东北金融,一方面官场腐败,而中行财力也不充足,东三省发行汇兑券以整顿金融,收回滥币,抵制外币及制止现银外流的目的未能达到。对于上述政策,地方上"别具深心者,即须摭拾浮言,藉词抵制"⑤。因为有人靠滥发纸币牟利,如黑龙江广信公司的红利为官场朋分,"多则二三十万元,少亦一二十万元"⑥,虽

① 《中国银行致财政部函》(1916 年 1 月 8 日),中国第二历史档案馆藏北洋政府财政部档案。

② 《调查员姚传驹致财政部条陈》(1914 年 10 月 9 日),中国第二历史档案馆藏北洋政府财政部档案。

③ 《中国银行总管理处致财政部详》(1914 年 9 月 10 日),中国第二历史档案馆藏北洋政府财政部档案。

④ 《财政部致东北三省巡按使咨》(1914 年 7 月 4 日),中国第二历史档案馆藏北洋政府财政部档案。

⑤ 《会办东三省官银钱号及广信公司事宜潘鸿宾呈三省币制整理困难轻材不克任重恳恩准予辞职文》(1914 年 9 月),《政府公报》,1914 年 10 月 3 日。

⑥ 《黑龙江官产调查员楼振声密陈》(1914 年 7 月 4 日),中国第二历史档案馆藏北洋政府财政部档案。

然黑龙江议定"以官银号及广信公司所收赢余分年收销"①的办法，但吉、奉两省一直没有定出办法，日侨强兑的问题也无法解决。如1915年12月17日、18日两天，中国银行奉天分号即被日侨兑去小洋三十二万有奇。所以，东北三省的金融币制，一直没有能够得到整理。

至于其他各省，中央政府没有余力直接参与整理。浙江、江苏、安徽、直隶等省纸币问题不严重的省份，地方纸币由本省筹资收回。贵州纸币因扩大了使用范围，币值逐渐回升九成。1915年11月1日，贵州财政厅与中国银行贵州分行订立了中国银行兑换券一百五十万元的收回黔币借款合同，按原价在两年内收回。江西直至1915年5月还在请求增发钞票八十万元。江西于1916年2月间，才与中国银行订立合同，由中行经理发行币制公债四百万元，以收回九五官票。但债票刚刚开始发售，中、交停兑，江西整理币制的措施遂告失败。四川于1915年将盐款收入的军票销毁，泸州销毁一百七十万九千多张，重庆销毁一百四十九万六千多张，又全部收回了钱票，金融状况有所改善。两湖则没有起色。湖南于1915年秋田赋改征银元，纸币更加无用。湘绅刘人熙、叶德辉等致电中央政府抗议说："名为改征，实则加赋，是人民骤加重负，纸币全失信用，而此巨额纸币，势成废物，人民暗中破产，冤屈无伸。"②至1916年初，湖南又增发铜元票。财政已届崩溃的中央政府，竟致电湖南巡按使说："湘省增发铜元票，金融活动，操纵得宜，并可以虚易实，深冀腾出款项，接济中央。"③这真是掠夺式的金融政策！由于滥票未经整理，省银行钱号垫支政费过多，中国银行一直未能接管两湖等省金库。金库完全归中国银行接

---

① 《民国财政纪要》。

② 《申报》，1915年10月10日。

③ 《财政部致湖南巡按使电》（1916年3月24日），中国第二历史档案馆藏北洋政府财政部档案。

管的,只有中央与直隶、江苏、浙江、山西、山东、福建、安徽、吉林、黑龙江、奉天、贵州、四川等省。

由于各省滥币未清,国库不统一,银圆发行数量尚少,币制尚未划一,中国银行兑换券的发行量不能扩大,财政总长周学熙对中行券的发行持谨慎态度。迨护国战起,袁世凯政府拟用军事手段强行扩大发行,而交行券的发行越来越失去控制,终于导致了 1916 年的金融危机。